21世纪经济管理精品教材·工商管理系列

服务管理

谢礼珊　彭家敏　关新华　编著

清华大学出版社

北京

内 容 简 介

本书是一部系统介绍服务管理理论与方法的教材。在吸收国外服务管理教材和服务管理学科研究前沿研究结果的基础上,紧密结合中国服务发展和服务管理实践的需求,本书从"服务概论"、"构建服务体系"、"服务运营管理"、"服务可持续创新"四方面共16章节对服务管理的基本理论与管理方法展开阐述,涵盖了服务管理的主要内容,强调服务管理的核心问题,突出营销、运营和人的行为的匹配与协调管理。全书主线清晰,结构合理,内容丰富,可用于工商管理、旅游管理、公共管理等专业的服务管理教材,也可供从事与服务相关工作的行业管理人员参考。

图书在版编目(CIP)数据

服务管理/谢礼珊,彭家敏,关新华编著. --北京:清华大学出版社,2016(2023.6重印)

(21世纪经济管理精品教材·工商管理系列)

ISBN 978-7-302-42326-3

Ⅰ. ①服… Ⅱ. ①谢… ②彭… ③关… Ⅲ. ①服务业-企业管理-高等学校-教材 Ⅳ. ①F719

中国版本图书馆 CIP 数据核字(2015)第 287086 号

责任编辑:陆浥晨
封面设计:汉风唐韵
责任校对:王荣静
责任印制:杨 艳

出版发行:清华大学出版社

　　　网　　址:http://www.tup.com.cn,http://www.wqbook.com

　　　地　　址:北京清华大学学研大厦 A 座　　　　　邮　编:100084

　　　社 总 机:010-83470000　　　　　　　　　邮　购:010-62786544

　　　投稿与读者服务:010-62776969,c-service@tup.tsinghua.edu.cn

　　　质量反馈:010-62772015,zhiliang@tup.tsinghua.edu.cn

　　　课件下载:http://www.tup.com.cn,010-83470332

印 装 者:三河市铭诚印务有限公司

经　　销:全国新华书店

开　　本:185mm×260mm　　　　印　张:22　　　　字　　数:503 千字

版　　次:2016 年 4 月第 1 版　　　　　　　　印　次:2023 年 6 月第 6 次印刷

定　　价:65.00 元

产品编号:066696-03

作者简介

谢礼珊

谢礼珊是中山大学管理学院教授、博士生导师,中山大学服务性企业管理研究中心主任,获得法国里昂商学院(Ecole de Management de Lyon)工商管理硕士、法国国立里昂第三大学(Université Jean Moulin Lyon 3)企业管理学院国际贸易专业硕士和中山大学管理学博士学位。她的主要研究方向是服务营销与服务管理、服务品牌管理、旅游管理等,先后主持国家自然科学基金"服务公平性理论及其应用"、"服务型企业一线员工顾客需求知识(CNK)研究",广东省自然科学基金"服务性企业员工心理受权影响因素及其作用实证研究"、"服务型企业一线员工顾客需求知识(CNK)的跨层次研究"等项目;在 *International Journal of Hospitality Management*、《南开管理评论》、《管理科学》、《管理评论》、《营销科学学报》等刊物上发表学术论文 80 余篇,出版了《服务性企业员工心理受权与工作绩效实证研究》、《电子与传统服务质量对顾客满意感和忠诚感的影响》、《顾客授权理论及实证研究》等专著。谢礼珊教授曾为多家企业提供咨询,包括中国移动广州分公司、广东省高速公路有限公司、广东电信公司等服务型企业,在服务营销和服务管理领域有丰富的教学和企业培训经验。

彭家敏

2012 年 6 月获中山大学管理学博士学位,现为广东工业大学管理学院副教授。主要研究方向为服务营销与服务管理、服务品牌管理、旅游企业管理等。近年来,在 *International Journal of Hospitality Management*、《营销科学学报》、《管理评论》、《预测》、《旅游学刊》等刊物上发表论文 20 余篇;主持国家自然科学基金"价值共创视角下员工服务适应性行为研究:结构、形成机制及影响"、广东省自然科学基金"基于价值共创的一线员工服务适应性行为形成机理研究"等课题;参与国家自然科学基金"服务型企业一线员工顾客需求知识(CNK)研究"、"服务性企业员工授权对顾客授权的影响"和多项省部级项目的研究。参与编著《客户关系管理》、《酒店促销策略》等教材。

关新华

2014 年 6 月获中山大学管理学博士学位,现为广东财经大学地理与旅游学院讲师。研究方向为服务营销与服务管理,包括员工—顾客互动、客户知识分享、员工适应性、价值共创等。近年来在《旅游学刊》、《旅游科学》、《营销科学学报》和《学术研究》等期刊上发表学术论文多篇;主持广东省自然科学基金"客户知识分享的影响因素与作用研究——以高接触服务行业为例";参与了多项国家级、省部级课题,包括国家自然科学基金"价值共创视角下员工服务适应性行为研究:结构、形成机制及影响",国家社会科学基金"组织中的领导沉默:形成、过程及影响研究",广东省自然科学基金"基于价值共创的一线员工服务适应性行为形成机理研究"等。

前言

　　服务业的高速发展是现代经济的重要特征,服务经济已经成为许多国家的主导经济。信息技术的发展使新兴服务和创新的服务形式不断涌现,大量劳动力由制造业向服务业转移。英美等发达国家的服务业吸纳劳动力总量的75%左右,以中国和印度为代表的发展中国家的服务业占到经济总量的1/3以上并呈现出积极的发展态势。越来越多的企业把服务作为企业获取竞争优势的重要源泉。

　　早期的实践者试图借助基于制造业的传统管理理论和营销方法,却发现它们在解决服务问题时有诸多限制。于是来自市场营销、生产运营和人力资源管理等不同学科的学者从不同角度,致力于开发适合服务特性的管理理论和方法,服务管理研究由此拉开帷幕。20世纪70年代,学者们首先根据营销活动中的服务、服务产出和服务传递过程的特性,提出一些新的模型、概念和工具,成为服务管理的基础。20世纪80年代以后,众多学者在服务质量、流程设计、服务接触、顾客满意、供需管理、服务文化及员工服务行为等学术和实际操作领域展开了深入研究,关于服务管理的书籍不断增多。

　　随着服务理论的研究向纵深领域发展,服务管理已经发展为一门涵盖所有服务行业的学科,研究服务业运行及发展规律。这既得益于实践家的不断摸索,也离不开研究者的集体努力。如1978年决策科学学会(DSI)在波士顿会议上第一次明确了服务运营管理的学术地位;1989年《服务业管理国际学报》创刊;1990年首届服务管理国际学术研讨会在法国召开;1998年《服务研究评论》首次出版,并迅速成为该领域有影响力的杂志;2005年IBM阿尔马登(Almaden)研究中心创建了一个新学科"服务科学管理与工程(SSME)"。服务实践的发展和服务理论的研究相辅相成,相互促进。近年来,服务主导逻辑、价值共创、制造与服务的融合、顾客参与创新等新概念层出不穷,服务管理理论与方法取得了突破性的进展。了解研究现状,快速把握研究前沿,系统介绍服务管理理论与方法,探索具有中国特色的服务管理理论和发展战略,正是促成我们编写本教材的主要原因。

　　本书共由四篇组成。第一篇服务概论,介绍服务与服务经济、服务主导逻辑、制造与服务的融合、服务战略与竞争;第二篇构建服务体系,介绍服务设计与服务开发、服务中的技术、服务场景与服务设施、服务中的员工管理、顾客在服务中的角色、服务中的授权管理；第三篇服务运营管理，介绍服务需求与生产能力管理、服务流程设计与管理、服务生产率管理、服务质量与服务体验；第四篇服务可持续创新，介绍服务创新和服务国际化。

本书在编者多年教学、研究与实践经验总结的基础上编写而成，力图使教材既体现服务管理的理论分析框架，深入浅出阐述服务管理的理论与方法，吸纳服务管理研究的最新成果和进展，同时又结合中国服务管理的实际特点，体现服务管理理论体系。本书的读者对象可包括工商管理类专业本科生、研究生，MBA 学生；服务业管理人员；服务业研究人员；企业高级管理人员以及从事服务管理活动的相关人员。

中山大学管理学院谢礼珊教授负责全书的统筹策划，以及大纲的构建、统稿。谢礼珊同时和广东工业大学管理学院的彭家敏副教授共同负责第五～十一章和第十四章的编写，广东财经大学地理与旅游学院的关新华老师负责第一～四章和第十五章、第十六章的编写，华南农业大学人文与法学学院的龚金红副教授负责第十二章、第十三章的编写。中山大学管理学院硕士生何颖欣、谭瑶瑶、谭璐、彭银美和陈超分别参与第五、第十一、第十二、第十四和十五章部分资料的收集与初稿少量编写工作，博士生高腾也参与资料收集工作。

在本书编写过程中，我们综合了众多学者和企业实践者的研究成果和实践经验，也吸收了不同学科的知识，从不同类型的出版物中收集了原始材料，参考或引用了许多专家的观点，作者尽可能地在教材的参考文献中列出。本书的出版要感谢这些著作和论文的作者，教材后面的参考文献反映了他们的成果和贡献。我们还要特别感谢本书的责任编辑陆浥晨女士的精心策划和大力支持，她对本书做了大量的文字修改、加工、润色工作。在本书付梓之时，在此对他们表示衷心的感谢！

由于时间匆促和水平所限，书中难免有疏漏和不当之处，恳请专家和广大读者批评指正。

编著者
2015 年 12 月

目 录

第一篇　服　务　概　论

第一篇　服务概论

第一篇 总论与分论

第一章

服务与服务经济

 **学习目标**

随着经济的发展,服务的作用越来越大,大量劳动力在服务领域就业。没有交通、通信基础设施,没有政府提供的教育和健康保健,经济的作用就无法发挥。本章从服务的定义出发,介绍了服务包的组成和其他相关概念,进而阐述了服务在国家经济和全球商业中的核心作用,最后描述了服务区别于商品的特征,以及对服务的不同分类。通过本章学习,应该能够:

- 掌握服务的内涵。
- 明确服务在经济中的核心作用。
- 了解服务与商品的基本区别以及对服务业的相应挑战。
- 理解通过服务的战略性分类所能获得的启示。

第一节　服务的相关概念

作为消费者,我们每天都在使用服务。开灯、听广播、打电话、乘坐公共汽车以及理发等都是个人进行消费的例子。我们就读的学校本身就是一个复杂的服务组织。在工业化经济中,服务企业向制造业提供越来越多的广告、咨询、融资、测试和其他商业服务。因此,服务并非可有可无,而是一个社会的重要组成部分,是当今世界经济一体化的重要推动力。

一、服务的定义

对服务的描述和界定可以追溯到两个多世纪以前。亚当·斯密于 1776 年在英国出版的名著《国富论》中区分了两种不同劳动的产物,一种来自"生产性"劳动,另一种来自"非生产性"劳动。他认为生产性劳动的产物可以在制造出来后储存起来,并用来换取金钱或其他有价值物,但非生产性劳动,无论是多么受人尊敬、有用或者必要,创造出来的服务都在其产生之时就消亡了,因此不会创造财富。基于此,法国经济学家让·巴蒂斯特·萨伊认为,生产和消费在服务上是不可分割的,并创立了术语"非物质产品"来描述服务。

服务一词最早是与仆人给主人做事相联系的,渐渐地有了更为广义的联想。词典对服务的定义是服务、帮助或有益于他人的行为;趋向于他人幸福或利益的行为。早期对服务的定义将其与物品做对比。物品是物件、器具、材料、对象或事物;相应地,服务被定义为行为、事情、表现或努力。1960 年 AMA(美国市场营销学会)将服务定义为"用于出售或者是同产品连在一起进行出售的活动、利益或者满足感"。该定义说明,服务是可以从销售中直接购买的,或者是伴随某一产品的销售而出现。之后又有很多专家学者分别从不同的角度对服务进行定义,几种具有代表性的定义如表 1-1 所示。

表 1-1　服务的不同定义

定义种类	定义内容
定义一	服务是状态的变化,这种状态变化可以发生在某个经济主体及其拥有物身上;这种状态的变化是另一个经济主体的劳动结果。该定义从服务产生的结果出发,揭示了服务包含的主体和客体。但它过于笼统,因为"状态的变化"也可以发生在有形产品中。
定义二	服务包括所有产出为无形产品或构建品的全部经济活动,通常在生产时被消费,并以便捷、愉悦、省时、舒适或健康的形式提供附加价值,这正是购买者最为关注的所在。
定义三	服务是指或多或少具有无形性的一种或一系列活动,通常(但并非一定)发生在顾客同服务的提供者及其有形的资源、商品或系统相互作用的过程中,以便解决消费者的有关问题。该定义不仅指出服务具有无形性,还强调服务是一种活动,是一个交互作用的过程。
定义四	服务是顾客作为一个合作生产者时,所获得的一种不可存储的、无形的经历。
定义五	服务就是行动、行为、过程和表现。该定义指出服务是不能够接触、看到或者感觉到的有形商品,而是一种无形的行为和表现。
定义六	服务是专业能力(包括技术和知识)的应用,并且通过一定的行为、过程和表现来给实体(包括组织、团体、其他个体和自己)带来利益。
定义七	服务是为了另一实体的利益,以双方共同达成的和互利的方式进行能力(包括知识技术和资源)的应用。
定义八	对商品和服务的精确定义必须根据其特征来区别。商品是有形的实物对象或产品,能够创造和传递;它是一种超越时间的存在,因此能够在以后制造和使用。服务具有无形性和易逝性,是一种形成和使用同时或者几乎同时发生的事件或过程。消费者不能在其产出以后保留实际的服务,但服务的结果是可以保持的。

关于"服务"的定义,目前学术界还没有十分统一的界定,导致这一现象的主要原因是服务的复杂性和多样性。然而可以肯定的一点是,服务需要用自己的方式,而不是靠其与物品的对比来定义。有的定义简短干脆,如能够买卖但不能砸在脚上的东西。然而遗憾的是,它对于服务管理的指导没有用处。本书采用克里斯托弗·洛夫洛克(Christopher Lovelock)和约亨·沃茨(Jochen Wirtz)对服务的定义,即服务是一方向另一方提供的经济活动,通常通过限时的表演过程,给接受者、物体或买方所负责的其他对象带来所需要的结果。顾客用他们的金钱、时间和精力作为交换条件,希望从员工的劳动或专业技能、企业的设备、网络、系统或器材中获得价值,但是通常他们并不拥有对任何实体要素的所有权。这一界定包括以下内容:服务是两方之间的经济活动,这暗示着在市场上的买卖双方之间存在价值交换;服务是基于时间的行为;购买方购买服务是为了所期望的结果,如很多公司将其销售的服务称作满足潜在顾客需求的"解决方案";最后尽管顾客希望通过金钱、时间和精力来交换从购买服务中获得的价值,但是往往不涉及所有权的转移(只有少数例外,如维修时安装的备用件和餐馆制作的食品饮料,但这些项目增加的价值通常低于相伴随的服务因素产生的价值)。

二、服务包

服务经理很难识别他们的产品,因为服务不像实体产品那样可以按其属性,如大小、组成部分和材料等进行清晰确切的描述。构思一项要提供的服务,方法之一就是以实体产品为载体,尽可能清晰地列出所能提供的所有服务项目或是该服务可能带来的全部结果,还需要列出与顾客联系的各个方面及联系点,进而可以逆向思维,考虑服务企业必须提供的服务过程。通过这种方法审视所提供的服务,可以得到服务包这一概念。

(一)服务包的定义和构成

服务包是指在某种环境下提供的一系列产品和服务的组合,包括支持性设施、辅助物品、信息、显性服务和隐性服务等,如图 1-1 所示。

支持性设施是在提供服务前必须到位的物质资源,一般指服务发生的场所、设备、耐耗物品等,如高尔夫球场地、滑雪场的缆车、医院、飞机和酒店等。支持性设施在建立之前就有明确的目的,即为特定服务提供支持,一旦设立其结构便不容易改动。

图 1-1　服务包

辅助物品是指顾客购买和消费的物质产品,或顾客自备的物品,也是服务依托的载体,一般表现为易耗物品,在服务过程中将被消耗掉,如高尔夫球棒、滑雪板、食物、备用的汽车零件、法律文件、医疗设备及酒店提供的餐饮等。

信息是指由享受高效服务和按其具体要求定制服务的顾客提供的运营数据或信息,如患者病历卡、飞机上的舒适座椅、提前预订顾客的优惠等。

显性服务是指那些可以用感官察觉到的和构成服务基本或本质特性的利益,是顾客消费的最主要的目的,也是影响顾客满意度最直接的因素,其代表的意义是多方位的,如医疗服务使患者的病痛消除或缓解,舞台上的表演所带给观众的愉悦感,干洗店所洗衣物的效果,经过修理后的汽车可以平稳行驶等。

隐性服务则是指顾客能模糊感到服务带来的精神上的收获,或服务的非本质特性,如顾客到达的便利性、服务环境的舒适性、个人隐私与安全感、结账的清晰性和准确性、对服务失误和顾客抱怨处理的及时性和有效性,以及员工对顾客的移情性等。与显性服务相比,隐性服务是服务中的"软件",但其对提高顾客忠诚度、避免顾客流失等无疑具有十分重要的意义。

(二)评价服务包的标准

顾客对整体服务的体验和评价由两个因素决定,其一是服务包是否包括了他们期望的所有要素;其二是每个要素是否满足他们的期望,且其标准和质量等级的情况如何。以经济型酒店为例,支持性设施是一幢混凝土大楼,有简单的家具;辅助物品减少到最低限度,仅有洗漱用品;显性服务为干净房间里的一张舒适的床;隐性服务可能是有一位态度良好的前台服务员。偏离这个服务包,如增加酒店的服务员将会破坏经济型酒店的概念。再如当一个商务人员与家人乘坐包机旅行时,他不会抱怨机舱内的狭窄空间和在候机厅的长时间等候,而在商务旅行中却会计较这些。表1-2为评价服务包不同组成要素的标准。

表1-2　评价服务包的标准

服务包的要素	评 价 标 准
支持性设施	地点:乘公交车是否可以到达,是否坐落在市中心; 内部装修:是否营造了合适的氛围,家具质量和协调程度如何; 支持性设备:航空公司使用的是什么类型的飞机,使用年限多长; 建筑的适当性:大学校园的古典建筑,市中心银行巨大的花岗岩门面; 设施布局:交通是否堵塞,是否提供了足够的场地供人们等候。
辅助物品	一致性:牛奶中特定成分含量的控制,炸土豆条的香脆; 数量:小、中、大型饮料; 选择:菜单上菜肴数目。
显性服务	服务人员的培训:使用了多少辅助专业人员,汽车修理人员是否经国家汽车服务研究院(NIASE)的认可; 全面性:普通医院与诊所的比较; 稳定性:航空公司的准点记录; 可获得性:是否有网站、免费电话,24小时ATM服务。
隐性服务	服务态度:令人愉快的飞机乘员、粗暴的餐厅服务员; 气氛:餐厅的装饰格调,酒吧里的音乐,给人井井有条而非混乱感; 等候:加入银行排队的队伍; 地位:观看明星演唱会时的座位位置; 舒适感:灯光较好的停车场; 保密性与安全性:旅馆房间的磁卡钥匙; 便利:使用预约,免费停车。

资料来源:[美]詹姆斯·A.菲茨西蒙斯,莫娜·J.菲茨西蒙斯.服务管理:运作、战略与信息技术[M].第5版.张金成,范秀成,译.北京:机械出版社,2007:15-16.

三、相关概念

区分服务行为、服务产品、服务企业、服务产业和服务经济是很重要的,它们体现在服务由微观到宏观的各个层面,共同构成了服务的概念体系。

(一)服务行为

服务是一方为另一方提供服务的活动,是当一方有某方面的需求,自己没有能力或不愿亲自实现时,通过交易方式请求另一方帮助实现的活动过程。服务行为是服务的微观表现,服务管理的许多内容是针对服务行为的时间、地点、方式以及服务过程中的顾客感受展开的。

(二)服务产品

服务产品代表着市场上顾客估价和购买的无形的产品提供物。提供服务产品的可能是服务企业,也可能是制造型或科技型等非服务企业。如 IBM 和惠普向市场提供技术咨询服务,从而与埃森哲等传统的纯服务企业相竞争。

(三)服务企业

若企业的主要生产经营行为是服务行为,则该企业为服务企业。服务企业的主营业务为服务业务,收入主要来源于服务产品。万豪国际酒店集团、南方航空公司、正略钧策咨询公司、中国工商银行等都可视为纯服务企业。

(四)服务产业

服务产业是指以增值为目的,提供服务产品的生产部门和企业的集合。服务产业不同于服务事业,后者是以满足社会公共需要提供服务产品的政府行为的集合。按照服务提供对象的不同,可将服务产业划分为消费性服务业和生产性服务业;按照在国民经济中的功能,可将其划分为基础服务业、贸易服务业、商业服务业、公共服务业、社会/个人服务业五类。

(五)服务经济

服务经济是指以服务活动为主导经济活动类型、服务产业成为主导产业的经济形态,是服务在宏观层面的表现。

第二节　服务在经济中的作用

服务在任何社会中都处于经济活动的中心。新的服务不断出现,以满足消费者的现有需求和连他们自己都没有意识到的需求。同样,企业间市场(B2B)也发生着类似的变化。服务业的 GDP 份额和就业在现代工业化社会中占主导地位,代表了经济由前工业化到后工业化社会的必然发展历程。

一、服务业与经济演进

(一)经济发展的阶段

哈佛大学社会学教授丹尼尔·贝尔将经济发展大致分为三个阶段,即前工业化社会、工业化社会和后工业化社会。

前工业化社会,即农业社会,大多数人的生活状态是维持生存。劳动者凭借体力和传统习惯在农业、矿业和渔业辛勤劳作,生活条件受到许多因素限制,如天气、土壤质量和水源。生活节奏由自然决定,工作节奏随季节而变,产量低且技术含量低,社会生活围绕于大家庭之间。该社会由习惯、传统和权威构筑而成。

工业化社会的主导性活动是物质产品生产,关注的焦点是降低成本和提高产量。能源和机器设备使每小时产量成倍增长并决定了工作的性质;劳动分工创造出不同类型的工种;工作在人造环境,如工厂中完成;生活节奏与机器的步调一致,每日都由严格的工作时间和时钟控制。生活水准由物质产品的数量衡量,协调物质产品生产和分销的复杂性导致大型官僚等级组织的形成。这些机构的运作趋向于非人化,人被当作动物来对待。个人是社会生活的基本单元,社会被认为是在市场上做出所有决策的总和。

后工业化社会,也被称为服务经济、数字经济、新经济和知识经济,关注生活质量,它不是由物质产品的数量决定,而是由健康、教育、娱乐等方面的服务水平决定。各种专业人士成为主导力量,因为信息成为压倒能源和体力的资源。人们逐渐认识到,个人的独立行为结合在一起可能产生波及每个人的大灾难,如同交通堵塞、环境污染波及每个人一样。社区而不是个人成为社会的基本单位。三个阶段的比较如表1-3所示。

表1-3　不同社会的比较

特　性	前工业化社会	工业化社会	后工业化社会
游戏	和自然抗争	和人造的环境抗争	人和人之间的竞争
主导活动	农业和矿业	物质产品生产	服务
人力的使用	原始的体力劳动	机器驱动	艺术的个人创造力
社会单元	延伸的家庭劳动	个人	集体
生活水准指标	维持生存	大量商品	健康、教育和娱乐
结构	传统权威	官僚等级	全球化
技术	简单手工工具	机器	信息

资料来源:[美]詹姆斯·A.菲茨西蒙斯,莫娜·J.菲茨西蒙斯.服务管理:运作、战略与信息技术[M].第5版.张金成,范秀成,译.北京:机械出版社,2007:7.

(二)欠发达地区的服务业

服务业发展与经济发展阶段密切相关。在部分欠发达国家,可能连一些基本服务,如医疗、教育、供水、能源供给和卫生设施等都无法保障。更值得关注的是,通常是处于社会底层的人群更缺乏上述服务。一方面,他们缺乏必要的途径来接受这些服务;另一方面,即使能够接受服务,其数量也是不足的,且质量无法保证。以尼泊尔为例,全国5%最富有的人占有46%的教育经费支出,而那些最贫穷的人,尽管数量极其庞大,但却只占有11%的教育经费支出。在印度,5%最富有的人所接受的医疗补贴是穷人的三倍。在摩洛哥,只有60%的人可以喝到洁净卫生的水,而5%的穷人中只有11%的饮用水符合卫生标准。在部分国家的医院里,病人常常不得不面对医生近乎冷漠的服务。

穷人接受不到良好的服务还因为其对服务的需求比富人低得多。他们常常不送孩子到学校读书,生病也不去医院就医,因为他们必须工作,且没有额外的钱来购买服务。即使有些服务是免费的,也缺乏必要的时间来接受服务。如非洲喀麦隆,很多小学离居民区最近的距离为8千米,而医院则有23千米之遥。世界银行的研究表明,教育和服务设施的布局一般会更接近于富人而非穷人。

二、服务业对经济的贡献

20世纪中期以来,自欧美发达国家开始,世界经济结构发生了深刻的变革,即工业革命以来长期占主导地位的制造业在国民经济中的比重日渐削减,各种新兴的、门类繁多的服务部门蓬勃发展,服务行业正在把全球经济带入所谓的"服务经济时代"。随着服务经济的发展,服务在社会经济中的地位和作用与日俱增,一个国家的服务业水平反映了该国的社会经济发展水平以及国际竞争力。这也是我们研究服务的原因之所在。

(一)服务业对国内生产总值的贡献

在世界各地,无论是发达国家还是新兴国家,服务业的规模都在不断扩大。表 1-4 显示了在规模从小到大的各种经济类型中,服务业所占的相对比例。在大多数较为发达的国家中,服务业占 GDP 的比重为 2/3~3/4,但是以制造业为主的韩国(57.6%)是个例外。世界上服务业所占地位最为重要的国家或地区恐怕要数中国澳门,作为四大赌城之一,其著名的轻工业、美食、旅游业、酒店和娱乐场使澳门长盛不衰,成为亚洲最发达、最富裕的地区,也是世界上人口密度最高的地区。泽西岛、巴哈马群岛和百慕大群岛(90.8%)均由群岛组成,经济结构基本相同,以旅游业、离岸金融业和保险业著称,其服务业占经济结构比例均达 90%以上。巴拿马的强劲表现(79.1%)不仅反映了巴拿马运河的运营,也反映了相关服务,如集装箱港口、自由港口区以及金融服务、保险和旅游业。

表 1-4 GDP 中服务业所占比重(%)

国家/地区	比重	国家/地区	比重	国家/地区	比重	国家/地区	比重
中国澳门	97.1[a]	马尔代夫	77.5[a]	新西兰	71.3	墨西哥	63.4
泽西岛	97.0[b]	丹麦	76.7	瑞士	71.3	波兰	63.0
中国香港	92.6	美国	76.7	加拿大	71.0	俄罗斯	58.9
巴哈马群岛	90.4	古巴	75.2	德国	71.0	韩国	57.6
卢森堡	86.0[c]	葡萄牙	74.8	澳大利亚	70.4	印度	55.6
法国	79.8	日本	74.6	巴西	67.3	菲律宾	54.4
巴拿马	79.1	欧盟	73.1	中国台湾	66.9	巴基斯坦	53.1
希腊	78.3	荷兰	73.0	南非	65.9	马来西亚	47.8
比利时	77.7	意大利	72.9	以色列	64.7	中国	43.3
英国	77.7	新加坡	71.7	土耳其	63.9	泰国	42.5

注:a. 2009 年数据;b. 2005 年数据;c. 2007 年数据;未做标注的为 2011 年数据。
资料来源:The World Factbook 2012, Central Intelligence Agency, GDP-composition by sector-services 2012 Country Ranks, http://www. photius. com/rankings /economy/gdp_composition_by_sector_services_2012_0. html.

在中国的新兴经济中,基础雄厚的农业、蓬勃发展的制造业和建筑业仍占据主导地位。但随着经济的发展,中国对企业和消费者服务的需求也随之增长。据美国中央情报局统计,2004 年中国服务业占 GDP 比重仅为 33%,这一比例到 2011 年则上升到 43.3%,农业和工业分别占 9.6%和 47.1%。

(二)服务业雇佣人数的巨大增长

在整个工业化世界,就业从制造业转向服务业是显而易见的。服务业不仅在规模上扩大了,而且也吸收了传统行业,如农业、采矿业和制造业富余的各种工作,如表 1-5 所示。1990 年,美国就业人数的 30% 是由服务业雇用的;到 1984 年,服务业雇用了 74% 的就业人数;到 2004 年,这个数字上升到 81%。与此同时,农业的就业人数比例从 42% 下降到只有 0.7%。而在中国,农业所占用的劳动力仍然是最为庞大的,达 38.1%,服务业和工业劳动力比重分别为 34.1% 和 27.8%。从世界经济的范围看,农业仅占生产总值的 5.9%,但却占用了 36.6% 的劳动力;工业占生产总值的 31.3%,对应 21.4% 的劳动力;服务业占生产总值的 62.8%,雇用了 41.9% 的劳动力。和我们印象完全不一样的是,许多新的服务业岗位可能会薪酬丰厚,需要较高的教育水平才能胜任。一些增长最快的行业将是知识型产业,如职业和企业咨询服务、教育和健康服务,这些行业的许多职位需要较高的培训和教育资历,员工薪酬丰厚。

表 1-5　服务业劳动力占总劳动人口的比例(%)

国家/地区	比重	国家/地区	比重	国家/地区	比重	国家/地区	比重
英国	80.4[a]	瑞士	73.2[d]	德国	67.8[b]	俄罗斯	62.7[d]
荷兰	80.0[b]	法国	71.8[b]	南非	65.0[e]	中国台湾	58.8[d]
加拿大	76.0[a]	日本	69.8[d]	意大利	65.1[b]	中国	34.1[g]
澳大利亚	75.0[c]	新加坡	69.7[d]	墨西哥	62.9[b]	印度	34.0[c]
新西兰	74.0[a]	韩国	69.4	巴西	66.0[f]	美国	17.6[c]

注:a. 2006 年数据;b. 2005 年数据;c. 2009 年数据;d. 2010 年数据;e. 2007 年数据;f. 2003 年数据;g. 2008 年数据;未做标注的为 2011 年数据。美国农业、林业和渔业劳动力占总劳动人口的 0.7%;制造、提炼、运输和手工艺品的劳动力占 20.3%;管理、专业和技术劳动力占 37.3%;销售及办公劳动力占 24.2%;其他服务劳动力人口占 17.6%。

资料来源:The World Factbook 2012, Central Intelligence Agency, Labor force-by occupation-services 2012 Country Ranks, http://www.photius.com/rankings/economy/ labor_force_by_occupation_services_2012_0. html.

(三)服务业在国民经济中的"黏合剂"作用

正如 Shelp 指出的,"农业、采掘业和制造业是经济发展的砖块,而服务业则是把它们黏合起来的灰泥"。Riddle 也认为"服务业是促进其他部门增长的过程产业……服务业是经济的黏合剂,是便于一切经济交易的产业,是刺激商品生产的推动力"。通过构造一个"经济部门相互作用模型",Riddle 向我们描绘了服务在分工经济中的独特作用,即服务不是边缘化或奢侈的经济活动,而是位于经济的核心地带。如图 1-2 所示。

图 1-3 则揭示了经济生活中服务业和制造业之间的相互依赖性。许多服务企业提供运输、银行、广告、修理和通信服务以支持生产产品的分销。制造业的成功需要对市场的快速反应能力,根据顾客需求设计产品的能力和快速的运输能力,所有这些都要依靠服务的一体化。此外,制造业的盈利能力逐渐需要依靠开发具有附加值的产品。如奥迪斯电梯很早以前就发现从售后服务中获得的收入大大超过电梯产品销售获得的收入;同样,当个人电脑成为低利润的商品时,IBM 转向为企业提供全面解决方案来提高收益。

三、服务业增长的驱动力

任何企业都会受到外部宏观环境的影响。这些因素包括政府政策、社会变迁、商业趋

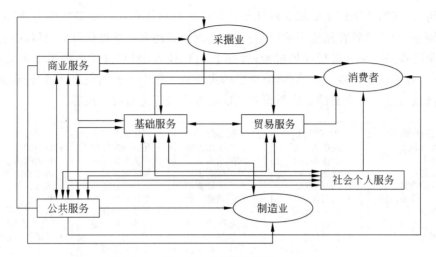

图 1-2　交互经济模型

资料来源：Riddle D I. Service-led growth：The role of the service sector in world development[M]. New York：Praeger，1986：27.

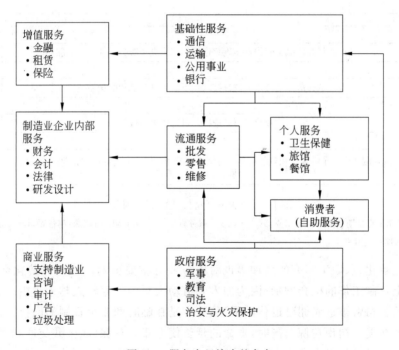

图 1-3　服务在经济中的角色

资料来源：Guile B R, Quinn J B. Technology in services：policies for growth, trade, and employment[M]. Washington, D. C：National Academy Press, 1988：214.

势、信息技术的进步和国际化，如图 1-4 所示。这些力量形成一股合力，正在重新塑造需求、供给和市场竞争的格局乃至消费者的决策风格。

　　技术，尤其是信息技术和通信技术的发展，对服务业来说至关重要。很多专业服务都建立在信息通信技术(ICT)的基础之上；芯片技术的突破性进展使得新产品的大规模制造成为可能,同时也加速了新服务的开发。如移动电话使得专业服务提供者能够更有效地提供服务,减少消耗在路途中的时间;无线上网业务的普及使得保险商可以在线为其客户提供保险业务咨询和进行现场报价;得益于 ITC 技术,顾客只需借助于服务设施中的自助平台,按照提示一步一步操作,就可以解决服务过程中遇到的很多问题;轻点鼠标,服务提供商就可以一种全新的方式与世界范围的客户进行沟通或分销等。

图 1-4　向服务经济转变的刺激因素

资料来源:克里斯托弗·洛夫洛克,约亨·沃茨. 服务营销[M]. 第 6 版. 谢晓燕,赵伟韬,译. 北京:中国人民大学出版社,2010:9.

　　人口老龄化、双职工家庭的增加等也对服务业有重要影响。人口老龄化会使退休老人参加非全日制工作的机会增加,因为加入到劳动大军中的年轻人越来越少。将来,面临劳工短缺的公司将被迫雇佣已退休的员工,至少是在临时和非全日制的岗位上,而这种现象目前已经在美国初现端倪。同时,寿命的延长使老年人在保健、公共交通和娱乐方面的服务需求扩大。双职工家庭正在快速取代由丈夫、主妇和孩子组成的传统家庭结构。女性走出家门工作已经成为全球的趋势,而这又会直接或间接地刺激某些服务业的发展,如对家政服务、学前教育和餐饮等方面的服务需求增加。对于双职工家庭来说,时间就是金钱,他们愿意为某种服务付费以获得更多的空闲时间。因此针对这类人群的、以节省时间为目的的各种服务应运而生,如送货上门、代客购物等。他们也为休闲、娱乐和旅游业带来巨大的商机。

　　这些因素既为服务企业带来机遇,也使其面临新的挑战。从积极的方面来看,可能会增加对许多服务的需求,但也意味着更加激烈的竞争,而这将刺激更多的创新。对于制造企业,工程研究往往是产品创新的驱动力;而对于服务企业,软件工程师及程序设计者才是推动创新的技术管理者。此外,顾客直接参与服务过程,因此对不断满足顾客需求的关注推动了服务创新,这正是营销在服务管理中起重要作用的原因。

需要说明的一点是,服务部门的增长离不开物质生产部门工作效率的提高。这一点与产业转移浪潮类似:农业向工业转移是因为农业生产力的大幅提高使得更多的人能从事其他工作;而工业的进步使得人们能开发出更多高效的农业机械,进一步促进农业生产力的提高。同样,只有制造部门的生产力不断提高,服务部门才会进一步增长。

第三节　服务的性质与分类

服务环境的独特性对传统的、基于制造业的技术运用于服务提出了质疑。虽然很多方法是通用的,但忽视商品与服务的差异会导致严重的后果。更为重要的是,认识服务的特性有助于寻求创新管理方法。同理,将服务从不同视角进行分类,也有助于将注意力集中到类似的服务业共有的管理问题上。

一、服务的性质

那些成长于制造企业背景下的管理概念和实践能否直接应用于服务型组织呢?答案经常是否定的,因为商品与服务之间存在着内在区别,这些特征向服务管理者提出了挑战。表 1-6 总结了商品与服务的区别,这些特征之间并非互相独立,而是相互联系的。

表 1-6　商品与服务的区别

商　品	服　务
一种物体	一种活动或过程/过程性
有形	无形
生产、传递与消费过程分离	生产、传递与消费过程同时发生
通常顾客不参与生产过程	通常顾客参与生产过程
标准化/同质	异质性
可储存	无法储存/易逝性
涉及所有权的转移	不涉及所有权的转移

资料来源:Parasuraman A,Zeithaml V A,Berry L L. A conceptual model of service quality and its implications for future research[J]. Journal of Marketing,1985,49(4):41-50;[美]詹姆斯 A 菲茨西蒙斯,莫娜 J 菲茨西蒙斯.服务管理:运作、战略与信息技术[M].第 5 版.张金成,范秀成,译.北京:机械出版社,2007:16;[芬兰]克里斯廷·格罗鲁斯.服务管理与营销——服务竞争中的顾客管理[M].第 3 版.韦福祥,等,译.北京:电子工业出版社,2008:38-40.

(一)过程性

服务最重要的特征就是其过程性。服务是由一系列活动构成的过程,而非一件物品。这个为顾客提供解决方案的过程需要运用各类资源,如人力、物力及其他有形资源,包括信息、基础设施等,通过互动的形式来帮助顾客解决问题。可以说,其他特性都是从这一特点派生而来。

（二）无形性

虽然服务常常包括一些可触知的有形要素,但是服务行为本身是无形的或不可触知的。服务企业生产的是"表演",而不是实体物品,因此从服务中获得的利益从本质上来说来自"表演"。

由于服务是一种行动、过程或表现,所以我们不能像感觉有形商品那样看到、感觉到或触摸到服务。医疗保健服务是由提供者针对患者及其家属进行的行为,如手术、诊断、检查和治疗等,尽管患者可以看到或接触到服务的部分有形内容,如设备、病房等,但实际上顾客很难把握这些服务。即使一项诊断或手术已经完成,患者也可能没有完全理解已经提供的服务。服务的无形性不仅给企业,而且给顾客带来了挑战。一方面,服务的创新不能申请专利,因此新的服务概念可以轻易地被竞争对手模仿。另一方面,服务不容易向顾客展示或轻易地沟通交流,因此顾客难以评估其质量,必须依赖服务企业的声誉或其他方式;而购买产品时则可以在购买前观察、接触和测试产品。

无形性被部分学者认为是服务最重要的特性。但有形与无形之间的界限并不总是那么容易分辨,有形商品与无形服务之间实际上也并不存在明显的界限。即使是有形产品,在顾客的头脑中也不一定总是有形的,因为其可以从主观和无形的角度来感知一个西红柿;顾客对运动型轿车和奢华手机的感知也是以一种主观的方式来进行的,其无形程度也很高。因此,无形性并不是界定有形产品和服务的有效尺度。准确的表述应当是:不同的服务,其无形程度不同。图1-5为林恩·肖斯塔克(Lynn Shostack)所提出的服务-有形商品统一体概念,即按有形元素占主导向无形元素占主导依次排列分布。事实上,纯粹的商品和服务都是不存在的,企业所提供的大多是处于商品附加服务或服务附加商品的状态,如酒店中必须有床和其他设施,餐厅中要有食物,修理厂必须有看得见的零部件等。但有一点是肯定的,即服务无法尝试,如一条旅行路线,如果不购买是得不到任何体验的;乘坐飞机也必须购买才能有资格登机。

（三）生产与消费的同步性

大多数商品先生产,然后进行销售和消费;而大部分服务却是先销售,然后同时进行生产和消费。如一辆汽车可以在广州本田生产,运到武汉,两个月后卖掉,并在以后数年的时间内消费;但餐馆的服务在没有出售前却不能提供出来,而且就餐过程基本上是生产和消费同时进行。这一特性的一个结果是服务生产商发现他们本身就是服务的一部分,而且是顾客对服务体验的一个基本因素。另一个结果是,按照传统的管理模式,质量控制无法完成。在制造业中,质量是事先生产好的,由有形的标准进行严格控制,但在服务业中情况则不同,服务质量是在生产和消费过程中由顾客和服务提供者共同生产出来的,服务质量和顾客满意度将在很大程度上依赖于"真实瞬间"(moment of truth)发生的情况,包括员工的行为、员工和顾客之间的互动,以及周围顾客的影响等。因此,服务质量的控制必须具有现场性。如果企业还依赖于传统的制造业质量控制模式,那么一些顾客亲自

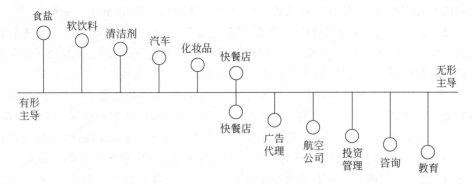

图 1-5　在商品和服务中有形元素和无形元素的相对价值对比

资料来源：Shostack G L. Breaking free from product marketing[J]. Journal of Marketing，1977，41(2)：77.

参与的服务过程可能就会处于难以控制的状态。此外，生产与消费的同步性也意味着不太可能通过集中化来获得显著的规模经济效益。

（四）顾客参与服务生产

在许多服务中，顾客不仅仅是服务的接受者，还参与服务生产，与服务提供者共同创造和生产服务。在顾客参与服务的情况下，服务企业可以通过培养顾客的习惯，以使他们掌握更多技能，从而提高生产率，获得更多效益。

顾客可以以与服务人员合作的方式参与到服务进程中，如理发店、餐馆、快餐店及图书馆等，顾客需要配合服务人员来获得服务，甚至有些事要自己动手而非一味地等待别人服务。另一方面，顾客也可以采用自助的方式参与服务，如从 ATM 中取款，在机场自助服务点完成登机手续，或通过网站预订座位等。在很多行业，顾客拥有选择权，可以通过多种渠道来获取银行服务，在零售店购物或上网购买，在教室听课或通过有线或卫星传送的远程方式上同一门课。甚至在同一服务场所，都能发现各种不同的选择，如你既可以选择在健身器材上自己锻炼来获得所期望的健身效果，也可以选择聘请私人健身教练来指导你的锻炼方式，并获取专业建议和反馈。事实上，顾客往往起着"半个员工"的作用，可以通过训练顾客以使他们掌握更多的技能，从而提高生产率，获得更多的收益；而开发对顾客更加方便的网站、设备、场所和系统，确保运营人员能提供及时的支持，不仅使顾客自身得到了好的体验和结果，也帮助企业大大提高了生产力，降低了成本。

此外，顾客作为参与者出现在服务过程中，还要求服务管理者重视设施的设计，而这在传统的制造业中是没有的。如顾客并不在意汽车是在处于何种环境中的工厂制造出来的，因为他们看到的是放在经销商的环境优雅的陈列室中的成品。而服务是一种发生在服务设施环境中的体验。如果该设施的设计符合消费者的需要，就可以提高服务质量，而且内部装饰、陈设、布局、噪声及颜色等都能够影响顾客对服务的感知。

（五）异质性

由于顾客、员工和管理人员对服务生产和传递过程的影响，企业很难对服务的投入产出过程进行标准管理,服务具有异质性。实体商品能在可控制的条件下进行生产:先进行商品设计以制定出生产效率和生产质量方面的最佳标准,然后在商品生产出来后检查其是否与质量标准相一致。然而,对那些生产和消费同时进行的服务来说,最后组装是在产品的实时生产过程中发生的,因此可能因为顾客的不同而出现差异。对于同一个员工来说,他为第二位顾客所提供的服务肯定与第一位不同,即使其他条件不变,两次服务涉及的社会关系也不同。同理,没有两个顾客会完全一样,即使他们同样从 ATM 中取钱,所接受的服务也肯定不同。因此,服务的异质性主要是由于人们之间的相互作用以及伴随着这一过程中的所有变化因素所导致的。如在同一天,一位税务会计师可能向两位不同的顾客提供不同的服务,取决于顾客的需要、个性,会计师的精力等因素,从而造成服务的异质性。

异质性造成的一个结果是服务过程中更可能发生失误,对顾客的保护也将变得更困难。这就给服务管理带来了一个非常严峻的问题,即如何生产和向顾客提供具有一致性质量的服务。实际上,服务质量取决于服务提供者不能完全控制的许多因素,如顾客清楚表达自身需求的能力、员工满足这些需求的能力和意愿、其他顾客的到来以及对服务的需求程度,这就使得服务不一定完全按照计划和宣传推广的那样提供给顾客。有时,服务可能会由第三方提供,从而加大服务的异质性。为消除由异质性引发的挑战,服务企业可以根据顾客个性化的需求提供定制化的服务,或者开发一种标准化的服务交付系统,使得顾客接受相同类型和水准的服务,即实施标准化。

(六)易逝性

服务只是一次行动或者一个过程,而不是顾客可以一直拥有的有形的物品,所以它是不能储存的。易逝性指服务不能被储存、转售或退回的情况。虽然服务的过程需要一定的场地、设备和劳动力,但这些仅仅是生成过程要素的一部分。如果在一定时期内没有需求,没有使用的生产能力就被浪费掉了。如飞机上的空座位、医院或宾馆里的空房间,或是律师的一个小时时间是不能重新收回并在以后使用或重新出售的。这与商品可以库存或在另一天再出售,或者是由于顾客不满意而退货的情况正好形成对比。某些服务公司发现,把其服务过程的一部分储存起来是可能的。如麦当劳可以把汉堡包储存有限的一段时间,但是不可能把整个服务感受都储存起来;星期四晚上整个系统的富余生产能力也不可能存到星期五晚上的营业高峰时用。

不能储存使服务能力的充分利用成为一大管理挑战,服务组织的管理人员不得不面对供给能力能否满足顾客波动需求的问题,因而为充分利用生产能力进行需求预测,并制订有创造性的计划就成为重要的和富有挑战性的决策问题。研究发现,顾客对服务的需求在短期内表现出周期性变化,高峰期和低谷期差别很大,如人们在中午 12 点到下午 1 点之间吃午餐的习惯给餐馆造成很大压力,餐馆必须容纳中午蜂拥而至的人群;对娱乐和运输业的需求则呈现出很强的季节性,如春节和十一长假期间出行,要提前预订车票。服务一般不能被退回或重新销售的事实也表明必须制定有力的补救策略,以防止服务失误的出现。

（七）不涉及所有权的转移

服务通常不牵涉所有权的转移。商品与服务之间最关键的差异是顾客从服务中获取了价值，但通常并不获得对任何有形要素的所有权（食品服务和维修服务过程中备用部件安装除外）。如我们乘坐飞机从一个地方到另一个地方，当到达目的地后，我们拥有的只是手中的登机牌；当租用汽车或公寓时，我们并没有真正拥有它们，而是获得汽车的使用权和公寓的居住权；剧场里的座椅、旅店的房间都不会发生所有权的物理转移。但在另一些情况下，服务牵涉了所有权的转移问题，如当学生购买了一本服务管理书籍时，他就实实在在地拥有了它；当顾客从食品杂货店购买了某些食品时，顾客就理所当然地拥有了这些食品，食品是服务的有机组成部分。在其他情况下，服务接触的结果使顾客获得了有形的物品，但这些物品转移的根本目的并不是为了拥有其有形实体。如顾客拥有保险单，其核心服务是在万一生病或家中失火的情况下提供安全感；咨询专家的书面报告是为了以后能对其进行再阅读、保存和共享。基于这一特征，服务是一种借助于租用或进入形式而使顾客获取利益的过程。通过这些形式，顾客获得了有形物体的使用权、劳动力、专业人员的雇佣权，或机构和网络的进入权，并得到了他们想得到的利益。

二、服务分类

（一）服务分类的必要性和思路

服务管理的概念应当适用于所有服务组织，如医院的管理者可以从餐馆和旅馆业得到一些启发。但服务业的多样性、不同服务行业的性质存在明显差异，造成了服务管理通用性的局限。服务分类有助于更有条理地讨论服务管理，打破行业障碍，互相取长补短。正如上面提到的，医院可以向旅馆学习管理经验；干洗店也可以向银行学习（虽然不是那么显而易见），银行为客户开设便利性晚间存款业务，洗衣店也可以为其客户提供洗衣袋和下班后接收衣服的箱子；专业服务企业如管理咨询公司为客户制订咨询方案的过程，与律师为法庭辩护所做的材料和程序准备工作以及医生为心脏手术所做的医疗准备工作很类似。服务分类基于一些关键变量的共性而展开，通过抽取不同服务行业的共性和管理经验而使服务管理具有一定的通用性，进而为跨行业的学习提供依据。

对服务进行分类，可以依据以下标准进行：无形性程度、与消费者接触的程度、同时性程度、差异化程度、不可储存性程度、时间变化引起需求变化的程度、服务定制化程度、劳动密集程度、服务是面向人还是设备等。不论采用何种方式，服务分类都应该理论联系实际，应该能够产生激发管理行为的新观点。

（二）具有战略启示的服务分类

由于服务企业的多样化及在顾客关系方面的差异，对服务战略进行一般性的讨论非常复杂。然而，为了避免服务的"近视症"，即认为一个行业中的概念不能运用于另一行业，超越服务界限进行战略性的考察是十分必要的。以下介绍 Lovelock 和 Schmenner 对服务所做的分类，其为超越行业界限、认识战略要素提供了有用的方法。

1. 基于服务活动性质的分类

服务活动可以分为两个维度,即服务的直接接受者是人还是物,以及服务的有形性程度。据此可以将服务划分为人体处理、物体处理、脑刺激处理和信息处理四种类型。如表1-7所示。

表1-7   理解服务行为的性质

		服务的直接接受者	
		人	物
服务活动的性质	有形活动	人体处理(针对人体的服务):乘客运输、卫生保健、住宿、美容、物理治疗、健身中心、餐馆/酒吧、理发、殡葬服务	物体处理(针对实体的服务):货物运输、修理和维护、仓储/保存、办公环境清洁、零售、洗衣和干洗、加油、景观/草坪保养、废弃处理/回收
	无形活动	脑刺激处理(针对人的大脑的服务):广告/公关、艺术和娱乐、广播/有线电视、管理咨询、教育、信息服务、音乐会、心理治疗、宗教、语音电话	信息处理(针对无形资产的服务):会计、银行、数据处理、数据传递、保险、法律服务、程序编写、研究、证券投资、软件咨询

资料来源:Lovelock C H. Classifying services to gain strategic marketing insights[J]. Journal of Marketing, 1983,47(3):12(克里斯托弗·洛夫洛克,约亨·沃茨. 服务营销[M]. 第6版. 北京:中国人民大学出版社,2011:30 对原分类进行了扩展)

该分类有助于服务企业反思传统的服务传递方式。如在服务过程中,顾客是否需要亲临现场? 顾客亲临现场只是为了开始或终止交易? 如果顾客必须在场,他们必须亲赴服务场所并成为整个过程的一部分,还是服务提供者上门服务也是可能的? 这对于设施设计和员工的交互作用具有重要启示,因为顾客的印象将影响他们对服务的感知。另一方面,这种分类有助于分析服务设施位置的影响和营业时间的便利性。如零售银行大量采用自动柜员机(ATM)和其他取代人际接触的电信设备等均是基于服务设施位置和时间便利性的考虑。此外,创造性地思考服务性质有助于识别更方便的传递方式,甚至创造出可以替代服务的产品。如讲座录像带、音乐CD就是替代亲临现场的便利产品,并可对事件进行永久保存。

2. 基于顾客关系的分类

服务企业有机会与顾客建立长期的关系,因为顾客直接与服务提供者进行交易,而且经常是人际交互。相反,制造企业由于通常使用经销商、批发商和零售商构成的分销渠道而与最终消费者隔离,但在B2B情境中,工业采购商(industrial purchasers)会与供应商建立长期关系。通过以下两个问题:服务组织与顾客间是会员关系还是非正式关系,以及服务传递是持续进行还是每次交易都是单独记录和付费,可以将服务划分为四种类型,如表1-8所示。

对于服务组织来讲,了解顾客是一个重要的竞争优势。拥有一个包括顾客姓名、地址和服务要求的数据库,使得确立目标市场和给予每个顾客特别的关注有了依据。如与顾客建立会员关系的服务组织不仅了解目前的顾客是谁、在哪里,而且知道他们如何利用组织所提供的服务,这就使得组织可以有效利用直邮广告、电话销售以及人员销售等目标市场营销沟通媒介,并赢得顾客忠诚;顾客也会从会员资格中受益,如航空公司对频繁旅客的里程奖励。

表 1-8　与顾客的关系

		服务组织与顾客间关系的类型	
		"会员"关系	非正式关系
服务传递的性质	服务的持续传递	保险、电话登记、银行、电力、美国汽车协会	广播电台、警察保护、灯塔、公共高速公路
	间断的交易	长途电话、剧场套票预订、通行证或月票、航空公司的常客	汽车租赁、邮政服务、付费电话、餐馆

资料来源：Lovelock C H. Classifying services to gain strategic marketing insights[J]. Journal of Marketing, 1983, 47(3): 13.

3. 基于定制和判断的分类

很少有日用消费品是基于特殊要求而生产的，它们大多是现货供应。对于大部分工业用品来说也是如此。但是对于服务行业，情况却大不相同：由于服务的生产与消费同时进行，顾客常常是过程的参与者，这就为通过定制服务来满足顾客需求提供了机会。如表 1-9 所示，定制可沿着两个方面进行：允许定制的服务的特性、服务人员根据自己的判断调整服务的程度。

表 1-9　服务传递中的定制与判断

		服务特征定制的程度	
		高	低
与顾客接触的服务人员为满足顾客需求判断调整服务的程度	高	法律服务、卫生保健/外科、建筑设计、猎头公司、房地产公司、出租车服务、美容师、教育/辅导	教育(大型课堂)、预防性健康计划、大学餐饮服务
	低	电话服务、宾馆服务、银行零售业务、自助餐馆	公共交通、日常家电维修、电影院、观赏性体育、快餐店

资料来源：Lovelock C H. Classifying services to gain strategic marketing insights[J]. Journal of Marketing, 1983, 47(3): 15.

与制造业相比，服务产品在很大程度上是定制的。然而定制化也有成本，这就使得服务组织面临着矛盾，即市场营销管理者期望增加价值，而运营管理者则希望通过标准化以降低成本。这一矛盾的解决，要求管理者理解顾客的选择标准，尤其是那些与价格-价值权衡以及竞争能力相关的标准。根据以上分类进行服务定位具有重要的战略意义。在一个特定行业中，不同企业可能占据不同的分区，如大学餐饮服务的定制化程度比较低，但是判断程度较高；自助餐馆则与之相反；快餐店处于"低-低"区。更多的定制及允许服务人员行使判断的战略对改进服务传递系统有重要意义。

4. 基于需求和供给性质的分类

制造企业可以通过产品库存来应对需求的波动，从而使其获得稳定生产所带来的效益。服务组织却无法这样做，因为储存易逝的服务是不可能的，如一旦飞机起飞，空座所能带来的潜在收益也就永远消失了。同样，如果特定时间内对服务的需求超过其供给，超额的部分也无法转化为现实收益，如一家会计师事务所太忙以至于无法为潜在客户提供税收和审计业务，其他企业就可能接受这一业务。尽管如此，需求与供给的不平衡并非存在于所有服务情境中。表 1-10 为这一目的提供了很好的分类框架。

表 1-10　相对于供给的服务需求的性质

		需求随时间波动的范围	
		宽	窄
供给受限制的程度	最高需求通常能满足，而无较大延迟	电力、天然气、电话、医院妇产科、火警和匪警	保险、法律服务、银行、洗衣和干洗
	最高需求经常超过供给能力	会计和税收准备、客运、酒店和汽车旅馆、餐馆、影剧院	与以上服务类似，但企业的基础能力不足

资料来源：Lovelock C H. Classifying services to gain strategic marketing insights[J]. Journal of Marketing, 1983，47(3)：17.

为确定每种情况下最恰当的战略，服务组织需要考虑下列问题：需求波动的性质如何，是否具有可预测的周期性，还是随机的、无法预测？是什么原因导致需求的波动？若是由顾客习惯或偏好引起，市场营销是否可以改变这些因素？若是由不可预见的事件如天气、天灾等引起，市场营销又可以做哪些事情？改变服务能力或供给水平存在哪些机会，在高峰时段能否雇用临时工？

5. 基于服务传递方式的分类

理解服务的传递需要回答以下两个问题：顾客与服务组织物理接触是否必须，或是可以通过远程交易实现？服务组织设置单一服务点，还是在不同地点拥有多个服务场所。基于此，服务可以分为六种类型，如表 1-11 所示。

表 1-11　服务传递方式

		服务的可获性	
		单一场所	多个场所
顾客与服务组织互动的本质	顾客去服务场所	剧院、理发店	公共汽车、快餐连锁店
	服务组织上门服务	草坪修整服务、灭虫服务、出租车	邮递、AAA 紧急维修
	电子远程服务	信用卡公司、地方电视台	广播网、电话公司

资料来源：Lovelock C H. Classifying services to gain strategic marketing insights[J]. Journal of Marketing, 1983，47(3)：18.

当顾客必须去服务点，且使用特定的服务场所时，该服务的便利程度是最低的。通过多个场所提供服务提高了顾客接受服务的便利性，但是也带来服务质量和一致性的新问题。当服务的对象是无法移动的物体时，如建筑物的翻修、草坪的灭虫以及公园环境美化等，服务组织上门服务就成为唯一可选的互动方式。此外，随着电信技术的发展，部分服务将无须顾客与服务组织的直接接触，远距离交易成为可能并变得越来越普遍，因为它们向顾客提供了方便和高效的服务传递。如个人电脑和调制解调器的使用使得企业可以将它们的服务定制化，同时也降低了顾客与服务人员面对面交流的数量。

6. 基于服务过程的分类

根据影响服务传递过程性质的两个主要维度：劳动力密集程度、交互及定制程度，可以将服务分为四类，如表 1-12 所示。垂直维度衡量劳动力密集程度，即劳动力成本与资本成本的比率,因此资本密集型服务位于表的上方,而劳动密集型服务位于表的下方。交互及定制程度指顾客个人影响要传递服务的性质的能力。在服务过程矩阵中,服务工厂提供标准化服务,具有较高的资本投资,类似流水线生产厂;服务作坊允许有较多的服务定制,但它们是在高资本环境下经营的;大众化服务的顾客在劳动力密集的环境中得到无差别的服务;而那些寻求专业性服务的顾客则会得到经过特殊训练的专家为其提供的个性化服务。

表 1-12　服务过程矩阵

		交互及定制程度	
		低	高
劳动力密集程度	低	服务工厂: 航空公司、运输公司、度假胜地与娱乐场所	服务作坊: 医院、机动车修理厂、其他维修服务
	高	大众化服务: 零售业、批发业、学校、商业银行的零售业务	专业服务: 私人医生、律师、会计师、建筑师

资料来源: Schmenner R W. How can service businesses servive and prosper? [J]. Sloan Management Review, 1986,27(3): 25.

任何一种服务组织,都面临着挑战,如图 1-6 所示。如高资本要求的服务,要保持竞争力就必须密切关注技术发展,也要求管理人员合理安排需求以便充分利用设备。而劳动力密集型的服务企业,则必须将注意力集中到人事方面。定制化程度影响着控制服务质量的能力,同时也影响顾客对服务的感知。

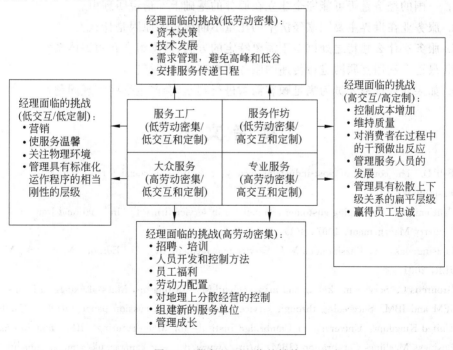

图 1-6　服务经理面临的挑战

资料来源: Schmenner R W. How can service business service and prosper? [J]. Sloan Management Review,1986,27(3): 27.

（三）其他分类

1. 营利性服务与非营利性服务

营利性和非营利性服务组织之间的区别主要基于以下问题：由谁制定服务的价格？由谁控制服务提供品？是像营利部门那样由市场或行业的自动调节机制来决定服务价格，还是由政府当局直接对服务定价？非营利性服务通常由政府部门提供，有时个人或团体也提供公共福利，如中国香港的社工（social work）机构大多数为非政府组织。营利性服务以盈利为目的，主要面向个人、企业或其组织，由供需关系决定服务价格，如出租车、洗衣店、餐饮、电影院等。

2. 内部服务和外部服务

组织不仅需要为外部顾客提供服务，还要服务于内部顾客，即员工。这就是内部服务与外部服务的划分。内部顾客的观念来源于内部营销和质量管理，认为"没有满意的员工就没有满意的顾客"。员工和各部门之间互为顾客和服务提供者，这样做可以加强组织内部顾客导向理念，提高内部服务质量。管理者应该认识到内部服务质量决定了外部服务质量，内部服务失误会影响外部顾客对服务质量的感知。

思考与练习题

1. 一国的经济是否可能完全建立在服务的基础上？请说明理由。
2. 服务业在世界主要国家经济中的比重不断增长的原因是什么？
3. 服务有什么独特之处以至于需要特定的方法、概念组合和知识体系？
4. 最适合利用互联网进行传递的服务应具有哪些特征？
5. 如果允许服务人员为满足顾客需求进行判断，会产生哪些管理问题？

参 考 文 献

[1] Bell D. The coming of post-industrial society: a venture in social forecasting[M]. New York: Basic Books, 1973.

[2] Canziani B F. Leveraging customer competency in service firms[J]. International Journal of Service Industry Management, 1997, 8(1): 5-25.

[3] Fitzsimmons J A, Fitzsimmons M J. Service management[M]. 3rd Edition. New York: McGraw-Hill, 2001.

[4] Grönroos C. Service marketing and management[M]. Lexington, Mass: Lexingtion Books, 1990.

[5] IFM and IBM. Succeeding through service innovation: a discussion paper[O/OL]. Cambridge, United Kingdom: University of Cambridge Institute for Manufacturing (IfM) and International Business Machines Corporation (IBM). http://www.ifm.eng.cam.ac.uk/ssme/documents/ssme_discussion_final.pdf. 2007.

[6] Quinn J B, Baruch J J, Paquette P C. Technology in services[J]. Scientific American, 1987, 257(6): 50-58.

［7］ Sasser W E，Olsen R P，Wyckoff D D．Management of service operations：text，cases，and readings［M］．Boston：Allyn and Bacon，1978.

［8］ Shelp R．The role of service technology in development：in service industries and economic development-case studies in technology transfer［M］．NY：Praeger Publishers，1984.

［9］ The World Factbook 2012，Central Intelligence Agency，World Economy 2012，http：//www. theodora. com/wfbcurrent/world/world_economy. html.

［10］ Vargo S L，Lusch R F．Evolving to a new dominant logic for marketing［J］．The Journal of Marketing，2004，68(1)：1-17.

［11］ 克里斯托弗·洛夫洛克，约亨·沃茨.服务营销［M］.第2版.郭贤达,陆雄文,范秀成,译.北京：中国人民大学出版社,2007.

［12］ 克里斯托弗·洛夫洛克，约亨·沃茨. 服务营销［M］.第6版. 谢晓燕,赵伟韬,译.北京：中国人民大学出版社,2010.

［13］ 理查德·诺曼.服务管理：服务企业的战略与领导［M］.第3版.范秀成,卢丽主,译.北京：中国人民大学出版社,2006.

［14］ 蔺雷,吴贵生.服务管理［M］.北京：清华大学出版社,2008.

［15］ ［芬兰］克里斯廷·格罗鲁斯.服务管理与营销——服务竞争中的顾客管理［M］.第3版.韦福祥,等,译.北京：电子工业出版社,2008.

［16］ ［芬兰］克里斯蒂·格朗鲁斯.服务市场营销管理［M］.吴晓云,等,译.上海：复旦大学出版社,1998.

［17］ ［荷］汉斯·卡斯帕尔,皮艾特·V.赫尔希丁根,［澳］马克·加勃特,等.服务营销与管理——基于战略的视角［M］.第2版.北京：人民邮电出版社,2008.

［18］ ［美］K道格拉斯·霍夫曼,约翰EG彼得森.服务营销精要：概念、策略和案例［M］.第3版.胡介埙,译.大连：东北财经大学出版社,2009.

［19］ ［美］瓦拉瑞尔A泽丝曼尔,玛丽·乔·比特纳,德韦恩·D.格兰姆勒.服务营销［M］.第4版.张金成,白长虹,等,译. 北京：机械工业出版社,2009.

［20］ ［美］詹姆斯A菲茨西蒙斯,莫娜J菲茨西蒙斯.服务管理：运作、战略与信息技术［M］.第5版.张金成,范秀成,译.北京：机械出版社,2007.

第二章 服务主导逻辑

 **学习目标**

20世纪80年代以来,服务营销、关系营销、质量管理、体验经济等新视角的相关研究反映出一个共同主题:营销主导逻辑范式从关注有形商品的交换向关注无形要素(如知识、技能和过程)转变。本章介绍这一转变背后的新逻辑——服务主导逻辑,探讨服务主导逻辑的内涵,介绍服务主导逻辑的基本前提,以及服务主导逻辑指导下的不同模型。通过本章学习,应该能够:

- 把握服务主导逻辑对服务、价值和资源的界定。
- 掌握服务主导逻辑与商品主导逻辑的区别。
- 理解服务主导逻辑背后的基本假设。
- 了解服务主导逻辑对实践的指导作用。

第一节 服务主导逻辑的内涵

服务主导逻辑是 Vargo 和 Lusch 在 2004 年提出的一种服务科学研究范式,是相对于商品主导逻辑而言的。尽管在 Vargo 和 Lusch 之前,并未有学者冠以其商品主导逻辑的称谓,然而越来越多的学者发现这种"新古典经济传统"、"制造逻辑"或"陈旧的企业逻辑"存在缺陷。作为组织、理解客观现象的底层哲学,逻辑先于理论,在思考的范式层面提供了看待问题的视角,而商品主导逻辑与服务主导逻辑正是认识经济和市场交换的不同逻辑或视角。

一、服务主导逻辑对服务、资源和价值的界定

20世纪之前,理论界主要关注于"实体商品主导的交换模型",核心概念包括有形性、静态的、独立分散的交易,以及对象性资源;21世纪,主要关注于"服务主导的交换模型",核心概念包括无形性、能力、动态、交换过程和关系,以及操作性资源。表 2-1 总结了商品主导逻辑和服务主导逻辑中概念的主要区别。

表 2-1 对比商品主导逻辑和服务主导逻辑的概念

核心概念	商品主导逻辑	服务主导逻辑
服务 (service)	商品和服务(goods and services) 交易(transaction)	服务和体验(servicing and experiencing) 关系和合作(relationships and collaboration)
资源 (resources)	对象性资源(operand resources) 获取资源(resource acquisition)	操作性资源(operant resources) 寻求资源(resourcing)

核心概念	商品主导逻辑	服务主导逻辑
价值 (value)	价值增值(value-added) 交换价值(value-in-exchange) 价格(price)	价值共创(value co-creation) 情境价值(value-in-context) 价值主张(value proposing)
系统 (system)	供应链(supply chain) 信息不对称(asymmetric information)	价值创造网络(value-creation network) 对称的信息流(symmetric information flows)
互动 (interaction)	促销/宣传(promotion/propaganda) 最大化行为(maximizing behavior)	开放式沟通(open source communication) 通过交换来学习(learning via exchange)

资料来源：Vargo S L，Lusch R F，Akaka M A. Advancing service science service science with service-dominant logicservice-dominant logic[M]. Handbook of Service Science，Springer，2010：133-156.

（一）对服务的界定

商品主导逻辑与服务主导逻辑最根本的区别在于对服务的界定。传统上，我们把服务视为无形的产品，是商品(有形的)之外的剩余物，对服务的定义也根据其不同于商品的特征而进行，而宏观上三种产业的划分也体现出这一特点。服务主导逻辑将服务定义为某一实体通过行为、过程和表现，运用专业能力(知识和技能)以实现其他实体或自身的利益的过程。根据这一定义，服务可以分为直接服务和间接服务两种形式，商品或货币是间接服务的实现方式。

（二）对资源的界定

资源分为两类：操作性资源和对象性资源。其中操作性资源是无形的、动态的，在多数情况下不会损耗、可再补充、可复制的，能够创造额外的、新的操作性资源，如知识和技能；而对象性资源具有有形性、静态性、有限且可损耗等特征，如物力和财力资源。

传统的商品主导逻辑更注重对象性资源，强调企业对生产资料的占用，而服务主导逻辑认为操作性资源才是企业竞争优势的基础来源。由于服务的过程要运用专业能力，因此服务主导逻辑关注操作性资源，即知识和技能，而非对象性资源(商品主导逻辑的视角)，认为企业应该通过资源创造、资源整合和障碍消除来寻求资源，而非获取资源。

（三）对价值的界定

服务主导逻辑将服务理解为运用专业能力(知识和技能)以实现其他实体或自身的利益的过程。由于服务的目的在于实现实体的利益，因此服务主导逻辑关注使用价值，而非交换价值(商品主导逻辑关注的视角)，价值应该由使用者所感知并确定，是企业和顾客共同创造的，而非由生产者创造后再传递给顾客。在价值创造的过程中，企业、顾客、商品所扮演的角色的不同，传统的商品主导逻辑强调企业的重要性，认为企业是价值的创造者，而顾客只是被动的消费者；而新兴的服务主导逻辑强调操作性资源的重要性，认为企业只是价值主张者，商品只是操作性资源的载体，而顾客才是价值的决定者。如表2-2所示。

表 2-2   商品主导逻辑和服务主导逻辑对价值的不同界定

	商品主导逻辑	服务主导逻辑
价值驱动者	交换价值	使用价值或情境价值(value-in-context)
价值创造者	企业,通常是供应链中的企业	企业,关系网中的伙伴和顾客
价值创造过程	企业将价值嵌入到商品中,价值通过增强或提高商品属性来添加到商品中	企业通过营销提出价值主张,顾客通过使用来继续进行价值的创造过程
价值的意义	为企业增加财富	为企业提高适应性、生存性和系统性成功
价值的测量	名义价值的数量,交易中所得到的价格	受益者的适应性和生存性
所利用的资源	主要是对象性资源	主要是操作性资源,有时也是对象性资源
企业的角色	价值的生产和分配者	价值的主张和共同创造者,服务提供者
商品的角色	产出单位,被嵌入价值的对象性资源	操作性资源的载体,给企业的能力带来价值
顾客的角色	价值的使用和消费者	共同创造价值,通过整合企业提供的资源和其他资源

理解服务主导逻辑可以从服务、资源和价值三个概念入手,将服务定义为一个过程而非产出单位;关注动态资源,如知识和技能,而非静态资源,如自然资源;将价值理解为企业和顾客之间的合作过程,而非生产者创造然后传递给顾客。

二、服务主导逻辑与商品主导逻辑的区别

与商品主导逻辑相比,服务主导逻辑对服务、资源和价值进行了重新界定。此外,两者的差别还表现在交易的基本单位、商品角色、顾客角色、价值的决定等方面,如表 2-3 所示。商品主导逻辑认为商品是一种最终的产品和对象性资源,营销人员和顾客只是商品的接受方,商品中的价值是由生产者所决定的;而服务主导逻辑则认为商品的价值是由顾客所决定的,企业只是提出价值主张,同时商品只是操作性资源的载体,顾客是服务的合作生产者,强调顾客的作用。

表 2-3   商品主导逻辑与服务主导逻辑

	商品主导逻辑	服务主导逻辑
交易的基本单位	商品,并且主要由对象性资源来决定	所需的利益,并由操作性资源和服务来提供,包括特殊能力(知识和技术)
商品的角色	商品是一种对象性资源,是最终的产品,营销人员只是接受它,并改变它的交易时间、地点、外形和所有权	商品只是操作性资源的载体,是价值创造过程中的中间"商品"
顾客的角色	顾客只是商品的接受方。营销者可以将他们进行细分、识别、区分和促销。顾客只是对象性资源	顾客是服务的合作生产者。营销是和顾客进行互动的一个过程。顾客是主要的操作性资源,只是偶尔作为对象性资源
价值的意义和决定性因素	价值是由生产者所决定的,它是嵌入到对象性资源中的(交换价值)	价值是由顾客所感知和决定的(使用价值),来自于操作性资源的应用,偶尔由对象性资源来传递。企业只是价值主张者

	商品主导逻辑	服务主导逻辑
企业与顾客的相互作用	顾客是一种对象性资源,只是为了创建资源交易	顾客积极地参与到相互交往和合作生产中,是主要的操作性资源
经济增长的动力	财富体现在对剩余的有形资源和商品的获得上,包括拥有、控制和生产对象性资源	财富的获取是通过专业知识和技能的应用和交换,它代表的是一种对操作性资源的使用权

资料来源:Vargo S L, Lusch R F. Evolving to a new dominant logic for marketing[J]. Journal of Marketing, 2004,68(1):1-17.

对市场中交换内容、交换主体、交换地点和交换方式等方面的认识有助于我们进一步深入服务主导逻辑的内涵,如表 2-4 所示。

表 2-4 商品主导逻辑与服务主导逻辑的对比

	商品主导逻辑	服务主导逻辑
内容(what)	商品和服务(goods and services)	服务和体验(serving and experiencing)
主体(who)	企业和顾客(business and customer)	行为者(actor)
地点(where)	市场(market)	服务生态系统(service ecosystem)
方式(how)	管理营销组合(manage marketing mix)	共创营销组合(co-create marketing mix)

在商品主导逻辑下,交换的内容为企业产出,分为有形商品、无形服务,以及商品与服务的某种组合,因此企业以产品为导向,注重通过专业化、机械化和标准化等方式提高产品的生产效率。服务主导逻辑则认为交换的内容为服务和体验,企业的产出是为满足顾客需要而服务的,顾客在其独特的生活情境中体验企业提供的产出。由于获得服务和体验是顾客寻求市场交换的根本原因,因此企业要以服务为导向,在考虑自身的生产率的同时,关注顾客所获得的效果,即通过达到顾客期望的效果来赢得企业的效率;由于交换的内容从商品与服务(产品在市场中的不同表现形式)转变为服务与体验(一种过程),因此市场中的商品不再是最终产物,而成为传递服务和体验的工具。

关于交换过程中所涉及的主体,商品主导逻辑常常采用二分法,区分为企业-顾客、生产者-消费者或供给-需求的来源等,而服务主导逻辑统称为行为者,两种逻辑视角下企业、顾客所扮演的角色,以及企业与顾客间的关系都有所不同。商品主导逻辑认为企业通过制造商品或服务创造价值;而消费者作为外生的、孤立的实体,是产品的接受者,毁灭或消耗价值;营销人员可以通过细分顾客、渗透市场、将产品分销给顾客并在市场上进行促销等活动显著地影响顾客的态度、情感和行为,因此企业与顾客是交易的主体-客体关系,只有重复的接触才能建立关系。然而在服务主导逻辑看来,企业在顾客进行价值创造的过程中起协助作用;顾客是内生变量,是服务的合作生产者;且所有参与交换的经济和社会行为者(如企业、顾客等)都是资源的整合者、服务的提供者和价值的创造者,且在整合资源、提供服务和创造价值的过程中具有动态特征,是操作性资源。从这种意义上看,企业与顾客是主体-主体关系,所有的交换,不论是 B2C、B2B,还是 C2C(B 代表 Business,C 代表 Customer),在本质上都是 A2A(A 代表 Actor)。

商品主导逻辑认为,交换发生在市场中,且市场是预先存在的。而服务主导逻辑则认为,交换发生在服务生态系统或市场系统中。服务生态系统是一个自发传感并响应的松散的时空结构。在这一结构中,社会和经济行为者通过制度、技术和语言进行互动,他们共同生产服务,互相提供服务,并共同创造价值。其中,"自发传感并响应"意味着行为者之间相互联系,根据变化自发确定何时对变化做出响应以及如何行动,信息技术的发展大大促进了这种传感和响应;"时空结构"说明行为者和资源在地理空间的排列和时间维度;"松散的"指行为者间主要通过软约束进行联系;"使用语言、制度和技术"意味着行为者依赖语言和其他社会制度(如货币系统、法律等)来管理主体间的交换;"共同生产服务"指行为者邀请其他行为者协助其生产服务提供物;"相互提供服务"意味着行为者需要通过直接或间接的(如货币)服务交换来帮助其他行为者。最后"共同创造价值"则指行为者将自身资源与其他资源整合,创造该情境中独特的价值。

关于交换的方式,商品主导逻辑认为应该围绕产品、价格、渠道和促销(简称 4Ps)四方面的管理来进行,如提供有独特卖点的产品,根据不同市场定位制定不同的价格,注重销售网络的建立,通过促销刺激消费者购买等。服务主导逻辑在此基础上,将 4Ps 置于更具战略性的位置上,从管理营销组合转变为共同创造营销组合(如图 2-1 所示)。在该逻辑下,4Ps 被视为持续服务流的一部分,该服务流嵌入于整个动态的营销系统中,构成社会的和经济的动态流动。在这一动态环境中,价值由服务提供者与顾客、合作伙伴共同合作创造(共创的服务代替产品);价值主张本身也是共同创造的,企业不仅与顾客,还与社区,如品牌社区共同提出价值主张(共创的价值主张代替价值);促销则由交谈和对话所取代,作为整合营销沟通的战略路径;分销渠道也由价值创造的过程和网络代替,该过程和网络也是动态的,处于不断发展和演进过程中。最后,企业的关注点应该不是利润最大化,而是不断学习;利润是市场对企业学习成果的反馈。

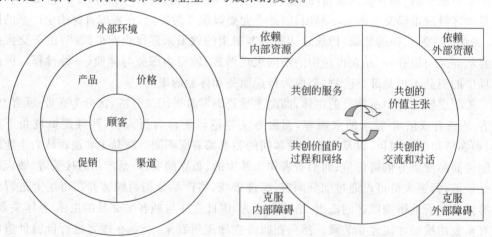

图 2-1　商品主导逻辑和服务主导逻辑下的营销组合

资料来源：Lusch R F, Vargo S L. Service-dominant logic as a foundation for a general theory[J]//Lusch R F,Vargo S L. The Service-Dominant Logic of Marketing: Dialog, Debate, and Directions, Routledge, 2006: 406-420;Vargo S L, Lusch R F. From goods to service(s): divergences and convergences of logics[J]. Industrial Marketing Management, 2008, 37(3): 254-259.

第二节 服务主导逻辑的基本前提

作为一种认识经济和市场交换的新视角,服务主导逻辑的提出有其背后的假设作为基础。本节主要介绍服务主导逻辑的 10 个基本前提。

一、基本前提的修正和补充

Vargo 与 Lusch 在其第一篇有关服务主导逻辑的文章中就提出了 8 个基本前提(foundational premise,FP),之后经过 2006 年和 2008 年两次修正,不断地补充和完善这些基础假设,并增至 10 个,具体基本前提如表 2-5 所示。

表 2-5 服务主导逻辑基本前提的修正和补充

编号	最初的基本前提	修正/新的基本前提	解　释
FP1	专业技能和知识的应用是交换的基本单元	服务是交换的根本基础	服务是操作性资源(知识和技能)的应用,是所有交换的基础。为获得服务而交换服务
FP2	间接交换掩盖了交换的基本单元	间接交换掩盖了交换的根本基础	因为服务是通过商品、货币和机构的复杂组合来提供的,因此交换的基础是服务这一本质并不明显
FP3	商品是服务提供的分销机制	同左	通过使用商品(耐用和非耐用),可以获得其提供的价值
FP4	知识是竞争优势的基本源泉	操作性资源是竞争优势的基本来源	导致期望改变的比较能力驱动着竞争
FP5	所有的经济都是服务(services)经济	一切经济都是服务(service)经济	因为不断增长的专业化和外包,服务(service)直到现在才变得越来越明显
FP6	顾客总是价值的合作生产者	顾客总是价值的共同创造者	意味着价值创造是互动的
FP7	企业只能提供价值主张	企业不能传递价值,只能提出价值主张	只有价值主张被接受后,企业才能为价值创造提供应用性资源,并且合作/互动地创造价值,但是企业不能单独创造或传递价值
FP8	以服务为中心的观点是顾客导向的和关系的	以服务为中心的观点必然是顾客导向和关系的	由于服务是根据顾客确定的收益进行定义,并与顾客共同创造,所以在本质上是顾客导向和关系的
FP9	组织的存在是将微观的专业化能力整合并转化为市场中需求的复杂服务	一切社会和经济的行为者都是资源整合者	意味着价值创造的情境是网络的网络(资源整合者)
FP10	—	对受益者而言价值总是独特的和情境化的	价值是异质的、体验性的、情境性的和具有意义的

资料来源:Vargo S L, Lusch R F. Evolving to a new dominant logic for marketing[J]. Journal of Marketing, 2004,1(68):1-17;Vargo S L, Lusch R F. Service-dominant logic:what it is, what it is not, what it might be[M]// Lusch R, Vargo S. The service-dominant logic of marketing:dialog, debate, and directions. Armonk, NY:ME Sharpe, 2006:43-56; Vargo S L, Lusch R F. Service-dominant logic:continuing the evolution[J]. Journal of the Academy of Marketing Science,2008, 36(1):1-10.

二、基本前提的解释

FP1 的核心是明确服务在当今各种交换中的重要性,指出服务是交换的根本基础。传统的观点认为,贸易中的交换是商品或服务交换,但顾客购买商品,并不是购买物品本身,而是商品的功效。这种功效是通过专业技术和知识的应用所产生的。换句话说,顾客购买的是专业技术和知识的应用。根据服务主导逻辑对服务的定义,顾客购买的就是"服务",那么交换的基本单位其实是"服务"。

FP2 指出间接的交换会掩盖交换的根本基础。传统的商品主导逻辑之所以没有认识到服务是交换的基本单位,是因为在生产者和最终用户的交换过程中包括了很多的间接交换。例如,生产商与经销商或渠道商,经销商与经销商,以及用货币交换代替货物的交换等,这些间接交换掩盖了交换的基本单位。服务的提供以商品、货币等复杂的组合为媒介。

FP3 指的是有形商品只是服务提供的分销机制,是服务的载体。商品是操作性资源在对象性资源上的应用所产生的,有形商品的价值必须通过使用(价值)来体现,所以有形商品只是服务的一种载体,商品交换的本质是服务的交换。

FP4 指出操作性资源是企业竞争优势的基本来源。"科技是第一生产力"、"知识就是力量",这些名言警句充分说明知识和技术在企业竞争中是多么重要,所以 Vargo 与 Lusch 在 2004 年就提出知识是企业竞争优势的基础来源。不仅作为操作性资源之一的知识是竞争优势的基础来源,其他操作性资源也可以使企业获得竞争优势,所以两位作者后来将其完善,指出操作性资源是企业竞争优势的基本来源。

FP5 指出一切经济都是服务经济。不论是在狩猎时代、农业时代,还是在工业时代、数字时代,都在进行着知识和技能(操作性资源)的不断提炼和交换。如狩猎时代以觅食和狩猎知识和技能的应用为特点;农业时代是耕种的知识和技能;工业经济时代是大规模生产和组织管理的知识和技能;服务和信息经济时代是关于信息、纯知识和技能的交换。服务不仅仅是现在变得重要,其在经济中的作用也随着专业化的进程越来越明显。所有的经济都是服务经济。

FP6 说明顾客总是价值的共同创造者。从商品主导逻辑来看,生产者和消费者通常被视为分离的实体以使得生产效率最大化。然而,如果营销的目标是顾客响应性,那么生产效率的提高可能以营销效率和效果的下降为代价。不管是有形商品的研发和生产,还是无形服务的开发和传递,都应围绕顾客的需要。只有满足顾客需求,得到顾客认可,企业产品的价值才能体现,顾客就是这个过程中的裁判和价值合作创作者。在使用产品过程中,顾客仍处于持续的营销、消费、价值创造和传递过程中。

FP7 指出企业不能传递价值,只能提出价值主张。传统的理论认为商品的价值是由企业创造和生产出来,然后向顾客进行销售,将价值传递给顾客,顾客只是价值的接收方。但服务主导逻辑认为企业并不能创造价值,企业从研发到制造,再到销售的这个过程只是提出一种价值主张,只有当该商品得到了顾客的认同、购买和使用,价值才被创造。这充分说明顾客在价值创造中的作用,同时要求企业在产品的研发与生产过程中都应该强调顾客需求的重要性。企业可为价值创造提供资源,提出价值主张,但不能传递和创造价值。

FP8 指出服务主导逻辑本质上是建立在以顾客为导向和顾客关系的基础之上的。从 FP6 和 FP7 中,我们不难发现顾客在服务主导逻辑中的重要性,同时根据服务的定义可以说明以服务为中心的观点必然是顾客导向和注重客户关系的。

FP9 指出一切社会和经济的行为者都是资源整合者。不仅组织可以将微观方面的专业能力整合和改变为顾客所需的复杂服务,其他的社会经济体也可以将各种资源进行整合,从而满足不同实体的需求。尽管波特提出的价值链、赫斯科特等提出的服务利润链,以及德鲁克提出的经济链从不同角度说明企业内外部的价值活动和竞争情况,但是企业间的竞争不再仅仅是单个企业之间的竞争,也不是单个价值链的竞争,而是上升到一个关系网与另一个关系网间的竞争。在同一关系网中,存在多个同级别、同类型的企业,它们之间的关系既是竞争,又是合作,它们都在进行不同的资源整合。

FP10 指出,对受益者而言价值总是独特的和情境化的,即价值有且只有由受益者来决定。只有得到顾客的认可,该商品或服务的价值才得到体现,它同样说明了顾客在价值决定和价值创造中的作用。

10 个基本前提之间并非相互独立,而是存在四个核心的基本前提(FP1、FP6、FP9 和 FP10),由此派生出其他内容。首先,服务主导逻辑最基本的前提——服务是交换的根本基础(FP1)——认为服务的交换是为了获得服务,因此所有的经济都是服务经济(FP5);又由于服务是知识和技能(操作性资源)的运用,因此操作性资源是竞争优势的基本来源(FP4)。其次,顾客总是价值(顾客获得的价值)的共同创造者(FP6),说明价值的实现总是一个共同创造的过程,要求企业、顾客和其他利益相关者积极参与;受益者只有将服务提供者提供的资源(产品)与其他资源(如自身的知识和技能)整合起来,并运用这些资源时才能创造价值,因此企业不能传递价值,只能提出价值主张(FP7),且商品是服务提供的分销机制(FP3),人们购买不是为了获得商品本身,而在于其蕴含的知识和技能。再次,一切经济和社会的行为者都是资源整合者(FP9),意味着不仅组织可以将专业化技能转化为复杂的服务,个体和家庭都可以扮演资源整合者的角色。事实上,在以物易物的时代,资源整合者之间进行的就是服务的直接交换。劳动分工的细化,垂直营销系统的发展,以及规模庞大、官僚体制和等级森严的组织的出现,使得服务与服务的交换变得间接,人们依靠自己的知识和技能获得货币,再用货币购买所需要的服务,这种间接交换掩盖了交换的根本基础(FP2)。最后,价值总是由受益者独特地和现象地决定(FP10),说明受益者在特定时间、特定地点以及特定情境中根据自身体验决定其获得的价值,是受益者感知的价值。在这一过程中,受益者与服务提供者可以直接接触,也可以通过其产品进行间接接触;可以是一次性交换,也可以多次购买。不论何种情形,都意味着交换的关系性,因此以服务为中心的观点必然是顾客导向和关系的(FP8)。

第三节　服务主导逻辑的延伸

服务主导逻辑自 2004 年提出以来,已经引起了学术界的广泛讨论。纵观近 10 年的研究,可以粗略划分为以下两个阶段:第一阶段从 2004 年到 2008 年,主要阐述服务主导逻辑的合理性,即该逻辑是否为认识经济和市场交换的合理视角。服务主导逻辑基本前提的提出和不断完善是该阶段较为突出的成果。第二阶段从 2008 年至今,研究的重点已经转向服务主导逻辑对市场和营销理论、服务科学发展的影响。本节将介绍在服务主导逻辑的影响下,学者们对服务创新、价值共创和服务品牌的思考。

一、服务主导逻辑与服务创新

服务主导逻辑将服务界定为实体通过行为、过程和表现,运用知识和技能实现其他实体或自身的利益的过程。因此对服务的创新应该采取系统的观点。服务创新是新服务的实现,或是以更好的方法来生产现有服务。服务创新离不开这样一个工作框架(如图 2-2 所示),它由九个基本元素构成,是一个系统导向的框架。该工作框架必须在基础设施、战略、环境等背景下,将参与者、信息和技术嵌入到过程和活动中,然后上升到企业的产品和服务,再为顾客创造价值。当然,整个过程都是双向而非单向流动。

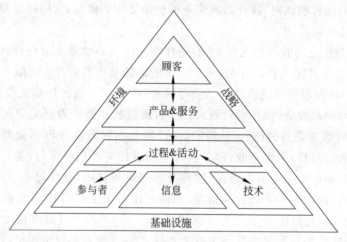

图 2-2　工作系统框架

资料来源:Alter S. Service system fundamentals:Work system,value chain,and life cycle[J]. IBM Systems Journal,2008,47(1):71-85.

(一)工作系统框架的九个元素

顾客:不论是对外还是对内(如招聘、管理员工,计划,组织,维护设施和设备),服务创新都一样适用。但是在讨论服务时,我们常常假设服务是面向外部的。许多服务系统面对多样的顾客,他们有着不同的需求和关注点。有些顾客是一个服务系统的直接受益者,有些顾客的兴趣和参与却不是很直接。例如,一个服务的直接受益者可能不是那些付费的顾客(如医疗服务由保险公司埋单)。针对某一顾客群体的服务创新可能不会对其他顾客产生任何影响,也可能使其他顾客得到更坏或更好的服务。

产品和服务:服务创新经常涉及产品和服务的组合(为顾客服务的过程中可能伴随着有形产品的创造和转移)。创新者的目标在于设计或改进服务系统,达到内部效率和顾客满意度之间的平衡。因此将产品和服务进行分类对于服务创新无关紧要,尽管这些分类对于分析行业结构和宏观趋势十分重要。

过程和活动：与服务创新有关的过程和活动的变化，能够同时支持多重目标。例如，创新可以提高顾客对产品和服务的体验，提高供应商的效率，降低成本，提升质量或可靠性（不论顾客能否直接观察到这些改进）。服务创新设计不仅仅是改变那些在流程图或业务规则中可能捕捉到的流程细节，而是要涵盖整个过程和活动。服务创新中与过程和活动相关的词汇是过程设计特征，如结构化程度、整合度、复杂性、工作的多样性、自动化程度、节奏、时间压力、中断次数、潜在错误，以及异常处理的形式。每个相关问题的决策都可以在管理层进行讨论，以确定具体情境下的指导方针，进而有助于做出详细的选择，甚至纳入未来的流程图和业务规则。

参与者：服务创新的成功取决于参与者的特征，包括技能、知识、激励以及服务理念。服务创新通常需要改变参与者的角色。随着顾客知识的增加，越来越多的服务创新与自助服务结合起来，顾客承担着以前由服务员工所执行的职能。服务创新通过自动化可以消除一些系统参与者所扮演的角色。在这种情况下，技术员角色取代参与者角色，专注于维护服务系统的技术和外部基础设施。

信息：服务创新常常需要使用不同的信息，或实现与信息准确性、可及性、时效性等相关的改进。正如工作系统框架中箭头所表明的，只有将信息融入服务系统的过程和活动中，它才能真正有助于服务创新。

技术：几乎所有主要的服务系统都离不开技术。然而，理解和分析特定情境中的服务创新需要将提供服务的整个系统纳入考虑范围，而不仅仅是关注那些恰巧以一种有趣的方式使用信息技术的片面部分。

环境：一个服务系统所处的环境包括组织文化，相关的法规、政策和程序，市场竞争，组织历史，以及技术的发展。即使处于相同的业务部门、组织或行业，在某一情境中成功的服务创新在另一种情境中可能有着完全不同的结果，原因在于服务系统所在的环境不同。因此那些宣称内置到商业软件包中的特定实践为"最佳实践"对服务创新往往是一种误导。

基础设施：服务创新的成功与失败在很大程度上取决于人力、信息、技术基础设施的运作。服务系统常常与其他工作系统共用这些资源，因此服务创新的设计和评估不应该止步于服务系统这一边界，而是要确定与外部基础设施相关的预期。

战略：服务创新有时涉及服务系统战略的转变，其中包括对其顾客的价值主张和生产策略。价值主张意味着企业如何满足顾客的需求，有什么样的显性或隐性成本转嫁到顾客身上；生产策略则关系到供应商组织如何执行其负责的内容。当创新策略与组织战略相冲突时，服务创新就会遇到阻力。

（二）工作系统框架的实例

工作系统框架在两个层面阐释了服务创新，一方面提供了服务创新的整体视角，一方面指出与服务系统创新相关的工作系统中的具体元素。在整体层面，该框架指出服务创新必然涉及服务系统的创新，而不仅仅是改变顾客可见的内容。在具体元素方面，该框架暗示了服务创新通常涉及服务系统中多个元素相互一致的变化。正如工作系统框架所展示的,服务创新涉及很多方面,因此任何试图围绕单一绩效指标目标(如每小时每人的服务产量)而设计和实施服务创新的做法都是目光短浅的。一方面,对潜在服务创新的评价应该基于效率、一致性、员工满意度和其他面向内部的指标的改进程度。另一方面,对内部和外部顾客来讲,顾客眼中的绩效与其所承担的总成本(包括时间和精力消耗),对质量、响应性、可靠性、总体体验以及符合标准和期望的感知相联系。工作系统中不同元素的属性为宏观层面设计服务创新奠定了基础。如与过程和活动相关的服务创新涉及流程的结构化程度、复杂性和节奏,参与者的激励程度和预期的技能水平等问题。将与具体元素相关的设计决策整合起来,就形成整体的系统特征,如集权/分权、能力、可扩展性、弹性程度、敏捷性和透明度。表 2-6 以贷款申请服务为例,展示了服务工作系统。要想改进此服务系统,服务创新者可以考虑改进九个元素中的部分或全部内容。

表 2-6　新顾客的贷款申请和承保系统的工作系统快照

顾　　客	产品和服务
·贷款申请人·信贷员·银行的风险管理部门和高层管理者·联邦存款保险公司(FDIC)(二级顾客)	·贷款申请·贷款账面价值·批准或拒绝贷款申请·解释决定·贷款文件

工作实践(主要的活动和过程)
·信贷员识别可能需要商业贷款的企业·信贷员和客户讨论客户的融资需求,提议贷款的可能条款·信贷员帮助客户完成贷款申请,包括财务历史和财务预测·信贷员和高级信贷主管面谈,确定贷款申请没有明显的缺陷·信贷分析师准备"贷款账面价值",总结申请人的财务历史,提供财务预测,以解释偿还贷款的资金来源,并讨论市场情况和申请人的声誉。每笔贷款基于历史和预测进行风险排名。不动产贷款需要注册评估师进行评估(该任务通常外包给一家评估公司)·信贷员将贷款账面价值提交给高级信贷员或贷款委员会·高级信贷员批准或拒绝贷款(少于 40 万美元),贷款委员会或执行信贷委员会负责更大金额贷款的处理·根据严格的贷款合同,信贷员可能请求一笔贷款通过审批或拒绝。根据贷款的规模,该请求可能上传到高级信贷员,或信贷委员会·信贷员通知信贷申请的结果·贷款部门员工就批准的贷款额度生成贷款文件,客户接受

参　与　者	信　　息	技　　术
·信贷员·贷款申请者·信贷分析员·高级信贷员·信贷委员会和执行贷款委员会·贷款部门员工·不动产评估师	·申请人近三年的财务状况·申请人的财务和市场预测·贷款申请·贷款的账面价值·决定的解释说明·贷款文件	·电子表格以整合信息·贷款评估模型·微软的 Word 模板·互联网·电话

注: 此表仅展示了工作系统框架中的六个元素,即顾客、产品和服务、过程和活动、参与者、信息,以及技术。

资料来源: Alter S. The work system method: connecting people, processes, and IT for business results[M]. Work System Method, 2006.

二、服务主导逻辑与价值共创框架

服务主导逻辑的基本前提(FP6)指出顾客总是价值的共同创造者,强调需要通过互动和对话来开发顾客-供应商关系。那么顾客是如何参与到价值的共同创造中的呢?图 2-3 展示了基于流程的价值共创框架,将顾客-供应商的关系视为发生在顾客和供应商之间一种纵向的、动态的、经验和活动的互动。该框架整合了服务、顾客价值和关系营销中的不同概念,为管理价值的共同创造过程提供了新的见解。

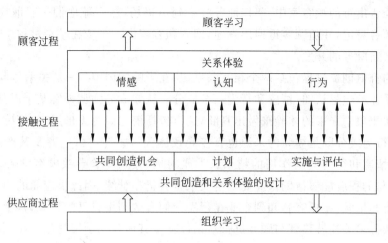

图 2-3　价值共创的概念框架

资料来源：Payne A F，Storbacka K，Frow P. Managing the co-creation of value [J]. Journal of the Academy of Marketing Science，2008，36(1)：83-96.

基于流程的价值共创框架包括三个主要内容：顾客价值创造过程、供应商价值创造过程，以及接触过程。在 B2C 关系中，顾客价值创造过程是顾客使用流程、资源和实践来管理其活动的过程；在 B2B 关系中，该过程是客户企业管理其业务及其与供应商企业关系的过程。供应商价值创造过程是供应商使用流程、资源和实践来管理其业务，及其与顾客和其他利益相关者关系的过程。接触过程则是发生在顾客和供应商关系间的互动和交换。为了开发共创的机会，需要对接触过程进行良好的管理。图 2-3 中的箭头代表了顾客和供应商之间的不同接触。双向箭头强调了接触的互动本质。顾客过程和顾客学习间的箭头表明顾客基于关系中的体验参与到学习过程中。顾客学习反过来会对其如何参与未来的价值共创活动产生影响。类似地，供应商过程和组织学习之间的箭头表明，随着供应商对顾客有了更深入的了解，其拥有更多的机会来改善关系体验的设计，加强与顾客的共同创造。

（一）顾客价值创造过程

顾客的价值创造过程可以被定义为顾客为了达到特定的目标而实施的一系列活动。顾客创造价值的能力由其所能获取和使用的信息、知识、技能和其他操作性资源的数量所决定。如果供应商希望提高竞争力，它必须开发自己的能力，要么增加顾客的资源总量；要么以一种方式来影响顾客过程，这种方式能够使顾客更加有效率和有效果地利用可获取的资源。价值主张的存在是为了促进体验的共同创造。与其说是产品，倒不如说是关系创造了顾客体验。它关注于使用价值，而不是单纯的产品特性。

顾客的价值创造过程是一种动态、互动、非线性，且常常是无意识的过程。识别顾客过程，需要对供应商提供物是否符合顾客的整体活动进行全面的了解。例如，一家领先的国际航空公司有效地描绘了飞机上的旅行体验是如何与高端商务顾客的消费系统相匹配的。他们使用一种"跟踪"（shadowing）技术，在获取顾客的许可之后，高素质的航空公司员工到达准备出行的顾客家中,陪伴商务顾客到达机场,然后随他们一起前往目的地,整天陪伴在顾客身边,并随顾客返回出发地,回到顾客家中。员工在整个过程中获得的见解有助于未来新服务的开发。

顾客的价值创造过程包括两个相互联系、相互影响的内容:一是关系体验,一是顾客学习。关系体验包括认知、情感和行为三个成分。认知成分强调顾客基于以往的经历、当前的状态和想象中未来的体验来做出判断,这也包括潜意识的无形影响;情感成分强调态度和偏好;行为成分既是体验的来源也直接导致体验。顾客对供应商及其产品的体验是顾客认知、情感和行为共同作用的结果。重要的是,关系体验导致顾客学习。顾客满意度、顾客参与的程度能够帮助供应商确定关系是否仍在继续,因此供应商的角色就在于提供经验交流和接触,使顾客感知到企业在帮助他们有效利用自己的资源;营销沟通的关注点也应该从寻求关注转移到与顾客进行对话以支持其体验和学习过程。在顾客学习的过程中,可以分为记忆、内化和配比(proportioning)三个层次。记忆是一种简单的学习形式,是顾客的关注,而不是处理情绪和信息的能力。第二个层次的顾客学习是内化,在这一过程中顾客理解和吸收信息、经验。内化在传统的品牌建设互动中比较常见,目的是在顾客和产品或品牌标识之间建立起一致性和联系。配比是一种双回路学习,顾客反思自己的价值创造行为。这种反思可能使其改变行为,采取新的活动,或以新的方式利用资源。这种学习不仅能够使顾客充分理解供应商提出的价值主张,而且能够使其以一种将价值主张与其生活、目标和愿望相联系的方式实施新的行为。

(二) 供应商价值创造过程

供应商通过设计和传递相关的顾客经验,以及便利的组织学习来协助价值的共同创造。这包括寻求共同创造的机会;计划、测试和设计与顾客共同创造价值的机会;实施顾客解决方案,管理顾客接触;开发指标以评估企业是否提出了适当的价值主张。组织学习和知识管理的循环过程持续强调知识是竞争优势的根本来源。换句话说,通过首先关注顾客过程,供应商可以设计自身的流程,使之与顾客过程保持一致。采取这种过程的视角,能够使供应商产生卓越的洞察力,为价值共创创造机会。

共创的机会是价值创造的战略选择。供应商可以获取的机会在很大程度上取决于其所在行业的性质、为顾客提供的产品以及顾客接触。尽管如此,我们至少可以考虑以下三种重要的价值共创机会:第一,技术突破所带来的机会。新技术解决方案的发展(如宽带、数字电视和第三方移动服务)为供应商和顾客共创新产品、服务和体验提供了新的方式。例如,iPod的技术解决方案在消费者购买、存储和享受音乐、音频和文字内容方面引发了巨大的变革。第二,行业逻辑变化所带来的机会。产业的转型在一定程度上是由于新渠道更加接近顾客所引发的。如电子渠道使得供应商在时间和空间上更加具有灵活性。行业边界的模糊和整合,意味着可以将不同的知识和技能结合起来,开发共创价值的新方法。如宜家通过在传统价值链上重新分配活动,改变了家具行业的传统逻辑。宜家进行家具的设计、物流的控制以及产品的零售,制造商进行生产,而顾客进行家具组装。第三,客户偏好和生活方式变化所带来的机会。基于顾客的学习和知识,供应商应该根据顾客偏好和生活方式的变化而不断寻求机会。在过去的 10 年间,个性得到了极大的发展。这一趋势表明,顾客希望创造更多个性化、体验性和差异化的产品和服务。

与传统"由内向外"的业务战略模式不同,为共创制订计划是"由外向内"的。它始于对顾客价值创造过程的理解,目的在于为共创价值提供更好的支持。价值共创要求营销的主导逻辑从制造、销售和服务转变为聆听、定制化和共同创造。由于顾客接触往往发生在顾客与组织的不同部门之间(如营销部门建立承诺,运营部门传递承诺,财务部门处理账单问题),计划应该采取跨职能的视角,要求那些向顾客做出承诺和传递承诺的部门之间保持一致。计划制订好后,就是共创策略的实施。原型(prototypes)能够很好地帮助企业实施共创策略。根据环境、接触和内容设计原型,可以测试共创的方案,并使之更快地投入运行。开发适当的指标是供应商面临的另一个关键问题。尽管人们呼吁在业务上更多地以顾客为中心,但是缺乏合适的指标来测量和监控顾客-供应商关系。营销指标和测量应该能够对顾客关系中价值共创的潜力进行有意义的评估。鉴于价值共创和服务主导逻辑强调跨职能活动,关系绩效的评估应该包括一系列跨越流程、职能和渠道的指标。"关系回报"有助于识别与顾客和供应商都相关的指标,但是还需要更多的研究来开发共创的测量指标。

在供应商价值创造过程中,组织学习是另一个重要组成部分。关于顾客价值创造过程的知识不应该仅仅基于诸如顾客满意感测量之类的硬性数据,而是要包含对顾客体验和过程更加深入的理解。对于那些大型的提供多产品或多部门的复杂组织,知识管理尤为重要。然而一个关键的问题是,如何确保获取并有效利用顾客知识中的多样化元素,以促进知识管理及其对共创的影响。一个恰当的建议是,组织需要围绕价值共创过程的识别(而不是信息技术能力)来重新设计其知识管理活动和基础设施。通过定义共创过程,识别该过程中所需要的知识,营销者可以防止潜在的成本,避免在信息技术方面进行不必要的投资。知识管理体系的重构应该围绕顾客过程和顾客体验,而不是围绕产品。

(三)接触过程

接触过程包括一系列发生在顾客和供应商之间的互动和交易。接触,也叫作"接触点"(touchpoints)和"联系"(contacts),有时候产生于由供应商发起的活动中(如发邮件、打电话和开发票),有时候由顾客发起(如咨询、预订和投诉),或者双方共同发起(如在交易会见面)。接触过程涉及不同的职能部门,因此在本质上是跨职能的。例如,营销部策划营销活动,销售部从事销售互动,物流部发送产品和其他组件,生产部要求客户填写担保表,财务部开具账单,呼叫中心处理客户咨询问题。

有三种形式的接触可以促进价值共创,分别是沟通接触、使用接触和服务接触。沟通接触意味着实施一些活动,目的在于与顾客联系,促进和实施对话(如广告、互联网页面、宣传册和手册)。使用接触是指顾客使用产品和服务(包括那些支持服务,如网上银行服务)的实践。服务接触包括顾客与服务人员或服务设备之间的互动。

接触价值创造过程的管理包括为顾客和供应商设定目标，并评估当前的接触是否达到这些目标。供应商可以通过接触设计来共创价值。图 2-4 以顾客旅游为例，描绘了顾客、供应商和接触过程。在组织与顾客的接触中，存在一个不断沟通的过程，在这个过程中，顾客从企业获得情感、行为、认知等一系列的关系体验，从而让顾客更加了解企业产品或服务；企业通过与顾客的接触，可以获得创造的机会，然后进行计划、实施和评估，从而进行初步价值创造和关系体验的设计，最终让企业更加了解顾客需求，并进行价值创造。整个过程就是一个顾客和企业共同进行价值创造活动的过程。

图 2-4　旅游企业的顾客、供应商和接触过程

资料来源：Payne A F, Storbacka K, Frow P. Managing the co-creation of value[J]. Journal of the Academy of Marketing Science, 2008, 36(1): 83-96.

三、服务主导逻辑与服务品牌

服务主导逻辑认为，品牌资产是无法显示在资产负债表中的重要资产。在组织的价值流程中，服务关系品牌扮演者非常重要的角色。在与承诺相关的过程中，服务关系品牌促进、协调和实现价值。图 2-5 展示了一个整合的模型：服务品牌-关系-价值三角形。该模型强调服务品牌的核心作用，它为公司的顾客和其他利益相关者共同创造价值。

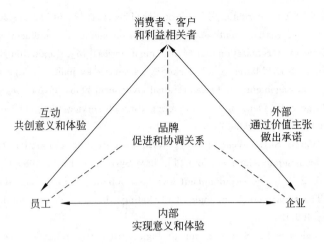

图 2-5　服务品牌-关系-价值三角形

资料来源：Brodie R J，Glynn M S，Little V. The service brand and the service-dominant logic：missing fundamental premise or the need for stronger theory？［J］. Marketing Theory，2006，6（3）：363-379.

思考与练习题

1. 服务主导逻辑与商品主导逻辑最本质的区别是什么？

2. 请解释服务主导逻辑 10 个基本前提间的逻辑关系。

3. 你认为企业界能从服务主导逻辑中受到什么启发？

4. 服务的无形性、异质性、不可分割性、易逝性等特征是针对有形商品所提出的，而服务主导逻辑是一种将有形商品和无形服务进行综合的思维。试采用服务主导逻辑的思维，解释无形性、异质性、不可分割性、易逝性等特征对管理实践的启示。

5. 有人说，服务主导逻辑和商品主导逻辑在本质上都是从供应商的角度出发，企业需要采用顾客主导逻辑。对于这种观点，你怎么看？

参考文献

［1］ Aitken R，Ballantyne D，Osborne P，et al. Introduction to the special issue on the service-dominant logic of marketing：insights from The Otago Forum［J］. Marketing Theory，2006，6（3）：275-280.

［2］ Bacharach S B. Organizational theories：some criteria for evaluation［J］. Academy of Management Review，1989，14：496-515.

［3］ Ballantyne D，Varey R J. Creating value-in-use through marketing interaction：the exchange logic of relating，communicating and knowing［J］. Marketing Theory，2006，6（3）：335-348.

［4］ Chen H M，Vargo S L. Towards an alternative logic for electronic customer relationship management［J］. International Journal of Business，2008，2（2）：116-132.

［5］ Fitzsimmons J A，Fitzsimmous M J. Service management：operations，strategy，and information technology ［M］. New York：Irwin/McGraw-Hill，2001：5.

［6］ Flint D J. Innovation，symbolic interaction and customer valuing：thoughts stemming from a service-dominant logic of marketing[J]. Marketing Theory,2006, 6(3): 349-362.

[7] Gronroos C. Service management and marketing: managing the moment of truth in service competition (Issues in Organization and Management Series)[M]. Lexington Books, 1990: 320.

[8] Lusch R F, Vargo S L, Malter A J. Marketing as service-exchange: taking a leadership role in global marketing management[J]. Organizational Dynamics,2006, 35(3): 264-278.

[9] Lusch R F, Vargo S L, O Brien M. Competing through service: insights from service-dominant logic[J]. Journal of Retailing,2007, 83(1): 5-18.

[10] Lusch R F, Vargo S L, Wessels G. Toward a conceptual foundation for service science: contributions from service-dominant logic[J]. IBM Systems Journal,2008, 47(1): 5-14.

[11] Lusch R F, Vargo S L. Service-dominant logic as a foundation for a general theory[M]//Lusch R,Vargo S. The service-dominant logic of marketing: dialog, debate, and directions. Armonk/ London,2006: 406-420.

[12] Lusch R F, Vargo S L. Service-dominant logic: reactions, reflections and refinements[J]. Marketing Theory,2006, 6(3): 281-288.

[13] Lusch R F. The small and long view[J]. Journal of Macromarketing,2006, 26(2): 240-244.

[14] Michel S, Vargo S L, Lusch R F. Reconfiguration of the conceptual landscape: a tribute to the service logic of Richard Normann[J]. Journal of the Academy of Marketing Science,2008, 36(1): 152-155.

[15] Payne A F, Storbacka K, Frow P. Managing the co-creation of value[J]. Journal of the Academy of Marketing Science,2008, 36(1): 83-96.

[16] Vargo S L, Lusch R F. Evolving to a new dominant logic for marketing[J]. Journal of Marketing,2004, 68(1): 1-17.

[17] Vargo S L, Lusch R F. From goods to service(s): divergences and convergences of logics[J]. Industrial Marketing Management,2008, 37(3): 254-259.

[18] Vargo S L, Lusch R F. Service-dominant logic: continuing the evolution[J]. Journal of the Academy of Marketing Science,2008, 36(1): 1-10.

[19] Vargo S L, Lusch R F. Service-dominant logic: what it is, what it is not, what it might be[M]// Lusch R, Vargo S. The service-dominant logic of marketing: Dialog, debate, and directions. Armonk, NY: ME Sharpe, 2006: 43-56.

[20] Vargo S L, Lusch R F. The four service marketing myths: remnants of a goods-based, manufacturing model[J]. Journal of Service Research,2004, 6(4): 324-336.

[21] Vargo S L, Lusch R F. Why "service"? [J]. Journal of the Academy of Marketing Science, 2008, 36(1): 25-38.

[22] Vargo S L, Maglio P P, Akaka M A. On value and value co-creation: a service systems and service logic perspective[J]. European Management Journal,2008, 26(3): 145-152 .

[23] Vargo S L, Morgan F W. Services in society and academic thought: an historical analysis[J]. Journal of Macromarketing,2005, 25(1): 42-53.

[24] Vargo S L. Customer Integration and value creation: paradigmatic traps and perspectives[J]. Journal of Service Research,2008, 11(2): 211-215.

[25] Vargo S L. Paradigms, pluralisms, and peripheries on the assessment of the SD logic[J]. Australasian Marketing Journal,2007, 15(1): 105.

[26] Winklhofer H, Palmer R A, Brodie R J. Researching the service dominant logic—Normative perspective versus practice[J]. Australasian Marketing Journal (AMJ),2007, 15(1): 76-83.

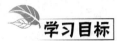

制造与服务的融合

第三章

学习目标

传统制造企业如钢铁、电子、化学以及其他行业的公司正面临寻求新竞争优势的需要,由于服务化能使企业比从前更加接近顾客、发现新机会,并以更有价值的方式支撑顾客价值增值而逐渐受到重视。本章介绍制造与服务的融合,包括服务化的相关概念、服务化的原因和结果、服务化给企业带来的挑战以及如何整合制造与服务。通过本章学习,应该能够:

- 理解制造与服务融合的重要性。
- 了解服务如何增强产品的价值。
- 掌握有效整合制造与服务的途径。
- 理解如何应对服务化给制造企业带来的挑战。

第一节　服务化的相关概念

技术的快速变化、产品生命周期的缩短以及市场需求的多样化迫使许多制造企业努力维持其竞争优势,但是产品创新本身已经不足以确保企业的成功。因此,许多企业发现采用相关支持或现场服务等拓展已有产品的做法,对获得和保持竞争优势是有意义的。一些制造企业,如卡特彼勒(Caterpillar)、惠普(Hewlett-Packard)、IBM、飞利浦医疗系统(Philips Medical Systems)、西门子(Simens)和施乐(Xerox)等公司都在争取成为成功的全面解决方案提供商,它们或者通过提供服务来增加其核心产品的价值,或者将销售产品本身转变为出售其功能或服务,致使企业的产出由实物产品为主向服务产品为主转变。统计数据显示,世界经济正在经历一个新趋势,发达国家以及中国、巴西、印度等发展中国家的服务产业对于整体劳动力的雇佣率已经超过了 50%,国民经济部门日趋呈现出朝着服务化(servitization)发展的迹象。

一、服务化的含义

服务化的英文主要有三个:servitization、servicizing 和 tertiarization,这些单词虽然都描述在生产型企业中服务比重不断提高的现象,都具有服务化的含义,但不同学者侧重点不同,对服务化的解释也有着不同的观点。

(一)业务服务化(servitization of business)

Vandermerwe 和 Rada 早在 1988 年就注意到世界上越来越多的制造企业不再仅仅

提供实物产品,而是通过提供服务来增加其核心产品的价值。因此最先提出了业务服务化,并从产出的角度将其定义为制造企业由仅仅提供产品或服务,经过产品与附加服务的结合,向产品-服务包的转变。完整的"包"(market packages or bundles)以客户为中心,包括产品、服务、支持、自我服务和知识等。以计算机制造商和信息提供商为例,各模块如图 3-1 所示。这一观点逐步被大部分后续研究者和使用者所接受,目前提到"生产型企业服务化"也大都采用了这种"业务服务化"的观点。

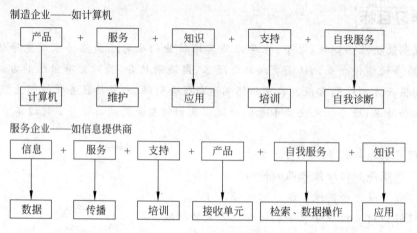

图 3-1　服务化的不同模块

资料来源:Vandermerwe S, Rada J. Servitization of business: adding value by adding services[J]. European Management Journal,1988,6(4):317.

(二)服务化(servicizing)

基于制造商角色变换的角度,服务化也被定义为制造商的角色由产品提供者向服务提供者转变的动态变化发展过程,企业和产品都可能处于服务化过程之中;企业从以生产产品为中心向以提供服务为中心的业务转变过程;以及制造企业的主要业务由卖实物产品本身转变为卖产品的功能或服务,或由卖产品转变为卖服务的过程。服务化还是一种与传统销售模式相对应的业务模式,在这种模式下,制造企业不再是以销售产品本身为目的,转而以销售产品的功能为目的,并且产品的所有权始终为制造企业所有,顾客仅拥有产品的使用权并按产品的使用情况向制造企业支付费用,产品的后续维修、护理及回收处理由制造企业负责,并且制造企业维修产品但不向顾客收取费用。

(三)服务化(tertiarization)

Szalavetz 认为制造业服务化具有两层含义:一是内部服务的效率对制造企业竞争力来说日益重要,已超过了传统的决定因素,诸如企业技术质量、人力资源质量、运作效率、资产数量。这些内部服务不仅包括产品和过程开发、设计、后勤、扩展训练、岗前培训以及价值链管理,还包括组织开发和协调、人力资源管理、会计、法律及金融服务。简单地说,竞争力不仅来源于传统制造活动的效率,也来源于内部服务的有效组织和提供,并且其重要性和复杂性逐渐提高。二是与产品相关的外部服务对顾客来说复杂性和重要性日益提高。产品-服务包不仅包括维护和修理,还包括购买融资、运输、安装、系统集成和技术支持等。由此可见,该观点既强调内部服务效率的提升,又关注外部服务的重要性。

综上所述,可以根据主体的不同将服务化分为三种类型,即投入服务化、产出服务化和企业服务化。投入服务化,指服务要素在制造业全部投入中所占比重不断增加、作用日益重要的现象。对经济合作与发展组织(OECD)中九个国家(包括日本、加拿大、美国、法国、丹麦、澳大利亚、英国、荷兰和德国)的投入产出分析表明,制造业中间投入出现服务化趋势,且该趋势在很大程度上是由于制造业对生产服务业[①]依赖度的大幅上升所致。产出服务化,也称为业务服务化,指服务产品在制造业的全部产出中比重不断增加、地位日益突出的现象。企业服务化,则是制造企业向服务型企业转变的现象,即企业自身的服务化。如施乐公司从复印机制造企业转变为文件处理公司,IBM 从大型主机和个人电脑制造商转变为信息技术服务提供商,赫曼米勒(Herman Miller)从办公室设备制造商转变为办公家具服务提供商,伊莱克斯(Electrolux)从器具制造商转变为工业清洁服务公司等。

二、服务化的演进

根据服务化的含义,不同学者在其演进阶段上也有着不同的理解。比较有代表性的是三阶段、四阶段演变观点以及产品-服务连续区演变观点。

(一)三阶段演变观点

Vandermerwe 和 Rada 认为业务服务化可能经历了三个重叠的演变阶段,图 3-2 可以清晰地说明这一观点。

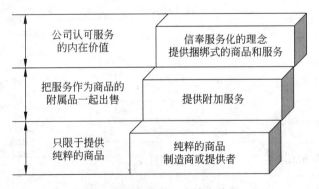

图 3-2　服务化的三个演变阶段

资料来源: Van Looy B, Gemmel P, Van Dierdonck R. Services Management: An Integrated Approach[M]. Harlow: Pearson Education Limited, 2003: 42.

(1)产品或服务。该阶段的制造企业把注意力集中于生产高质量的产品上,而服务企业也仅仅关注服务。它们通过提供单纯的产品或者服务获取利润。

---

① Park 将服务业分为四大类,一是生产服务业,包括金融保险业、房地产业、机器设备租赁业、计算机及相关行业、研究与开发、其他商务服务业。二是分销服务业,包括批发零售业、交通运输仓储业。三是通信服务业。四是社会及居民服务业,包括住宿和餐饮业、公共管理和国防、社会安全、教育、卫生和社会保障、社会福利业、其他社区社会及居民服务业。

（2）产品与服务。在这一阶段，制造商尤其是计算机公司发现产品和服务的不可分离性，因此在提供产品的同时增加相应的服务，如安装、维护和修理。与此同时，典型的服务企业如银行，也开始使用更多的产品来促进或传递其服务，并在产品的设计过程中拥有更多的控制权。

（3）产品-服务包。由实物产品、服务、支持、知识和自我服务等组成。在本质上产品属于硬件，可以由其他制造企业提供；服务是围绕产品提供或产品传递的内容；企业越来越多地鼓励顾客进行自我服务，并提供培训、远程维护系统等支持，确保客户企业高效率地运作；而知识则是产品-服务包中智力密集和更具有创造力的方面，指与产品和服务相关的专业知识，不仅包括知道"是什么"，还包括"为什么"和"怎么样"。

（二）四阶段演变观点

根据三阶段的观点，服务化演进的最后阶段为产品-服务包。但是 White 等提出的"基于产品的服务"（product-based services），指产品功能作为服务提供的工具或者平台，如网络集成服务围绕着计算机硬件和软件系统进行，在一定程度上延伸了服务化的演变历程。据此，服务化的演进拓展为四个阶段，即产品→产品和附加服务→产品-服务包→基于产品的服务。由此可见，该观点与三阶段的不同仅在于第四个阶段，White 等认为制造企业向顾客提供完全的服务契约是服务化演进的最终阶段，如图 3-3 所示。

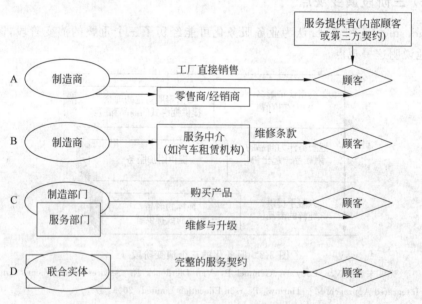

图 3-3　服务和制造：从分离到整合

资料来源：White A L, Stoughton M, Feng L. Servicizing: The Quiet Transition to Extended Product Responsibility[M]. Boston：Tellus Institute, 1999：31.

（三）产品-服务连续区演变观点

Fishbein 等提出的产品-服务连续区的概念，也在一定程度上揭示了制造企业服务化的演变过程。制造企业除了可以直接向顾客提供实物产品以满足顾客的需求外,也可以向顾客提供服务,此外还存在一些中间状态。具体地,物品-服务连续区中的交易模式包括销售产品、销售产品及附加服务、资本性租赁(承租人待租赁期满时可以获得设备的所有权)、维护性租赁(出租人在设备的整个出租期间始终拥有设备的所有权)、租赁及附加服务(出租人负责租赁期间设备的维修)、销售功能(买方需要对设备的使用、维修及培训向卖方支付费用)以及销售服务(买方仅需要对服务向卖方支付费用),如图3-4所示。这些销售模式揭示了制造企业由只提供实物产品向提供因实物产品所带来的功能或服务转变过程中所经历的各个阶段,即制造企业服务化的演变历程。

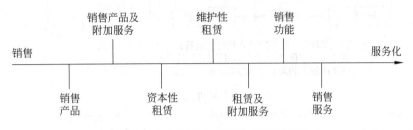

图 3-4　产品-服务连续区中的交易活动

资料来源:Fishbein B, McGarry L S, Dillon P S. Leasing:a step toward producer responsibility[M]. New York:INFORM,2000:17.

三、服务化的特征

(一)顾客导向是服务化的核心特征

在很大程度上,服务化是由顾客驱动的,因为一方面,顾客要求供应商提供更多的、定制化的服务;另一方面,得益于信息技术的发展,顾客拥有更好的讨价还价基础,在决策过程中拥有的权力也越来越大,更善于接受技术。这就决定了服务化必须以顾客为导向。服务化并不局限于简单地为顾客提供维修保养、培训等服务,它将产品价值形成中的服务活动延伸到产品之外,结合顾客的独特需求,深入研究顾客的业务领域,提供独特的整体解决方案,为顾客利用产品解决问题提供咨询服务、技术支持,进行企业价值创新服务。此外,服务化还包括满足顾客由于产品使用而派生的服务需求。如汽车行业的4S店是汽车厂家为了满足顾客在服务方面的需求而推出的一种业务模式,是集整车销售、零配件、售后服务和信息反馈服务为一体的销售店,其核心就是"汽车终身服务解决方案"。

(二)服务化是一种动态的过程

服务化不是一种稳定不变的状态,而是表现为制造企业不断调整自身的位置,沿着"产品-服务连续体"不断向服务占主导的高端迈进的过程。如图3-5所示,产品-服务连续体的一端强调有形产品的重要性,服务仅作为产品的附加物;另一端则强调服务的重要性,服务作为价值创造过程的主要部分,而有形产品仅作为服务的附加物。处于这一连续体中的制造企业,需要在服务的不同水平上寻求独特的机会,确定自己的位置。在这一过程中,企业需要回答以下问题,即"在变革线上,组织应该占据什么位置","变革应该如何进行(循序渐进式的还是跳跃式的)",以及"变革所带来的最具挑战性的方面是什么"。

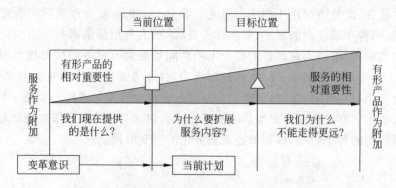

在变革线上,组织应该占据什么位置?
变革应该如何进行(循序渐进式的还是跳跃式的)?
变革所带来的最具挑战性的方面是什么?

图 3-5　产品-服务连续体

资料来源:Oliva R,Kallenberg R. Managing the transition from products to services[J]. International Journal of Service Industry Management,2003,14(2):162.

(三)供应商与买方激励相容

在传统的供需关系中,供应商的收入取决于销售数量,销售量越大,收入就越高。因此为了扩大销售量,供应商通常会采取价格折扣、重新设计包装等方式鼓励制造商增加购买量,即使这些方式在本质上有损于买方的最佳利益并对环境产生不良影响。而制造商(买方)的目标则是以最少的投入获得最大的产出。因此在传统的激励模式下,供应商和买方的目标相互冲突,如图 3-6 所示。相反,在服务化关系下,供应商根据所提供的服务获取报酬,并从制造商流程的效率提升中获得利润分享,即供应商和制造商的激励是协调一致的,它们作为联盟有共同的愿景,通过资源效率的最大化来达到互惠互利。具体来

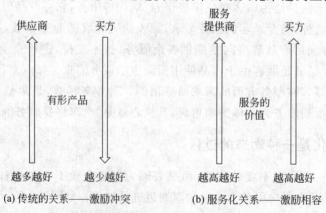

图 3-6　激励在传统销售模式与服务模式中的比较

资料来源:White A L, Stoughton M, Feng L. Servicizing:The Quiet Transition to Extended Product Responsibility[M]. Boston:Tellus Institute,1999:22-24.

看,供应商的盈利能力与销售数量相脱离,甚至销售量的减少反而会增加盈利能力。与此同时,买方因为低成本和高效率而获得收益。因此在这种模式下,供应商和制造商成为一种联盟关系,在这种关系中开发各自的核心竞争力。与传统的供应商-顾客关系相比,这种关系更加强调紧密的协作以及更大程度上的相互信任。

第二节 服务化的原因和结果

服务在制造业中发挥着越来越重要的作用,服务和制造出现了明显的融合。那么为什么制造企业要采取服务化战略,以及服务化将会给制造企业和其所处环境带来什么样的影响?本节将主要讨论这两个问题。

一、服务化原因

制造企业为何如此热衷于服务化,很难一言以蔽之。很多企业会发现是业务的自然发展过程将其引入服务的范畴,一些首席执行官则将服务化视为创造新机遇的方式之一。服务化的原因可以归结为环境、组织和顾客等多方的压力和要求。

(一)环境因素

1. 环境管制

制造企业采取以服务取代产品的服务化战略,在一定程度上受环保法律的推动。在与健康、安全密切相关的化学品行业,多数国家都有相应的法律规范,从而推动了化学品管理服务(chemical management services,CMS)的诞生。由于服务化鼓励耐用物品和设备的生产与使用,减少能源、原材料的耗费和废弃物的排放,可以降低实物产品生命周期各个阶段对环境的不利影响,因此政府制定的有关环境保护的法律规范推动了制造企业采取产出服务化战略。一项针对瑞典企业的研究也表明,立法是推动制造企业开展循环再利用活动、实施产出服务化战略的主要动力。

2. 行业竞争

身处竞争市场中,供应商若仅仅以提供有形产品的方式为顾客提供核心解决方案,将很快发现本来就已经很大的价格竞争压力会进一步增大。当顾客无法感受到来自供应商对自身增值过程提供除产品以外的其他支持时,特别在市场中有大量的竞争产品可供选择时,购买者就会将价格视为主要的购买标准。在此经济环境中,企业利润率显著降低了。

除了来自市场价格的压力外,制造企业还面临第三方的威胁。如图3-7所示,在传统的"供应商-顾客-顾客的顾客"链的情况下,供应商只要提供比竞争对手更有效的解决方案,就能成功地与顾客建立起关系。但是当今顾客的偏好处于不断变化中,从认为技术规格是成功解决方案的根本变为关注过程,那些能够帮助顾客顺利完成商业过程的服务公司和咨询公司在顾客业务领域逐渐获得了战略上的优势地位,传统市场供应链增加了第三方。在这种情况下,拥有顾客资源的可能已经不再是供应商,而是服务公司或咨询公司,供应商沦为第三方的"承包商"风险的概率大大增加了。

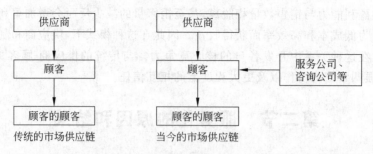

图 3-7　谁掌握着顾客资源：第三方威胁

资料来源：［芬兰］克里斯廷·格罗鲁斯.服务管理与营销——服务竞争中的

顾客管理［M］.第3版.韦福祥，等，译.北京：电子工业出版社，2008：309.

3. 价值链重心发生了转移

根据价值链理论，"每一个企业都是在设计、生产、销售、发送和辅助其产品的过程中进行种种活动的集合体。所有这些活动可以用一个价值链来表明"。企业的价值创造是通过一系列活动构成的，这些活动可分为基本活动和辅助活动两类，基本活动包括内部后勤、生产作业、外部后勤、市场和销售、服务等；而辅助活动则包括采购、技术开发、人力资源管理和企业基础设施等。这些互不相同但又相互关联的生产经营活动，构成了一个创造价值的动态过程，即价值链。随着工业技术的发展，生产型企业的生产技术越来越成熟，其在生产活动中获得的利润会随着生产商之间的竞争变得越来越小。为了获得成长所需的必要利润，企业不得不在价值链的其他环节想办法。服务增加产品的价值，生产型企业越来越认识到这一点，且服务环节获得的价值比重越来越大，也就是说生产型企业的价值链重心已经发生了转移，这个因素也迫使生产型企业向服务化转型。

（二）组织因素

1. 高层管理者对服务的态度

大量研究表明，高层管理者在塑造组织价值和确定组织取向上扮演着十分重要的角色。这意味着，除非组织从高层管理者那里获得重视服务的明确信号，否则不可能实施服务化战略。IBM和施乐公司的成功转型正是得益于其CEO郭士纳（Gerstner）和保罗·阿莱尔（Paul Allaire）认识到快速发展的技术重新定义了企业服务的市场，并将服务提供而非产品提供作为企业发展战略的中心，认为服务导向是他们在各自领域内生存的策略。因此施乐公司开始聚焦于文档战略，将文件存储和复制技术与顾客的业务系统整合在一起，进而实现自动化生产、准时制生产和文件定制；IBM公司则基于电子商务将硬件和软件整合在一起。

2. 高层管理者对风险的态度

当制造企业开始实施服务化战略，为顾客服务时，意味着需要向顾客提供新的价值。服务把制造企业带入新的竞争领域——服务领域，该领域存在着许多竞争者，包括服务提供者、分销商和顾客等。新的服务产品、新的竞争环境使制造企业承担着高失败的风险。Kohli和Jaworski指出，如果高层管理者愿意承担风险，能够坦然接受偶尔的失败，那么下属就会积极地开发新的服务产品以适应顾客需求的变化。相反，如果高层管理者厌恶风险,无法忍受失败,下属就不会对顾客需求的变化做出反应。

3. 战略发展的需要

由于目前竞争的激烈,有形产品的质量与性能特点被认为是既定要素。这并不意味着顾客愿意接受性能差的产品。事实恰恰相反,顾客需要的是高性能、最新型的产品,高质量成为购买的最低标准。新产品的不断推出使产品的生命周期缩短,许多产品进入成熟期或"大路货商品阶段"(commodity stage)的时间比以前缩短了许多。由于相互竞争的企业的产品在运营性能和特征上十分相似,如购买一台电脑,顾客会认为戴尔、苹果、惠普等相比在质量上并无什么差别,高质量在情理之中,因此管理者们必须开辟新的路径突出自己产品的特色,使之区别于市场上的其他产品,即采取差异化战略。这通常意味着要将服务作为整体产品不可分割的一部分提供给顾客。企业管理理论认为,消费者服务和生产服务是提升商品价值的一种方式,服务可以和有形产品绑定以增加其核心价值,从而在市场上和其他产品形成差别性竞争,即用服务来区别有形产品。这种战略被称为"非技术性差别战略"。而对于许多顾客而言,其首要决策标准通常也是企业给予的能够区别于其他产品的附加服务。

(三)顾客因素

1. 顾客对服务的需求

毫无疑问,当今的顾客要求供应商提供更多的服务。他们对产品的需求量并没有减少,但是他们也确实需要一些服务来帮助其做出正确的决策,随时随地获得所需要的产品,充分利用所购买的产品的潜能,以及出错的时候知道如何处理。与此同时,顾客变得越来越挑剔,他们希望更快速、更便捷地获得所需要的产品。因此供应商会发现他们越来越难以取悦顾客。此外,随着顾客获得信息的增多,他们对定制化的需求也越来越高。得益于技术的发展,顾客的特殊服务以及传递定制产品的服务正在变得司空见惯。由此可见,顾客可以推动企业服务化战略的实施。

2. 顾客的权力

随着信息技术的发展,顾客拥有更好的讨价还价的基础,因为他们拥有比以往任何时候都要丰富的信息,他们知道自己的选择范围并且更加积极地参与其中,而服务也更加透明。由于不同公司提供什么、以什么价格以及为谁提供产品的对比信息更容易获得,这就使得顾客在交易过程中具有更高的影响力。以新一代的飞机为例,一旦在机场降落就可以连接到当地网络获得燃料价格和汇率信息,随时随地即可做出是否装满燃油的决定。又如越来越多的生活能源公司为其顾客提供送货上门服务,帮助顾客清洁容器,维修炉灶,组织集体送货等,参与到整个活动过程中。此外,顾客在决策过程中也拥有了更多的权力。在某些行业,顾客已经开始利用其知识,并在规范供应商市场方面发挥着领导作用。

3. 顾客对技术的态度

顾客比以往更加善于接受技术,增加了供应商提供服务的可能性。早在1989年,英国就有大约40%的医疗机构与计算机系统连接,从根本上改变了医生的工作方式和病人所接受的服务。在同一时期,法国有大约30%的消费者参加某种形式的医疗自我诊断;

瑞士的大多数客户则去自助式加油站。在英国,加油泵会自动提醒顾客把柴油加入他们的汽车;旅客也早已开始使用机场的自动订票系统。技术还使得公司可以即时传递服务,如计算机通信系统意味着零售商和批发商可以在很短的时间内获得信用度审核和保险金。类似的现象还包括随着数字网络、声音、数据、影像和摄影传输的整合,顾客在自己的客厅就能看到房地产代理商所推销产品的三维图形。

二、服务化的结果

(一)对企业的影响

1. 赢得差异化优势

由于产品的标准化程度越来越高,通过产品本身赢得竞争优势就显得越来越困难。而服务因为其可见度低、劳动依赖度高以及难以模仿,就成为创造差异化竞争优势的源泉。通过开发解决方案和按照服务业务途径来管理顾客,公司以一种令竞争对手在实质上难以甚至根本无法模仿的方式实现了自身产品的差异化。因此许多管理者把服务看作是创造新商机的途径,而成熟行业的管理者则把服务作为差异化的工具,可以延伸实物产品的生命周期,使企业免遭淘汰。在技术变化较快的环境中,服务取向是企业在各自市场上生存的战略;在技术较稳定的环境中,实行产出服务化战略既适应了既有业务方式的演进,又在既有业务基础上寻求新的市场机会。

2. 获得财务绩效

服务通常比产品有更高的利润,提供了更为稳定的收益来源。根据 IBM 和 GE 年度报告中的有关数据计算发现,IBM 自 1996 年开始其服务(包括全球服务、软件和全球金融服务)收入就已经超过了硬件收入,占全部收入的比重为 48.44%,而 2004 年这一比重则高达 66.38%;世界制造业巨头 GE 的服务收入占总收入的比重在 1995 年就已经超过 50%,2004 年则达到 63.2%。此外,服务化还可以帮助企业实现利润产出的多元化,分散单一利润结构所带来的巨大风险。如韩国现代汽车为了应对竞争激烈的汽车市场,在强化技术研发、提高汽车性能的同时,积极进军汽车维修行业、功能检修行业,改变单一依靠汽车市场需求量创造利润的模式。

3. 提高顾客忠诚度

与以往单纯地依靠产品销售的模式不同,服务化更能够体现出制造企业与其顾客的关联性。因为传统制造企业通过中间商或物流程序将产品提供给顾客,与其进行深入交流的机会非常少,而通过为顾客提供产品与服务,企业能够更加准确地把握消费者对于产品的反馈意见和新需求,有助于增强制造商与顾客之间的互动,提高顾客对产品和服务的忠诚度。更进一步,服务化要求制造企业真正以顾客为中心,不仅要理解顾客的技术过程,同时也要理解其价值增值过程和商业过程。基于此,制造企业不仅能够开发出比以往更多的更有价值的技术解决方案(如生产、管理或销售过程),也能建立起真正意义上的除技术过程(如储存、安装、维护和票据处理等)以外,能支持所有关键性顾客商业过程的以顾客和服务为中心的全新的经营模式。在这种情况下,与任何竞争对手相比,制造企业与其顾客的商业过程都更为息息相关,并能维系一种与顾客有关的优势战略地位。

（二）对竞争环境的影响

服务化的累积效应正在改变着竞争环境,表现为传统制造业和传统服务业的分界线越来越模糊;以及企业面临着新的、不同寻常的竞争者。

1. 传统制造业和传统服务业的分界线正变得模糊不清

服务企业与制造技术的结合。第一,服务企业的业务流程在一定程度上已经实现工业化,麦当劳就是一个很好的例子。工业化的主要目标在于获得一致性和维持质量控制,而这对于劳动密集型的服务行业尤为重要。如果公司在全球范围内提供服务,那么通过高度结构化和重复的过程就成为创造经济利益的最佳途径。第二,服务企业已经着手进行自我研发并形成自身领域的技术规范。许多服务企业开始生产那些用于传递其服务的产品,或者将生产任务分包出去。如全球首家全自动化银行的技术就是由瑞士银行负责开发的,路透社自行设计和制造了视觉显示器和屏幕,敦豪速递公司自行设计电脑和电信网络以追踪包裹。第三,服务公司也会采用或改进工程和运筹技术。服务在本质上是一个过程,其重点在于找到合适的方法提高服务过程的生产率,这与传统制造模式是相同的。例如,一家石油公司进行时间动作研究以提高物流效率,为顾客提供广泛的服务。第四,服务越来越多地以产品的形式进行展现和传递,因此将服务的核心要素进行标准化也比以往更加容易实现。同样,顾客或服务提供者无须离开自己的场所就能进行服务交易,如很多公司通过网络订单来销售服务。

制造企业与服务导向的结合。第一,制造商开始提供更多的服务,重建组织结构,并创建以服务为中心的模式。由于服务化可能带来企业内部的抵制,并需要对顾客进行再教育和培训,因此服务化对许多制造企业来讲可能是一个痛苦的经历。第二,制造商正在向其海外子公司(在某些情况下可能涉及当地或海外的无关联企业)出口或者销售专有技术。因此在本质上,这些制造企业已经转变为服务公司。第三,一些将业务拓展到咨询领域,为顾客提供更加全面的组合服务的制造商,发现他们必须了解竞争对手和关联企业。在提供产品和服务的过程中,除了向顾客推荐自己的产品外,可能还要推荐其他企业的相关产品或服务。

2. 企业正在与新兴的对手进行竞争

第一,与自身竞争。传统制造企业已经发现其几十年来生产的产品正在被服务占主要组成部分的产品服务"包"所取代。例如,一个制锁公司发现其顾客需要的不仅仅是防护,还包括进出人员的信息。目前该公司为顾客提供复杂的产品服务组合,销售电子安全和门禁系统。第二,与顾客竞争。Johnson Wax 是一家生产地板蜡的公司。当其坚信自己能够在清洁地板方面比建筑服务承包商做得更好时,决定进入国际清洁行业,直接与自己的顾客竞争。第三,与供应商竞争。美国电话电报(AT&T)是太平洋贝尔(Pacific Bell)设备和技术的最大供应商,也是其客户和竞争对手。AT&T 使用 Pacific Bell 的网络,与其在远程服务和大型跨国公司的通信网络上进行竞争。与供应商的激烈竞争可能会导致关系的破裂。第四,与其他行业竞争。当企业进入延伸服务领域时,会产生知识和能力的溢出效应,因此传统行业间的界限越来越模糊,竞争环境也更加复杂。以银行业为例,日本邮政拥有着世界上最大的消费者存款。

（三）对社会环境的影响

传统制造业的生产活动常常以牺牲环境为代价,大量消耗土地、有色金属、森林、石油、天然气等自然资源,是资源和环境消耗型的。在服务化模式下,制造商以销售功能或服务取代销售产品获得收益,有助于改变以环境恶化为代价的经济增长模式,有助于减少对物质或能源的依赖程度。服务化可以促进企业采用耐用的原材料,延伸产品的寿命,降低原材料和能源的消耗;可以促使企业改进产品的维护和操作,或者进行更有效的设计,优化产品的利用;可以通过回收活动降低废弃物对环境的影响。简单地说,服务化可以降低产品生命周期各个阶段对环境的不利影响,推动生产的非物质化[①],以及社会的去工业化[②]。

第三节　整合制造与服务

尽管制造企业采取服务化战略可能带来更多的收益,但是除少数企业外,大多数制造商的服务化转变相当缓慢和谨慎,因为企业实施服务化战略会遇到一些挑战和障碍。本节主要介绍制造企业在整合制造与服务过程中所面临的挑战,制造企业如何从逻辑上转变为服务企业,以及整合制造与服务的途径。

一、服务化的挑战

服务化战略的成功实施会给企业和环境带来诸多利益,但是也必然会对企业现有结构、流程和文化等方面提出新的挑战,如表 3-1 所示。

表 3-1　解释服务化的悖论:服务化的挑战

挑　　战	内　　容
转变思维模式	营销观念:交易营销→关系营销; 销售观念:销售产品→销售服务契约和能力; 客户观念:想要拥有产品→乐于拥有服务
时间范畴	管理和支持多年的合作伙伴关系; 管理和控制长期风险; 了解长期合作伙伴关系所带来的成本和盈利能力
商业模式和顾客提供	理解顾客和消费者(而非生产者和供应商)定义的价值; 开发设计和传递服务(而非产品)的能力; 建立一种服务文化; 将以上内容全部整合到服务型组织中

资料来源:Neely A D. Exploring the financial consequences of the servitization of manufacturing[J]. Operations Management Research,2009,1(2):114.

---

①　非物质化(dematerialization)又译为去物质化,是指在单位经济产出的生产中,物质消耗数量或废物产生数量的绝对减少或相对减少,意味着生产产品的物质流和能源流的持续下降。

②　去工业化(deindustrialization)又译为非工业化、逆工业化,指制造业就业比重持续下降,服务业就业比重大幅上升的现象。

（一）转变思维模式的挑战

包括营销观念的转变,从交易型营销转变为关系型营销;销售观念的转变,从销售产品转变为销售服务契约和能力;以及客户观念的转变,从想要拥有产品转变为对服务感到满意。对于市场营销人员来讲,制造业服务化意味着他们不再单纯地销售产品,而是订立长期契约,因此供应商和顾客之间关系的本质和长度发生了变化。对于销售职能来讲,制造业服务化改变了所销售产品的本质。对德国机床制造工业的一项研究表明,该行业之所以没有从服务中获得期望的收益,原因之一在于销售人员或者将服务作为购买产品的激励手段,或者根本没有看到 5 万美元的销售服务合同,即使它与 100 万美元的机床销售合同同样引人注目,所以销售人员更加重视有形产品而非无形服务。转变思维模式的第三个挑战涉及顾客。这一挑战的关键在于产品所有权。许多顾客在情感上喜爱他们购买的产品,这一现象在汽车行业消费者市场上尤为明显。为了成功实现制造业服务化,顾客必须意识到获得有形产品的所有权并非总是必需的。

（二）时间范畴的挑战

包括管理和支持多年的合作伙伴关系、管理和控制长期风险,以及了解长期合作伙伴关系所带来的成本和盈利能力。对于复杂的工程服务,如航空业生产能力的承包以及建筑业建筑物的寿命管理,公司常常会达成长年的合作伙伴关系。管理和控制伙伴关系中存在的长期风险,模仿并理解他们的成本和盈利能力对企业来说是一个重大的挑战。近几年经历的石油价格和货币汇率的巨大波动——单个企业无法控制的外部因素——为服务和支持性契约的成本收益提供了重要的启示。如果制造企业想继续在服务化上投入努力,那么理解这些因素可能会随时间的变化而变化,以及如何降低相关风险就显得非常重要。

（三）商业模式和顾客提供的挑战

包括理解顾客和消费者(而非生产者和供应商)定义的价值、开发设计和传递服务(而非产品)的能力、建立一种服务文化,以及将以上内容全部整合到服务型组织中。关于使用价值(value-in-use)的讨论表明,制造企业需要了解顾客和消费者从服务中获得什么价值,而不是从生产者的角度来定义价值。从运营的视角来看,制造企业对服务的设计知之甚少,而且所拥有的知识大部分植根于大众服务的设计和传递,即使目前制造企业对体验式服务的兴趣不断增加。制造企业知识的缺乏(特别是那些涉及复杂工程服务的设计和传递的知识),直接关系到其对服务设计和传递所需要的组织能力的理解,也与在一个传统的制造企业内部建立起服务文化的挑战相联系。最后,制造企业服务化的转型需要其他九个因素的共同作用才能顺利完成。

二、制造企业向服务企业转型

与制造业相比,采用服务业务途径至少需要组织业务逻辑上发生三个基本转变,即从服务的角度重新定义公司的使命和战略,将产品重新定位为过程,以及顾客关系中关键要素的服务化。

（一）从服务的角度重新定义公司的使命和战略

制造商必须将生产部分整合到其他商业或产业服务部分中,整合到对顾客生命周期一个完全连续的对顾客支持的过程中。企业的经营使命也不再是向顾客提供他们需要的优质或者高技术的资源,如有形产品,而是向顾客价值生成过程提供最完美的服务。基于服务逻辑的"公司的使命在于以一种使顾客的使用价值增值的方式支持顾客的生产过程以及相关过程,同时也尽可能地支持顾客的商业购买过程"。企业的战略也必须据此做出相应的调整。

成为服务型企业,意味着公司不再凭借产品技术特性,向顾客提供有形产品等单一资源,而是向顾客提供价值生成过程的支持。这种支持由技术解决方案、产品、配送、顾客培训、票据处理、服务修复和顾客抱怨及问题处理、咨询、维修维护服务、服务开发、研发、安装设施的更新换代等持续不断的流程构成,这个流程以价值增值方式来支持顾客商业过程的持续。

（二）将产品重新定义为过程

制造企业的产品就是有形产品,但在向服务业务转变的过程中,有形产品从制造商的生产过程输出变成顾客过程的输入要素之一,变成顾客价值生成过程需要的、作为支持顾客价值过程的持续性资源之一。这种资源流或活动发生在连续不断的过程中,因此服务业务的产品也是一个过程,取代了传统产品的位置。

（三）顾客关系中关键要素的服务化

在顾客价值增值的过程中,所有的资源都转化成能够满足顾客需要的真正服务,或者被服务化。服务化就是把所有要素,无论其种类和性质,转变成为顾客关系、顾客价值增值过程的输入量。在这一过程中,企业需要分析所有的顾客接触,以及这些接触中所有的资源与活动,并分析以上内容对顾客过程产生的影响。如果这种效果是中立的甚至是负面的,就需要评估该活动对顾客的价值创造产生怎样关键性的影响。最后,将那些中立或者负面作用的资源和活动,转化为价值支持型服务。从原则上说,任何要素都可以被服务化,但是在某种特定的情况下究竟什么应该被服务化,则取决于顾客眼中的关键因素、现有的竞争环境以及长期的成本-收益分析。

采用服务逻辑进行经营的制造业业务发展可以遵循 CSS 的三阶段方法,其中 CSS 分别代表概念化(conceptualizing)、系统化(systematizing)和服务化(servicizing),其定义如表 3-2 所示。

表 3-2　CSS 模型

概念	定　义
概念化	确定公司应该为顾客做什么。具体而言,指的是公司决定应该为顾客提供何种支持,在顾客的商业购买过程中如何为顾客创造价值,如何处理与顾客的接触和与各种顾客过程的互动,支持顾客的日常活动和过程所带来的结果,以及这种结果将如何影响顾客的商业购买过程

概念	定　义
系统化	为了使概念化的产品得以执行,也为了建立一种结构化的执行方式,公司必须决定需要何种资源,并以理性的方式使用各种资源。系统化的目标在于确保不使用各种不必要和成本高昂的资源,不以非组织化或非协调的方式来使用资源和组织服务过程,成本节约是考虑问题的出发点
服务化	确保规划出的产品(包括各种资源、过程和互动)以支持价值创造的形式发挥其功效,比如为公司的顾客提供服务

资料来源：[芬兰]克里斯廷·格罗鲁斯.服务管理与营销——服务竞争中的顾客管理[M].第 3 版.韦福祥,等,译.北京：电子工业出版社,2008：319-320.

三、整合制造与服务的途径

服务与制造的整合有多种方法。表 3-3 展示了服务化的五种选择,分别是整合导向、产品导向、服务导向、使用导向以及结果导向的产品服务系统(product-service system,PSS)。该分类主要依据产品-服务系统的不同形式进行,体现了产品与服务的不同整合程度。但是要理解服务如何成功整合到制造类产品中,首先需要区分服务的两个主要层面,即运营服务(小 s)和战略服务(大 S),两个层面对组织而言都非常重要。

表 3-3　服务化的五种选择

选择种类	内　容
整合导向的产品服务系统	通过纵向整合和增加服务,向下游移动。有形产品的所有权仍然转移给顾客,但是供应商通过拓展到零售和配送、金融服务、咨询服务、动产与不动产服务以及运输和货运服务等进行纵向整合。 整合导向的产品服务系统：产品＋服务
产品导向的产品服务系统	有形产品的所有权仍然转移给顾客,但是所提供的附加服务直接与产品相关,如设计与开发服务、安装与实施服务、维护与支持服务、咨询服务、外包和营运服务以及采购服务等。 产品导向的产品服务系统：产品＋服务(构成完整的产品)
服务导向的产品服务系统	有形产品的所有权仍然转移给顾客,但是附加的增值服务作为所提供内容的主要部分,如健康使用监测系统和智能车辆健康管理。与"产品＋服务"截然不同,服务导向的产品服务系统将服务整合到产品本身当中
使用导向的产品服务系统	聚焦于服务,通过产品传递服务。有形产品的所有权由服务提供者保留。通过改良的配送和支付系统,如共享、分摊和租赁等,服务提供者向顾客销售产品的功能
结果导向的产品服务系统	用服务代替产品,消除对产品的需求,或者以个人身份拥有产品。典型的例子是语音信息服务,服务本身取代了个人拥有电话留言机的需求

资料来源：Neely A D. Exploring the financial consequences of the servitization of manufacturing[J]. Operations Management Research, 2009, 1(2): 108.

（一）运营服务

运营服务是指主要在组织运营职能内提供的服务。这类服务通常运用在现有产品上,以增加其对顾客的吸引力。这类服务一般不需要大量资源做后盾。两类比较主要的运营服务为可获得性和定制化。

1. 可获得性

时间和地点是可获得性的两大组成要素。在购买产品的过程中,送货速度是一个重要因素,但快速送货并不是企业提高顾客价值的唯一方式。当顾客需要时能够及时给予服务的公司同样具有市场竞争优势。这就是为什么越来越多的企业提供 24 小时×7 天×52 周服务的原因。自动柜员机(ATM)就是一个很好的例子,它不仅可以全天候服务,而且多放置在购物中心、机场、超市等地方,方便人们取款,从而进一步提高了其可获得性。

2. 定制化

定制化是指通过对标准化产品进行修正来满足每一位顾客的个性化需要。为了实现这一目标,制造流程必须相当灵活,以适应大量个体顾客的不同需要。此外,由于定制化产品的属性,它是按照订单来生产的,不像标准化产品可以进行储存。如戴尔电脑公司就是为顾客提供定制化产品的典型例子。

(二) 战略服务

战略服务是指需要跨越组织边界进行合作才能提供的服务。这些边界可以存在于一个战略业务单元(SBU)的不同职能部门之间、不同的战略业务单元之间,甚至是相互独立的组织之间。在产品中融入服务一般需要设计、制造与顾客支持等职能部门之间的合作。以下几类整合的服务是战略性的,因为其具有重大的长远意义,而且需要组织投入大量资源。

1. 服务工厂——制造设施作为服务提供手段

服务工厂(service factory)通过向顾客提供服务来提高所销售产品的价值,制造商可以通过服务工厂扮演咨询顾问、展厅和调度员等多种角色。

(1) 咨询顾问:制造商可以充分利用员工的专业知识解答顾客关注的问题,尤其是提供关于某些问题的解决方案。让工厂员工的工作直接面向顾客,这样他们就有机会成为顾客设计团队中的成员,从而能使制造商更好地了解顾客如何使用终端产品,向顾客提出一些可供选择的通常能节约成本的解决方案。有些企业甚至给出免费电话号码,顾客拨打该电话就可以直接与厂区进行联系。在接电话的礼仪方面对员工稍加培训,他们就能很好地回答顾客提出的众多问题,而且可以向顾客提出一些新的产品使用方法方面的建议,甚至建议顾客使用某种能更好满足其需要的新产品。在 B2B 情形下,员工可以通过直接观察顾客的操作,更好地了解顾客对其产品的使用状况,从而能提出一些更为重要的改进建议。

(2) 展厅:工厂区可以充当展厅。企业可以通过展示生产流程中的技术知识与专业技能以及制造产品或零部件的工作流程的总体质量而获得竞争优势。通过向顾客展示生产流程的各环节以及每一环节上如何保证质量,可以使顾客获得某种舒适感,尤其是当产品的内部工作具体细节很难理解时更是如此。然而,要想成功发挥其"展厅"的作用,必须做好三方面的工作。首先,营销人员与生产人员要密切合作,了解顾客预期,然后共同努力实现这些预期。其次,要对一线工人与管理人员进行培训,使之掌握如何与顾客进行沟通,以及如何向顾客展示整个运作流程的方法。具体地,让顾客亲自参观工厂车间,向其介绍新产品和现有可选产品的生产流程和特点。在参观过程中,员工随时回答顾客提出的问题,或者与参观者讨论正在进行的、旨在改进产品质量和提高流程效率的具体方案等。最后,厂区规划必须要留有供人参观的观光点,甚至还需要一定的视听设备来协助突出生产流程中顾客价值增值最多的环节。如位于德国斯图加特附近的惠普公司设备厂,整个厂区到处安装着大屏幕电视,以展示其不同生产环节的运营情况。展示知识与专业技能的好处不仅局限于高科技产品。制造企业将产品推向不同文化背景的国家或地区时,也可以通过邀请分销商参观企业的生产设施与流程,使其了解产品的质量,进而被新市场所接受。

(3)调度员:作为调度员角色,要求工厂能提供相关的售后服务支持链。这对于新产品而言尤为重要,因为新产品经常会出现一些无法预料的问题。快速修理或更换故障设备的能力是企业的一种竞争优势。此外,从售后服务过程中收集到的信息能及时反馈到产品设计部门和制造部门,从而能减少将来可能出现的问题。要成为成功的调度员,企业的制造流程必须具备充分的灵活性(柔性),企业要准确预测顾客需求,并制订相应的计划,这样才能对顾客需求做出迅速反应,且不至于使生产陷入一片混乱。

2. 顾客活动周期——关注顾客活动

顾客活动周期(customer's activity cycle,CAC)是指顾客消费的全过程,由购前活动、购中活动和购后活动三个基本阶段构成。企业通过提供相关的服务,参与顾客活动周期的部分越多,企业在市场上的竞争优势就越大。根据顾客活动周期的整体概念,企业经营重心应该从仅强调产品销售转移到解决顾客问题上来。丹麦动物饲料生产商 Hendrix Voeders 公司与瑞典 SKF 轴承公司就是成功运用顾客活动周期架构的两个例子,如表 3-4 所示。

表 3-4　顾客活动周期中的活动举例

活动阶段	Hendrix Voeders 公司	SKF 轴承公司
购前活动	管理饲养环境、安排财务、种猪选择建议	轴承管理建议、库存管理、仓储
购中活动	运送饲料、管理营养摄入搭配、管理健康状况	运送轴承、培训、安装轴承
购后活动	运送到屠宰场、运送到猪肉加工厂、将肉制品分销至零售点	修理与更换、保养与技术支持、工作环境管理

资料来源:[美]马克·戴维斯,贾内尔·海内克. 服务管理:利用技术创造价值[M].王成慧,郑红,译.北京:人民邮电出版社,2006:72.

(1)购前活动:顾客主要关心的是"要干什么"。这一问题看似简单,但是对当今的许多购买者而言,是一个既复杂又颇具战略意义的重大问题,以至于个人或组织顾客中的一个购买者无法做出回答。在购买前常常由来自多个职能部门的人员参与其中,如工程设计人员、生产人员,以及来自供应商组织的人员。因此在这一阶段,供应商必须了解顾客的需要,并与组织顾客中人员一起,共同选择部件或设计一种新方案。

(2)购中活动:围绕产品的实际销售进行。企业活动的核心是具体落实顾客的购买决策,包括订单处理、产品交付等,如果需要的话还可以为顾客的购买提供财务和金融服务等。

（3）购后活动：核心在于"保持运行"，包括保修期内或有长期服务合同的产品的维护与修理。其重点是确保顾客在该产品上的投资成功。该活动还包括对下一个活动周期进行考虑。

许多制造企业已经认识到在顾客活动周期内对其进行培训是大有裨益的。顾客培训一般是指制造商在其产品使用方面对顾客提供广泛的培训。培训可以使顾客尽快熟悉如何使用产品。当培训被作为竞争对手类似产品的进入壁垒时，它就成为了一种竞争优势。这种方法同时存在于服务业和制造业中。如联邦快递公司不论顾客邮寄量的多少，都会为顾客提供一台与联邦快递系统直接相连接的专用电脑，并培训顾客如何使用。这就是竞争对手难以从联邦快递公司挖走顾客的主要原因之一。又如一家生产电源插座、开关、接线板等电气部件的日用消费品制造商为了获得竞争优势，邀请当地的建筑师和电气承包商参观其种类繁多的产品，并学习在各种装置中安装的技术。为了实现这一目的，公司把技能培训分成不同的房间进行，包括厨房、卧室、浴室等，展示如何安装设备。

3. 上下游服务——产业链服务化

1）下游服务

在汽车和个人电脑市场上，与产品相关的服务销售额比实际产品销售额多5倍，这些服务的利润率也比单独销售产品利润大得多，因此有学者鼓励制造商要关注生产流程的下游，确定出可以与其有形产品进行整合的服务项目。因为生产流程的下游是服务与有形产品整合的关键环节。该架构的基本原理是：与产品相关的服务市场要远远大于产品市场本身。制造商能够向下游提供的四种服务类型，分别是嵌入式服务、综合服务、一体化的解决方案，以及分销控制。

（1）嵌入式服务：是指服务作为产品本身的一部分，发挥着某些特定功能。如设备制造企业向航空服务运营商提供的航空信息管理系统，就作为一种嵌入式服务，可以对飞机的设备进行一系列自我诊断检测。而以前这些检测都是由航空公司的机械师人工完成的。在产品中嵌入诊断服务可以及早发现问题，并在出现故障之前予以解决。

改善产品性能可以被看做是嵌入式服务，是指制造企业基于先进技术的专业服务，通过预测和纠正产品潜在的问题或减少反应时间来改善产品性能。其对于那些需要投入大量资金购买产品的企业而言尤为重要，因为这类设施一旦停工就会造成巨大损失；对于那些对产品可靠性要求高的顾客，如金融机构和国家彩票发行机构也很重要。如通用电气医疗系统欧洲公司与EMC公司，就在其产品中引入了自我诊断软件，从而能够持续监测其产品的性能。当某一性能特征值偏离可接受的范围时，产品软件就会做出两种反应：首先，在可能的情况下自动纠错。其次，自动呼叫制造商的服务支持中心，工程师可以对问题进行遥控处理。如果需要更换零部件，公司就会派遣技术人员携带更换部件到现场，在故障发生前予以更换。在这种情况下，当顾客刚刚意识到潜在问题时，技术人员已经在第一时间赶到设施现场更换问题部件了。由于产品性能改善是制造商为客户企业提供的一种预防性和实时纠错性的服务，因此这种方法最大的挑战就在于其客观性。当设施自动纠错或技术人员遥控纠错时，顾客可能不知道公司已经提供了服务，甚至可能怀疑是否需要这种服务。

（2）综合服务：通常指伴随制造产品提供的、更方便顾客购买产品的附加服务。如对于企业消费者而言,通用资产公司、波音资产公司等都为采购提供融资服务。对于个体消费者而言,GMAC金融服务公司和福特信贷公司也提供了类似的融资服务,方便消费者购买汽车。

(3) 一体化的解决方案:核心是将产品与服务结合成有机整体,从而满足特定顾客的需要。如芬兰手机制造商诺基亚公司不仅仅是生产销售手机,还运用这种方法满足电信运营商在设备与服务上的全部需要。除了提供包括手机、传输设备和交换机在内的多种产品外,诺基亚公司还协助运营商规划管理其网络系统以满足当地发射塔建设的需要,并为运营商提供设施保养与技术支持。运营商可以从单一供应源购买到完全兼容的产品与服务,从而节约了在不同供应商之间进行协调的时间,降低了成本。

(4) 分销控制:是指制造商移向价值链下游,从而承担原来由一个独立企业所完成的产品分销。如可口可乐公司接管了可乐产品的灌瓶与分销业务,而这些业务以前都是由独立的灌瓶厂完成。分销控制在一定程度上可以看作是制造企业将分销业务由外包转变为内部化的过程,进而实现产品生产与分销服务的紧密结合。

2) 上游服务

制造企业可介入研发、设计、规划等产业链上游阶段。通过该路径实现服务化,制造企业可以提高与其核心竞争力密切相关的研发和设计水平。资料显示,企业科研投入与销售收入比不足3%,企业缺乏发展后劲很难存活;3%~5%,企业能够存活,但创新能力不强,经济危机时很容易被击垮;在5%以上的企业,才有可能在激烈的市场竞争中崭露头角。制造企业通过该路径实现服务化除了可强化自身的核心竞争力之外,还可以将销售研发、设计和规划咨询服务作为企业的主要业务之一,为第三方提供相关的研发设计和咨询规划服务,并且可为企业将来实现更高级服务化提供技术支撑。

3) 上下游服务

制造企业可同时往上下游产业链移动。如IBM公司向顾客提供信息化战略咨询、信息化技术研发、信息化产品设计、信息化所需电子硬件生产、信息化系统安装、信息化系统后期维护与保养等多个方面的生产与服务。飞利浦每年投资20多亿欧元,以超过营业额8%的比重进行各项新技术研究。卓越的设计和研发能力使得飞利浦医疗保健以"全程关护"的网络化服务理念,实现了由医疗器械制造商向医疗器械全程服务提供商的转变。在2009年的金融危机中,医疗保健业务销售额达110亿美元,占到飞利浦全年销售额的33%,成为其全球第二大销售创收部门。

当制造业企业在其上下游产业链中的服务环节已经具备较强的竞争力,在整条产业链上已经具备掌控能力时,就可以完全分离外包低附加值的制造环节,只从事附加值相对高的上下游产业链服务环节。如美国的Nike公司,自己只生产其中最为关键的耐克鞋的气垫系统,而其余业务几乎都是由外部公司制造提供。凭借其独特的设计能力,耐克公司将主要精力集中于新产品的研发和市场营销上,在全球范围制造和销售Nike牌运动鞋,其产值以20%的年递增率增长。

4. 产品功能拓展

产品功能拓展是指制造商通过赋予产品超过其本身基本功能的附加功能来为顾客提供服务。如许多航空公司会直接为你联系宾馆和汽车出租公司。如奔驰公司在为用户提供卓越的汽车驾驶性能外,还为购买 S 系列轿车的顾客选购如下附加服务:若你的汽车半路抛锚,请按下一个按钮,通过全球卫星定位系统(global positioning system,GPS)向最近的修理厂发出信号,报告你的确切位置;若遇到交通事故,请按下另一个按钮,通过 GPS 向救援车发送信号,报告你的位置;若你想在途中进餐,请按下第三个按钮,系统会告诉你附近的餐馆,如果你想去,还可以为你订座。

思考与练习题

1. 为什么顾客更愿意购买带有服务的产品,即使它们比有形产品本身更昂贵?
2. 制造商将服务整合进产品中时需要注意哪些问题?
3. 比较顾客活动周期架构与下游服务架构在整合服务方面有何不同?
4. 为什么服务越来越受到制造商的重视?
5. 为什么说制造企业服务化是一种差异化战略?其差异化体现在哪里?

参 考 文 献

[1] Antioco M, Moenaert R K, Lindgreen A, et al. Organizational antecedents to and consequences of service business orientations in manufacturing companies[J]. Journal of the Academy of Marketing Science, 2008, 36(3): 337-358.

[2] Chase R B, Garvin D A. The service factory[J]. Harvard Business Review, 1989,67(4): 61-69.

[3] Davies A. Are firms moving "downstream" into high-value services[M]//Tidd J, Hull F M. Service innovation: organizational responses to technological opportunities & market imperatives [M]. London: Imperial College Press,2003: 321-340.

[4] Fishbein B, McGarry L S, Dillon P S. Leasing: a step toward producer responsibility[M]. New York: INFORM, 2000.

[5] Fitzsimmons J A, Fitzsimmons M J. Service management: operation, strategy, information technology[M]. McGraw-Hill, International Ed. ,2008: 3-10.

[6] Gebauer H, Fleisch E, Friedli T. Overcoming the service paradox in manufacturing companies[J]. European Management Journal, 2005,23(1): 14-26.

[7] Hildenbrand K, Fleiseh E, Beckenbauer B. New business models for manufacturing companies in b2b markets: from selling products to managing the operations of customers[J]//Edvardsson B, Gustafsson A, Brown S B, et al. Service excellence in management: Interdisciplinary contributions, proceedings of the QUIS 9 conference. Karlstad, 2004, June15-18: 407-416.

[8] Homburg C, Hoyer W D, Fassnacht M. Service orientation of a retailer's business strategy: dimensions, antecedents, and performance outcomes[J]. Journal of Marketing, 2002, 66(4): 86-101.

[9] Kohli A K, Jaworski B J. Market orientation: the construct, research propositions, and managerial implications[J]. Journal of Marketing,1990,54(2): 1-18.

[10] Makower J. The clean revolution: technologies from the leading edge[R]. Presented at the Global Business Network Worldview Meeting,2001.

[11] Mont O. Drivers, barriers for shifting towards more service-oriented business: analysis of the PSS field and contributions from Sweden[J]. Journal of Sustainable Product Design,2002,2(3-4): 89-103.

[12] Nambisan S. Why service businesses are not product businesses[J]. Sloan Management Review, 2001,42(4): 72-79.

[13] Neely A D. Exploring the financial consequences of the servitization of manufacturing[J]. Operations Management Research, 2008,1(2): 103-118.

[14] Oliva R, Kallenberg R. Managing the transition from products to services[J]. International Journal of Service Industry Management, 2003,14(2): 160-172.

[15] Reiskin E D, White A L, Kauffman J J, et al. Servicizing the chemical supply chain[J]. Journal of Industrial Ecology,1999,3(2-3): 19-31.

[16] Szalavetz A. Tertiarization of manufacturing industry in the new economy: experiences in Hungarian companies[D]. Hungarian Academy of Sciences Working Papers, 2003: 134.

[17] Toffel M W. Contracting for servicizing[D]. Hass School of Business University of California-Berkeley Working Paper, 2002.

[18] Vandermerwe S. From tin soldiers to russian dolls: creating added value through services[M]. Oxford, England: Butterworth-Heinemann, 1993.

[19] Vandermerwe S, Rada J. Servitization of business: adding value by adding services[J]. European Management Journal,1988,6(4): 314-324.

[20] White A L, Stoughton M, Feng L. Servicizing: the Quiet Transition to Extended Product Responsibility[R]. Boston: Tellus Institute,1999.

[21] Wise R, Baumgartner P. Go downstream: the new profit imperative in manufacturing[J]. Harvard Business Review,1999, 77 (5): 133-141.

[22] [芬兰]克里斯廷·格罗鲁斯.服务管理与营销——服务竞争中的顾客管理[M].第3版.韦福祥,等,译.北京:电子工业出版社,2008.

[23] [美]马克·戴维斯,贾内尔·海内克.服务管理:利用技术创造价值[M].王成慧,郑红,译.北京:人民邮电出版社,2006:67-68.

[24] 简兆权,伍卓深.制造业服务化的路径选择研究——基于微笑曲线理论的观点[J].科学学与科学技术管理,2011,32(12):137-143.

[25] 刘继国,李江帆.国外制造业服务化问题研究综述[J].经济学家,2007,3:119-126.

[26] 刘继国,赵一婷.制造业企业产出服务化战略的影响因素及其绩效:理论框架与实证研究[J].上海管理科学,2008,6:42-46.

[27] 刘继国,赵一婷.制造业中间投入服务化趋势分析——基于OECD中9个国家的宏观实证[J].经济与管理,2006,20(9):9-12.

[28] 刘继国.产出服务化战略:维度、研究假设及其管理含义[J].湖北经济学院学报,2007,5(4):101-106.

[29] 苏德金,孔令明,孙东源.关于产品服务化与企业服务化的理论探索[J].上海商学院学报,2011,12(5):37-40.

[30] 夏杰长,刘奕,顾乃华.制造业的服务化和服务业的知识化[J].国外社会科学,2007,4:8-14.

[31] 杨育谋.生产型服务化:创新企业价值[J].上海经济,2009,5:34-36.

[32] 周艳春.制造企业服务化战略实施及其对绩效的影响研究[D].西北大学,2010.

第四章

服务战略和竞争

 **学习目标**

战略是为实现企业使命和目标而采取的途径和手段。不论是服务型企业,还是制造业,都需要制定服务战略,以确保其在市场竞争中的地位。在本章中,我们探索了定义一个服务战略所涉及的问题,描述一项服务如何使用 SWOT 和五力模型来进行战略分析,并通过三大通用战略来取胜,了解信息在服务竞争中的作用和虚拟价值链。通过本章学习,应该能够:

- 掌握定义一个服务战略时必须处理的基本问题或方面。
- 使用 SWOT 和五力模型进行战略分析。
- 运用三种服务竞争战略进行分析。
- 讨论信息在服务竞争中的作用。

第一节　服务战略的本质

服务战略是服务企业带有全局性或决定全局的谋划,体现了企业的愿景与使命,确定了企业的目标与任务。与制造企业的战略不同,服务战略直接包括与服务传递相关的运作与营销等问题。

一、界定战略管理

战略管理是决定组织长期绩效的一系列管理决策和活动,它是将组织主要目标、政策和活动整合在一起的具有整体性和长远性的规划。明确的战略有助于组织按照其相对能力和劣势、环境变化和竞争对手随时间变化的活动,有效地配置组织资源,并努力使组织资源的利用效率达到最优。我们需要从全局的角度来理解战略的定义,有以下五个角度。

计划:或多或少带有意识的行动过程,应对某种情况的一个(或一系列)方针。

策略:一种旨在智取对手或竞争者的特定手段。

模式:组织在行为上的一致性。

定位:使组织与所处环境相适应的一种方法。按照这种观点,战略是组织与其所处环境之间、内部与外部环境之间的调节因素。它取决于选定的服务组合、市场和技术。

观念:战略是指组织持有的、渗透到组织内部的世界观。这种观念对于组织来说就是战略,而对于个人来说则是人格。这种观念就是组织文化或企业文化。

这五个角度彼此之间相互联系。无论采用哪种战略观,了解企业与其他组织相比的特别之处、竞争优势及其独特的供应品,对于组织来讲都是至关重要的。组织的独特性以核心竞争力为基础。人们普遍认为,组织应该力争获得持续竞争优势,因为这种优势难以模仿,并能同时为组织的各种利益相关者创造价值,包括顾客、员工和股东。

二、战略涉及的基本问题

战略的出发点在于维持组织的长寿,因为一般来讲,长寿意味着成功。一个企业为了维持其长寿必须定义一个战略,需要在四个基本要素方面进行决策:企业的目标,企业的环境,企业的资源和资源分配模式,企业的价值观、道德规范和伦理。为了达到有效性,一个平衡的战略需要以一种一致的方式着眼于这些要素。如图4-1所示。

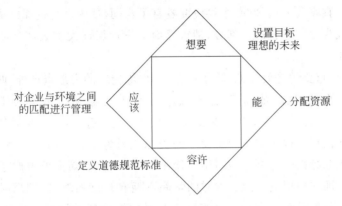

图 4-1　战略制定的区域

资料来源:Heene A. The nature of strategic planning[J]. Long Range Planning,1997,30(6):934.

(一)目标:我们想要做什么?

开发一个战略,首先由关于企业想做什么和成为什么的决策组成。这意味着管理层必须为企业定义一个理想的未来。这种理想的未来通常以企业的目标——它的"业务定义"、它的使命和愿景——来概括。如宜家定义的理想未来是这样的:"我们愿意帮助您装饰您的家,并创造一个更好的日常生活。为了达到这一点,在我们的商店里提供广阔范围的、有出色的设计和功能、让尽可能多的人能够支付得起的低价的优质家具。"

(二)环境:我们应该做什么?

战略不仅仅是管理者的一系列简单的愿望。一个企业应该考虑它所要做的是否符合市场的情况,因此战略也意味着对企业环境的分析,因而企业需要在既定的环境下定义应该追求什么。在环境分析中,波特的五力模型是非常实用的方法(详见第二节内容),包括消费者的需求和偏好、现有竞争者、可能的替代品、与供应商议价中所处的地位以及法律规章因素。环境分析使公司与其环境结合起来,并确保公司和它的环境结盟,通过使公司适应它的环境或者通过一种"改变"环境的过程使环境的需求更好地符合企业的目标和能力。

在宜家的案例中,存在着这种结盟。较大的细分市场对便宜的、功能性的和有吸引力的家具感兴趣。也要注意,宜家向其消费者提供的产品实际上也在塑造着这个市场。家具的概念及其如何适合消费者的购买行为发生了改变。过去,购买家具是一种一生只发生两次的事情：青年时购买一套比较便宜的家具，一旦事业稳定，而且孩子已经长大，过了"到处搞破坏"的阶段，再买一套设计豪华的能用几十年的家具。现在灵活性和内部较为频繁的变化成为大群消费者掌握的一种选择。

（三）资源和资源分配模式：我们能做什么？

一个企业必须考虑在给定资源的情况下能做什么。一个企业是否能够成功地从事所定义的行动路线依赖于它的资源和对这些资源的调度。资源和资源的调度决定了组织能做什么。如果我们再次着眼于宜家，应该了解到，相当简单的目标背后隐藏着一个复杂的资源分配模式。宜家与大约 2000 个供应商签订了合同，从中进行选择以满足需要的生产标准。低价格成为生产过程的一部分；销售界面的设计保证大多数产品的自助服务和即时取走成为可能。

在资源方面，重要的是要注意，除了设备、厂房等传统的有形资产外，两种类型资产日益变得重要：无形的资源（如知识、智能、态度、声望、形象和品牌等）和厂商可寻（firm-addressable）资源。后一种资源是指在法律上不归企业所有，但在产品设计、开发、服务传递或者是营销和销售过程中被企业所使用的资源。因为企业开始在网络中运作，所以厂商可寻资源的概念越来越重要。战略不能局限于单一企业，而需要着眼于整个网络。这方面的好榜样是那些虚拟商学院。这样的学院不拥有自己的教员，到那时能够使在各处雇佣的一群（访问）教员教授课程。这当然也是供应链管理的精髓：不拥有但是可以"控制"整个供应链。

（四）企业价值观：我们被容许做什么？

定义企业战略的一个深层要素需要事先考虑，即企业的价值观，包括企业规范和价值观以及商业道德。管理者利用这些来确定通过企业的合作被允许完成什么。"节俭、创造力、努力工作、谦逊和意志力，我们彼此之间和我们同周围环境的关系，合作与分享，以及我们共同获得的和相互之间需要的知识"，这就是宜家的价值观。它激发公司关注社会生态学的考虑，与全世界（在 60 多个国家）的制造商合作，并开发合适的人力资源技术和方法。企业不应该把价值观看做仅仅停留在表面的东西。一个企业持有什么样的价值观影响着其日常操作。在这方面，巴林银行、安然公司就是很好的例证。

三、战略性服务的要素

市场上服务性企业的目的和定位首先源于企业家的理念和未满足的需求。图 4-2 以提出关于关于服务设计战略性服务规划问题的形式列出了基础框架。基本的分类从左到右包括服务传递系统、运营战略、服务概念以及目标市场细分。该表局限于国内服务。当处于全球化背景下，还需要考虑其他的问题，如将国际因素纳入到战略服务愿景中。该框架的有效性，可以通过西南航空公司战略性服务的例子进行说明。该公司成立之初，仅仅为德克萨斯的三个城市提供服务（达拉斯、休斯敦、圣安东尼奥）。刚刚起步的企业，最好从目标市场开始进行从右到左的战略性服务规划，如表 4-1 所示。

服务传递系统		运营战略		服务概念		目标市场细分
服务传输系统的重要特征是什么?包括:人的作用、技术、设备、计划、流程 它提供什么样的功能?正常水平、最高的标准 它发挥作用的程度是:帮助确定质量标准、确立服务的差异化竞争、为竞争者设置进入障碍?	服务传输系统支持运行战略吗?	战略的重要因素是什么?运行、资金、市场、组织、人力资源、控制 努力的重点是什么?投资在哪里?如何控制质量和成本?测量、激励、回报 在什么条件下竞争中期望的结果是:服务的质量、成本、生产力、服务员工的士气/忠诚?	对服务提供者来说,结果的价值和过程如何影响成本	在为顾客提供的结果条件下服务的重要因素是什么? 这些因素通过目标市场里的哪些部分被感知到:整个市场、雇员、其他? 顾客如何感知到服务的内容? 对于如何选择服务的模式,进行哪些方面的努力:设计、传递、市场?	服务的概念与顾客的需要和竞争者的提供相比是怎样的?	市场的一般特征是什么? 划分市场的维度是:统计的、描述的? 各个部分的重要性是怎样的? 每个部分的需要是什么? 怎样满足这些需要? 通过什么样的方式、由谁来完成?

图 4-2　战略性服务概念的要素

资料来源:Hskett J L,Sasser W E,and Schlesinger L A. The service profit chain[M]. New York:The Free Press,1997:9.

表 4-1　西南航空公司战略服务愿景

服务传递系统	运营战略	服务概念	目标市场细分
有趣的机舱环境和差异化服务; 只是用波音 737 飞机以控制维修、运营成本; 招聘员工时更看重其意愿。	快速周转,高航班利用率; 不指定座位,以鼓励准点乘客,确保准时性。	短途、频繁的航班安排; 航班上仅提供坚果和软饮料; 使用市中心的或低客流机场以避开航道拥堵; 行李随身携带,不托运。	德克萨斯州居民; 之前开车出行的商务旅客; 更看重价格的周末家庭游游客。

第二节　服务战略的管理

与制造业相比,服务业所处的竞争环境具有其独特的特征。然而基本的战略管理步骤、三种竞争战略与制造业在本质上并无大的差别。本节最后介绍服务型企业的四种竞争力阶段。

一、服务竞争环境的特征

服务企业经常在困难的经济环境中竞争,造成这种局面的原因是多方面的。

总体准入障碍较低。表现为政策壁垒低(金融、航空运输这些政策严格规制的行业除外),资金和技术壁垒低,有效保护难度大。服务创新既没有专利保护,在许多情况下,服务业也不是资本密集型的。因此创新很容易被竞争者所模仿。然而其他类型的进入障碍还是存在的。如在一个岛上海滩的最佳位置建度假宾馆。

难以达到规模经济。许多服务的实体履行的必要性限制了市场范围,导致经营场所规模较小。特许经营企业通过联合购买或分摊广告支出可以实现一定的规模经济。在其他情形中,使用互联网可以替代实体履行(如在亚马逊、淘宝网上进行订购代替逛书店和商场,在1号店进行日用品的购买代替去超市)。

不稳定的销售波动。服务需求每小时、每天、每个月、每个季度都在随机变化。如旅行社和酒店都会划分淡旺季。服务又无法在需求低谷期储存以供需求高峰期使用,导致难以匹配服务供求关系。

与购买者或供应商做交易时,在规模上没有优势。许多小型服务企业在与有实力的购买者或供应商讨价还价时处于劣势。当然也有特例,如麦当劳购买牛肉、沃尔玛与其供应商交易,在规模上则具有优势。

替代风险大。服务业中的替代作用包括三类:首先,服务功能可以由产品创新实现产品替代。产品创新能成为服务的替代品。因此服务企业不仅应该关注其他的服务竞争者,而且应该预计到那些有可能使企业经营的服务过时的潜在的产品创新。如洗衣机替代洗衣服务、血压仪替代测量血压的服务。其次,不同服务行业之间的替代,如铁路和公路运输,互联网所带来的跨界竞争。最后,潜在的服务创新也可能替代现有服务,如固定电话对电报、移动电话对固定电话的替代。

顾客忠诚。现有企业凭借个性化的服务建立起忠诚的顾客群,从而为其他新的服务企业设置了进入障碍。例如,医疗设备供应公司把自己的计算机终端安装在顾客的场所。这些终端使新的订单安排更加便利,从而有效地排除了竞争者。

退出障碍。少数服务企业可能在低盈利甚至不盈利的情况下继续经营。例如,一家私有企业以家庭成员就业而不是利润最大化为目的。其他一些服务企业,如古董店或潜水用品店,大多是出于店主的爱好或离奇的兴趣,工作上的满足感可以弥补较低的经济回报。因此利益驱动者会发现,他们很难将这些私人企业逐出市场。

在某些特定的服务行业,一些企业克服了这些困难并壮大起来。如麦当劳在快餐业中赢得了统治地位,新的进入者必须开发出体现所处行业重要竞争特性的服务战略。这就要求企业对战略进行管理。

二、战略管理过程

战略管理过程一般包括以下步骤,即确定组织当前的使命、目标和战略,进行外部分析、内部分析,构造战略、实施战略和评估结果,如图4-3所示。

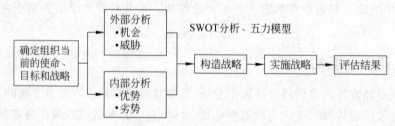

图4-3　战略管理过程

(一)确定组织当前的使命、目标和战略

每一个组织都需要使命,使命是对组织目的的陈述,使命回答了组织存在的理由是什

么这个问题。定义组织的使命会迫使管理者仔细地决定企业的产品和服务的范围。如雅芳的使命是"成为最了解和最能满足全球妇女对产品、服务和自我实现需求的公司"。eBay 的使命是"提供一个全球交易平台,让任何地方的任何人都能在此交易任何物品"。澳大利亚国家心脏基金会的使命是"减少澳大利亚由心脏病、中风和血管疾病引发的痛苦和死亡"。这些陈述为组织目标的设立提供了思路。另外,搞清楚组织当前的目标和战略也是重要的。目标是计划的基础,公司目标是制定绩效目标的依据。同样,识别组织当前的战略也很重要,因为可能需要对其进行修改。

(二) SWOT 分析和五力模型

1. 波特的五力分析方法

五力模型用于分析产业(如航空业、旅行社业、酒店业)的竞争强度以及市场吸引力。五力影响着企业吸引顾客以及获取利润的能力。图 4-4 展示了五力模型以及模型每一部分需要考虑的问题。

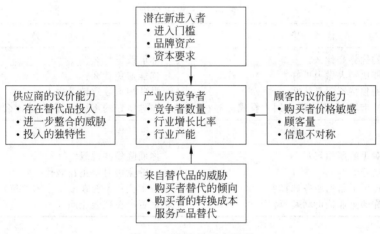

图 4-4　波特的五力模型

产业内竞争者:这一要素往往是行业竞争水平的一个主要决定因素。对手可能利用激进的价格竞争策略,也可能利用非价格策略,如创新、品牌或是更高的质量水准。同消费者需求相关的行业容量,是一个新进入者是否可以分得一杯羹的重要标准。西南航空是个例外,通过低廉的票价和频繁的航班班次吸引了那些经常开车旅行的潜在顾客。

潜在新进入者:有着高投资回报率的产业往往会吸引新的竞争者进入。可能阻止新进入者的进入壁垒包括规模经济(如航空运输业、物流业和旅游业等)、创新业务(如银行金融衍生产品的不断推出)、资本需求(如证券投资、网络游戏产业需要大量资金投入)、资源垄断(如九寨沟对旅游资源的独占)等。

来自替代品的威胁:对服务而言,替代品往往会取代一个产品。如税务管理软件可以取代一名税务会计的工作。运输业中的航空运输、火车、汽车以及轮船彼此都构成了替代威胁。

供应商的议价能力:由于产品的特殊性或是独家供货,供应商也会成为牵制企业的一个力量。如客运服务中,运输工具的质量、价格对客运企业的定价、利润、服务水平等均产生直接影响;在加油服务中,油品的供应将直接影响加油站的经营成果与服务质量。

顾客的议价能力:顾客可以通过施加价格压力来抵制暴利。在旅行业中,通过使用Priceline.com 和 Hotwire.com 这两个站点,信息不对称将会转变为顾客的优势。大宗服务业务的购买者往往拥有很强的砍价能力,这广泛存在于长途运输、旅游、金融证券和教育产业中。

2. SWOT 分析方法

SWOT 分析明确了组织的内部优势和劣势,以及外部环境中的机遇和挑战。这一分析的目标是揭示竞争优势,分析前景,防患于未然。SWOT 分析从描绘一个目标开始,最终要得出一个汇总的结论,包括:需要维持、巩固的优势,需要改变的劣势,需要抓住的机遇,需要防御的挑战。SWOT 分析是主观的,两个人往往会得出截然不同的结论,因此需要强调合作的重要性。表 4-2 展示了一些代表性的问题,这些是在 SWOT 分析中四象限会涉及的问题。

表 4-2　SWOT 分析

优　　势	劣　　势
你的公司的优势是什么?	你能改进什么?
你怎样才能比别人做得更好?	你能避免什么?
你所拥有的独特资源是什么?	哪些因素导致销量损失?
在你所在的市场,人们将哪些因素看成优势?	在你所在的市场,人们会把什么视为劣势?
机　　遇	挑　　战
你的竞争对手的薄弱点?	你面临哪些挑战?
当前的市场趋势?	你的竞争对手正在做什么?
技术是否提供了新的服务选择?	技术变化是否在威胁你的地位?
市场上有你的企业追诉利基吗?	是否存在现金流问题?

(三)构造战略

当管理者制定决策时,他们必须考虑外部环境和所能使用的资源、能力的现实情况,设计出能够帮助组织达到目标的战略。战略主要有三种类型:公司层战略、业务层战略和职能层战略。公司层战略是企业总体的、最高层次的战略;业务层战略注重组织应该怎样在每项业务上展开竞争;职能层战略是组织不同的职能部门用来支持其业务或竞争战略的战略。

(四)实施战略

战略制定出来以后,必须得到实施。不管战略制定得多么有效,如果不能成功实施就等于纸上谈兵。一个新的战略要取得成功,通常要求雇佣具有不同技能的员工,将现有的一些员工转到新的岗位,或者裁减一些抵制新战略实施的老员工。由于越来越多的组织运用团队形式,所以构造和管理有效的团队也应当是战略实施的重要组成部分。最后,高层管理者的领导能力也是成功战略的组成部分,因此如何激发中层和基层管理者执行组织战略,就成为战略实施的重要一环。

（五）评估结果

战略管理过程的最后一个步骤是评估结果,即对战略的有效性进行评估,决定需要做出哪些必要的调整,从而帮助组织达到目标。

三、三种竞争战略

有三种一般竞争战略,分别是成本领先、差别化和集中战略。我们将结合服务企业成功的例子对这三种战略逐一进行描述。

（一）成本领先战略

成本领先战略是服务企业可以选择的重要竞争战略,当服务品质和服务功能相同并且企业具备较强的资金实力时,可以采用该战略。成本领先战略要求企业具有有效规模的设备、严格的成本和费用控制、不断创新的技术。低成本可以抵御竞争,因为效率低的竞争者将首先在竞争的压力下受挫。实施低成本战略通常要求:在先进的设备上投入大量资金、采用攻击性的价格、在经营初期为抢占市场份额承担损失。成本领先战略有时能彻底改变一个行业,这一点已经被麦当劳、沃尔玛和联邦快递的成功经验所证实。服务企业可以通过多种方式达到成本领先地位。

1. 寻求低成本顾客

服务某些顾客比服务其他顾客花费要少,那么他们就可以成为服务企业的目标顾客。如联合服务汽车协会(The United Services Automobile Association, USAA)在汽车承保人中占据卓越的地位,因为它只为军官服务。此顾客群要求赔偿的风险低于平均水平,为他们服务的费用也较低,因为相对的流动性使他们更愿意用电话或邮寄来处理事务,并已习惯如此。结果是 USAA 可以用电话和邮寄来处理所有交易业务,不必像传统的承保人那样聘用高薪的推销人员。另一个例子是低成本零售商,目标是那些愿意批量购买、追求实惠和不需要额外服务的人。再如中国很多城镇卫生所注重降低医疗成本,以此吸引周边农村和城郊的顾客群体。

2. 顾客服务的标准化

总的来讲,服务的定制远远多于制造,但不同的服务行业存在差别,而且服务企业可以通过使用新技术将以前的定制化服务转变为常规的标准化服务。例如,公交系统(地铁、轻轨、公共汽车)就使用标准的时间表和标准线路向乘客提供标准服务,它成为吸引大众的低成本服务。再如,发达国家已将个性化程度较高的个人所得税申报服务实现了标准化,大大降低了税收成本。

3. 减少服务传递中人的因素

如果能给顾客带来便利,减少服务传递中人的因素虽是具有较高潜在风险的战略,也可以被顾客接受。如使用自动柜员机带来的便利性使得顾客放弃与出纳员的交互行为,并最终降低银行的交易成本;加油站的自动刷卡机降低了加油站的运营成本。

4. 降低空间网络费用

具有空间传递特性的服务需要通过网络将服务提供者与顾客连接起来,如电力公司、快递公司等,这个网络需要高额的成本投入。一个最明显的例子是电力公司,它们需要在输电线路上投入巨额的固定成本;另一个是快递公司,在全国各城市设立网点需进行巨大的投入。通过创新性举措,服务企业可以有效降低网络费用,实现成本领先。如联邦快递公司通过使用独特的"中心辐射网"降低了网络费用。该公司在孟菲斯设立了装备有先进分拣设备的中心。这样需要"隔夜送到"的包裹可以通过该中心送达美国任何一个城市,包括那些城市之间没有直接航线的地区。在网络中添加新的城市时,联邦快递公司只需要增加一条来往于中心的航线即可,而不必在所有城市之间都增加航线。这种高效的辐射网战略在航空客运业中也被采用。

5. 非现场服务作业

许多服务,如理发和客运,只有顾客在现场时才能提供服务。对于那些不一定非要顾客在场的服务,服务交易和服务作业可以部分分离。如修鞋店可以在很多分散的地点设置收取站,然后将鞋子集中到某个修鞋厂。由于可以享有规模经济和低成本的设施场地,同时避免顾客直接参与服务过程,在现场之外开展服务可以有效地降低成本。如美洲航空公司将一个 800 电话预订中心设置在加勒比地区。简言之,如果将服务交易与服务作业分离,服务企业的运作就与工厂类似。

(二)差别化战略

差别化战略的实质是创造一种能被感知的独特服务。实现差别化有许多方式,包括品牌形象(如麦当劳的金拱门,希尔顿代表高档酒店品牌)、技术(如 Sprint 公司的光纤网络,国航先进的机型)、特性(如美国运通的全程旅行服务,网络银行带来的便利性)、顾客服务(如招商银行的顾客关怀)、经销商网络(如海尔遍布全国的庞大经销与售后服务网络)以及其他方式。差别化战略并没有忽视成本,但其最主要的目的是培养顾客忠诚。通过差别化改进服务的目的常常是在目标顾客愿意支付的费用水平下实现的。

1. 使无形产品有形化

从本质上讲,服务通常是无形的,顾客购买后没有留下能够产生记忆的实体。服务企业可以通过多种方式使无形服务有形化,由此形成服务差异化,在顾客心目中树立企业形象。为了使顾客能够回忆起曾经在饭店的住宿,目前许多饭店提供印有饭店名字的精美盥洗用具、印制精美的纪念品等,大学用徽章和文化衫保持人们的记忆,保险公司将企业标志印制在各种设备和宣传材料上。

2. 将标准产品定制化

提供定制化的关注可以使企业以很少的花费赢得顾客的欢心。能记住客人名字的饭店经营者可以给客人留下很好的印象并带来回头客。美发沙龙增加了许多个性化的特征(如个人造型、软饮吧、休闲环境、背景音乐),以此与理发店相区别。汉堡王努力推行"点后再做"的定制政策,试图与麦当劳传统的备货快餐服务方式区分开来。再如网上衬衫店先让顾客自己设计衬衫样式,之后再加工生产,这一做法获得了大批追求个性的青年的认可。

3. 降低感知风险

缺乏服务购买信息使许多顾客产生风险感。由于对服务缺乏了解或自信，顾客会寻找那些愿意向其提供相关信息和担保的服务企业，这是形成差异化的重要途径。当信赖关系建立起来后，顾客常常会觉得花多点钱也值得。比如汽车修理服务，顾客会寻求那些愿意花时间解释其所做工作、设施清洁有序、有信誉的服务企业，并乐于接受较高的服务价格。

4. 重视员工培训与激励

投资于全体人员的发展和培训所带来的服务质量的提高是竞争对手难以模仿的竞争优势。处于行业领导地位的企业，其高质量的培训项目在同行中常常也很有名。有些公司已经建立了学院式的培训中心（如芝加哥附近的麦当劳汉堡包大学）。此外，服务企业还可以通过设立合理的薪酬制度、晋升制度和奖励制度来赢得员工满意，满意员工所带来的竞争优势是很难复制和模仿的。

5. 控制质量

在劳动力密集型行业，多场所经营企业（如特许经营的连锁火锅店、洗衣店）要做到质量稳定确非易事。企业采取了一系列的措施来解决这个问题，包括人员培训、明确的程序、技术、限制服务范围、直接指导、同事间的约束等。

（三）集中战略

集中战略的基本思想是，通过深入了解顾客的具体需求来更好地为某特定目标市场服务。细分市场可以是一个特定的购买群体（如 USAA 和军官）、服务（如青年旅馆和廉价旅游者，联邦快递公司和要求包裹隔夜送到的人们）或地理区域（如地区性航空公司，当地零售商）。实施集中战略的前提是，与那些目标市场广泛的其他公司相比，企业可以更有效地服务于范围狭窄的目标市场。结果是，企业通过更好地满足顾客需求或降低成本，在狭小的目标市场内实现了差别化。因此集中战略是成本领先战略和差异化战略在细分市场中的应用。

四、服务性企业的竞争力阶段

如果一家服务性企业要保持竞争性，生产力和质量的持续改进必须成为企业战略和企业文化的一部分。表 4-3 描述了服务性企业在战略发展中所扮演的运营角色的框架。同时，该框架也是生产力和质量提高根源的有用解释。另外，它也为测量和评估一家企业在发展它的服务传递系统方面的进步性提供了一个方法。该框架根据企业在服务传递方面的竞争性，把服务性企业划分为四个不同的发展阶段，并且在每一个阶段，企业的管理实践和态度都通过关键的操作层面进行了对比。需要注意的是，服务并不一定从第一阶段开始，但是在其生命周期当中，可能无意回到第一阶段。如联邦快递就是从第三个阶段开始服务，因为它对轴心辐射网络内容进行了改革。也正因为如此，其所有的分类都可以在孟菲斯中心完成（因此可以保证隔夜送达）。

表 4-3　服务性企业竞争力的四个阶段

阶段 层面	1. 提供服务	2. 临时工	3. 取得了显著 竞争优势	4. 世界级服务传递
声望	顾客光顾服务性企业的原因不只局限于企业的绩效	顾客既不选择企业也不回避企业	顾客根据企业能够满足其需要的声誉选择企业	企业的名字和它的优质服务相互协调。它的服务不仅满足顾客需要，同时使他们高兴，因此把顾客的期望标准扩大到企业竞争对手不能实现的水平
运营	运营充其量只不过是反应性的	运营的作用平庸，无独创性	通过人员管理和高强度的以顾客为中心的支持系统，运营得以连续优化和加强	运营成为快速学习器和创新器，它控制着服务传递过程的每一个步骤并且提供优于竞争者的能力
服务质量	由成本决定，高度的不确定性	在一个或两个关键方面满足顾客的某些期望	在多个方面超出顾客期望	提升顾客期望并寻求挑战，持续改进
后台支持部门	会计部门	有助于服务，并且在整个服务中扮演着重要角色，得到关注，但仍为独立的部分	与前台部门等价，扮演着内部角色	主动活跃，拓展自己的能力并制造机会
顾客	未详细说明，以最小的成本满足他们	依据基本需求，进行市场细分	对不同需要的个体加以综合	顾客成为可激励、有创意、充满机会的资源
新技术的引进	在生存压力下不得不为之时	为节省成本不得不做调整时	为加强服务承诺时	当技术成为先动者的优势资源，而竞争者所不具备的能力时
员工	缺乏约束	有效的资源，守纪律，依程序行事	允许从不同的流程中进行甄选	富有创新性，能创造流程
一线管理	控制员工	控制流程	倾听顾客意见，指导和协助员工	听命于最高管理层、产生新理念的资源，督促员工加强职业生涯发展

资料来源：Chase R B, Hayes R H. Operation's role in service firm competitiveness[J]. Sloan Management Review, 1991, 33(1)：17.

（一）提供服务

一些服务性企业，尤其是政府服务，可以归入这一类别，因为它们把运营看作是不得已而为之的事情，且以最低的成本运营。因为消费者通常没有选择的余地，所以几乎没有寻求质量改进的动力。除非关系到生存问题，他们一般不会在新技术上进行投资。此类企业本质上缺乏竞争，在面临竞争之前一直停留在这一阶段。

（二）临时工

在第一阶段获得生存保护以后，一家服务性企业可能会面临竞争，因此可能会被迫重估其传递系统。运营管理者必须采用行业惯例,与新的竞争者相抗衡,并避免市场份额的巨大流失。例如,如果所有成功的航空公司都使用同样的飞机,那么一个刚进入市场的新生航空公司也会倾向于使用相同的飞行器。运营在这一阶段的贡献作用在于保持竞争的中性,因为行业中所有的企业都采用相似的惯例。

当企业之间不在运营效率上竞争时,它们通常在其他维度创造竞争(如生产线的广度、辅助性服务、广告)。员工都经过了训练以适应规范化工序,当异常情况发生时,无须采取任何主动措施。这些企业可能并未认识到运营对于企业竞争力的潜在贡献价值。

(三)取得了显著竞争优势

处于第三阶段的企业,如果拥有能够洞察什么为顾客创造了价值,并理解运营管理者在服务传递中必须扮演的角色的高级管理者是幸运的。例如,斯堪的纳维亚航空公司的首席执行官意识到,要收复已经为侵略性竞争所失去的商务旅客市场,就要提高按时上岗离岗的绩效。为了实现这一目标,他必须要扮演一个领导角色,推动运营革新,从而改善传递系统。

运营管理者是企业中全面质量管理的典型倡导者,并且率先设立服务保证、员工授权和服务提高技术。在这样组织中的员工通常都经过交叉训练,并且在为实现既定运营目标而努力的过程中被鼓励发挥主动权(如联邦快递的隔夜送达)。这类企业完成了实现公司愿景的管理战略,因此才能确保自身从竞争中脱颖而出。

(四)世界级服务传递

不仅仅满足于符合顾客的期望,世界级企业在期望水平上的扩张是其他竞争者难以企及的。管理具有前摄性,通过听取顾客意见来提升更高的绩效标准以及识别新的商业机会。许多世界级服务企业如迪斯尼、万豪以及美国航空公司等都通过他人的评判来确定质量标准。

新技术已经不再单纯意味着减少成本,它被认为是一种难以复制的竞争优势。如联邦快递公司开发的COSMOS(顾客运营服务在线控制系统),提供了包裹从接收到传递的全程跟踪系统。顾客可以在任何时间呼叫并获得包裹准确位置的信息。这一系统也可用于告知在途中的驾驶员,以更好地方便顾客。

在世界级企业工作的确显得有点与众不同,而且企业鼓励雇员对公司及他们的工作任务进行鉴定。例如,一位迪士尼的清洁工被认为是帮助观光者享受游玩体验的"制定演员"。通过传递系统维持较高的绩效是一个巨大的挑战。在不同的地方重复同一服务,尤其是在海外,是对世界级竞争者的严峻考验。

第三节　信息技术与战略

本节提出信息对服务企业竞争战略的贡献的基本框架。应用战略重点(内部或外部)与信息的竞争性利用(联机或脱机)两个维度,指出信息的四种战略作用。服务产品创新是由建立在从顾客交易中获得的信息数据库基础上的虚拟价值链推动的,因此本节最后介绍了虚拟价值链。

一、信息与服务竞争

（一）信息在服务业中的竞争作用

从服务管理的角度来看，信息技术有助于那些成功的企业制定竞争战略。图 4-5 说明了信息技术在支持服务企业竞争战略方面所起的作用。

	联机(实时)	脱机(分析)
外部(顾客)	设置进入障碍： 订票系统 会员俱乐部 转换成本	增加数据库资产： 出售信息 开发服务 微观营销
内部(运营)	创造收入： 收益管理 销售点 专家系统	提高生产力： 库存状态 数据包络线分析(DEA)

图 4-5　服务业信息的战略作用

资料来源：Fitzsimmons J A. Strategic role of information in service. In sarin R V(ed.), Perspectives in operations management：Essays in Honor of Elwood S. Buffa, Norwell, Mass：Kluwer Academic Publisher, 1993：103.

1. 设置进入障碍

我们将讨论三种利用信息设置进入障碍的事例：订票系统、会员俱乐部或类似增加顾客信任的方式，以及通过搞好与顾客的关系增加其转换成本等。

订票系统：通过向旅行社等销售中介机构投资而提供即时订票系统来制造进入障碍，如美洲航空公司的 SABRE 系统就是通过强有力的信息系统巧妙地设置进入障碍的例子，联合航空公司和 Delta 公司耗巨资复制了这套订票系统。

会员俱乐部：美洲航空公司在其大规模订票系统的基础上向前发展了一步，根据常飞旅客的旅行信用累计向旅客提供奖励。这些做法包括提供免费旅行和各种辅助性的优惠等，在旅客中间创造了强有力的品牌效应，特别是不用为旅游付款的公费出差者。那些新的竞争对手的折扣优惠对这些旅客来说毫无吸引力。

转换成本：联机电脑终端形式的信息技术已在医疗供应业得到了应用，它直接将各个医院连接到供应商的分销网络。只要医院提出要求，就能购买到所需的供应品和药品。这种做法产生了大量的转换成本，因为医院能减少库存并有了方便的联机补充订购。供应商也从降低的销售成本中获益，并且竞争对手很难诱使已经进入该系统的客户离开。

2. 创造收入

集中在内部作业的实时信息技术在增加收入机会方面起到了竞争作用。收益管理的概念最好理解为充分利用服务能力以取得收入最大化的战略。微型电脑的发展为创新的销售点设备创造了机会。10086 和专家系统的使用也增加了顾客服务。

收益管理：是应用信息改善收入，并通过随时间消逝的资源(如飞机座位、旅馆客房)

来产生的。美洲航空公司通过利用 SABRE 系统,监督自己即将到来的航班和在同一航线上的竞争对手的航班两者的状况,对未售出的座位做出价格和分配决策。这样,这笔节省的费用就可以调整给特别航班,以保证剩余的空座位都有售出的机会,但不是以座位的全价售出。这一实时定价策略通过确保对讨价还价的旅客和保留一些座位为愿意付全价的后来者的需要而不让座位空着,从而使每一航班的收入最大化。

销售点:沃尔玛发明了一种为折扣购物者准备的新玩意儿——录像手推车。顾客推着这种车逛商店时,各类商品的信息就会随时显示在电视屏幕上。这种车能显示出各销售部的数百种商品及在商店的位置来帮助顾客挑选商品。另一个例子是掌上电脑发送器。使用这种装置,餐馆里的服务员能把订菜单直接发给厨房的监控器,同时账单也到了出纳员手里。这节省了不必要的走动,留出更多的时间为顾客提销售建议。

专家系统:奥迪斯电梯公司将一种专家系统安装在其维修人员掌握的笔记本电脑里,加快了现场修理速度,并把积累多年的电梯故障的信息放入知识库再合并到专家系统中。利用笔记本电脑,现场维修人员能够查询该系统并接受其诊断,帮助发现问题之所在。结果其电梯以服务快捷而闻名,且只需要很少的维修人员。专家系统的早期应用是在医疗领域,另一个例子是石油勘探专家系统。

3. 增加数据库资产

一家服务公司所拥有的数据库能成为具有战略重要性的隐蔽资产。装备和维护一个大型数据库本身就是竞争者进入的障碍。然而更重要的是,能从数据库中挖掘出顾客购买习惯的组合,以及抓住机会开发新的服务。

出售信息:一家为家庭水暖和电气系统提供服务合同的公司,发现在其数据库中保存着有价值的资产,如积累了多年的修理经验。现在制造商们被邀请使用这个数据库来评价其产品的性能。美国运通公司掌握了关于其持卡人消费习惯的详细信息,现在用来向它的零售商提供顾客消费类型的详细情况。

开发服务:Club Med 是一家遍及世界各地的、全面性的胜地旅游公司,它进一步研究了其会员的年龄差异。通过研究会员特征数据库,公司认识到随着时间的推移,原来单身的会员已经结婚生子。为持续争取未来的度假旅游者,它改变做法,为有小孩的家庭提供住宿。现在父母可以尽情享受海滩和水上运动,孩子则由附近儿童乐园的 Club Med 公司的护士来照看。为了吸引对水上运动失去兴趣的年长会员,公司还增加了乘游船度假项目。服务公司在顾客第一次购买时就掌握了顾客数据,从而抓住与顾客建立永久关系的良机,为将来在购买中创造新的或变化的服务打下了潜在的基础。

微观营销:指企业必须研究消费者的特点,根据消费者的需求生产、销售产品和服务,使自己的产品、服务和营销方案与地理、人口、心理和行为因素相适应。这种营销能一矢中的地把产品的最佳顾客和他们最愿意买东西的商店作为目标来分析。

4. 提高生产力

信息的收集和分析的新发展增强了我们多地点服务管理的能力。通过使用笔记本电脑,可以通过比较陈列商品每日利用货架空间的销售数据来管理零售库存。多地点单位的销售绩效信息的收集能用来区分出谁是最有效的生产者。当这些成功信息资源同其他地点的单位共享时,便能提高整个系统的生产力,学习型组织的基础便由此建立起来。

库存状态：利用一台手提式电脑，销售人员完全可以淘汰纸面表单。通过下载每天销售情况的数据，利用这些数据跟踪库存水平、价格、产品促销以及过时商品和退货商品的情况。这些关于销售额、生产和分配的信息每日更新，从而保证了新鲜商品在整个系统中流动，满足顾客需要。

数据包络线分析（DEA）是一种线性规划技术。它将一个多地点组织的每一个服务提供单位与所有其他服务单位相比较，并根据资源投入产出比计算出效率比率。通过高效单位和低效单位经营实践的比较，找出可改进的地方，从而提高整个系统的生产力。DEA 的反复使用能建立一种组织学习的氛围，支持成本领先型竞争战略。

（二）制约信息利用的因素

利用信息作为竞争战略，能够为企业带来优势。然而有些战略产生了公平、侵犯隐私和反竞争等社会问题。也就是说，如果滥用这些战略，结果可能会伤害顾客。

1. 反竞争

制造进入障碍、应用订票系统和会员项目被指责为潜在的反竞争行为。例如，怎么看待对常飞旅客的免费旅行奖励，特别是在旅客用公司的公款出差时？美国国内税务署把免费旅行看做某种应纳税的收入，而各公司认为免费机票应属于公司。因此长期的纠纷导致取消了飞机旅行的价格竞争。

2. 公平

最早产生的混乱始于询问飞机上的乘客花了多少钱买机票。在收益管理情况下，票价每小时都在变化，因此价格是移动的靶子而售票过程好比买奖券。在大多数情况下，收益管理对公众应是公平和平等的，否则每一项服务价格都要谈判吗？

3. 侵犯隐私权

当你在当地超级市场的每一次购物记录都被热情的制造商所分享，比如瞄准那些买竞争对手的软饮料的顾客，怂恿他们买另一种，结果这种购物就成为一种受控制的销售活动。Lotus 开发公司曾感受到来自顾客的不满，在它宣布对那些拥有个人电脑和调剂解调器的所有家庭建立市场空间家庭数据库之后，三万多个被惹恼了的人要求把他们从数据库中删掉。

4. 数据安全

在美国，未经病人同意就将个人的医疗记录透露给保险公司或潜在雇主是非常普遍的并且具有破坏性的做法。一些企业将工人的索赔请求和医疗事故诉讼登记在案，并推向市场。这样的数据库被用来排斥未来的员工和病人。

5. 可靠性

数据准确吗？保存的个人数据若被破坏，就会引起人们生活的混乱。美国制定了相关的法律试图改变这一困境，要求信用报告机构允许个人查阅自己的信用记录的准确性。

二、虚拟价值链

（一）简介和模型

今天的商业竞争在两个世界进行着：一个是称之为市场的现实世界，另一个是称之为市场空间的信息虚拟世界。例如,苏宁在互联网上创建一个网站,仍然可以继续它在现实市场中作为重要的家电销售商的竞争性地位。市场空间的性质是需要顾客信息满足执行命令的要求,这也能使服务提供者收集到如顾客购买行为和地点等有用信息。市场空间信息也可以从顾客价值和产出两方面用于改进服务传递过程。例如,联邦快递公司允许顾客在国际互联网上的公司站点使用其信息数据库来追踪他们自己的包裹以代替寻找顾客服务代理者。

尽管市场空间的价值链能反映到市场上,但是增值过程必须首先收集原始信息,然后进行加工并最终传递。由于创造价值的步骤是通过使用信息来完成的,所以该过程是虚拟的。在虚拟价值链(如图4-6所示)的任何一个阶段,创造价值分为五个活动:收集信息、整理信息、筛选信息、综合信息和传递信息。

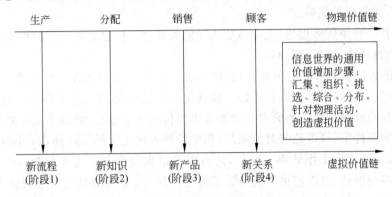

图 4-6 虚拟价值链

资料来源:Rayport J F,Sviokla J J. Exploiting the virtual value china[J]. Harvard Business Review,1995,November-December:78-85.

(二)虚拟价值链的特点

虚拟价值链具有非物质性、灵活性、独特性和持久性等特征。

非物质性:在虚拟价值链的各个环节上,价值活动的对象不再是物质资源,而是信息。处于市场空间中的企业不再受土地、劳动、资本等传统生产要素的束缚,而只受信息加工能力的影响。物质资源是稀缺的,而信息资源则以爆炸般的速度递增。物质资源的利用需要大量的成本,并且随着稀缺性的提高,成本会以更快的速度上升。而信息资源的丰富性与易获得性大大降低了企业的成本,使企业能够以很低的成本甚至零成本对信息进行加工利用。

灵活性:主要表现在两个方面:一是企业可以对信息进行灵活、多层次和不同类型的加工来为顾客提供多样化的服务;二是企业在虚拟价值链的每个环节上都可以向顾客提供有价值的信息,即有多个可以向顾客提供价值的增值点。

独特性:不同企业可以设计同样的产品线,生产式样和功能类似的产品进行竞争。然而在利用信息创造价值的领域,由于信息本身的丰富多样性和信息加工方式的不同,每个企业的虚拟价值链都是独一无二的,并且不可能为对手所模仿。

持久性:虚拟价值链不是技术的综合,而是企业内隐性的经验与技能在信息利用方面的显性表现。企业发展历程的不同决定了企业内经验与技能的难模仿性,这种难模仿性又使得虚拟价值链在保持企业竞争力方面具有持久性。

(三)虚拟价值链的战略价值

(1)增强物理价值链的可视性,便于管理者对物理价值链各环节进行协调管理,从而取得协同效应。价值链是由相互有联系的一系列价值活动构成,其中的联系反映了协调工作的必要性。而信息系统对于联系的作用至关重要。虚拟价值链就像一面镜子,把实物价值链上既相互分离又相互联系的环节从整体上反映出来,使得管理者能够把实物价值链看做一个整体而不是分散的体系,能够从整体上看清实物价值链各环节的联系和运动情况,并对其进行协调优化和整合,从而获得实物价值链的协同效应,降低实物价值链的运作成本,获得竞争优势。

根据波特的竞争优势理论,企业各项活动的集成度是决定竞争能力的重要因素,集成度越高,协调性越强,效率就越高。

(2)将创造价值的活动由单独在物理空间进行,转变为在物理空间和虚拟空间同时进行,为企业建立起两条平行的价值链。物理价值链的很多价值增值环节都可以在虚拟空间实现。如将物理价值链的研发设计放在虚拟价值链上进行,借助于互联网技术,在数据资料共享的条件下,可以超越时空限制,积聚世界各地优秀的设计师,24小时不间断地工作,从而大大提高了工作效率。另外,还可以邀请供应商和买方参与到设计工作过程中。供应商参与设计,可以使供应商及时了解企业所需,并主动对提供的商品进行改进;买方参与设计,可以使企业直接设计出市场上最具有吸引力的商品,而不必经过一次次的市场试验和试销,从而降低了新产品开发成本。由于数据资源的非损耗性,企业大大降低了研发成本。

(3)有助于企业建立新型的客户关系,扩大经营范围。一些企业利用已经建立的虚拟价值链,在因特网上与选定的客户建立并保持联系。如公司允许未来的客户通过个人计算机与他们的销售代表接触,搜寻产品和服务;在网上分销它们的产品等。虚拟价值链的每一个价值增值环节都考虑从信息流中提炼出精粹,而每种精粹都可能会构成一种新的产品或服务。如美国联合汽艇服务协会,利用它的虚拟价值链进行顾客风险预测,发明了针对顾客特殊需要的业务,为汽艇拥有者提供保险的同时,还提供购买汽艇的业务。当顾客被窃进行索赔时,公司既可提供支票,又可代顾客购买汽艇。

(4)可以实现价值活动共享,重新定义了企业的边界和规模经济,使得中小企业同样可以获得竞争优势。建立在市场空间的虚拟价值链,在信息技术和互联网技术的支持下,可以实现价值活动共享,增强了价值活动的生产能力。在某价值活动的成本对于规模经济或学习敏感的条件下,或者如果由于不同的业务单元在不同的时间对价值活动提出需求,而共享改善了生产能力利用模式的条件下,共享则成为取得规模经济、加速学习曲线下降或在单一产业界限之外充分利用生产能力的潜在途径。共享使企业对不同的差异性市场或跨越地域界限销售产品、提供服务成为可能,使中小企业可以在大企业占主导地位的市场获得较低的单位成本,从而获得规模效益。

(5)可以实现企业价值链与供应商和买方价值链的有效结合,提高价值链的快速反应能力。供应商的产品特点以及它与企业价值链的其他接触点，能够十分显著地影响企业的成本和推陈出新，为增强企业竞争优势提供了机会。而虚拟价值链为供需双方的有效结合提供了基础。例如，宝洁公司和沃尔玛公司通过一种复杂的电子交换连接系统，将双方已经建立的虚拟价值链有效连接，沃尔玛的有关宝洁商品销售的信息会自动传给宝洁公司。如果宝洁的商品缺货，宝洁的系统会自动生成订单，在经过确认之后就可以自动补货。完成交易循环后，只需使用电子发票和电子转账。由于整个"订购-支付"循环的速度极快，因此沃尔玛在货物卖给消费者之后，很快就可以向宝洁付款。自动补货系统意味着宝洁的产品已经卖给了消费者，而不是变成了存货，而沃尔玛也因此既减少了宝洁产品的存货，也使产品脱销的可能性下降。通过合作，双方实现了双赢。再如，丰田公司的各个销售部门利用计算机每天收集客户的订货信息，并根据车型、发动机、传动机构和车辆级别等，对来自各地的订货进行分类、整理，然后在出厂前三天把这些信息传递给汽车公司。汽车公司根据这些信息组织生产，从而确保四天交货。所有这些，都离不开虚拟价值链的建立和管理。

思考与练习题

1. 试阐述服务战略的内涵，比较服务企业战略与制造企业战略的差异。
2. 简述服务竞争战略的形式与适用范围，对每种战略举例说明。
3. 在每种一般战略中（即成本领先、差别化和集中），应用四种竞争信息中的哪一种最有效？
4. 在产业生命周期发展的不同阶段（即导入、成长、成熟和衰退），服务企业可以分别采取什么战略？

参 考 文 献

[1] Banker R D, Charnes A, Cooper W W. Some models for estimating technical and scale inefficiencies in data envelopment analysis[J]. Management Science, 1984, 30(9): 1078-1092.

[2] Charnes A, Cooper W W, Rhodes E. Measuring the efficiency of decision making unites[J]. European Journal of Operations Research, 1978, 2(6): 429-444.

[3] Evans P, Wurster T. Strategy and the new economics of information[J]. Harvard Business Review, 1997, 75(5): 70-82.

[4] Frei F X, Harker P T. Measuring the efficiency of service delivery processes: an application to retail banking[J]. Journal of Service Research, 1999, 1(4): 300-312.

[5] Heene A. The nature of strategic planning[J]. Long Range Planning, 1997, 30 (6): 934.

[6] Heskett J L, Sasser W E, Schlesinger L A. The service profit chain[M]. New York: Free Press, 1997.

[7] Hill T. Manufacturing strategy[M]. 3rd ed. New York: Irwin/McGraw-Hill, 2000.

[8] Karmarkar U S, Pitbladdo R. Service markets and competition[J]. Journal of Operations Management, 1995, 12(3-4): 397-412.

[9] Lovelock C H. Principles of service marketing and management[M]. Upper Saddle River, NJ: Prentice Hall, 1999.

[10] MacMillian I C, McGrath R G. Discovering new points of differentiation[J]. Harvard Business Review, 1997, July-August: 133-145.

[11] Metters R D, Frei F X, Vargas V A. Measurement of multiple sites in service firms with data envelopment analysis[J]. Production and Operations Management, 1999, 8(3): 264-281.

[12] Porter M E. Competitive strategy: techniques for analyzing industries and competitors[M]. New York: Free Press, 1980.

[13] Prokesch S. Competing on customer service[J]. Harvard Business Review, 1995, November-December: 101-112.

[14] Rayport J F, Sviokla J. Exploiting the value chain[J]. Harvard Business Review, 1995, November-December: 78-85.

[15] Roth A V, van der Velde M. Operations as marketing: a competitive service strategy[J]. Journal of Operations Management, 1991, 10(3): 303-328.

[16] Sherman D H, Ladina G. Managing bank productivity using data envelopment analysis(DEA)[J]. Interfaces, 1995, 25(2): 60-73.

[17] Shostack L G. Service positioning through structural change[J]. Journal of Marketing, 1987, 52: 34-43.

[18] Zeithaml V A, Parasuraman A, Berry L L. Problems and strategies in services marketing[J]. Journal of Marketing, 1985, 49: 33-46.

[19] [荷]汉斯·卡斯帕尔,皮艾特 V 赫尔希丁根,[澳]马克·加勃特,等. 服务营销与管理——基于战略的视角[M]. 第 2 版. 北京: 人民邮电出版社, 2008.

[20] [美]詹姆斯 A 菲茨西蒙斯,莫娜 J 菲茨西蒙斯. 服务管理: 运作、战略与信息技术[M]. 第 5 版. 张金成,范秀成译. 北京: 机械出版社, 2007.

[21] 蔺雷,吴贵生. 服务管理[M]. 北京: 清华大学出版社, 2008.

第二篇　构建服务体系

第五章

服务设计与服务开发

 学习目标

服务设计与服务开发是服务管理理论的重要内容。本章介绍服务概念和服务设计的关系、服务设计的方法和步骤,阐述新服务的类型和开发的不同方法,以及新服务开发的整个流程。通过本章的学习,应该能够:

- 掌握服务概念的内涵及其重要性。
- 理解服务概念与服务设计之间的关系。
- 掌握服务设计的工具和步骤,培养个人的设计思维。
- 掌握多层级服务设计的方法原理、设计步骤以及使用的工具,并能将此方法熟练地运用于实际工作中。
- 明确新服务开发的不同类型,熟练掌握新服务开发的整个流程。

第一节　服务概念与服务设计

一、服务概念

服务概念(service concept)在服务设计与服务开发中扮演着很重要的角色,服务概念定义了服务设计的内容和方式,在顾客需求和组织的战略目标之间起着调和作用。

(一)服务概念的定义

"服务概念"一词在服务设计和新服务开发中使用频率很高。服务概念是体现在一项服务中的企业想要传递给顾客的价值主张,它定义了一项服务能带给顾客的价值。无论是通过外界的口碑宣传、广告宣传还是通过自身的体验,顾客都会形成一种对服务概念的认知。

Edvardsson 和 Olsson 指出服务概念是服务的原型,是对服务应该"做什么"和"怎么做"的一个详细描述。其中"做什么"代表满足顾客的需求和期望需要做的事情,而"怎么做"代表怎么使这些事情得以实现。这一观点将服务概念定义为对顾客需求的详细描述、顾客如何得到满足以及企业应该为顾客做什么来实现顾客的需求,强调了服务概念的建立在服务设计和服务开发中的重要地位。

Clark 等学者从四个方面来定义服务概念:①服务运营:服务传递的方式;②服务体验:顾客对服务的直接体验;③服务结果:顾客从服务中得到的利益和结果;④服务价值:顾客对服务内在价值与服务成本之间的衡量。

（二）服务概念与决策

在设计一项新的服务或重新设计一项已有服务时，设计者必须考虑服务的每一个环节和组成部分并做出决策。大到确定服务设施安放的位置，小到确定餐巾纸的颜色，就算是一项非常简单的服务，从设计理念确立到服务传递给消费者的整个设计过程，都要经历许多大大小小的决策。在很多情况下，做决策的这个过程都是持续的，因为企业会不断地加大对实体设施的投入和培训它们的员工，同时也会对前台的接待流程和后台的支撑系统进行完善。

这一系列不一样的决策是在企业的不同层级部门中产生的，从战略层面到操作层面和服务接触层面。对服务型企业而言，最大的挑战就是要保证各个层级中制定的决策是贯穿始终的，都是要为目标顾客传递正确的服务。在这个过程中，服务概念正是各层级服务设计决策的关键驱动因素，影响服务传递系统和服务接触的设计。

（三）服务概念与服务设计

一个服务型企业只有整合所有在资产、流程、人员和材料方面的投入才能传送服务，就像生产一件产品需要成千上万个零件一样，一项服务也包含成千上万的成分。但与产品不同的是，服务成分往往不是有形的实体，而是流程、人员技术和材料的正确组合，这一组合形成了服务设计。

服务概念是服务设计、新服务开发和服务创新过程的核心阶段，尤其是服务设计的中心组成部分，涉及对目标市场顾客需求的理解和对企业战略和竞争目的的调整。Lovelock 等学者用"是什么"和"怎么办"来定义和区分服务营销概念（service marketing concept，"是什么"，阐明顾客的需求和服务要为顾客传递的利益）和服务运营概念（service operations concept，"怎么办"，阐明传递服务的过程）。

在实际操作中，往往需要将一项任务解构成"是什么"和"怎么办"或者解构成每一个组成部分，以便于设计者确定一项服务概念中的不同元素，通过将这些元素与顾客需求相对比从而更好地设计和传递这些元素。然而，这些零碎的元素容易掩盖服务本身的复杂性以及服务作为一种体验在顾客心中的完整性。例如，在"迪士尼魔法王国的一天"更可能被服务设计者定义为一趟魔幻体验，而不是单纯的一个主题公园里的几项机动游戏和饮料汉堡。换言之，服务概念不仅仅定义了服务设计"是什么"和"怎么办"，还必须保证两者的整合，如图 5-1 所示。

服务概念就像是存在于服务设计者、服务人员和顾客脑海中的一个记忆画面，只有把以上这些利益相关者的认知校准到同一水平，在服务设计开始阶段就把设计目标设定为满足目标顾客的需求，才能创造出一个企业、服务人员和顾客都认可和理解的服务概念，缩小顾客期望和服务传递之间的差距。

二、服务传递系统

对一个服务型企业而言，如果不能把握好一项服务的性质和概念，将很难开发设计出一项成功的服务。好比让来自凯迪拉克、雪佛兰和本田三个不同汽车品牌的三位设计者

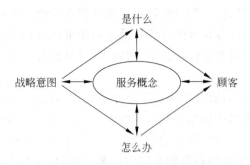

图 5-1　服务概念的基本结构

资料来源：Goldstein S M，Johnston R，Duffy J，et al. The service concept：the missing link in service design research？[J]. Journal of Operations Management，2002，20：121-134.

来共同设计一款车型,他们每个人心中都有一款理想的车型,但这些车型都不一样,所以设计者们在设计过程开始之前就必须先建立一个共同的愿景,同时定义这辆新车的服务概念。

服务概念包括关于传递什么服务的战略(市场定位和顾客关系类型)以及如何实施这个战略。如何实施战略将在服务传递系统的设计中体现。企业通过"服务设计计划"将组织层面的战略融入服务设计过程,把从目标市场获取到的顾客需求信息体现在服务传递系统的设计上,以确保企业提供的服务能满足顾客的需求。

(一)服务传递系统的组成

服务传递系统包括人员角色、技术、实体设备、设施和创造服务传递的流程。Ballantyne 等学者把服务传递系统归纳为四个层面的设计内容：①实体场景,包括服务场景的布局和设计；②流程设计,常常使用流程图(有时也称服务蓝图)、服务地图等工具加以辅助；③工作设计,采用传统的社会分析技巧,关注以动机为导向的结果,基于这些结果分析和修正服务系统的设计；④人员,包括员工的招聘、培训、沟通和保障等。

Sasser 等学者认为服务传递系统的设计还可以基于服务标准化的程度、每个时间段交易量、利润控制轨迹、操作人员类型、客户合同类型、质量控制、设备定位、管理和运作人员的动机特征等。管理人员应根据市场的需求和竞争对手的情况,将企业的服务战略与管理人员期望达到的服务水平相结合,指导服务传递系统的设计。

总之,服务概念为服务设计计划提供了基础,通过服务传递系统将企业的整体战略很好地与服务产品的设计以及传递整合在一起。

(二)服务传递系统的绩效测量

在服务传递系统的设计过程中,还需要使用绩效测量指标对服务传递系统进行评价。绩效测量可以涵括从财务绩效(收益、成本、利润、投资回报率)、运营绩效(每日交易量、每笔交易平均用时)到市场营销(顾客满意度)的各项指标。服务概念和与之相关的在顾客和服务传递方面的目标有助于确定用什么绩效指标来测量某一项特定的服务。特别是当员工奖励与绩效测量相挂钩时,绩效测量指标的选择会影响服务传递系统中员工的工作行为。只要管理得当,对服务设计的评估有助于每个职能部门完成部门的绩效目标。在实际中,企业通常会使用财务指标如成本、利润、收益和投资回报率来追踪每个职能部门的绩效。

由于服务行业内缺乏对服务系统设计的标准绩效测量指标,所以服务型企业内的绩效测量变得复杂,拥有类似产品和相似顾客群体的公司在设计和管理它们的服务传递系统时也显得非常不一样。例如,IBM 公司、Sun 公司、日立公司以及其他几个大型的数据存储服务提供商将顾客服务中心当做利润中心来运作,而 EMC 公司则把服务中心当做投资中心来运作,测量现有顾客当年的新增销量百分比以及前一年顾客在当年的保留百分比,通过投资回报率来测量跟踪。EMC 的顾客满意度测量与这两项指标密切相关,这些测量大大增加了他们顾客服务部门的年度预算。

另外,企业会根据不同的顾客细分群体来运作各自的服务传递系统,使得很难用同样的绩效标准来评价这些企业。例如,美国航空公司(AA)的顾客服务分为三个等级:①为"特殊的顾客"提供"特殊服务";②为常旅客计划成员提供常规服务;③为非常旅客计划成员提供有限的服务。美国航空公司的特殊服务部门被当做投资中心进行管理,常旅客计划服务部门则是利润中心,而为非常旅客提供服务的顾客服务部门则是成本中心。由此可见,为服务传递系统设计的财务绩效测量会对资源(技术和人员)、流程和传递给顾客的服务造成直接的影响。

综上所述,一个完整的服务设计计划模型包含以下步骤:基于服务概念,通过服务传递系统的设计使实际传递给顾客的服务与企业的服务战略相匹配,利用绩效测量指标对系统进行评估,进一步对系统进行调整,如此循环(见图 5-2)。

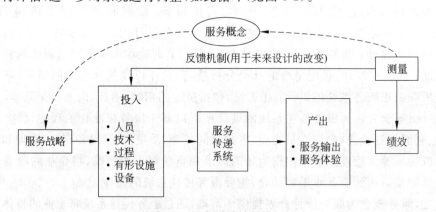

图 5-2　服务设计计划模型

资料来源:Goldstein S M, Johnston R, Duffy J, et al. The service concept:the missing link in service design research? [J] Journal of Operations Management,2002,20:121-134.

三、服务补救的设计

服务补救设计是服务设计研究中很重要的一个方面,因为在服务补救中的投资回报率可超 100%。如此高的投资回报率源于服务补救与顾客满意度和顾客忠诚度之间的密切联系。然而,对顾客的调查研究发现,超过 50% 的顾客对企业的服务补救力度是感到不满的,造成不满的原因,除了服务补救设计的不完善之外,还因为企业没有把服务概念应用到服务补救的设计中去。

图 5-3 所示的服务补救模型将服务概念融入服务补救系统的设计中。首先确定顾客对服务补救的期望,通过服务补救的传递,使顾客满意度得到提升。顾客的满意度与服务补救过程中的顾客接触相关,同时取决于顾客对服务补救的期望与顾客实际感知的服务补救间的差距。

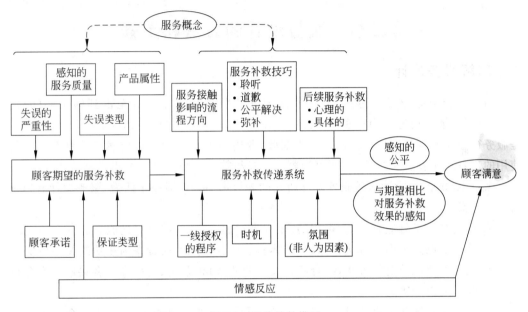

图 5-3　服务补救模型

资料来源:Goldstein S M,Johnston R,Duffy J,et al. The service concept:the missing link in service design research? [J] Journal of Operations Management,2002,20:121-134.

顾客对服务补救的期望受到多种因素影响,如服务失误的类型、服务失误的严重性、顾客感知的服务质量、服务产品的属性、顾客的承诺和服务保证的类型等。具体而言,核心服务的失误会影响顾客对补救的期望,特别是影响顾客对公平的判断;服务保证则会提高顾客对服务补救力度的期望。

服务补救过程对顾客的满意度产生影响。例如,快速反应的服务补救往往能让顾客更满意,企业的服务环境氛围、服务接触点的流程、服务补救的跟进(心理关怀、有形补救等)、对前台一线员工的授权,以及服务补救的技巧(倾听、道歉、保证公平性、补偿等)等都会直接影响顾客对服务公平性以及企业服务补救力度的感知,从而影响顾客的满意度。

服务概念视角将服务补救"是什么"、"怎么办"与实际的顾客需求和企业的战略目标相结合,让服务补救模型更全面更具操作性。当为一家航空公司设计补救系统时,往往很多人会把金钱补偿作为一种最重要的补救手段,但对于一位时间敏感型的商务旅客而言,金钱补偿也许不是最合适的服务补救方式。只有了解每一位不同的顾客想要从航空公司购买或期望获得的服务概念,才能帮助航空公司设计出更恰当的服务补救计划。

不同的服务概念指导不同的服务补救系统设计,透过服务概念在航空公司服务补救系统设计中的应用,我们就不难理解为什么航空公司的服务补救系统必须与牙医诊所的服务补救系统有所不同了。航空公司为一般乘客提供基于交易关系的服务,当发生服务失误时,乘客希望前台员工能提供及时的服务补救。但不同的是,当发生服务失误时,牙科病人会更希望通过牙科医师而非前台员工来提供服务补救。在多数情况下,牙医诊所的服务概念包括牙科医师与牙科病人之间基于信任和能力建立起的长期医患关系,所以在服务补救系统的设计中,重新建立起病人对医师的信任显得尤其重要。

第二节 服务设计的方法和步骤

一、理解服务设计

当代社会服务业发展迅速,很多发达国家的服务行业收入甚至占到国家 GDP 的70%～80%,服务行业成为很多国家的支柱型产业。社会上也已经达成了一个共识,那就是服务行业是有别于制造行业的。尽管如此,业内专家和从业人员仍然把从制造工厂里使用的工具运用在服务行业中,所以为服务自身编纂一套新的规则显得尤其重要。

来自 Köln 国际设计学院服务设计研究的先行者 Birgit Mager 认为,服务设计有以下的工作定义:

- 目的是为了创造有用的、可用的、令人满意的、高效的和有效的服务。
- 是一种以人为本的方法,将顾客的体验和服务接触的质量视为成功的关键价值。
- 是一种整体分析的方法,综合考虑在企业的战略、系统、流程和顾客接触点等各层级上的设计决策。
- 是一个系统和迭代的过程,将关于用户导向、团队的各学科整合在一个学习的循环周期内。

很显然,服务设计指的是服务设计者通过了解用户和他们所处的环境、了解服务提供商和社会实际,进而把这种了解转化为对服务交互系统的改进和提升。服务设计是一个跨领域多功能的过程或方法,依赖于设计者敏锐的观察力,对不同领域的元素和工具进行组合以达到不同的目标,提高顾客满意度或欣赏程度、设计者的满意度或成就感,提出问题的解决方案,促进经济和环境的可持续发展或达到实用美观。

二、服务设计思维

(一)设计思维的定义

设计思维(design thinking)是指将以人为本的设计精神贯穿于整个创新活动的一种思维方法。设计师创新的动力来自彻底了解人们在生活中想要什么和需要什么,获知人们对一种特定产品的设计、制作、包装、营销、销售和售后方式的喜恶态度。

我们熟悉的伟大发明家爱迪生正是带着这样一种服务设计思维来进行创新研发的。他发明了电灯,但是他知道如果没有强大的电力系统和传动装置的支撑,灯泡只能成为客厅里的一个装饰品,不能从根本上满足人们的需求,所以爱迪生把他的创作灵感放在了整个电力系统而不仅仅是分散的像灯泡这样的小装置上。通过对人们日常生活的观察和了解，他能大致预想出人们可能会怎样使用自己发明的产品，所以他有明确的设计方向。但爱迪生也不能总是预想准确（正如他起初坚信留声机主要就是一台商务机器，用于记录和重放人们的口述），所以他一直不动摇地关注使用者的需求和偏好。

如今，很多企业都不会要求设计者把已有的成熟的想法做得更吸引人，而是希望他们能创造出一些新的想法来更加迎合消费者的需求和期望。前者是战术上的设计，只能创造有限的价值；而后者是战略性的，必将获得激动人心的新价值。简而言之，在设计的过程中，有一条不变的规律，那就是用设计者的敏感性和方法使人们的需求与可行的技术、战略相匹配，从而给顾客传递价值并发掘更多的市场机会。像设计者一样去思考，将改变人们开发产品、服务、流程甚至战略的方式。

（二）设计思考者的特质

与传统观念不同的是，人们不需要穿很怪异的鞋子或穿戴很怪异的服饰也能成为一名设计思考者（design thinker）。具有服务设计思维的设计者一般拥有以下一些特质。

（1）移情性：他们可以从多个角度来想象这个世界——来自同事、顾客（当前和未来的）和终端用户的角度。通过“以人为本”的方法，设计思考者可以想象出天生可行的解决方案来满足消费者明确或潜在的需求。伟大的设计思考者都能从非常细微之处观察世界，他们能注意到别人不会注意的事情，然后用他们独到的见解来激发创新。

（2）综合思维：他们不仅依靠分析流程（那些产生非此即彼选择结果的流程），还会对一些混淆问题的突出方面和矛盾方面有深入的解读，从而创建出显著超越和改进现有替代方案的新的解决方案。

（3）乐观：他们会认为无论一个给定问题的约束有多么的富有挑战性，至少存在一个潜在的解决方案是优于现有方案的。

（4）经验主义：显著的创新都不是来自增量调整的，设计思考者会创造性地在一个全新的方向上提出问题并探索它的约束性。

（5）协作：产品、服务和体验的复杂性的增加促使热情的跨学科合作的现实取代了孤独的创意天才的神话。最好的设计思考者不仅在自身的领域是专家，他们中的很多人在多个学科领域都很有经验。

（三）如何把设计思维融入创新过程

设计思维是创新过程中必不可少的一种思维方式，设计思考者可以借助以下一些方式将服务设计思维融入创新过程。

（1）在一开始就加入：在创新过程一开始，还没有设定任何方向的时候就加入。设计思维会帮助人们更快地想到更多的主意。

（2）采用“以人为本”的方法：连同商业条件和技术条件一起考虑，创新应该关注人的行为、需求和偏好。以人为本的设计思维——尤其在涉及对人的直接观察的时候——会获得更多意想不到的见解，能更精确反映消费者想要的东西。

（3）尽早尽可能多地尝试：建立对快速实验法和原型法的期望，鼓励团队在项目开始第一个星期就创建一个原型,用一些度量标准来评估项目进展。比如第一个原型创建的平均时间,或者是在整个项目的生命周期中接触原型的消费者数量等。

（4）寻求外界的帮助：积极找寻与顾客和消费者共创价值的机会来扩大创新的生态系统,开发 Web 2.0 网络来扩大创新团队的有效规模。

（5）融合大小项目：管理一个创新组合。该组合包括从短期的想法增量创新延展到长期的变革创新。期待业务单元能进行渐进性创新,也能从上而下发动变革型创新。

（6）随着创新的步调进行预算：设计思维可以出现得很快,但营销的路径却是不可预知的。不要让创新的步调在累赘的预算计划中被限制,做好准备要随着项目的开展重新思考出资方案,让团队能了解到更多的机会。

（7）通过各种渠道发掘人才：从跨学科的项目团队中发掘人才,拥有传统设计背景的人更能提出超出设计者期望的方案。设计者甚至可以给非设计人员培训相关的知识让他们胜任设计思维的角色。

（8）为循环周期做计划：在很多的商业活动中,每 12～18 个月设计思维就会迁移一次,但设计方案从第一天开始到完成的时间可能会比人们迁移的周期时间长。计划好设计思考者的任务,保证他们能体验整个循环周期,有助于设计者有更全面的判断,为企业创造更多长期的收益。

三、服务设计过程

很多时候人们会认为伟大的想法都是从一些聪明过人的头脑中突然蹦出来的,但实际上很多例子告诉我们,一些创新并不是一个突如其来的突破性进展或是某些天才的灵光一现,而是经过一个长期的以人为本的创造性探寻过程和对设计模型的不断反复测试与调整过程而来的。

所有的设计过程都必然经历三个阶段（见图 5-4）,而且这三个阶段组成一个循环反复的周期：第一阶段,"灵感阶段"（inspiration）,由环境中存在的问题或机遇激发寻求问题答案的动力和灵感；第二阶段,"构思阶段"（ideation）,这一阶段是产生想法、发展想法和测试想法以找寻解决方案的阶段；第三阶段,"实施阶段"（implementation）,是将解决方案推向市场的实现路径。整个设计过程会在这三个阶段中反复循环,特别是在前两个阶段,因为构思和想法会不止一次被重新定义,同时出现一些新的设计方向。

服务设计是个环环相扣的过程,从灵感的萌生、方案的构思到产品的诞生,缺一不可。一个成熟的服务产品所包括的各个细节都要围绕消费者的需求,进行反反复复的推敲和斟酌,只有这样,最终定型的服务产品才能获得消费者的青睐,同时实现公司的战略目标。

四、以体验为中心的设计方法

在体验经济盛行的当代社会,服务都是围绕消费者的体验来展开的,目的是为了给消费者传递一个难忘的服务体验。这样的体验能唤起消费者的情感共鸣,提高他们的投入程度,在企业和消费者之间建立起更紧密的关系,同时可以提高消费者对企业的满意度和忠诚度,以及促使消费者增加重复购买的次数,以增强企业的盈利能力。

设计这样一些能传递给消费者难忘体验的服务是一门科学也是一门艺术。学者经过

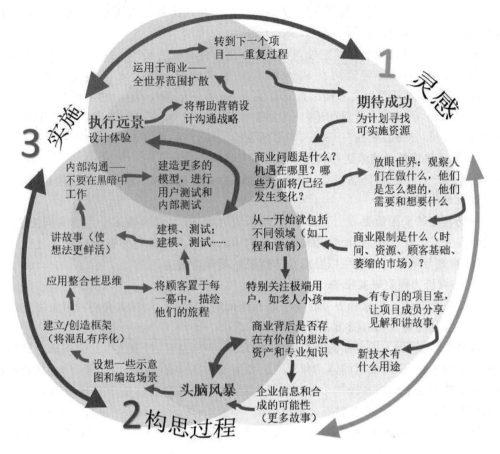

图 5-4　设计过程的三个阶段

资料来源：Brown T. Design thinking[J]. Harvard Business Review，2008(6)：84-92.

30多年对服务管理的探索，始终认为服务就像一场演出，只有设计布置好每一场演出的人员、流程和实体环境等，才能真正带给观众难忘的体验。借鉴在演出管理和设计方面最出众的 Belfry Theatre 剧院的例子，在服务设计和服务管理过程中存在以下七个需要注意的方面。

1. 从不离题太远

服务型企业必须把企业服务概念的变化限定在相关的服务范围内，并不断保持对资源能力的有力评估。

选择上演什么样的戏剧是设计一场演出的开始，剧场一般以选择上演的戏剧风格来定义自己。当要做出选择戏剧风格的战略决策时，需要经过各种各样的利益相关者的讨论和评估。这些利益相关者包括戏剧公司的董事会、总经理和艺术总监，任何改变都会造成剧场里关键管理职位的重大调整。此外，由于剧场很大部分的收入和赞助都来自一些对剧场有长期归属感的顾客，剧场在风格上的每一点改变都会影响到剧场的顾客基础，并对财务造成相当大的影响。在此基础上，剧场的经营目标决定了它可能适合上演的戏剧的范围。Belfry Theatre 剧院就一直很固执地选择上演当代和即将成名的剧作家的作品,带给观众同时代最新的戏剧作品。除此之外,剧场还需要考虑舞台的大小、技术条件、成本、上演日期、预计收益等因素来缩小上演的戏剧范围。

加拿大一家非常成功的航空公司 WestJet 也有过类似的经历。一开始的 WestJet 完全采用 Southwest 航空公司低成本运营的经营模式,却陷入了困境。当它偏离 Southwest 的模式开始为旅客提供高质量的服务(如皮革座椅、生动的卫星电视、更宽的腿部空间)和远距离的飞行目的地,成为加拿大最贵的航空公司时,它甚至扩充了它的机队和机组人员,慢慢发展成一个全国知名的航空公司,它的发展不再局限于一个地区。

2. 广泛使用视觉线索进行沟通

创造一个在企业内部各级都认可的共同愿景,最好通过视觉线索来传递表达,而不仅仅是依靠单词和短语。

一场漂亮的演出需要有出色的导演、布景设计师、技术总监等多个主管共同配合,他们之间需要经常保持沟通,而且必须保证他们中的每个人都清楚知道他们需要共同达成的目标,清楚导演想要的效果以及对预算情况时刻保持敏感。

3. 持续努力做到诚实准确

创造一个与服务概念和服务企业主题相匹配的真实、可靠、深入人心的形象以及舒适的服务传递环境对成功的演出非常重要。

观众是见多识广、很专业的一个群体,舞台上场景、道具、情节发生的失误都会给观众带来不好的暗示,影响他们的体验和戏剧想要呈现的整体感觉。而对于餐厅来说,真正难忘的餐厅体验除了给顾客提供无与伦比的食物,还需要保障餐厅里面其他所有方面都在为餐厅的主题服务。一家非常有名的连锁餐厅 Outback Steakhouse 主打澳大利亚主题,里面所有的菜单、颜色系列、主题音乐、商品、装饰,甚至是员工的口音都让人感觉仿佛置身于生气勃勃的澳大利亚大自然中,给顾客带来完整一致的难忘体验。

4. 整合和沟通

创造良好的体验需要跨学科跨职能部门整合资源,同时使用正式和非正式的沟通方式,全力配合前台一线员工的工作需要。通过不断的内部合作,帮助组织内部的所有员工更好地了解其他员工的工作职责,更好地为顾客提供完整的优质服务体验。

在整个戏剧的选择、设计、排练和演出的过程中,整合机制贯穿始终,包括商业、技术和艺术等多方面的因素(如图 5-5 所示)。

5. 实验造就卓越

通过持续的创新和实验找出更能让顾客兴奋的方式。这些实验大多数都是秘密进行的,当产品或服务还没有足够好时就呈现给顾客,透过顾客的真实感受和反应来评估产品或服务。

在 Belfry Theatre 剧院,只有当所有方式都测试通过,无新建设提出时,团队才会建立起一套用于真正演出时的表现手法。在实验过程中,导演鼓励所有的演员和技术人员都说出自己的看法,就算是不小心路过的客人也可以提出自己的建议。只有通过这样不断地试验和调整,才能更好地保证戏剧的创新性。

6. 演出要融入角色

为顾客提供服务前,员工必须先经过很好的培训和演练,而且服务过程中需要真诚富

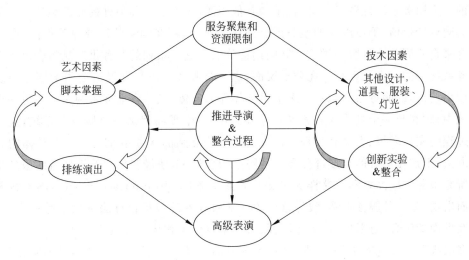

图 5-5　整合的演出流程

资料来源：Stuart F I. Designing and executing memorable service experiences：lights，camera，experiment，integrate，action！[J]. Business Horizons，2006，49：149-159.

有感情，不能刻板地提供服务，而要融入角色。

在 Belfry Theatre 剧院，团队里的每一个人都会很努力去适应自己的角色，不管自己的角色多么的微不足道。他们从单纯的演出到最后的角色出演，真正把自己带入故事情节中，富有感情，对观众有很强烈的感染力。

同样地，在迪士尼乐园，无论是哪个岗位上的员工都会被告知自己工作的重要性。员工在提供服务的过程中需要把自己融入迪士尼浪漫的童话故事中，仿佛员工自身就带着某种魔力，满足顾客的需求，为顾客创造难忘的体验。他们并不把自己称为 employee（雇员），而是把自己称为 cast member（剧组成员）。

7. 聘请一位引导者

整合不同的流程和资源以达到向顾客传递难忘服务体验的目的，需要的是一位引导者而非导演。拥有一位可以帮助前台员工发挥他们最大的潜能，又能在一定的预算条件下整合技术、演出等多方面要素的引导者，是创造一场成功演出的核心。

引导者一般具有以下一些特征：①他们拥有作为微观管理者的能力；②他们拥有为整个戏剧从排练阶段到演出阶段做安排计划的能力；③他们拥有在一定的预算约束条件下管理团队的能力。

每一个戏剧公司多多少少都会在服务设计方面有所差别，但在新西兰、澳大利亚、美国等多个国家的戏剧公司，它们都会综合考虑以上七个方面来设计它们的产品和服务。无论是什么类型的服务，遵照以上七个方面的设计步骤，有助于企业始终能聚焦和平衡顾客接触界面和技术元素的关系，同时对不同的流程和不同部门的资源进行有效的整合，使顾客能沉浸在服务的传递过程中并获得很好的体验。

五、多层级服务设计步骤

服务系统的快速变革给服务设计带来了很多新的挑战。服务系统变得越来越复杂，原来的一个服务系统配置了人员、技术和其他资源,现在需要和另外的服务系统一起作用才能共同创造价值,形成庞大的服务系统网络。例如,顾客购买信用或保险产品,可以通过组合来自不同公司的服务供应品共同创造价值。这一系列的服务供应品组合可以看做是服务系统中的一个子系统。在公司层面,每一个服务供应品都通过公司的服务系统得到了应用,公司的服务系统包括了多个服务界面如实体商店、电话或者网站。在每一个服务接触中,顾客与一个具体的服务界面进行交互,这个界面就是一个服务子系统,整合了服务过程的实体环境、人员和流程。设计这样一些复杂的服务系统需要一个整体的系统思考方法,聚焦在系统的组成部分和关系网络的设计上,使最终传递给消费者的服务价值大于所有服务供应品之和。这样的多交互界面服务(multi-interface service)随着技术的进步而出现,是一种服务创新,设计这样的创新服务系统包括设计服务供应品的组合、服务交互界面的组合、有形展示、服务流程、人员角色分工和技术方案等。

多层级服务设计方法(multilevel service design,MSD)以一种跨越学科界限、跨越公司边界的新方法的身份出现,帮助人们设计更复杂的服务系统。MSD综合了新服务开发、交互设计和服务设计中的主要贡献,在三个不同层级上整合服务产品的开发设计(如图 5-6 所示):①设计公司的服务概念,为顾客的价值星系体验提供相应的服务产品;②设计公司的服务系统,包括服务架构和服务导航,给顾客带去服务体验;③设计每一个服务接触,借助服务体验蓝图来描绘顾客的服务接触体验。MSD 不能直接设计顾客的体验,但是可以围绕顾客的体验来设计服务系统。

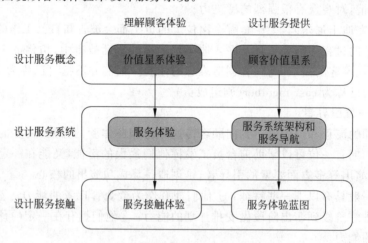

图 5-6　多层级服务设计的通用模型

资料来源:Patrício L, Fisk R P, e Cunha J F, et al. Multilevel service design:from customer value constellation to service experience blueprinting[J]. Journal of Service Research,2011, 14(2):180-200.

设计过程从观察和调查分析现状开始;紧接着通过建模在问题和解决方案之间搭建桥梁,帮助系统化梳理和理解现有问题并寻找新的潜在的解决方案;最后通过反复的迭代过程使原型中理想化的解决方案得以实现,最终完成模型。MSD 遵循这个设计方法,对顾客的体验进行研究,创建一组相互关联的模型,连接对顾客体验的理解和服务供应品的设计(如图 5-7 所示)。

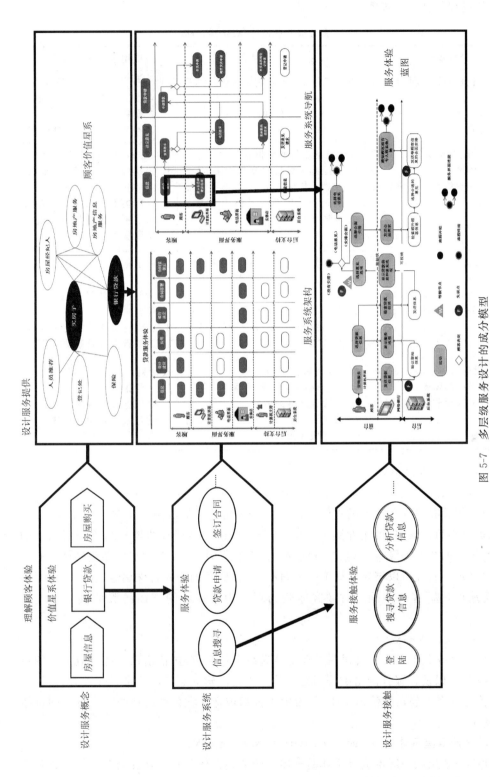

图 5-7　多层级服务设计的成分模型

资料来源：Patricio L, Fisk R P, e Cunha J F, and Constantine L. Multilevel service design: from customer value constellation to service experience blueprinting[J]. Journal of Service Research, 2011, 14(2): 180-200.

MSD 过程包含四个步骤,如表 5-1 所示。

表 5-1　多层级服务设计(MSD)的步骤

MSD 步骤	应用于零售商店的例子	应用于银行的例子
第一步:研究三个层面的顾客体验 1. 定性研究 2. 定量研究	研究三个层面的食物杂货管理体验 1. 对 31 位顾客进行观察和访谈 2. 调查了 505 位顾客	研究三个层面的买车体验 1. 对 26 位银行的顾客进行观察和访谈 2. 调查了 420 位银行的顾客
第二步:设计服务概念 1. 理解价值星系体验 2. 通过顾客价值星系来设计服务概念	设计新的零售服务概念 1. 描绘购买商品的价值星系体验 2. 在顾客价值星系中,为购买商品的过程设计新的零售店管理服务概念	定义银行贷款服务的概念 1. 描绘购买一辆车的价值星系体验 2. 在顾客价值星系中,为购买一辆车的过程设计银行贷款服务的概念
第三步:设计服务系统 1. 理解服务体验 2. 设计服务系统的架构(SSA) 3. 设计服务系统的导航(SSN)	为新服务设计一个零售服务系统 1. 为新的零售管理服务描绘服务体验 2. 为新的零售管理服务设计 SSA 3. 为新的零售管理服务设计 SSN	为银行贷款重新设计银行服务系统 1. 为银行贷款服务描绘服务体验 2. 为银行贷款服务设计 SSA 3. 为银行贷款服务设计 SSN
第四步:设计服务接触 1. 理解服务接触体验 2. 通过服务体验蓝图来设计服务接触	设计零售服务接触 1. 描绘新的零售管理服务中每一个服务接触的体验 2. 通过服务体验蓝图来设计零售管理服务接触	设计银行贷款服务接触 1. 描绘银行贷款服务中每一个服务接触的体验 2. 通过服务体验蓝图来设计银行贷款服务接触

第一步:研究顾客体验

第一步以深入研究不同层面的顾客体验开始。MSD 使用定性研究的方法对顾客在不同层面的体验有丰富和细致的理解。这一阶段运用的数据收集技术包括观察法、深入访谈法、焦点小组访谈法、可用性测试法等。MSD 中的定性研究描绘出与不同层面上的顾客体验相关的全面的顾客活动、服务活动和服务任务,同时也对顾客所期望的体验有更好的理解。定性研究可以与定量研究一起进行,评估服务的一些特殊属性,在给定的层面上更广泛地评估顾客的体验。对顾客体验的理解为设计不同层面的服务供应品提供基础。

第二步:设计服务概念

MSD 把服务概念定义为公司在顾客价值星系中的定位,包括增强公司价值主张的一系列服务产品,以及在服务网络中公司与其他组织之间建立起的联系和合作关系。所以,MSD 的关注点在于公司的价值主张,但价值主张却被定义在公司所在的一个更广的价值网络环境中。

1. 理解价值星系体验(value constellation experience,VCE)

设计服务概念从理解价值星系体验开始。价值星系体验是顾客在与一个特定顾客活动所涉及的所有服务提供商交互的过程中共同创造出来的。第一步对顾客的深入研究可以把一个特定的顾客活动分解形成价值星系体验,并辨别出最重要的体验因素。例如,购买一个房子的价值星系体验可以分解体现在多个服务活动中:①网上搜寻房源,这一活动可以通过房地产经纪人去完成;②获得一笔贷款,这笔贷款可能是来自银行的,也可能是来自贷款公司的;③购买房屋,这一过程可以通过房产交易公司的服务来进行;④装修房子,这一活动可以通过顾客、房产开发公司或装修公司来共同完成。

MSD更广泛的跨越公司边界的视角对于理解顾客体验非常重要。对一个银行来说,它必须知道贷款体验仅仅是顾客购买房子过程的一个组成部分,想要增强顾客的价值星系体验,还必须了解顾客在完成一项活动的过程中需要参与的其他组成部分。这样的视角能帮助服务提供商理解顾客在所处的更广的环境中如何使用他们的服务,为服务创新提供新的思路。

2. 通过顾客价值星系(customer value constellation,CVC)来设计服务概念

CVC代表一组服务产品和产品间的相互关系,通过这些产品和关系顾客能在一个特定的顾客活动中共同创造他们的价值星系体验。基于对价值星系体验的理解和对其进行分解,MSD方法识别出带给顾客价值星系体验的服务产品并对它们进行分析,建立起CVC。银行的抵押贷款、房地产经纪人和装修服务都是组成购房这一活动中CVC的其中一部分(如图5-7所示)。CVC这一概念表明了价值是由超越公司边界范围的组织网络共创而来的。企业可以通过对CVC的理解,拓宽公司边界范围以外的设计空间,让公司可以更好地分析其现有的服务产品,探寻新的替代品来重新定位公司的服务概念,增大公司在价值星系体验中的贡献。例如,知道搜寻房源是购买房屋的价值星系体验中很重要的一部分,银行可以与信息服务提供商合作,如报纸、网站等,开发一项新的在线房地产信息服务,帮助购房者寻找到房屋的同时,为购房者提供与银行抵押贷款相关的信息。

服务概念的设计指导其他层面的服务设计,服务概念定义了公司的定位,而公司的定位需要得到服务系统和每个服务接触的支撑。

第三步:设计公司的服务系统

在第三步,根据公司在CVC中的定位,设计服务系统来增强顾客的服务体验。MSD方法采用了Maglio等学者提出的服务系统的概念,认为服务系统是人员、技术和其他资源的配置组合。例如,为了支撑银行最初定义的贷款服务概念,银行需要为顾客期望获得的贷款服务体验设计服务系统,同时定义出一组服务界面以保障贷款流程、技术支撑流程的顺利施行。

1. 理解服务体验(service experience)

服务体验是顾客在完成一个特定的服务活动时,与公司服务系统的所有交互过程中共同创造而来的,包括顾客与公司所有不同服务界面的所有服务接触。

在MSD方法中,对顾客的深入研究把贷款体验过程中顾客为了得到或使用贷款,因此和贷款公司产生的所有必要的接触瞬间都分解出来,如在网上查询信息、到门店咨询等。理解服务体验对设计服务系统非常重要,因为服务体验可以显示出不同的服务接触如何组建不同的顾客轨迹,展现出顾客在接受服务的过程中使用的途径和服务界面、揭示出提升或降低顾客所期望的服务体验的重要因素。服务体验分析对揭示多界面服务体验中的缺失之处也非常重要,凸显出公司服务系统中一些可以改进的机会。

2. 设计服务系统的架构（service system architecture，SSA）

基于对服务体验的理解，公司设计出服务系统，使顾客通过服务系统的架构和导航，遵循各个服务界面的模式来获得服务体验。这一过程包括三个组成部分：①对每项服务任务来说，服务系统应该提供一组界面的组合，确保顾客可以从中选择他们更喜欢的服务界面；②服务系统应该能使顾客在不同服务活动的不同服务界面流畅地完成任务；③与其在每个服务界面提供重复的服务产品，服务系统更应该通过不同服务界面的有效资源配置来提高顾客的服务体验。

MSD 方法采取两个模型来设计系统层面的流程：服务系统的架构（SSA）和服务系统的导航（SSN）。SSA 定义了服务系统的结构，为服务体验中不同任务的多界面服务产品和支撑系统提供了一个综合的视角。

根据对服务系统的理解（如图 5-7 所示），SSA 的第一行表示服务活动（例如抵押贷款）及其分解出的服务任务（如信息搜索、决策咨询、申请、银行等待放款、签订合同以及合同签订之后等）。SSA 左边的第一栏将服务体验中的参与者分成了三个组别：顾客、前台服务界面、后台支撑人员和 IT 系统。基于这些分析，SSA 模型的主体部分给出了一组可相互替代的服务界面和支撑每个任务的后台流程。

根据期望达到的服务体验和银行的决策，信息搜集等一类的任务可以通过所有界面去执行，但咨询一类的任务却只能在实体门店或通过电话来进行。SSA 的整合视角可以识别出现有服务系统的漏洞，探索出新的解决方案。

3. 设计服务系统的导航（service system navigation，SSN）

当 SSA 为企业提供一种战术视角时，SSN 为服务系统带来一种动态的视角。根据 SSA 建立起的模型，SSN 描绘出顾客为了获得服务体验而经历不同服务接触时可选择的路径（如图 5-7 所示），每一个跨越不同服务接触的路径代表一种可能的顾客轨迹。SSN 的视角能更好地识别和设计服务界面间的链接途径，以便顾客可以很顺畅地从一个服务界面到另外一个服务界面。

通常来说，顾客喜欢在网上搜索有关抵押贷款的信息，但在他们做出决定之前需要人工的咨询。为了提升顾客的服务体验，银行可以改变 SSA（在网站服务中增加人工语音咨询功能）和/或者可以改变 SSN（设计界面链接，引导顾客在需要的时候可以快速从网站服务转到电话或实体门店进行咨询）。

通过为顾客提供一组界面组合和可替代的顾客轨迹，SSA 和 SSN 很好地调节了服务的交互和共创属性。SSA 和 SSN 为服务系统提供了架构和导航，将指导每一个服务接触的设计。

第四步：设计服务接触

在第四步，服务接触被定义为顾客和公司之间在多个服务界面的交互瞬间，如在网站或实体店的交互过程。服务接触在服务设计领域也称为接触点（touchpoint）。在这个层面，服务设计者需要定义顾客与公司的交互环境、交互流程以及交互过程中每个参与者的角色。

1. 理解服务接触体验（service encounter experience，SEE）

服务接触体验是顾客与服务传递企业在交互过程中共同创造而来的。这个交互过程是在一个特定服务任务的服务界面中产生的,如在网站上获取抵押贷款的信息。这一个具体的服务界面是交互设计聚焦的层面。在 MSD 方法中,对顾客的深入研究描绘出顾客在每个服务接触中用于共创体验的流程,并识别出重要的服务因素。例如,深入研究抵押贷款信息的网站服务接触,了解顾客是如何登录系统、查询、选择和分析抵押贷款信息的。同时,了解期望的服务接触体验中包含的因素也非常重要,如服务界面的易用性和可用性。

2. 通过服务体验蓝图(service experience blueprint,SEB)来设计服务接触

MSD 方法使用服务体验蓝图(SEB)来设计每一个具体的服务接触,如顾客在网站上获取抵押贷款的信息(如图 5-7 所示)。服务蓝图的绘制方法将在第十二章具体阐述。基于对服务接触体验的详细了解,SEB 描绘出参与服务接触的所有不同参与者,包括前台和后台。SEB 图表展示了接触线、可视线、失误节点、等待节点和服务界面的链接等。服务界面的链接展示出为加强服务体验,顾客需要从一个服务接触到另一个服务接触的节点。同样地,SEB 用于描述现有的服务接触,同时也用于发现能加强服务接触体验的其他设计方案。例如,当顾客在网站上搜集抵押贷款信息时,服务会为顾客提供清晰的选择,可供顾客从另一个服务界面获取咨询服务。SEB 提供了一个不偏离多服务界面视角而又聚焦在每个具体服务接触设计上的深入视角。

通过多层级的视角,MSD 提供了一个从服务概念层面,到多交互界面的服务系统层面,再到每一个服务接触层面的整体视角。MSD 中的不同层级都提供了看待服务产品的不同视角,这些视角可以被设计团队中的不同成员或不同决策者所采用。当软件工程师对详细的 SEB 模型感兴趣并想将此理念用于设计公司的信息系统时,商务经理可能对可以帮助他做出结构性决策的 SSA 和 SSN 更感兴趣。通过这一系列的模型,团队成员可以专注于他们各自的设计层级,同时了解他们的决策可能对其他设计层级造成的影响。

MSD 方法为不同层级的服务设计提供了一个系统的设计思路和灵活的设计方法,迎合了顾客体验的共创本质。借鉴不同领域的概念和技术方法,MSD 扩充了概念性的服务框架,并使这些设计出来的服务能在统一的服务系统设计方法中真正得以实行。MSD 方法在零售店和银行的应用证明了这种方法可以有效地应用在不同的服务创新环境中,为新服务开发打开了新的思路。

第三节　新服务开发

新服务开发(new service development,NSD)指开发新的一项服务产品的整个流程。从概念想法的提出到最后实施的各个阶段,新服务开发涵括了服务战略、服务文化和服务策略的部署和执行。

一、新服务的类型

开发新服务的过程中,并不是所有新服务都是同等新颖的。就创新的程度而言,新服务可以分成两大类:①根本性创新:是那些以前的顾客无法获得的新服务,或对已经存在的服务开发新的传递系统(如"嘀嘀打车"出租车呼叫服务);②渐进性创新:是对已经存在的服务进行改进（如在快餐店增加儿童游乐设施）。每个类别又可以分别细分为三种类型，如表 5-2 所示。

表 5-2　新服务的类型

新服务类型	描　述	实　例
根本性创新		
重大变革	指为尚未定义的市场提供新的服务，这类创新通常在信息、计算机和互联网的基础上产生	联邦快递推出的全国隔夜小件快递服务，O2O 通过结合线下商务与互联网来让互联网成为线下交易的前台
创新业务	市场上已经有企业提供的新服务	ATM 成为新的银行货币流动形式，神州租车服务与传统的出租车和客车服务形成竞争
为现有市场提供的新服务	对组织现有的顾客提供组织原来不提供的服务（也许这些服务已经由其他组织提供）	方所书店开办读者沙龙和作家见面会，航空公司提供空中传真和电话服务
渐进性创新		
服务延伸	现有服务项目的增加	饭店增加新的菜谱，大学开设新的课程或学位
服务改善	对目前正在提供的服务进行改进	银行和医院把传统的排队方式改为取号机取号排队的虚拟排队方式；海底捞为等待的客人提供 ipad 游戏、桌游、美甲服务等
风格变化	最普通的新服务形式，是对顾客感知、情感和态度的可视化的适度变化。只改变服务的表现形式	饭堂重新设计装修，公交车身颜色的改变

资料来源：Johnson S P, Menor L J, Roth A V, et al. A critical evaluation of the new service development process[M]. J A Fitzsimmons, M J Fitzsimmons. New service development. Sage Publications, Thousand Oaks, Calif., 2000: 18. Fitzsimmons J A, Fitzsimmons M J. 服务管理：运作、战略与信息技术[M]. 第 7 版. 张金成，范秀成，杨坤，译. 北京：机械工业出版社，2013：63. 实例部分有修改。

二、新服务开发的方法

新服务开发的方法有很多。从服务提供者的角度来看，思考如何把现有的服务用不同的方式传递给顾客，似乎更能帮助他们产生新的服务创意。例如提高服务流程的可视化程度有助于巩固顾客的体验，甚至改变原有的服务概念。

（一）以目标为导向的新服务开发方法

有学者把新服务开发的活动内容分成设计、分析、开发和发布阶段。在设计和分析阶段，公司需要准备一个有正式的描述定义的概念，概括出新服务的特殊属性，开发该项服务的基本原理，传递该项服务的内部可用资源，以及完成该项服务开发之后所带来的相关的内部变化。基于设计阶段的内容，在服务开发阶段，公司应该对开发流程、传递系统中所需的人员和设备、需要从现存的服务能力得到帮助或借鉴的方面有更详尽的定义。经过开发阶段之后，服务产品就可以发布了。服务产品一经发布就意味着服务开发流程的终止，服务产品发布后获得的评论将有助于公司后期对产品进行改善。

尽管上述的新服务开发流程通常被描绘成是一个反复的循环过程,而且顾客参与、跨功能开发团队、支持工具、技术和知识都一致被认为是新服务开发流程的重要投入,但这个模型呈现出很强的目标导向的构想。公司应该谨慎定义好其服务概念,然后遵循这些阶段把提供服务必需的成分组合在一起。这种从公司的服务概念出发,一步一步遵照新服务开发的结构性流程进行产品开发的方法,就是以目标为导向的新服务开发方法,这种方法可以为市场提供根本性创新的服务产品。

(二)以方法为导向的新服务开发方法

实际操作中,似乎很少的服务提供者会依据事先定义好的步骤和战略计划来进行新服务的开发。现在的很多新服务一般都是在没有完全准备好的阶段就发布入市,在市场中不断地调试和更新,取代了以前集中测试使服务产品改良成功后才推入市场的做法。所以,尽管服务提供者可以采取结构化的流程来创新原有的方法,从而开发一项新的服务产品,但他们似乎更偏爱借助一些新的机会,不断地通过非正式的方法来改进和扩充现有的服务产品。

以方法为导向的新服务开发方法指的就是这种不从服务概念出发,依赖可用的方法从现有的服务中获取创意,不遵循结构化的流程对服务产品进行改进,在日常的实践中不断对发布的服务产品进行调整的方法。这种方法可以为市场提供渐进性创新的服务产品。

三、新服务开发流程

如图 5-8 所示,服务产品一般包括人员、系统和技术。人员由雇员和顾客构成,雇员必须经过招聘、培训、授权以传递服务产品中包含的服务优势;顾客的角色则需要用恰当的动机来定义以促进期望的行为,如在沃尔玛超市使用自助结账服务系统可以提高结账的效率,为顾客节省等待的时间。

新服务开发的开始都是因为受到驱动力的影响,可能是公司现有的服务无法满足顾客的需求,可能是公司现有的服务传递系统不够完善,也可能是公司想从竞争对手的市场里分一杯羹。此外,技术的进步、组织环境的变动等都能成为新服务开发的驱动力。在整个新服务开发流程中,需要跨专业背景的合作团队、相关的开发工具(如服务系统架构、服务系统导航、服务体验蓝图等模型工具),以及与组织相关的战略、文化、策略、资源等的共同作用,通过有效整合公司的内部和外部资源来保证开发流程的顺利开展。

新服务开发流程与新产品开发流程类似,但鉴于服务本身的特征,新服务的开发步骤需要进行独特与复杂的调整,在很多服务行业(如通信业、运输业、公用事业和金融业),政府部门的管理与控制对新服务的开发性质与速度会产生重大的影响。

新服务开发流程一般有四个步骤,分别是开发、分析、设计和全面投入。这四个步骤又可划分为前期计划阶段和完成阶段,其中开发和分析属于前期计划阶段,设计和全面投入属于完成阶段,如图 5-8 所示。新服务开发不是单纯的线性过程。很多公司发现要加速新服务开发过程,一些步骤可以同时进行,甚至在某些时候,有的步骤可以越过。新服务开发的灵活性就在于可以越过某一步骤或几个步骤同时进行。对服务开发极快的技术产业来说,这种灵活、高速的进程极为重要。在这些产业中,计算机技术使公司可以在开发阶段了解到顾客的想法与需求,在推出最终服务的最后一刻进行改造。往往在公司进行当前步骤的同时,下一步骤已经被列入计划之内。

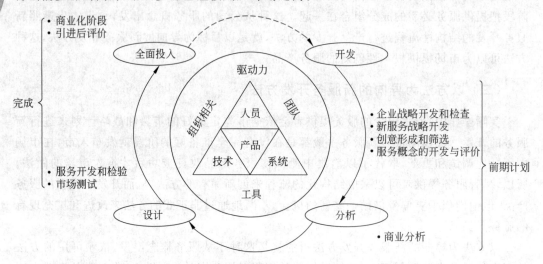

图 5-8 新服务开发流程周期图

资料来源:Johnson S P, Menor L J, Roth A V, et al. A critical evaluation of the new service development process[M]. Fitzsimmons J A, Fitzsimmons M J. New service development. Sage Publications, Thousand Oaks, Calif., 2000:18;Booz-Allen, Hamilton. New product management for the 1980s[M]. New York:Booz-Allen & Hamilton. 1982;Bowers M J. An exploration into new service development:organization, process, and structure [D]. Texas A & M University, 1985; Khurana A, Rosenthal S R. Integrating the fuzzy front end of new product development[J]. Sloan Management Review, 1997:103-120; R G Cooper. Winning at new products[M]. 3rd ed. Cambridge, MA:Perseus Publishing, 2001.

第一步:开发

在开发步骤中,涉及企业战略的开发和检查、新服务战略的开发、创意的形成和筛选(鉴别新服务战略的创意)以及服务概念的开发与评价(检测顾客和雇员对概念的反应)。

1. 企业战略的开发和检查

一个组织通常都有一项战略规划或使命。新服务开发的第一步就是回顾组织的规划与使命,确保战略使命是明确的。新服务战略与设想必须服从于组织大的战略规划。除了战略使命之外,公司对于发展的潜在导向也会影响它对新服务战略的定义。了解组织的整体战略导向对于确定发展方向是非常必要的,战略研究人员为公司所提出的四种基本的战略导向分别是:①预言家,寻找革新、寻找新的机会承担风险;②防御者,自身领域的专家,不愿寻求自身专业领域以外的新机遇;③分析者,在特定的领域保持稳定,不排斥在空白领域寻找机会并做尝试;④反应者,很少做出调整,除非迫于环境压力不得不做。其他管理战略家建议,无论是最初追求低成本领先战略、差异化战略或是聚焦战略,公司都可以取得卓越。一个组织的战略导向将影响它如何通过新服务的开发来看待成长。

2. 新服务战略的开发

研究表明,如果没有明确的新服务战略,没有详细的新服务的组合计划,没有建立在现有沟通和跨职能责任分担基础上,没有促进服务产品开发的组织结构,前期决策就会失去作用。由此可见,产品组合战略与针对新服务开发所确定的组织结构对新服务开发尤为重要,是成功的基石。

新服务的类型依赖于组织的目标、规划、生产能力和发展计划。通过制定新服务战略(尽可能用市场、服务类型、发展时间跨度、利润标准或其他有关因素来表示),组织更易产生具体的想法。比如,在某个时间段上,公司会集中力量在某一特定水平上让新服务增长,完成从重大变革到风格改变的变化。或者公司会按特定细分市场,或根据特定的利润生成目标来定义更加具体的新战略。

开始制定新服务战略时,可以采用表5-3的结构识别增长机会。该框架能帮助组织识别出增长的可能方向,更是创意想法产生的催化剂。它还可以作为基本思路的导向,比如组织可以在上面四个单元中选择一个或两个集中发展。该框架还建议公司可以在现有顾客或更多的顾客范围内开发增长战略,可以集中兵力于现有范围的服务或新服务。

表5-3　新服务战略框架:识别增长机会

服　　务	市　　场	
	现有顾客	新顾客
现有服务	增加份额	开发市场
新服务	开发服务	多角化

3. 创意的形成和筛选

新服务战略确定以后,需要进行正式的新创意征集。在这个阶段形成的创意可以通过上一步描述的战略来筛选。寻求新服务的意见和建议有许多方法和途径,最常用的是头脑风暴法、雇员与顾客征求意见法、首用者调研法和竞争者产品分析法。观察顾客及其如何使用公司服务也能为变革提供有创意的想法。这种方法在顾客不能意识到自己的需求或难以用言语描述其需求时更为有效,因此有时把它称为移情设计。在服务业中,提供服务并与顾客直接打交道的员工能提出补充服务和改进服务的好办法。

无论新想法的来源是在组织内部还是外部,都应该有一些正式的机制来保障新服务不断地产生。该机制可以是一个正式的新服务开发部门,或是一种负有开发新思想责任的职能,还可以是员工或顾客建议箱、定期开会的新服务开发小组、顾客与员工参与的研究专题团队,或是一个为确定新服务所做的正式的竞争分析。尽管新服务创意也可能在正式机制之外产生,但是完全靠运气并不是一项好的策略。

世界上的许多制造型企业通过倾听顾客意见都发现了新服务的创意,而不是产品的提高。这些新服务使得制造商能够转变为解决方案的提供者。

4. 服务概念的开发与评价

一旦创意被认为是既符合公司的基本业务又符合新服务战略,公司就可以实施开发步骤了。在开发有形产品的情况下,需要给出产品的定义,并连同说明与图纸全部呈现给顾客,看他们反应如何。服务的特性,尤其是无形性和生产消费同时进行的特性,对这个阶段有一些复杂的要求。用图画言语的形式描述抽象的服务很难,因此大家对服务的概念达成共识极为重要。请多方人员共同概括服务概念时，往往发现每一方对概念的理解都不一样，所以，必须要统一组织内部所有人员对服务概念的观点，才能保障服务开发过程中各部门的资源整合和协作顺畅。

明确概念定义之后，要形成服务说明书阐明其具体特征，然后估计出顾客和员工对概念的反应。服务设计文件要涉及服务解决的问题，探讨提供新服务的原因，逐条列明服务过程及其好处，并提供取得服务的合理价格，顾客与员工在实施中所起的作用也应该写入其中。之后可以让员工和顾客来评价新服务的概念，他们是否理解、赞同这一概念，是否感到它满足了尚未满足的要求。

第二步：分析

假设在开发阶段服务概念已经获得顾客与员工的积极评价，下面的步骤就要确定其可行性和潜在利润，对新服务开发进行商业分析。

在这个阶段要进行需求分析、收入计划、成本分析和操作可行性分析。由于服务概念开发与组织运营系统紧密相连，因而该阶段还将涉及雇佣、培训人员的费用，加强服务实施系统费用、组织功能改变费用和其他计划内运营费用的初步考虑。组织把商业分析的结果通过回报率和可行性分析进行筛选，确定新服务创意是否在最低程度上与要求一致。

第三步：设计

一旦新服务概念顺利提出，新服务开发计划通过可行性的检验，就可以进入设计完成阶段。

1. 服务开发和检验

因为服务的无形性和生产与消费同时进行的特征，在服务开发和检验这个阶段会遇到重重困难。为应付这些困难，服务开发的这一阶段应该把所有将与新服务有利害关系的人员都包括进来：顾客、一线员工以及来自营销、运营、人力资源职能部门的代表。此时，要进一步把概念细化为实施服务的服务体验蓝图。通过各方人员的共同商讨和修正，产生服务体验蓝图。

诠释服务的每一个人员都要进行的最后一步，是把自己在服务过程中所实施的部分由最终的服务体验蓝图变成具体的实施计划。因为服务开发、设计与实施相互交错、错综复杂，因而新服务各方面的所有人员在此阶段必须通力合作，使新服务具体化、细节化。若非如此，即使貌似很小的运营细节也会使好的新服务创意付诸东流。

2. 市场测试

在设计开发过程的这一阶段，一件有形产品会在事先限定的地区试销，检验该产品以及其他一些营销组合变量，如促销、价格和分销系统的市场接受程度。而由于服务的独特性，新服务的推出往往与现有服务的实施系统纠结在一起，单独检查新服务非常困难，因此，设计团队常常采取不同的方式来测试营销组合反应。例如可以向公司内部的员工及其家庭提供新服务以获取他们对营销组合的反应；或者向公司的顾客提供假设的营销组合，从而检验价格与促销的变量关系，并取得在不同条件下顾客的反应。这种方法与实际市场测试相比有一定的局限性，但能在一定程度上获取市场的反应情况。

设计开发过程的这一阶段可以用来确保服务运作中的细节平稳发挥作用，但这一作用经常被忽视。服务系统是否可以如计划那样正常运行如果在服务产品推入市场时才开始测试,这时一旦发现问题,设计中的错误就难以改正了,所以这种市场测试是非常重要的。

第四步:全面投入

当一项新服务经过反复的修正和调整,完成最终的设计和包装,具备推入市场的条件时,就迎来了新服务的全面投入阶段。这一阶段,服务开始实施并引进市场。

1. 商业化阶段

在新服务的商业化阶段有两个基本目标,第一个目标是在人数广泛、日复一日负责服务质量的服务提供人员当中树立对新服务的认可。如果在服务设计与开发过程中一直让主要的服务提供人员参与其中,那么这种认可就可以比较容易建立起来。但是保持一分热情,并在全系统沟通新服务仍是一个挑战,出色的内部营销将起到很大作用。

第二个目标是在新服务的引进期全过程监测新服务的各方面的指标。如果顾客需要六个月的时间才能感受到全部服务,那么精心的监测也一定要持续至少六个月的时间。所有细节都要兼顾:电话、面对面交流、开账单、投诉和服务提供问题,运营效率和成本也要跟踪记录。

2. 引进后评价

新服务引进市场后的这个阶段,是根据从服务商业化阶段收集到的信息,并在市场实际反应的基础上,对新服务的提供过程以及所有配置的人员或营销组合变量进行改变。无论新服务的开发和推广过程是否是精心筹备的,没有一项服务可以一直保持不变。因此一定要保证该阶段正规化,以便从顾客的角度出发强化服务质量。

开发新服务和改善已有服务的最大障碍在于,设计开发团队不能在概念开发、产品开发和市场测试阶段就描绘服务的样子。使服务说明书与顾客期望相匹配的关键之一,是能够客观描述关键服务过程的特点并使之形象化。这样员工、顾客和经理才能清楚知道他们正在提供的是什么服务,以及他们中的每一位成员在服务实施过程中所扮演的角色。

四、员工和顾客的参与

新服务创新的想法有多种来源:可能由顾客提出建议,训练一线员工倾听顾客意见,挖掘顾客数据库获得可能的服务扩展(如附加的金融服务);顾客统计趋势也会使人们注意提供新的服务(如长期医疗服务)和提高技术。由此可见,在新服务开发的过程中,员工和顾客的参与是多么的重要。

(一)让员工参与新服务开发

在公司的新服务开发过程中,设计开发团队发挥着核心的作用。除了他们之外,公司内部的其他员工也与新服务开发有着密不可分的关系,这部分员工甚至可能决定着一项新服务的成功。

首先,新服务设计和开发的创意都是分别来自公司内部和外部的。在公司内部,员工就是创意的来源。他们通过日常对顾客的观察、面对面的对客接触与对客服务,以及对工作流程的一些思考,往往能发现现有服务中的一些漏洞或可以改进的地方。企业如果能坚持有意识地收集员工这方面的反馈信息,将为新服务开发提供更多更好的思路。

其次,在强调建设学习型组织的当代社会,团队成员之间的新信息分享和记录有助于提高团队的学习能力。企业除了应该鼓励员工分享他们在服务过程中的一些发现之外，还应该鼓励员工主动进行学习，特别是把自己日常生活中的感悟，或从竞争对手那里获得的经验教训，以及一些不经意的小发现与其他员工分享，在分享的过程中互相激发灵感和创造力。

最后，员工既是新服务开发的参与者，又是新服务的传递者。他们必须对新服务有很强烈的认同感，所以他们要参与其中，了解新服务的概念、新服务的开发进度、新服务的目标顾客以及新服务的传递流程等。只有清楚知道关于新服务的信息，才能帮助他们更好地为顾客服务。

（二）让顾客参与新服务开发

新服务开发是个庞大的过程，其中与顾客的联系必不可少。企业需要收集有关顾客的信息，了解顾客的需求和他们对服务的期望，甚至鼓励顾客参与其中给出决定性的意见和建议，才能有效地保证企业在新服务设计和开发的过程中找准方向、少走弯路。

顾客在新服务开发中的参与形式是多种多样的：①他们可以充当信息来源，为企业提供与自身相关的信息，如职业、年龄、消费偏好、常住城市等，或者提供关于对企业服务的需求和期望的信息。企业可以通过观察法或其他调查方法收集到顾客的需求信息，从而发现可以改进和创新的服务。②顾客在服务开发的过程中也可以充当献言者的角色，每接受完一项服务，顾客都可以向企业提供反馈意见，无论是赞扬还是批评，都会对企业的服务改进产生帮助。实际操作中，企业往往会通过意见反馈表格、服务评价系统以及电话回访等方式进行反馈信息的收集，让顾客可以畅所欲言。③很多时候，顾客还是新服务的试用者。在新服务完成设计、正式推入市场之前，会有一个市场测试的阶段。这个阶段企业会邀请一些常客对新服务产品进行试用，让顾客提出他们对新服务的感受以测试新服务的市场反应情况，根据顾客的试用情况对新服务进行适当的修正和调整，为最终推入市场做好准备。参与这个阶段的顾客非常具有发言权，而且他们一般都是企业的忠诚顾客，所以他们会比普通的顾客更重视新服务的好坏，他们往往能给企业提出一些宝贵的改进意见。

不少研究表明，让顾客参与到新服务开发的过程，可以给顾客和企业自身带来很大的好处。对顾客而言，通过分享信息和贡献知识，参与到企业的新服务开发过程有助于顾客：①了解自身对服务的需求和期望；②合理表达对企业和服务本身的态度和情绪；③协助企业共同创造出满足自身需求的服务和产品，实现顾客的自我满足感；④减小在使用新服务产品时所承担的风险。

对企业而言，鼓励顾客参与新服务开发有助于企业：①对顾客的需求、期望和行为有更深入的了解；②设计团队激发更多创意和提出更合适的服务概念；③认识到新服务开发过程中存在的挑战和机遇，保证企业设计和开发出符合顾客需求的服务产品，让企业的产品在竞争市场上更具优势；④缩短新服务开发的时间；⑤增强顾客对企业的信任感和忠诚感。

并不是所有的顾客都应该被鼓励参与新服务开发的过程，企业应该选择合适的顾客参与其中。顾客自身的知识、顾客对新服务的理解、顾客对企业的认可、顾客与企业的关系，以及企业对顾客的激励、企业对顾客信息的保护等都会影响到顾客的参与热情和参与效果，进而影响新服务开发的进程。

最后,除了人员的参与,技术的重要性在新服务开发的过程中也越来越凸显。科技的快速进步为服务设计和服务传递方法的创新提供了更多的机会。很多服务的设计和开发都需要依赖强大的技术支撑系统,例如酒店内部庞大的顾客数据库系统和数据处理技术,为酒店的服务改良提供了详细的参考依据,使酒店能设计和开发出更迎合顾客需求的新服务。由此看来,保持技术的更新换代和与时俱进对企业的发展也尤其重要。

思考与练习题

1. 列举你熟悉的一些企业或组织的服务概念,并对这些服务概念进行评价。

2. 如果让你对身边的一项服务进行重新设计,你会怎么操作?

3. 列举你在日常生活中所接触到的一些新服务,并说说它们分别是什么类型的新服务。

4. 如果让你对你熟悉的某个服务型企业进行新服务开发,在实际操作中你会怎么实施?

参 考 文 献

[1] Brown T. Design thinking[J]. Harvard Business Review,2008(6):84-92.

[2] Carbonell P,Rodriguez-Escudero A-I. Antecedents and consequences of using information from customers involved in new service development[J]. Journal of Business & Industrial Marketing, 2014,29(2):112-122.

[3] Goldstein S M,Johnston R,Duffy J,et al. The service concept:the missing link in service design research? [J]. Journal of Operations Management,2002,20:121-134.

[4] Jin D,Chai K-H,Tan K-C. New service development maturity model[J]. Managing Service Quality,2014,24(1):86-116.

[5] Patrício L,Fisk R P,Cunha J F,et al. Multilevel service design:from customer value constellation to service experience blueprinting[J]. Journal of Service Research,2011,14(2):180-200.

[6] Saco R M,Goncalves A P. Service design:an appraisal[J]. Design Management Review,2008,19 (1):10-19.

[7] Santos J B,Spring M. New service development:managing the dynamic between services and operations resources[J]. International Journal of Operations & Production Management,2013,33 (7):800-827.

[8] Stuart F I. Designing and executing memorable service experiences:lights,camera,experiment, integrate,action! [J].Business Horizons,2006,49:149-159. .

[9] Zomerdijk L G,Voss C A. Service design for experience-centric services[J]. Journal of Service Research,2010,13(1):67-82.

[10] [美]瓦拉瑞尔 A 泽丝曼儿,玛丽·乔·比特纳,德韦恩·D.格兰姆勒.服务营销[M].第4版. 张金成,白长虹,等,译.北京:机械工业出版社,2008.

[11] [美]詹母斯 A 菲茨西蒙斯,莫娜 J 菲茨西蒙斯,服务管理:运作、战略与信息技术[M].第7版. 张金成,范秀成,杨坤,译.北京:机械工业出版社,2013.

第六章

服务中的技术

 **学习目标**

本章介绍技术在服务运作、服务创新和产业融合等方面的重要作用,介绍自助服务技术的概念、分类和利弊,对消费者采纳自助服务技术的理论模型进行阐述,最后介绍企业如何通过技术创造价值,在引进新技术时需考虑哪些因素。通过本章的学习,达到以下目标:

- 理解技术在服务中的角色。
- 了解自助服务技术的分类和利弊。
- 掌握顾客采纳自助服务技术以及持续使用自助技术的原因。
- 理解企业引进新技术时需考虑的因素。

第一节 技术在服务中的作用

随着社会的发展,越来越多的企业面临着劳动力成本与日俱增的问题。而科技的进步使信息技术呈现出日新月异的态势,这使众多公司开始使用技术改善服务运作模式,提高服务效率从而为顾客提供更方便、快捷和优质的服务,切实满足顾客的需要。正是新技术的出现与迅猛发展,使得服务行业发生了前所未有的变化。信息技术在众多服务提供商以及零售商中都得到了应用,从此改变了顾客与服务企业员工的交往方式。例如,从前顾客需要通过员工服务才能享受到的服务,如今使用自助服务技术,顾客个人也能够满足自身的需要。越来越多的企业意识到将技术运用于服务传递过程中的重要作用。伴随着全球化进程,技术对服务的影响越来越深远。

一、技术与服务运作

技术使得顾客获得服务和员工提供服务都更加有效率。ATM 机的诞生改变了传统银行存取款服务的运作模式,股票信息系统的出现改变了以往金融行业营业大厅提供信息的局面,甚至餐厅服务依靠无线网络也实现了点菜的电子化。信息技术在服务行业中的应用越来越广泛,改变了现有的服务提供和运作模式,提高了服务效率。

顾客服务是一个组织的"前门"或者"脸面",在形成印象进而维持顾客关系中发挥着重要作用。随着信息技术的发展,企业纷纷采用技术帮助实现顾客服务。在过去,所有的顾客服务都是通过顾客和员工之间直接的人际交互来面对面完成的。现在电话使得顾客的面对面服务更少,但是毫无疑问却更有效率了。随着计算机技术的不断发展,顾客服务代表(CSR)变得更加高效。通过计算机信息系统和顾客数据文件,CSR 能够在他们的工作站实时调出顾客的记录以回答问题。

自动化语音系统的出现和快速发展已经将许多组织的个人顾客服务变为了菜单驱动的自动化交互。自动化语音系统虽然高效但是也有很多弊病。例如，当系统菜单选项很长而且容易混淆时，或者没有菜单选项符合电话的目的，服务就无法顺利进行。与此类似，消费者如果不能简单地使用自动化系统或者无法和员工通话时，他们会感到很恼火和沮丧。但是，有些企业已经克服了这些障碍，拥有设计精良的自动化电话系统，并能够很好地为顾客服务。Charles Schwab 公司提供了一个值得关注的范例。该公司每年有大约 8200 万个电话，其中有超过 75% 是通过语音自动应答和按键系统完成的。它的自动语音应答系统通过最少量的第一层菜单给予快速应答。它可以通过一种自然语音识别技术实现与顾客的简单交互，这种交互非常类似于与真人通话，在需要人际交互时也是非常容易获得的。通常，自动语音识别系统的满意度水平要高于按键式系统的满意度，在某些情况下甚至高于人工实时服务。

服务运作中存在着悖论：服务活动本身是一种交互行为，客户的需求是多样化、个性化的；而企业在提供服务的过程中则希望实现规模化经营，通过提供大规模的标准化服务来降低成本。这就形成了一个难题，如何在标准化与多样化之间达到平衡，找到最优点。信息技术的不断发展为服务运作的产业化提供了一个全新的解决思路，从效率角度解决了服务运作悖论的问题。以观众收看电视为例，传统的电视节目服务无法做到绝对的多样化，不能满足所有观众的个性化需求。互联网的出现解决了这个问题，电视台不用负担新开频道的费用，只需要把所有的电视节目存储为视频文件格式，放在其网站上，观众完全可以根据个人的喜好在任意的时间付费点击收看。这种做法一方面在没有增加电视台频道成本的前提下，满足了观众个性化收看的要求；另一方面也使电视台可以及时了解到观众的需求，甚至可以根据观众的意见来制作专门的节目，实现有效的服务开发与设计。

二、技术与服务创新

信息技术在大部分服务部门中正成为日益重要的创新工具和手段。以一般企业的客户部门为例，根据客户以往的记录来提供个性化商品是一种典型的服务创新，其实现主要是依靠客户关系管理（CRM）和商业智能（BI）系统从海量数据中挖掘出客户资料并加以分析，得出客户可能的需求，以此作为服务的依据。再如移动通信技术和无线射频技术为传统物流及快递企业提供了新型工具，企业不仅大大提高了生产、运营和服务的效率，还可以为客户提供网上实时信息查询、手机短信提示等新服务，实现了服务方式的创新。

"传统的服务创新模式"借鉴于传统的制造业，设立专门的研发部门负责创新工作，与实际的服务部门间存在着清晰的界限。在这种模式下，信息的传递活动都是线性的，没有太多的互动交流，通过内部网络即可实现。早期的信息技术保障了这种模式的有效运行，企业内部的信息系统主要提供海量数据的存储和维护工作，实现了服务信息的准确处理。

随着竞争的不断加剧，仅仅靠内部创新是无法满足市场要求的。一些大规模的服务行业（如银行、保险机构等）需要通过与客户的互动交流来改进服务活动，即"新工业模式"。互联网的出现使服务企业的这种需求得以实现，通过内外部网络的平台实现交互，完成服务的创新活动。客户可以通过互联网将自己的需求及时反馈到企业内部网络中，而相关部门根据具体的要求来开展创新活动,改善相关的服务。基于网络的知识管理系统很好地满足了这种双重要求:它可以及时反馈客户的各种意见和要求,甚至可以由客户直接定制需要的信息和服务(如需要的服务内容、提供形式等),由服务的接受者自主完成服务创新过程;同时,内部的知识管理系统可以向服务人员提供相关的知识和案例,并完成对即将发生的服务的记录,保证所有服务都能遵循企业的规范,相关知识得以及时记录并更新。这种基于互联网的知识管理系统使得企业创新的"服务专业模式"得以真正实现。

三、互联网技术与服务扩张

技术的渗透使得服务可以以过去不可能的方式送至全球各个角落的顾客。由于通信和计算机技术的发展,大型组织开始将其顾客服务职能集中,建立一些大型的电话中心,它们可以坐落在国家或者世界的任何一个角落。例如,IBM 在北美的顾客服务电话有相当大的比例是由加拿大多伦多的销售和服务中心管理的,而且电话是全天 24 小时开通的。

互联网本身就以无障碍著称,因此信息、顾客服务和交易都能够跨越国家、地区来进行,到达每一个访问互联网的顾客。顾客能够在互联网上通过电子邮件、网站机器人、FAQ(常见问题解答)和在线聊天等方式与企业进行交流。在这种情况下,没有直接的人际交互活动,实际上是顾客在进行自我服务。一个例子就是福特汽车公司使用技术使代理商为客户制定服务预约、发送维修需求信息和监控车辆状态全都可以在线完成。

技术也使跨国公司的员工可以较容易地进行接触——分享信息,咨询问题,作为虚拟团队的成员一起工作。组织的触角已经遍布世界各地。一些过去需要人际接触才能完成的活动,现在已可以通过网络、视频以及通信技术来实现。这一优势意味着实现或支持这些活动可以在世界任何一个角落来完成,结果导致所谓的跨国间的"服务岗位转移",例如由美国、英国转移到印度、巴基斯坦、菲律宾或者东欧一些国家。所有这些技术都能够加速服务企业的全球化扩张并且提高效率。

四、技术与产业融合

信息技术的发展加速了服务业与传统制造业的融合,实现了制造业的服务创新。企业竞争不仅表现为传统的价值链,还表现为知识与信息所构成的虚拟价值链,这些信息与产品的物理形态一起在价值链上流通。信息技术的作用就体现在虚拟价值链与传统价值链的融合方面。以文化衫的定制为例,企业可以通过信息技术将客户个性化需求服务与成衣的制作过程结合在一起安排生产。客户定制文化衫,主要提供两方面的个性信息:一是大小尺寸,二是自己喜欢的颜色和图案。通过基于互联网的客户定制系统,客户可以将自己要求的衣服尺寸输入到系统中,选择自己喜欢的颜色和图案,甚至是将自己的图案按格式要求上传给系统。信息系统将客户的定制信息处理好,直接通过网络传递给自动化生产线,制成符合客户要求的衣服并印制图案,完成全部个性化定制过程。借助信息技术的帮助,整个文化衫的生产活动与满足客户要求的服务活动紧密地结合在一起,实现了制造业的服务创新,为企业带来了新的竞争力。

五、技术悖论

随着技术解决方案的飞快增长,企业发现顾客对于服务的预期已经发生了变化。对于如何获得服务,顾客希望有多种选择,不管是通过电话、自动语音系统、传真或电子邮件,或者通过互联网的自我服务。尽管顾客通常会比较欣赏基于技术的服务甚至在很多情况下要求提供这种服务,但是由于这些系统有时运行出现故障(这是一个很常见的问题),或者它与人工服务相比没有任何优势可言,或者在遭遇失败时没有适当的恢复系统,顾客很不满意。如果互联网站点或者通过自动应答系统不能按照预期的那样运作,顾客会迅速寻求传统的人际交互(个人或者电话)。

在企业试图通过互联网来了解情况和与顾客进行直接交互时,顾客对于隐私和机密的关注也成为企业面临的主要问题。并不是所有的顾客都对使用技术作为与公司进行交互的方式感兴趣。员工也可能不太愿意接受把技术融入他们的工作,尤其是在他们感觉到技术将会取代人力并且可能彻底取消他们的工作时。随着技术的不断应用,人际接触开始缺失,也有些人会认为这对于生活品质和人际关系方面是非常有害的。

最后,技术投资的回报通常是不确定的。一项投资要获得生产力或顾客满意度方面的收获往往需要很长时间,有时根本就没有任何收获。例如,麦肯锡的报告就指出,一个将记账和服务电话移至互联网的企业项目节约了4000万美元。然而,由于降低了顾客使用率,那些最初使用网络申请的顾客会有预料之外的跟踪电话和电子邮件,以及由于缺乏交叉销售机会导致的收入损失总数达到了160亿美元。

第二节　自助服务技术

一、自助服务技术的重要性

传统的市场交易已逐渐被市场空间交易所替代。所谓市场空间,就是一个虚拟的领域,在这个领域中,产品和服务以数字信息的形式存在,并能够通过信息渠道传递。正是这个市场空间的出现,使得顾客与企业交易的基础发生了重大的变化。自助服务技术是市场空间交易的一个典型例子,它是一种在买家和卖家之间不再有人员接触的交易技术。

自助服务技术作为目前市场交易中一个创新的渠道,它能使顾客即使不与服务人员进行接触也能方便地享受到服务。提供自助服务技术的服务企业,能通过顾客自助完成服务从而获得收益上的增长。由于自助服务技术能够提高服务传递系统的效率并通过降低人员成本为顾客提供更为优惠的价格,这使自助服务技术获得了长足的发展,成为现代人每天生活的一部分。我们的身边充满了各种各样的自助服务技术,如网上银行、自助取款机、自助加油站、自助售卖机、自助检测仪、自助餐等,它们为我们提供了更高的便利性。

技术的革新是改变顾客与企业交流方式的关键因素之一。作为技术革新之一的自助服务技术,它改变了顾客与企业之间进行交互的方式。这种改变有效地解决了服务易逝性和异质性的问题,使得服务企业能够为顾客在更灵活的时间内提供服务,同时也能为顾客提供更为标准化的服务,避免了由于服务人员的原因带来的服务差异。因此服务企业将这种改变视为其获得成功的重要标准,而运用自助服务技术为顾客提供服务也获得了更大的发展。

二、自助服务技术的分类

自助服务指的是任何由技术促成的与公司的交易或合作。以前的交易或合作需要员工和顾客共同参与才能完成,而现在只需顾客通过自助服务技术来完成。所谓自助服务技术,它是一个技术界面,顾客可以通过这个界面获得服务,而获取的过程不需要服务人员的参与。

自助服务有以下两种类型:第一,以劳动力为基础的自助服务,典型的例子就如自助餐厅。在这些情境下,服务流程是预先设计好的,因此顾客在通过服务满足自身需要时一方面需要按照其流程进行,另一方面还需要靠自己的劳动;第二,以技术为基础的自助服务,典型的例子就如自动取款机等。这种类型服务的特征是服务的过程和环境都呈现出技术密集的特点。伴随着自助服务的迅速发展,众多公司将自助服务技术作为其与顾客进行交流的一个重要渠道。广泛应用的自助服务技术,令众多公司的服务性质也发生了改变。

根据企业使用自助服务技术的界面和顾客使用自助服务技术的目的两个维度,我们可以对自助服务技术进行以下分类,如表 6-1 所示。

表 6-1　自助服务技术的分类

目的＼界面	电话/互动语音系统	互联网络	互动式机器	录像带/多媒体光碟
顾客服务	电话银行 航班信息 订单状态查询	货物追踪 会计信息	自动取款机 酒店结账	
交易服务	电话银行 订单确认	网上预订/购买 金融交易	综合收付终端 酒店结账 汽车租赁	
自助服务	信息查询	互联网信息搜索 远程学习	血压测量 旅游信息查询	教育培训 税收缴纳软件

资料来源:Meuter M L, Ostrom A L, Bitner M J, et al. Self-service technologies: understanding customer satisfaction with technology-based service encounters[J]. Journal of Marketing,2000,64(3): 58.

表 6-1 中的每一列分别代表的是顾客进行自助服务时所使用的交互界面技术,每一行代表的则是顾客使用每一种自助服务技术的目的。

交互界面技术包括基于电话的技术和互动语音系统、直接的互联网络、互动式机器还有录像带/多媒体光碟技术。在特定的情况下,某几种技术会一起使用。例如,企业为了使顾客更好地了解产品和服务,会为顾客提供附有产品和服务信息的光碟;当需要订购或者了解更多信息时,顾客则可以直接登录企业的网页进行相关操作。又如,顾客透过自动语音系统邮购了一件商品,然后再通过查询网站进行货物跟踪。

企业提供自助服务技术的目的包括顾客服务、交易服务和顾客的自助服务。

首先,目前越来越多的顾客服务都是通过技术来提供的,常见的有会计信息查询、账单结算、运送货物追踪等。在该领域中,有不少企业为顾客提供了优质的服务,如联邦快递公司提供的网络货物跟踪查询,思科公司的网上故障检修服务,美国富国银行设计的可以追踪顾客交易记录的电话银行和网上银行服务等。

其次,自助服务技术中另一类获得长足发展的便是交易服务技术。这类技术能够方便地帮助顾客完成订购、购买和交易,而不需要与企业员工直接打交道,阿里巴巴便是提供这类服务技术的佼佼者。基于网络的交易使企业的销售量得到快速的增长。

最后,自助服务技术还实现了顾客的自助服务,这类技术使顾客实现自助学习、获取信息、自助培训并为其自身提供服务。在 B2B 的背景下,通用电气医疗系统为其顾客提供医疗仪器的使用说明光盘,使顾客能够根据各自的需要进行自助学习和培训。

三、自助服务技术的利与弊

(一)从服务提供商的角度

引进自助服务技术可以为服务提供商带来许多优势。例如,提高服务传递速度、精确度和个性化程度;降低成本;提高生产效率;增强竞争能力和提高市场份额;提高顾客满意度和顾客忠诚度;还可以通过技术的声誉与竞争对手区别开来。

自助服务技术能够解决服务接触时人员交往中两个关键的难题,即服务的异质性和易逝性。通过使用自助服务技术,在服务接触时,顾客能够获得更为一致的服务环境,同时也会获得较为相似的服务体验。通过使用自助服务技术,服务提供商也能够以更低的成本满足顾客任何时刻的需要。

然而,自助服务技术也会带来问题。自助服务的应用减少了服务人员与顾客的互动,使得顾客难以与服务人员建立起密切的联系。当遇到服务失误时,服务人员也不能及时为顾客解决问题。此外,使用自助服务技术也可能因为技术故障而导致其他问题。

(二)从顾客的角度

自助服务技术对于顾客来说,也存在着利与弊。

使用自助服务技术的优点包括节约时间和成本,服务传递过程中更大的控制权,减少等待时间,更高程度的个性化服务,地点便利性,使用技术的愉悦性和舒适性,服务的高效性和灵活性等,自助服务技术为顾客带来的好处是不言而喻的。

但是,自助服务技术的出现也为某些顾客带来不适,诸如技术恐慌和压力。此外,某些顾客认为服务接触是一种社会体验,他们更倾向于与服务人员接触,因此他们几乎感受不到自助服务技术为他们带来的好处。相反,他们会继续按照原来的方式做事。还有部分顾客认为,学习使用新技术和转换使用新技术将花费他们更多的时间和成本。

四、自助服务技术的采纳

（一）技术采纳的理论基础

1. 理性行为理论

理性行为理论由美国学者菲什拜因（M. Fishbein）和阿耶兹（I. Ajzen）在 1975 年提出，主要用于分析态度如何有意识地影响个体行为。其基本假设是人是理性的并且能够系统地利用所获得的信息，在做出某一行为前会综合各种信息来考虑自身行为的意义和后果。根据理性行为理论，个人的行为表现是由其行为意图（behavioral intention）所决定，而行为意图又由个人对该行为的态度（attitude toward the behavior）和主观规范（subjective norm）共同决定。个人本质的特性因素存在，使得每一个体在面对相同行为时表现出不同的态度。也就是说，由于不同个体对同一行为有不同的行为信念与结果评估，因此他们对同一行为的态度也不尽相同。主观规范指对当事人来说很重要的其他人针对当事人某一特定行为，认为应该做或不做的看法。主观规范与行为意图之间存在着正向的关系，即主观规范越高，行为意图则越高，反之则越低。

2. 计划行为理论

理性行为理论的基本假设是个人的行为表现是理性的，并受到个人意志的控制，但个人在社会中不可避免地会受到非理性、非意志因素的影响，此时理性行为理论便不足以解释个人行为表现。于是，阿耶兹进一步提出了计划行为理论以扩充对人类行为的解释。

在计划行为理论中，态度、主观规范和感知行为控制是影响行为意图的三个变量，而行为意图是个人是否进行某项行为的决定因素。该理论认为个人过去所做的行为会影响其行为意图，个体本身的能力、知识或别人的协助以及克服困难的能力等对行为意图产生明显的作用。阿耶兹将这些个体形成行为意图之前所考虑的内外部因素称为个人的感知行为控制（perceived behavior control）。即感知行为控制是消费者产生的对某种行为的容易程度或困难程度的感知（即个人对行为的控制力）。

3. 技术接受模型

戴维斯（F. Davis）在理性行为理论和计划行为理论的基础上提出技术接受模型，用于解释用户对电脑系统的接受意愿是否会受到感知有用性（perceived usefulness）和感知易用性（perceived ease of use）两个因素的影响，目标在于发展出一个用来评估和预测使用者对新技术系统接受度的工具。技术接受模型认为，感知有用性、感知易用性影响消费者的态度，态度影响消费者的行为意图，最终影响消费者对电脑系统的使用。

（二）顾客对自助服务技术的采纳模型

1. 基于技术接受模型的扩展模型

20 世纪 90 年代，自助服务技术出现并呈现较快的发展。作为一种新兴技术，众多学者都以技术接受模型为基础，对使用自助服务技术的影响因素进行了研究。

达博尔卡（P. A. Dabholkar）等学者在建立自助服务技术之态度使用意向模型时，提出技术的易用性、使用绩效及趣味性会影响顾客使用自助服务技术的态度，顾客态度会影响使用自助服务技术的意愿,如图 6-1 所示。

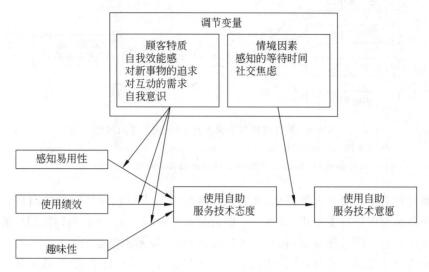

图 6-1　基于顾客特征和情境因素调节影响的态度模型

资料来源：Dabholkar P A, Bagozzi R P. An attitudinal model of technology-based self-service: moderating effects of consumer traits and situational factors［J］. Journal of the Academy of Marketing Science,2002，30(3)：188.

　　该模型是基于技术接受模型发展而来的。研究学者除了将感知易用性、绩效和趣味性作为前因变量之外,还增加了顾客特质和情境因素作为调节变量。情境因素(如感知的等待时间及社交焦虑)会影响顾客使用自助服务技术的态度与使用意向的关系。顾客特质(如自我效能感、对新奇事物的追求、自我意识、对互动的需求)会影响技术特性与顾客对自助服务技术的态度的关系。

　　其后,同样基于技术接受模型,库兰(J. M. Curran)等学者提出互动需求和感知风险也会影响顾客使用自助服务技术态度,如图 6-2 所示。他们选择了三类自助服务技术进行实证研究,分别是自助取款机(ATM)、电话银行(bank by phone)和网上银行(online banking)。尽管三类自助服务技术存在差异,但结果表明,感知有用性和感知易用性都对顾客使用自助服务技术态度产生正向影响,而互动需求和感知风险则对顾客使用自助服务技术态度产生负向影响。另外,研究进一步论证了顾客对使用自助服务技术的态度会正向影响其使用自助服务技术的意图。

2. 技术恐惧模型

　　当新技术出现,人们一方面会产生积极的情感,而另外一方面会产生消极的情感。在这两种相互冲突的情感作用下,人们便会产生恐惧的心理——计算机恐惧和技术恐惧。所谓计算机恐惧,是指人们在考虑使用或正在使用计算机技术时所出现的担心和忧虑等情感。相对于计算机恐惧,技术恐惧指的则是由于一般技术工具令个体产生的有关思维状态。

　　以网上购物为例,莫伊特(M. L. Meuter)等学者通过网络搜集全球范围内的消费者样本,验证了顾客使用自助服务技术的体验受到技术恐惧的影响。其研究模型如图 6-3

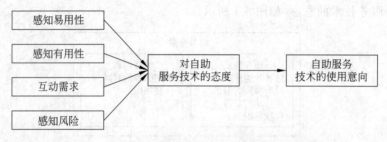

图 6-2　顾客使用自助服务技术的态度-意向模型

资料来源：Curran J M，Meuter M L. Self-service technology adoption：comparing three technologies[J]. Journal of Service Marketing,2005，19(2)：106.

所示。研究针对消费者个人的特征(尤其是技术恐惧)、人口统计特征对使用自助服务技术的行为和满意度进行了分析,发现当人们的技术恐惧程度越高时,他们使用自助服务技术的概率就越低。研究还发现,相对于人口统计特征,技术恐惧是预测人们是否使用自助服务技术的更佳指标。此外,技术恐惧会降低顾客对服务的整体满意度、重复使用自助技术的意向以及传播正面口碑的概率。

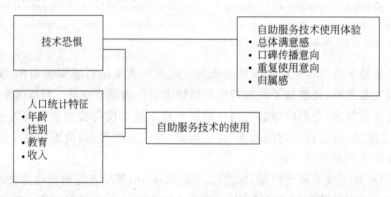

图 6-3　技术恐惧对消费者使用自助技术的影响模型

资料来源：Meuter M L, Ostrom A L, Bitner M J, et al. The influence of technology anxiety on consumer use and experiences with self-service technologies[J]. Journal of Business Research,2003，56(11)：902.

3. 技术准备模型

技术准备指的是一种心理倾向,是人们在完成某项任务时,其接受和使用新技术的意愿。我们不难发现,技术准备和技术恐惧具有相似之处——这两个概念都具有个人特性,并且这些个人特性会影响顾客接受自助服务技术的程度。

莫伊特(M. L. Meuter)的团队探索了影响消费者试用自助服务技术的因素,尤其是在多种渠道选择下,消费者是如何做出决定的。尽管创新特征(相容性、相对优势、复杂性、可观察性、可试用性和感知风险)和个体差异(消费习惯、技术焦虑、交互的需要、以往体验、人口特征)都会影响到人们对创新技术的采纳,但是,莫伊特指出,理解为什么某些创新特征或个性差异在不同背景下在影响方向和显著性上有差别是非常重要的。一个解释不一致的方法是挖掘中间变量。因此,他们提出了"顾客准备(consumer readiness)"这一中介变量,并将顾客准备定义为"一个条件或状态,在这种条件或状态下,顾客能够做好准备并有可能第一次使用创新"。"顾客准备"包括角色清晰、动机和能力三个要素。角色清晰反映了顾客对做什么的了解和理解,动机则反映了使用自助服务技术所带来的好处,能力则是指完成任务所必需的技术和信心。研究发现"顾客准备"是创新特征、个性差异和新技术试用之间的中介变量,它增强了原有模型的解释力,如图 6-4 所示。

图 6-4 采纳自助技术的技术准备模型

资料来源:Meuter M L, Bitner M J, Ostrom A L, et al. Choosing among alternative service delivery modes:an investigation of customer trial of self-service technologies[J]. Journal of Marketing,2005,69(2):61-83.

(三)影响自助服务技术持续使用的因素

市场份额和公司利润不仅取决于最初的顾客数量,还取决于持续使用的顾客数量。持续使用的顾客数量与最初的顾客数量相比较显得更为重要,这是因为寻求新顾客的成本大约是留住原有顾客成本的 5 倍。最初,人们着眼于如何增加顾客使用自助服务技术的概率,但随着实践的不断推进,自助服务技术的提供商意识到,关注持续使用的顾客数量也是非常重要的,因此,企业逐渐将重点移向如何增加顾客持续使用自助服务技术上。

一项以网络银行顾客作为调查对象的研究发现,顾客持续使用网络银行服务受到感知有用性和多渠道满意的影响。可见,技术接受和服务满意是顾客持续使用技术的基础。

最后,我们对自助服务技术研究成果进行回顾和梳理,并对这些研究提出的采纳自助技术的前因进行总结。根据各个前因的内涵,这些变量可以归类到认知型前因和情感型前因中,见表 6-2。

表 6-2 自助服务技术采纳前因汇总表

类型	前因	定义
认知型前因	感知有用性	技术提供的潜在利益
	感知风险	顾客在购买行为中对结果的不确定性的感知
	互动需求	顾客在服务接触中保留人际沟通的期望
	感知易用性	顾客可以简单地操作技术
	试用绩效	顾客感知到的基于技术的自助服务所包含的可靠性和准确性
	乐趣	在零售情境中反映出的顾客使用自助服务技术的享乐方面
	可靠性	正确的技术运行和准确的服务传递

续表

类型	前因	定义
认知型前因	新奇性	产品和技术的创新所具有的正效价
	技术准备	人们接受和使用新技术来完成目标的信念
	感知服务质量	顾客对与技术互动的评价
	顾客准备	顾客已经准备好并可能首次使用一种创新的条件或状态
	个人控制	个体在处理不确定事件时所感知到的风险、压力、满意和利益,受个体对该不确定事件感知控制的影响
	自我效能	个体在服务传递过程中,对自己能够自助完成一项服务的能力的信念
	培训后自我效能	顾客在接受培训后能够感知到的执行特定任务的能力
情感型前因	技术焦虑	顾客对使用技术相关工具的能力和意愿的精神状态
	技术使用态度	通过评价技术而表达出的喜欢或不喜欢的心理倾向
	满意	顾客能够从一项服务中获得积极情感的程度

资料来源:根据相关文献整理而成。

第三节　利用技术创造价值

一、将技术融入服务

服务业中对技术的使用越来越普遍,技术的不断发展与完善使得服务传递的方式趋于多元化,这些变化对服务型企业产生了一系列深远的影响。服务型企业管理层必须深刻意识到技术应用在改善公司绩效中的重要作用。企业只有将技术恰当地融入服务中,才能获得竞争优势,这种优势主要体现在提高企业的服务效率和服务效果,从而更好地为顾客服务。

1. 战略规划

将技术融入服务需要从战略规划开始。战略规划是从长期发展的角度来规划企业的业务。从企业运营的角度看,战略规划要解决四个问题:①我们的设施应该放置何处?②设施应该多大?③何时建造?④采用何种流程生产产品或提供服务?

作为一个服务型企业来说,由于服务直接与顾客相关,因此就必须在战略上考虑顾客与企业之间的相互影响。服务经理必须认识到技术可以在很大程度上改变一个企业的业务模式。例如,许多大型的航空公司现在都开设了自己的网站,在网上公布公司在近期推出的某些特殊航线的促销活动。由于顾客只能在网上订购这些优惠机票,这样就鼓励了顾客登录这个网站。从运营的角度来看,这同时降低了公司的运营成本。如果一个企业能够采用恰当的策略并且应用相关技术的话,它就能够极大地增加收入和市场份额;而如果策略不当,则会将顾客拱手让给自己的竞争对手。

技术在很大程度上改变了服务管理者的战略规划方式。互联网不仅使本已拥挤异常、高度竞争的市场环境中的竞争更加激烈,而且迫使服务管理者必须对市场上的变化做出更快的反应。过去,管理者们可以花几个月甚至一年的时间进行战略规划,但现在,在大多数情况下,他们的时间大大缩短为几个月甚至只有几周。对于像亚马逊、阿里巴巴这样的虚拟服务企业而言,战略至关重要,因为它们没有实体组织结构,不可能通过与顾客直接接触而获得信任。如果没有一个成功的经营发展战略,仅靠价格竞争,企业不可能获得较高的利润率,也无法长期成长。

面对互联网和移动互联网技术的快速发展,实体企业也应考虑通过互联网拓展服务范围。对于它们来说,战略同样是关键所在。例如星巴克公司,网络战略必须能够准确而有效地支持现有实体经营业务的发展。

2. 数据收集与分析

技术的发展使组织收集顾客数据(顾客需要什么和怎样才能被更好地满足)变得非常容易。管理者要认识到技术在服务企业收集顾客资料、分析资料,以及运用分析结果做出更好的管理决策的能力方面的作用,将新技术融入商务智能决策中去。

企业可通过销售点收集顾客资料,或对互联网数据进行挖掘。美国音乐连锁店吉他中心(Guitar Center)已在全美建立260多家连锁店,无论顾客何时购买,信息都可以通过销售点扫描系统收集到公司的数据库中,这就能使商店针对不同的细分市场进行有针对性的广告与促销。购买吉他的顾客获得了有关吉他以及与吉他相关的其他产品的促销信息,而购买鼓的顾客则可以收到关于打击乐器类特色产品的促销信息。老顾客可能得到一些其他顾客得不到的赠品券或折扣等优惠待遇。在小服务环境中,比如当地的美发店,顾客信息也可以通过个人电脑收集,服务信息、偏好哪个发型师、付款信息以及联系方式等都可以存储进去。目前,许多公司还通过它们网站中各种网页的点击率来收集顾客资料,并通过他们点击网页的转换数据掌握其需求情况。

技术的迅猛发展使公司能够收集大量的顾客资料,但是有许多公司却不懂得如何将这些资料转化为有助于制定决策的信息。最为重要的是分析这些数据。分析哪些数据是重要的,什么需要应该予以监控以利于下一步发展,进而从中找出有价值的数据并将其转化为有助于制定决策的信息。

对于重要信息,公司可以运用数据库或电子数据表程序对其进行分析,这样管理者不仅能够了解顾客特定的信息,而且能了解顾客的偏好与购买方式。这些信息有助于管理者在思索新服务、重新设计既有服务,以及增加顾客价值方面做出更好的决策。

3. 服务设计

服务设计不能缺少技术的支持。管理者可以利用电脑软件模仿不同的服务配置及其如何满足顾客不同层次的需要,从而确定出最佳的服务系统能力配置。比如,这些程序可以说明何时何地会产生等候排队情形,以及安排不同数量的员工会导致顾客等候时间有何差异等。其他电脑程序能使服务管理者在不同的设施规划下进行试验,并由此设想出顾客如何通过设施,确定是否存在障碍等。

企业应借助互联网技术,让员工们了解企业的政策和程序,让服务系统中的每个人都能准确了解即将进行的服务步骤,从而使服务系统中的每个人都在"同一界面上"考虑如何为顾客服务。同时,在服务设计中可使用客户信息管理系统、身份证录入扫描仪等新技术,提高服务效率;可使用网络服务或自助服务系统,突破交易的时间限制,降低劳动力成本的同时提高服务的便利性。

4. 收益管理

更强大的运算能力和不断提高的运算速度可使服务企业更广泛地运用精密复杂的收益管理模式。例如,美国航空公司能够在一天之内重复计算其每天 4000 多次航班中每次航班的产能和定价策略。

服务型企业应该将信息技术融入收益管理模式中,扩展动态定价(dynamic pricing)的应用范围。大型连锁酒店内部的所有设施可通过网络实时连接,从而获知全部连锁分店客房状况的最新消息,并根据市场需求的变化及时调整客房价格,改进连锁分店的整体绩效。餐厅可以根据需求的变化不断调整折扣量或额外奖励点数,从而建立起动态定价模型。货运公司也可以开发收益管理软件包,通过不同时段收取不同运费,使卡车运输产能利用率最大化,进而实现货运公司利润最大化。

当然,企业利用技术提升服务价值不仅仅体现在以上几个方面,一个基本的理念是服务企业的发展离不开技术的支持,将技术融入服务可催生许多高端服务业态,实现企业和顾客价值的双赢。

二、技术与组织需要的匹配

以往许多服务企业寻求技术,只是为了通过提高员工劳动生产率来降低成本,最终达到增加利润的目的。但是这些企业在技术方面的大量投资却往往达不到提高生产率的预期效果,甚至有些企业的利润实际上是下降的,其主要原因在于它们采用了不正确的技术,导致沉重的债务负担,结果使企业丧失市场竞争力。

技术的使用需与企业目标相匹配。如果企业的业务主要集中在向某一特殊市场的高端顾客提供私人服务上,如四季酒店(Four Seasons),也许发现安装电话自动应答系统可能对业务产生负面影响。安排专人负责回复顾客电话,更能提高顾客的满意感。又比如一家以高收入的老年顾客为主要目标市场的银行,安置大量的自助柜员机或许就没有任何明显优势。顾客之所以光顾这家银行,极可能是因为他们得到了更好的单独服务与个人关怀,并能与富有情感的柜台员工进行交流。该行的自助柜员机很可能在大部分时间里处于闲置状态,因为顾客对它们不感兴趣,仍喜欢让传统的柜台员工给予服务。如果这家银行安置了更多顾客并不使用的自助柜员机,不但增加了设备成本,而且也没有节约银行员工的劳动力成本,因此不可能带来预期利润。

服务管理者必须了解技术应用的组织情境。技术投资绝不仅是为了提高员工的劳动生产率,它要达到更快捷、更个性化的服务等多种目标。例如,当四季酒店的顾客服务代表回复顾客电话时,他们可以借助技术手段获取公司和顾客双方的数据资料,从而准确答复顾客提出的要求。

因此,技术投资的目的在于保持企业的竞争地位,可能是因为要保持市场份额、提高员工士气、产生更大的灵活性和适应性等原因,如果不进行这样的投资会导致销售额的下降及相关利润的损失。尽管技术对企业绩效的推进作用是显著的,但不考虑组织目标和技术应用情境的错误投资会导致成本明显增加,不能获得预期收益。

三、开发电子服务

电子服务(E-service)系统的外延相当宽泛,它既包括传统企事业单位和政府内部网运行的各种信息系统,如企业应用集成系统、供应链管理系统、客户关系管理系统、企业信息平台系统、电子采购系统、电子销售系统、电子协作系统等,又包括借由互联网运行的面向公众或特定用户群提供各种服务的信息系统,如电子商务、电子政务、电子医院、电子银行、数字图书馆等,还可以是运行在移动信息网上、由无线应用协议支持的、面向移动终端设备的应用系统,如移动电子商务、电子政务、无线图书馆、移动电子银行等。

本书探讨的电子服务是指企业借助互联网和移动互联网为特定用户群提供各种服务的经营模式。随着信息技术的发展,电子服务成为服务业中常见的服务交付方式。开发电子服务似乎成为服务企业保持市场份额、实现服务差异化和提高经营绩效的重要途径。电子服务可以根据提供与使用该服务的个人或组织的不同类型分成几个大类,主要有:①企业对消费者模式(B2C):企业直接面向消费者销售产品和服务,如当当、卓越、携程网等网络商场或专业产品代理商;②消费者对消费者模式(C2C):客户之间建立交易关系,例如淘宝、拍拍、易趣网等经营模式;③企业对企业模式(B2B):商家与商家建立商业关系,例如阿里巴巴、慧聪等企业的经营模式;④消费者对企业模式(C2B):由客户发起"要约",由商家决定是否接受客户的"要约",例如U-deals、当家物业联盟等企业的经营模式;⑤线上对线下的支持模式(O2O):将线下商务的机会与互联网结合在一起,让互联网成为线下交易的前台,例如阿里巴巴集团开发的淘点点服务模块,消费者在网上点餐或在实体餐厅就餐时皆可用支付宝钱包进行支付。在屈臣氏等零售连锁店使用支付宝服务,顾客可不必带上现金和银行卡,直接使用移动互联网即可付款,极大地提高了顾客感知的交易便利性。

随着互联网、移动互联网及相关的电子商务等新技术的引进且逐渐被人们所认同,服务提供的方式将继续产生戏剧性的变革。互联网和移动互联网的发展使顾客的生活方式发生了巨大的变化,社会化媒体(如博客、微博、微信、论坛社区、社交网站等)以其开放性、透明性、互动性、实时性等特点,也正在改变着消费者的行为方式和企业与客户沟通的方式。服务企业需要做的就是如何根据顾客消费观念和消费行为的变化,利用技术不断实现服务模式的创新,提升服务价值。

四、技术的交付实施

为了获得最大收益,新技术与组织的融合需要对企业员工与顾客进行大量的培训与支持。在许多情况下,如果缺乏正确的培训与支持,不仅在绩效或生产效率的改进上不能取得预期效果,而且可能出现财务状况恶化、员工失意并离职,以及顾客不满意并大量流失的局面。

1. 使用障碍

在新技术的应用过程中,经常会存在一些阻碍顾客使用的障碍。第一个常见的障碍是对技术"未知的恐惧"。例如,顾客在第一次通过互联网购买产品与服务时,往往会担心产品与服务货不对板、信用卡等个人隐私信息泄露等,甚至对是否真的会收到所购产品与服务也心存疑虑。

另一个障碍是消费者在使用服务方面缺乏相应的知识，在自助服务以及应用新技术的服务中体现得更为明显。例如，许多顾客在使用自助复印机时，不知道如何进行复印；使用自助加油站时，也不知道如何使用输油管。在这一过程中，顾客不仅需要克服对未知的恐惧，而且必须知道如何正确使用它。顾客具备的知识会影响顾客的自我效能感，产生技术焦虑情绪，影响使用自助技术或新技术的态度和行为意图（本章第二节详细阐述了影响顾客采纳自助技术的因素）。

2. 培训与支持

技术培训是整个新技术引进与使用过程中不可分割的一部分。培训通常需要针对员工与顾客双方进行。如果不能给予正确的培训，就会导致无效操作甚至操作失败。另外，当出现某些问题或设备不能正常运转的时候，员工与顾客必须得到必要的技术支持。

当新技术引进时，员工通常需要掌握一些额外的技能，这可以通过举办培训课程来实现。培训课程不仅要讲述技术的应用，也要进行模拟操作。这就使员工在面向顾客真正使用设备前，既熟悉了新设备，又能排除操作过程中的故障。

如果服务过程中顾客需要直接面对新技术的使用问题，就必须对他们进行一定程度的培训。按照技术类型以及使用时复杂程度的不同，需要对顾客培训的层次也不一样。某些情况下只需向他们发一份描述如何使用新设备的小册子即可，或在实体店自助技术机器旁粘贴技术使用指引，或在网站上发布使用网络自助技术的指南。而某些情况下则需要对他们给予正式课程培训，详细介绍如何正确使用新设备。例如，软件服务公司在销售一套实验教学软件后，需开设专门的培训课程，为该校可能使用到其产品的教师讲授如何有效使用该教学软件。

思考与练习题

1. 列举三个不同业务类型的服务行业，分析技术的发展对它们的服务运营产生了哪些影响？

2. 以你亲身经历的一项服务为例，讨论服务供应商运用了哪些技术来支持服务传递？对于供应商使用的自助服务技术，你认为它的利弊在哪里？你愿意采纳吗？为什么？

3. 解释自助服务技术采纳研究中的技术接受模型、技术恐惧模型和技术准备模型的具体内涵，讨论顾客采纳自助技术的原因。

4. 企业可以通过哪些方面的努力激发顾客持续使用自助技术的意愿？

5. 企业在进行技术投资时需考虑哪些因素？

参 考 文 献

[1] Ajzen I. The theory of planned behavior[J]. Organizational Behavior and Human Decision Processes, 1991, 50(2): 179-211.

[2] Curran J M, Meuter M L. Self-service technology adoption: comparing three technologies[J].

Journal of Service Marketing，2005，19(2)：103-113.

［3］ Dabholkar P A，Bagozzi R P. An attitudinal model of technology-based self-service：moderating effects of consumer traits and situational factors［J］. Journal of the Academy of Marketing Science，2002，30(3)：184-201.

［4］ Daivs F D. Perceived usefulness，perceived ease of use，and user acceptance of information technology［J］. MIS Quarterly，1989，13：319-340.

［5］ Fishbein M，Ajzen I. Belief，attitude，intention and behavior：an introduction to theory and research［M］. MA：Addison Wesley，1975：80-103.

［6］ Meuter M L，Bitner M J，Ostrom A L，et al. Choosing among alternative service delivery modes：an investigation of customer trial of self-service technologies［J］. Journal of Marketing，2005，69(2)：61-83.

［7］ Meuter M L，Ostrom A L，Bitner M J，et al. The influence of technology anxiety on consumer use and experiences with self-service technologies［J］. Journal of Business Research，2003，56(11)：899-906.

［8］ Meuter M L，Ostrom A L，Roudtree R I，et al. Self-service technologies：understanding customer satisfaction with technology-based service encounters［J］. Journal of Marketing，2000，64(3)：50-64.

［9］ Nickell J A. To voice mail hell and back［J］. Business 2.0，2001，10(July)：49-53.

［10］ Rayport J F，Sviokla J J. Exploiting the virtual value chain［J］. Harvard Business Review，1995，12(2)：73-76.

［11］ Ward D. The web's killer app：a human being［J］. Revolution，2000 (March)：82-88.

［12］ Weijters B，Rangarajan D，Falk T，et al. Determinants and outcomes of customers' use of self-service technology in a retail setting［J］. Journal of Service Research，2007，10(1)：3-21.

［13］ ［美］马克·戴维斯，贾内尔·海内克. 服务管理：利用技术创造价值［M］. 王成慧，郑红，译. 北京：人民邮电出版社，2006.

［14］ ［美］瓦拉瑞尔·A.泽丝曼尔，玛丽·乔·比特纳，德韦恩·D.格兰姆勒. 服务营销［M］. 第4版. 张金成，白长虹，等，译. 北京：机械工业出版社，2008.

［15］ 胡安安，黄丽华. 浅谈信息技术(IT)在服务创新中的作用［J］. 中国科技产业，2007(6)：86-89.

［16］ 覃征，虞凡，董金春. 电子服务［M］. 浙江：浙江大学出版社，2009.

第七章

服务场景与服务设施

 **学习目标**

　　服务场景与服务设施在显示服务组织的定位、形成顾客期望、影响顾客体验、提高服务生产能力和实现服务组织的差异化等方面,发挥着重要的作用。本章介绍服务型企业有形证据的运用、服务场景的分析框架和管理要素,以及服务设施的选址、布局与规划。通过本章学习,应该能够:

- 了解服务型企业有形证据的作用、类型和设计原则。
- 理解服务场景对行为影响的理论框架。
- 掌握营造良好服务环境的方法。
- 理解服务设施选址考虑的因素、设施选址和布局的方法。

第一节　服务型企业的有形证据

　　美国学者瓦拉瑞尔·A.泽丝曼尔(Valarie A Zeithmal)和玛丽·乔·比特纳(Mary Jo Bitner)将有形证据定义为进行服务传递、公司与顾客进行交互所处的环境以及有利于服务执行或者传播交流的任何有形实体。这里包括了服务实际发生时所处的服务场景(servicescape)以及服务场景之外的有形物品(如服务型企业的牌号、广告、价格等)。它是消费者消费经历的一部分,也是最容易、最直接被消费者感知的部分。有形证据在服务管理中扮演着特殊的角色,对其进行管理具有重要意义。

一、有形证据在服务中的作用

1. 使消费者形成初步印象

　　有形证据是指人们可以看见、触摸、品尝的,与服务工作有关的一切有形实体。它包括服务型企业的建筑物、内部装饰和各种设施设备,同时还包括各种助销产品,如价目表、各种宣传小册子、各类用品,以及服务人员的外表、服饰等。缺乏经验或初次接触企业服务的消费者往往会根据各种有形证据,形成对服务的初步印象,并根据这些有形证据推断该企业的服务类型与质量,从而形成期望。例如,现在很多服务型企业都在大堂设有沙发供顾客休息或等人,这使顾客觉得服务型企业不但关心住店顾客的需要和愿望,也关心所有进入服务型企业的顾客,处处为顾客着想,从而使顾客对该服务型企业的服务质量产生良好的初步印象。

2. 使消费者产生信任感

　　由于服务的无形性、差异性、生产与消费的同时性,消费者很难在做出购买决策之前全面了解服务,因而消费者感知的购买风险很大。要促使消费者购买,服务型企业就必须使消费者对服务产生信任感。而要使消费者产生信任感,除加强服务过程的质量管理外,还必须为其提供各种有形证据,使消费者更多地了解企业的实际服务情况,使无形的服务有形化、具体化,增强服务宣传、承诺的可信度,从而降低消费者的购买风险,消除其疑虑,坚定其购买决心。例如不少服务型企业把后台操作工作变为前台服务工作,如现场烹饪、透明厨房等,直接向消费者展示服务工况,提高服务工作的透明度,从而提高消费者对本店的信任感。提供有形证据比单纯靠文字的抽象宣传,更能赢取顾客的信任。

3. 向消费者传递信息

利用有形证据向消费者传递信息,可以节省销售人员和服务人员的时间,提高销售工作和服务工作的效率。例如,设计良好的菜单,可以让顾客一目了然,节省服务人员推介菜肴的工作量与时间,尤其是在就餐高峰时,更可大大提高服务效率,缩短顾客的等候时间,提高顾客的满意度。同时,通过有形证据的无声暗示、沟通作用,能有效引导和管理顾客行为,使消费者了解企业服务的要求和服务程序,从而自觉采取恰当的行为模式,配合服务工作,并避免对其他顾客产生不良影响,进而使自己与他人的消费经历更加完美。同时,这种含蓄沟通又可避免由服务员或他人提示给顾客带来的尴尬。例如,高雅的氛围能使顾客自觉规范自己的言行和衣着。我们大概都有过这样的经验,在高档餐厅或客房楼层等气氛宁静的场所会自然而然地放低音量。

4. 提高消费者对服务质量的评价

一般来说,如果消费者感知的服务质量高于期望的服务质量,他就会满意,否则就会不满。而顾客是根据满意度来评估服务质量的。顾客感知的服务质量一般由无形服务和有形证据两部分的质量共同决定。与服务过程有关的每一个有形证据,如服务环境、设施设备、服务人员的仪容仪表等,都会影响顾客感知的服务质量,从而影响他的满意度,进而影响他对服务质量的评价。若服务场所缺乏必要的指示标志,就会给顾客消费活动带来不便,如果服务场所的照明、温度、音响等有形服务环境设计不当,就会大大降低顾客消费的舒适度,从而也会降低其感知的服务质量。顾客满意的另一个决定因素——顾客对服务质量的期望值,在很大程度上是根据服务型机构所提供的有形证据而形成的。此外,相对于无形服务来说,企业较易统一有形证据的质量标准,而且无形服务必须借助有形成分来完成。也就是说,有形证据能规范制约无形服务,因此有形证据管理成了服务型企业控制、提高服务质量的一个重要手段。

5. 促使员工提供优质服务

做好有形证据的设计和管理工作,不仅能为顾客创造良好的消费环境,而且也为员工创造良好的工作环境,使员工感受到企业关心他们,从而增强他们对企业的归属感,进而激励他们为顾客提供优质的服务。有形证据在某种意义上给予了顾客期望,同时也给予了顾客许诺,若员工对企业怀有强烈归属感的话,他在工作上就会表现出很强的责任感,履行企业的诺言,维护企业的声誉,尽其所能为顾客提供优质的服务。另外,硬件是软件的依托,优质服务必须借助现代化的、设计布局合理的设施设备等有形证据的辅助才能顺利完成。

6. 塑造服务型企业市场形象

视觉识别是最具感染力和传播力的沟通要素之一。服务型企业中的各种视觉上的有形证据,如企业的店名、店徽、标准色、标准字等,在市场沟通活动中,有助于市场识别,使本企业与竞争对手区分开来。服务是无形的、抽象的,很难识别区分,而有形证据则是生动的、具体的,也是企业容易控制与管理的,因而有形证据就成为服务型企业塑造独特市场形象、传播服务型企业定位策略的有效手段和工具。根据目标客源需求特点巧妙设计的企业标识,能使企业形象鲜明,市场定位明确,有助于占有目标市场。

二、有形证据的类别

有形证据在服务型企业中的应用很广,主要包括有形环境、有形沟通和价格三方面。

1. 有形环境

有形环境是顾客在服务型企业消费所处的环境气氛中的有形成分,它包括外部环境与内部环境两部分。其中外部环境包括服务型企业建筑物的外观设计、标识、停车场以及服务型企业周边的环境;内部环境包括服务型企业内部的装修布局、设施设备、温度、音响等因素。内部服务环境涉及的具体要素将在本章第二节"服务场景的管理"中进行介绍。

有形环境常常会通过影响顾客的心理和情绪,进而影响他们的行为及对服务型企业的评价。因而服务型企业可通过营造舒适、和谐、高雅、便利的有形环境,使消费者获得舒适的精神享受,满足其体面的心理需要,使其保持愉悦的心情,从而增加服务型企业产品的附加价值,提高顾客的满意度。

2. 有形沟通

由于服务的特点,企业必须在市场沟通活动中强调现有的有形证据或创造新的有形证据,使无形服务与抽象宣传变得有形、具体,便于消费者把握。各种有形证据都具有不同程度的市场沟通作用,企业中沟通作用较为明显的有形沟通主要有以下几大类。

(1) 企业名称、标识等视觉识别要素。企业名称和标识分别以文字和图案的形式代表着服务型企业,有利于提高服务型企业的可识别性、视觉可辨认度和知名度。店名店徽应易读易记,有内涵,能象征企业的形象和风格,并具有独特性,以区别于竞争对手。如广州白天鹅宾馆,它的标识是一只浮在碧波上的白天鹅,这既点出了服务型企业的名称,又隐喻服务型企业位于珠江边上。此外,纯洁安详的白天鹅还象征了服务型企业的高雅形象,因此使顾客看到这个标识就自然联想到白天鹅宾馆。

(2) 企业简介、广告海报、幻灯片、录像片等市场沟通资料。在这些宣传资料中应强调各种有形证据,使抽象的宣传具体化,便于消费者了解并使其相信所宣传的信息。例如,企业简介中,应强调企业的地理位置、交通状况、规模等级、设施设备等实在的东西,而不应抽象简单地说企业高雅舒适、设备齐全。另外,还应配以适量的插图,展现企业的建筑外观和主要服务设施的真实面貌,以及顾客在本企业消费的情况,这样才能使无形服务变得有形,宣传沟通变得具体可靠。久而久之,消费者会把宣传中所强调的有形证据认同为企业的服务。此外,欢迎卡、感谢信、小礼品等沟通资料若设计精美、传送及时,则能体现企业服务的热情周到,表达服务型企业对顾客的关心与重视,从而能很好地增进企业与顾客的感情沟通。

（3）平面图、方位与场所指示牌可以指导顾客顺利消费。这些有形证据在大型服务型企业中必不可少，不然会给顾客活动带来不便，引起不满。另外，某些提示语可以有助于引导与规范顾客的消费与行为，如"营业中"牌子的挂出，可以向顾客传递"本场所正在营业，欢迎光临"的信息；非吸烟区中的禁烟标志，能以委婉的方式劝止顾客的不良行为；"衣冠不整者，恕不接待"可向消费者提示对顾客着装的要求，从而限制顾客类别，有利于服务环境的管理。

3. 价格

消费者可以通过价目表、账单等与消费有关的资料，了解服务型企业所提供的产品种类、特点及其价格，进而了解企业的档次与特色，并结合自身的具体需求与支付能力，决定是否购买以及购买何种产品。这些资料中显示的产品价格，传递着服务质量的信息，它能增加或降低消费者对产品、服务质量的信任感，提高或降低消费者对产品和服务的期望，所以应认真制定合理的价格。账单也是服务过程中一个重要的有形证据。通过设置明细账目，增加账单的透明度，账单能具体、明晰地显示顾客消费项目的名称、数量、价格以及企业承诺的折扣或其他优惠，使消费者一目了然，从而有助于传达企业的诚信形象，增强顾客对服务型企业的信心。

综上所述，服务型企业的主要产品具有无形性、差异性、生产与消费的同时性，这些特点增加了企业营销工作的困难，而有形证据是企业产品中的有形成分，它能具体、生动地展示无形服务，使其易于把握与了解，并增加其附加价值。企业通过营造美观、舒适的有形环境，用有形成分包装、美化、展示无形服务，可以提高顾客感知的服务质量，增加其满意度。此外，借助有形证据进行有形沟通，向消费者传递企业信息，可以使无形、抽象的服务有形化、具体化，让消费者了解、信任并喜爱本企业，从而达到吸引并留住顾客的营销目的。因此，企业营销要想获得良好的效果，就必须重视有形证据的运用与管理。

三、有形证据的设计和实施

（一）有形证据的设计原则

有形证据的设计与管理须遵循以下原则。

（1）有形证据必须符合目标市场的需要，保证顾客消费的舒适与便利。"满意的顾客是企业的最大财富"，企业一切工作都必须满足目标顾客的需要，才能实现最大的利润，有形证据的设计工作也不应例外。

（2）有形证据必须具有本企业的特色，体现本企业服务的类型、档次、定位策略，与企业的市场形象、经营方针以及所提供的服务一致。有形证据是服务型企业向顾客传递企业形象定位、经营理念、服务质量等信息的工作和手段，因而它必须与这些因素一致并有效地体现它们。另外，有形证据在市场沟通活动中还担负着市场识别的重任，因此必须具有自己的特色，以便与竞争对手区分开来，便于识别与宣传。

（3）有形证据必须传递真实的信息，使消费者对企业服务建立正确的期望。否则，消费者期望过高，而在实际消费过程中，企业提供的服务又无法兑现通过有形沟通所做出的承诺，消费者就会产生受骗感，使感知的服务质量大打折扣。消费者还会对企业的信誉、诚信度产生怀疑，从而使重复购买的可能性大大降低。若他再就此做不良的口头宣传，企业的形象就会大大受损。

（4）各种有形证据必须协调配合，否则就会造成消费者感知上的混乱，使有形证据不但不能起到有效沟通的作用，而且还会让顾客觉得企业管理混乱，经营水平低下，进而对企业服务质量产生偏见，认为该企业生产不出什么好产品、好服务。

有形证据在服从服务型企业整体形象和定位要求的基础上，必须根据不同的效果需要，进行不同的设计，避免雷同、单调。

（二）有形证据的实施过程

在有形证据设计和规划的实施过程中，服务型企业可遵循以下步骤。

（1）深入了解各种有形证据对顾客的影响。有形证据通过被感知，影响人的心理情绪，最终影响顾客行为。由于服务型企业中有形证据的范围很广，而且不同的有形证据对人的心理行为有不同的影响，即使同一种有形证据，不同的顾客或在不同的情境下，也会有不同的感知，因而在有形证据设计实施之前，必须认真分析各种有形证据对目标顾客在预测的情境下的影响模式。

（2）通过观察、调查、实验等方法，了解目标顾客的需求及其对各种有形证据的感知、评价与要求。

（3）根据以上的结论，结合使用部位的具体需要，以及空间、成本等方面的要求与限制，设计出有形证据组合的方案。

（4）广泛征求员工、专家、顾客等多方面的意见，分析有形证据实施的可行性和有效性，考虑效益成本比，认真改进方案，并最后定稿。

（5）实施有形证据计划。各有关部门需协调合作，共同完成有形证据计划。例如，采购部应及时选购合格的材料，应按计划按要求完成施工，人力资源部应有计划地培训或招聘合格的员工，以妥善使用、维护有形证据。另外，相关部门应及时与员工沟通，让他们事先了解设计方案以及设计的目的与作用，使其有心理准备。如果在计划执行中发现问题，应仔细分析，及时修改。

（6）加强对有形证据的管理与完善。根据不同性质的有形证据的需求特点，制定有针对性的操作规程与维护管理计划，进行有效的管理，并实行严格明确的责任制，使有形证据的维护管理工作与责任落实到个人。企业还必须加强对员工专业知识技能的培训，以及对顾客消费行为的引导与管理。此外，由于市场需求与服务型企业经营情况并非一成不变，因此必须经常检查有形证据是否符合市场需要，新旧有形证据设计是否有冲突或重复，以便及时改善。有形证据的适当更新与变化可以体现企业的活力，并有利于满足顾客的求新求变心理，保持企业的吸引力。

第二节　服务场景分析与管理

服务场景是有形证据的一部分，是服务执行、传递、消费所处的现场实际有形环境。服务场景的设计可以影响消费者的选择、期望、满意度及其他行为。本节解释服务场景的作用以及服务场景如何影响顾客和员工及他们之间的交互行为。

一、服务场景的类型

依赖于特定的环境,有形环境对达到企业的营销目的和其他目的所具有的重要性不同。表 7-1 是服务组织的一个分类框架,该分类框架的两个维度(服务设施的使用、服务场景的复杂性)抓住了影响服务场景管理的一些关键性差异。

表 7-1　基于服务场景复杂性和设施使用的差异划分服务组织的类型

服务设施的使用	服务场景的复杂性	
	复杂的	精简的
自助式服务 (只针对顾客)	高尔夫球场 冲浪现场	ATM 大型购物中心的信息咨询处 邮局 互联网服务 快递
人际关系式服务 (针对顾客和员工)	酒店 餐厅 保健所 医院 银行 航空公司 学校	干洗店 热狗摊 美发厅
远程服务 (只针对员工)	电话公司 保险公司 公用事业 众多的专业服务	电话邮购服务台 基于自动语音的信息服务

资料来源:Bitner M J. Servicescapes: the impact of physical surroundings on customers and employees[J]. The Journal of Marketing,1992,56(April):59.

首先,不同的服务组织在服务场景实际的影响对象方面各不相同。哪些人员实际进入服务设施并因而潜在地接受服务设施设计的影响——是顾客、员工或者是这两个群体兼而有之?表 7-1 的第一列表明基于这一维度有三种类型的服务组织。

一个极端是自助式服务环境。在这里顾客能够自己完成大部分活动,如 ATM 机、公共电话亭等。这类环境的设计应能增强对顾客的吸引力和顾客的满意度。

另一个极端是远程服务环境。在此顾客很少或根本没有卷入服务场景中,例如通信服务、呼叫中心、邮件订购、公用服务等。设施的设计应能促进员工的努力和提高激励、生产率以及员工满意度。

在两个极端之间是人际关系式服务,代表了顾客和员工都需要置身于服务场景中,例如酒店、餐厅、医院、航空公司、银行等。在这些例子中,服务场景的设计必须能够同时吸引、满足、便利于顾客和员工两者的活动。

其次,对于以上三类服务组织,根据服务项目的不同,服务场景的设计有复杂和精简之分。有的服务场景非常简单,涉及的因素、空间和设施都有限,例如干洗店、ATM

机等;有的服务环境则很复杂,包含很多因素和很多形式,例如医院、机场等。在复杂的环境中,理论上通过认真的服务场景管理就可以达到所有的营销目标和组织目标。例如,培训中心的教室可设计得既让学生感觉舒适、满意又同时保证培训讲师的工作效率。

二、理解服务场景对行为影响的理论框架

理解服务场景的多重作用以及各要素之间的相互关系对企业的营销决策和服务场景设计非常有用。下面将提供一个框架或范例,说明环境和行为在服务场景中的关系。

(一)基本的理论框架

理解服务场景对行为影响的框架遵循着基本的"刺激-有机体-反应"理论。框架中的多维环境要素是刺激,顾客和员工是对刺激做出反应的有机体,该环境下产生的行为是反应。"刺激-有机体-反应"理论认为服务场景的要素会影响到顾客和员工,他们对服务场景的内在反应将决定其行为方式。

(二)Bitner 的服务场景模型

服务管理学者比特纳(Mary Jo Bitner)提出的服务场景模式是理论界和业界运用得最广的理解服务性组织中环境-用户关系的工具,如图 7-1 所示。

1. 有形环境维度

图 7-1 中描述的服务场景模型由开发服务环境时常用的一系列刺激物说起。这些刺激物可以刺激人们的五大感官,影响人们的情绪、感觉甚至是态度和行为。这一系列刺激物包括以下几种。

1) 环境条件

环境条件(ambient conditions)反映了服务背景的独特氛围和包括诸如灯光、空气质量、噪音、音乐、气温、湿度、气味、整洁之类的要素。这些背景因素消费者不大会立即意识到。如果服务环境中缺乏消费者需要的某种背景因素,或某种背景因素使消费者觉得不舒服,他们才会意识到服务环境中的问题。较差的背景环境会使消费者退却,例如,有些消费者不愿去过分吵闹的餐馆就餐。但是对这些背景要素的巧妙搭配则可以引起期望得到的顾客行为反应。例如研究表明,在需要等待的服务中,使用音乐可以使顾客感觉等待时间过得很快,提高顾客满意度。与播放快速的音乐相比,在缓慢音乐的环境中,顾客会停留更长时间,购买饮料支出的费用明显上升。

2) 空间/功能

与有形环境维度有关的空间规划和功能性要素(space/function)包括诸如设施布局、设备和公司陈设之类的要素。空间规划是指地板设计,摆设品的大小和形状,柜台、机器设备以及它们摆放的方法。功能性是指这些设备在服务交易中表现的能力。空间规划和功能性为服务的提供和消费创造了视觉和功能上的服务场景。它们决定了服务的用户友好程度以及各种设施服务顾客的能力。它们不仅影响服务的效率,而且促进顾客的体验。例如必胜客桌椅有四人桌和两人桌,其中有部分四人桌采用了咖啡色的沙发座,大部分则

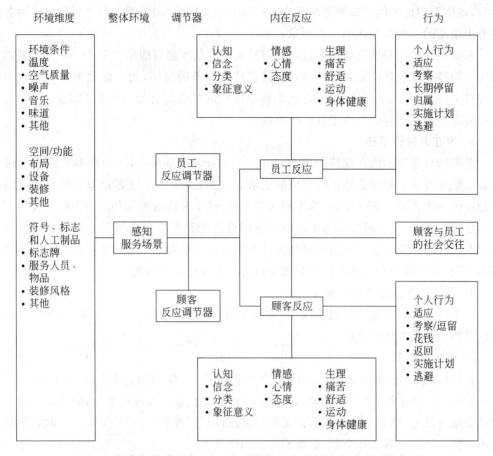

图 7-1　服务场景模型：一个理解服务性组织中环境-用户关系框架图

资料来源：Bitner M J. Servicescapes：the impact of physical surroundings on customers and employees [J]. The Journal of Marketing，1992，56(April)：60.

是可移动的硬座,这一设计满足了像单位、家庭等人较多时的拼桌需求。

3) 符号、标志及人工制品。

符号(signs)、标志(symbols)及人工制品(artifacts)包括指导服务传递的标牌；被赋予了服务设施个性化的特征和个性的个人用品；装饰风格,例如简约的、现代的、传统的、宫廷式的等。在服务环境中,这些东西都明显地或隐性地扮演着一种信号,可以凸显公司的形象,使顾客确定方向(比如找到柜台或出口),并传递服务信息(比如排队系统)。服务设计者最大的挑战是如何运用符号、标志和制品在整个服务传递的过程中引导顾客,使之最大可能地知道服务流程,这在常有新顾客或者不常来顾客的情况下尤其重要。对于高度自助的服务,尤其是在服务人员很少,不能在服务流程中及时引导顾客的情况下,符号、标志及人工制品非常重要。

2. 感知整体环境

服务场景模型的整体环境(holistic environment)部分与员工和顾客在实体环境维度的基础上形成的对服务场景的感知有关。即总体环境是一个认知的概念,是一种主观的评价,在模型中这叫做感知服务场景(perceived servicescape)。感知服务场景是对服务组织有形设施的一个组合体的心理形象。

服务型企业应根据公司的定位战略对感知服务场景进行战略性管理。在价格基础上做决策的经济型顾客会受到干净、简约、现代化的设备的吸引,而个性化型顾客则要求奢华和被关心,诸如大理石休息厅、音乐旋转餐厅等豪华设施将得到他们的认同。因此,公司在开发服务场景时应当考虑其目标市场。

3. 内在反应调节器

服务场景模型的内在反应调节器(internal response moderators)协调着感知的服务场景对顾客及员工对服务环境的反应的影响。例如,如果一位顾客希望与某个特殊的人一起度过一个美好宁静的夜晚,那么较为安宁的、便于交谈的餐厅环境则更能激发顾客愉悦的情感。再如,员工对公司服务环境的反应也将受到其自身情绪状态的影响。各类调节因素组成的反应调节器有助于解释为什么服务具有异质性特征,因为服务随提供者而有所不同,甚至同一提供者所提供的服务也会随时间而有所差别。

4. 服务场景引起的内在反应

员工与顾客会对服务环境在认知、情感和生理上产生很多反应,如图 7-1 所示,这些反应将影响他们在环境中的行为。

1) 环境与认知

认知反应(cognitive responses)是个人的思考过程,它包括信念(beliefs)、分类(categorization)和象征意义(symbolic meaning)。在信念的形成过程中,服务场景可以看做是企业与员工、顾客之间的非语言交流,通过所谓的"客观语言"传递信息。顾客感知到的服务场景能影响顾客对企业、企业的员工和产品的信任。例如研究表明,律师事务所的办公设施和装潢以及律师所戴的配饰等,可以影响顾客对该律师是否为成功人士、其收费价格是否昂贵以及他是否可信等的印象。

分类是第二种认知反应类型。对服务场景的理解可以帮助顾客或员工在头脑中将该企业进行归类。例如一项消费者调查显示,餐饮业中的"快餐"模式和"豪华入座"模式在消费者的头脑中都有一些相对应的环境要素。

服务场景的某些有形环境要素也会给顾客带来一种象征意义。例如对于企业明星代言人的海报,员工和顾客会将明星的年龄、性格、社会地位和外在形象与公司的产品形象联系起来。这些海报就会对员工和顾客产生一个象征性意义,例如个性、优雅、成功人士或其他意义,这视个人的理解而定。

2) 环境与情感

感知到的服务场景除了影响人们的认知以外,还能够引起人们的情感反应(emotional responses),例如人们的心情(mood)和态度(attitude),进而影响相应的靠近或逃避的行为。置身于某个地方可能使我们感到高兴、愉悦和放松,而置身于另一处却可能使我们感到难过。情感反应通常不涉及思考,它们可能是完全无法解释或者突然发生的。例如,咖啡厅里的轻音乐能够让我们感到放松和放慢节奏,而服装店的快节奏音乐能够激发一种激动的情感,提高冲动购买的概率。

3）环境与生理

与认知和情感反应相反，生理反应（physiological responses）通常表现为身体的愉悦或不舒适。典型的生理反应包括痛苦和舒适。噪声较大的环境可能导致员工和顾客感到不舒适并导致员工服务质量下降，顾客离开这个服务场所。缺乏禁烟区可能导致一些顾客呼吸困难，进而感到难受。舒适的空间布局、较好的空气质量之类的有形环境要素都直接关系到员工和顾客的满意度以及双方的交往质量。

5. 服务场景中的行为

1）个人行为

环境心理学家认为，个人对环境做出的反应体现在两个很普遍但又截然不同的行为方式上：靠近或远离。对顾客而言，靠近行为包括所有的可在某一地点产生的正面行为，如逗留的意愿、花费更多金钱、再次光顾的意愿、实施消费计划等。一项在零售商店的调查研究表明，顾客靠近的行为包括爱好购物、折返、对他人友善可亲、花钱、花费时间浏览以及研究购物商店等，这些靠近行为都会受到环境感知的影响。对员工而言，良好的服务环境能激发员工诸如适应环境、探索环境、对企业产生归属感并愿意留在企业等靠近行为。与靠近行为相反的便是逃避行为，糟糕的环境会引发人们不良的认知、情感、生理反应，从而促使人们产生远离环境的意愿。

2）社会交往

在人际交往性服务中，服务场景除了影响员工和顾客的个人行为外，还影响顾客与员工之间交往的质量。服务型组织应创造适于交流的环境因素，例如身体上的接近、座位设置安排、设施大小和灵活性等，最大限度地创造社交的可能性，并对可能的社会交流数量施加限制（例如排队系统），确保良好的交流质量。

三、管理服务场景

服务型企业应对服务场景的背景因素、装修设计因素和社交方面的因素进行设计和管理，提高顾客体验以实现企业经营目标。

1. 管理背景因素

背景因素是指消费者不大会立即意识到的环境因素，例如温度、通风、气味、声音、整洁等因素。背景因素常被消费者列入最低期望之内，并被其默认为构成服务内涵的必要因素。其存在不会使顾客感到特殊的兴奋与惊喜，但若缺少则会挫伤顾客对服务的兴趣和消费的信心。也就是说，良好的背景并不能促使消费者购买，然而较差的背景却会使消费者却步。良好的背景必须以"舒适"为标准。但"舒适"的含义很抽象，不同的人对"舒适"有不同的感受，因而想要达到"舒适"就必须深入了解目标顾客的心理、需求与偏好，据此设计出符合目标市场需要的最佳背景环境。

另外，根据照明、色彩、音响等背景环境因素对消费环境、顾客消费心理行为的影响，服务型企业可结合自身的特点与具体需要，加以控制与管理。这些背景环境因素在服务型企业中应用较广。一般来说，如果企业想要营造高雅、舒适的气氛，延长顾客的逗留时间，就应该采取柔和的照明、淡雅的色调和轻柔的音乐。相反地，若想加快顾客的流动，就可以通过设置明亮的光线、鲜艳的色彩和快节奏的强劲音乐来达到。

气味也是背景环境的重要组成要素。良好的气味有助于促销,尤其是餐厅促销。顾客对气味的记忆要比视觉和听觉记忆更加深刻。食品或花果的诱人香味,可以刺激消费者的食欲,激起其购买热情。因此,现在有些餐厅采取开放式厨房,进行现场烹饪,利用菜肴的香味来吸引顾客。但这些餐厅也存在着隐忧,如果气味控制不善,让不良气味进入餐厅,就会破坏顾客的就餐经历。

2. 管理设计因素

设计因素是指刺激消费者视觉的环境因素,包括服务型企业的建筑外观、内部装修设计、各种设施设备以及用品用具等助销产品。它可分为艺术设计因素与功能设计因素两类。服务场景中的设计因素常用于改善服务的包装、增加服务的附加值,以建立鲜明良好的市场形象。这些设计因素必须能够体现本企业的个性与风格,突出与自身形象、服务相适应的特色。此外,设计因素的设置还必须考虑美观性、舒适性、实用性和便利性。

设计因素的好坏,在很大程度上制约着服务的提供,影响着顾客的购买决策与满意度,因此,服务型企业必须重视设计因素的管理。一方面做好服务型企业建筑物及各种设施设备的维修保养工作,另一方面加强服务用品和工具的管理。各部门应经常检查服务用品用具的质量,及时淘汰破损过时的服务用品用具。

3. 管理社交因素

社交因素是指服务场景内一切参与影响服务过程的人,包括服务员工与顾客。服务场景中,顾客与服务人员的人数、外表和行为都会影响消费者的购买决策和对服务质量的评价。服务人员是服务的提供者,同时也是企业形象的代表。在面对面服务中,顾客可通过员工的仪容仪表、言行举止,直接判断员工的服务技能和服务诚意,推断服务型企业的服务质量。因此,企业必须根据服务特点,制定员工仪容仪表、言行礼仪的具体标准和操作性强的服务规程,加强员工文化修养、专业知识技能的培训,并完善对服务工作的监督与管理。此外,员工服饰若能巧妙运用还能起到很好的促销作用。顾客也是一种重要的有形证据。由于服务生产与消费的同时性,顾客要进行消费,就必须置身于服务环境中,与员工及其他顾客一起共同参与服务的过程。对于某个顾客来说,其他顾客可看作服务环境的一部分,他们的仪表言行都会影响这位顾客感觉中的服务环境与消费经历,进而影响他对企业形象定位及服务质量的看法。因而,企业应对顾客的仪表、言行进行适当的引导与管理,但企业对顾客的管理应充分考虑顾客的心理感受。为避免由服务员或他人当面提示给顾客带来的尴尬,企业应尽量通过有形证据的暗示和引导来实现对顾客的管理。企业可通过设置齐全完善的服务设施,保持服务型企业整洁,如在吸烟区设置烟灰缸,在电梯口等顾客聚集停留的地方设置垃圾箱,在草坪周围设置护栏和竖起"请勿践踏"宣传牌等。另外,优雅的环境、优质的服务也能引导顾客的行为。例如,服务员经常保洁,及时清理顾客丢下的垃圾,会使顾客不好意思再破坏这种整洁优雅的环境。

相对于企业员工来说,服务场景中的顾客能更直接、更真实地传递企业定位信息,影响其他消费者的购买决策。顾客的素质和层次与服务型企业的服务水平和质量是相互影响的,服务型企业过多地接待了不符合自身经营方针和等级档次的顾客,会给环境管理带来困难,有损企业形象。因此,很多企业都很重视客源的选择与管理。企业应根据自身的市场定位策略,通过有形沟通手段,吸引目标客源,婉拒目标市场以外的顾客,从而避免不同类型客源之间的冲突。例如,产品的高价位可显示服务型企业的高档市场定位,从而谢绝中低档顾客的光顾。

第三节　服务设施的选址、布局和规划

由于服务产品生产与消费的同时性,很多时候消费者需要亲自到服务场所接受服务。对服务型企业而言,设施的选址、布局和规划是企业经营决策的重要内容。良好的服务设施选址和设计可以吸引顾客并影响其对服务体验的感知,对企业的服务运作效率和经营利润的管理有重要的影响。

一、服务设施的选址

"美国现代酒店之父"斯塔特勒先生(E. M. Statler)成功的经验之一就是强调酒店位置(location)。对任何酒店来说,取得成功的三个最重要的因素是"地点,地点,还是地点"。寻找适宜的地点来建造酒店是他一生的信条,也充分显示出地理位置的选择对服务型企业经营管理的重要性。

服务型企业位置的选择包括宏观位置选址和微观位置选择。宏观位置选择是区位选择,所涉及的是大的地理位置上的选择,大到国家,小到一个城市、一个区县的选择。微观位置选择即地点选择,所考虑的是企业在某一特定的场所建立服务网点的问题。二者都将影响企业长期的经营成本和收益,是战略性的选择决策。

(一)服务设施选址的影响因素

服务设施的选址是一项复杂的系统工程,所需考虑的因素很多。斯塔特勒先生认为,地点的选择不仅要看当时的情况,还要看未来的发展。为了准确分析备选地址的优劣势,管理者需要考虑定量(例如人口规模、购买力水平、运营成本等)与定性(例如经营环境、政策因素、配套设施等)两方面的因素。这些因素由于所评估的服务设施种类不同,因此在类型和重要程度上存在很大差异。

以下是服务型企业选址中要重点考虑的几个因素。

1. 与消费者的接触程度

与消费者的接触程度是指接受服务的消费者是否出现在服务系统中及在系统中停留时间占服务时间的比例。服务生产与消费的同时性特征使得服务设施选址首先考虑的是靠近消费者,这对高接触式服务组织尤为重要。对消费者而言,距离和交通的便利性是两个限制潜在消费需求的障碍。例如,超市首选人口居住稠密区或公司集中的地区,因为这类地段人口密度大。大型综合商场大多靠近商业街、娱乐场所、公园名胜等人群聚集的场所,而往往这类场所的另一个优势在于交通的便利性,无论从功能性还是可到达性来看都是能够吸引大量人群在此停留。又比如百胜餐饮集团旗下品牌必胜客的选址有自己独特的标准,除了考虑所在城市的人口数量、人口密度、教育程度、社会经济状况等目标消费者的基本指标外,也特别关注所在商区的周边环境,仔细衡量与消费者的接触程度。主要可概括为以下几点:①对选中的开店地进行为期3～6个月的考察期,只有通过考察标准的才会落实决策；②选择有发展前景的商圈和新辟地学校、住宅区等进行布点；③选择知名的大商场布点，开设"店中店"，利用优势互补，互相吸引客源；④选择交通便利、位置醒目的地点，方便消费者在第一时间找到。

2．区域内消费者的购买力水平

一个区域内消费者的购买力水平是影响服务业、服务设施选址的重要因素。一般而言，一个区域内的消费者收入水平高、人口密度大、消费欲望强烈，则这个区域内的购买力就强，相应的对服务消费的需求就大，服务型企业在这样的地区选址会有更多的商业机会。

3．运营成本

选址不同，其未来的运营成本也不同。是否接近于市场与原材料供应地，是否便于交通运输，都直接关系着企业能否通过集中进货、集中供货、统一运送等措施优化运输路线，降低采购成本和运输成本。这对于诸如超市、商场等零售服务企业而言尤为重要。这些企业的选址要注重是否便于合理组织商品运送，应尽可能靠近运输线，这样既能节约成本，又能及时组织货物的采购与供应，确保经营活动的正常进行。对于低接触式服务组织，对交通便利和减少运营成本的要求比接近消费者市场等其他因素要重要得多。

4．与竞争者位置的关系

竞争者的位置是服务型企业选址决策的重要参数。所谓成行成市，许多服务型企业的选址都需要靠近其竞争者的位置，形成众多服装城、装饰材料城、酒吧街、饮食文化街、特色商业街等。各家酒店的选址都会扎堆于交通枢纽、会议中心或旅游胜地，各类银行也会入驻大型住宅区、商业中心等。这种同行业竞争者聚集经营的模式，既可以对消费者形成较大的吸引力，提高了区域竞争力，又能够方便消费者购买过程中的比较选择，提高消费者在做决策和接触服务企业过程中的便利感。对于经营者而言，一方面可以密切关注竞争者的商业行为；另一方面也可以分享当地的有力资源，对行业所需的一般性原材料能够形成集中供货或吸引运输公司，从而降低运营成本。

5．配套支持系统

完善的配套支持系统也是服务型企业选址不可忽略的因素。例如，游乐场所选址时，特别在意交通的方便性、供电系统的保证性；金融服务企业选址时，特别关注电子通信系统的发达程度；快递、邮购等服务企业选址时，主要考虑交通运输网络的完善性。

6．劳动力资源

服务型企业大多是人员密集型企业，劳动力资源的可获性和成本成为选址的重要条件。许多企业在选址时，特别看重当地是否有充足的劳动力资源，是否有它们想得到的管理层的人选。

7．其他因素

（1）政治和政策因素。政治因素包括政治局面是否稳定、法制是否健全等。政局稳定是经济发展的前提，而健全的法制建设是企业有效运营的保障。在一个动荡不安的国家投资，需要冒极大的风险。若某个国家或区域法律变更无常，则企业资本权益得不到保障，也不宜进行投资。除此之外，政策因素也是服务型企业在全球范围投资和选址时需要考虑的。在某些国家或地区设置设施，可能会得到一些政策、法规上的优惠待遇，比如我国的自贸区、经济特区等。

（2）社会因素。社会因素包括居民的生活习惯、文化教育水平、宗教信仰和生活水平等，也是企业根据自身的性质和特点需要考虑的一些因素。如果企业的性质与当地宗教信仰相矛盾，则不仅原料来源和产品销路有问题，招聘本地员工有困难，而且会遭到人们的抵触甚至无端的干涉与破坏。

（二）评估备选地址的方法

评估与比较备选地址既可以采用定量方法，也可以采用定性方法。这些方法中常用的是因素评级系统、回归分析法、重心法等。管理过程中通常可以组合运用这些方法，以便从不同角度来评估选址。

1. 因素评级系统

因素评级系统（factor-rating system）也称综合评估法，既可以用于宏观的区位选择，也可以用于微观的地点选择，特别适用于与顾客直接接触的服务设施的选址，如银行、餐馆、零售商店等。这类设施选址的目标在于通过有吸引力的地址来招徕顾客。

因素评级系统既可以用于评估定性因素，也可用以评估定量因素。这种方法广受欢迎的一个原因是它运用起来非常简便，只需以下六步。

（1）确定选址中需要考虑的具体标准或因素。

（2）赋予每个因素相应权重，以表明各因素的相对重要性。

（3）对每个因素选择一个常用的评级尺度（比如从 1～100）。

（4）对每个备选地址，按各因素一一评分。

（5）将每个因素的权重与其得分相乘。

（6）求出加权合计值，选出得分最高的地址。

我们以某百货公司选址为例，说明因素评级系统的使用方法。已经选择出两个备选地址，管理层决定采用表 7-2 所列的一些标准，将每一标准按照其相对重要程度赋予权重。对着两个备选地址的所有因素进行评分，然后将评分加权合计，结果如下。

表 7-2　各方案得分情况

评分标准		权重	评分		得分	
编号	因素		地点 A	地点 B	地点 A	地点 B
1	交通条件	0.18	90	95	16.2	17.1
2	人口规模	0.1	97	92	9.7	9.2
3	购买力水平	0.09	90	88	8.1	7.92
4	地理位置	0.13	83	90	10.79	11.7
5	商业条件	0.11	85	88	9.35	9.68
6	购买行为	0.07	88	85	6.16	5.95
7	配套设施	0.07	90	98	6.3	6.86

续表

评分标准		权重	评　分		得　分	
编号	因素		地点 A	地点 B	地点 A	地点 B
8	停车场条件	0.04	95	96	3.8	3.84
9	地区成长性	0.08	98	95	7.84	7.6
10	运营成本	0.1	90	90	9	9
11	政策法规	0.03	95	95	2.85	2.85
	综合评价值	—	—	—	90.09	91.7

例子中的权重之和为 1,反映出各标准在选址中的相对重要性。运用这种评估方法,地点 A 和地点 B 的差别并不大,可以选择总分相对更高一些的地点 B。

因素评分法的优点是透明度高,易于理解,易于使用;缺点是因素权重值的确定是主观的。

2. 回归分析法

与因素评级系统类似,回归分析法也需要考虑影响选址的诸多因素。例如某银行的选址模型中,影响选址的因素是:人口年龄、家庭年收入、交通便利性、街道环境等。其中,人口年龄又分成了三个年龄段,家庭年收入同样也被分为三个层次,因为不同年龄段、不同收入阶层对银行运营的影响程度是不一样的。

回归分析法通过历史数据建立回归方程式,对于每个因素权重的确定,考虑的是每一因素与客观结果的实际关系,而不像因素评级系统那样由管理者或专家的主观意志决定。

在因素评级系统中,综合评估值是加权平均得分,是对一个地址给予一个整体的分数值,没有任何其他的内在含义。而在回归分析法中,影响因素是自变量,目标值即因变量值,是有实质含义的。在选址决策中,常用利润作为因变量。

3. 重心法

重心法(center of gravity method)是一种定量技术,可用以确定准备或交付有形商品到其他服务设施的连锁店配送中心的最佳地址,也可用以确定超市、百货店等传统店铺零售业务,以及众多折扣批发业务等的选址。对这类服务而言,选址的目的就是达到运营与配送的联合成本最小化。重心法的基本原理就是在满足配送成本最小的条件下,在平面坐标系上确定服务设施的地理位置,即求出服务设施的坐标。

以配送中心的选址为例。由于运输成本与配送中心到连锁店之间的距离和运输量有关,故距离和运量都是影响选址的因素。为了使运输成本最小,理想配送中心的位置应该使配送中心到各连锁店之间的距离与运量乘积的代数和为最小。即配送中心的位置是在综合考虑距离与运量两个因素的基础上确定的,而不仅仅是在几何距离最短的基础上确定的。配送中心的坐标可以用下式确定:

$$X_0 = \frac{\sum_{i=1}^{n} w_i x_i}{\sum_{i=1}^{n} w_i} \tag{7-1}$$

$$Y_0 = \frac{\sum_{i=1}^{n} w_i y_i}{\sum_{i=1}^{n} w_i} \qquad (7\text{-}2)$$

上式中：

X_0、Y_0 分别是配送中心的 x 轴坐标和 y 轴坐标；

x_i、y_i 分别是连锁店的 x 轴坐标和 y 轴坐标；

w_i 是连锁店 i 一定时期内所需商品的运输量；

n 表示连锁店的数量。

重心法确定配送中心的基本步骤如下。

（1）在标有各个连锁店位置的地图上画出一个平面直角坐标系，坐标原点的确定具有一定的随意性。

（2）在坐标系上标定出各个连锁店的坐标。

（3）确定配送中心到各个连锁店的运输量。

（4）应用式（7-1）、式（7-2）计算出配送中心的 x 轴坐标和 y 轴坐标。

（5）对所求出的坐标进行修正，即可得到配送中心的地址。

值得注意的是，运用重心法确定的配送中心地址是一个使配送成本最小化的理论上的最优值，但由于诸多原因，其选址结果往往并不可行。例如，选出的位置可能位于居民区，却没有高速公路入口，或已经被其他公司所占据。因此实际工作中还需结合具体情况对选址方案进行必要的修正。

一个更实用的选址方法是，可以首先采用因素评级系统等方法在既能满足公司要求又具有可行性的理想区域中确定若干位置，然后通过重心法中所用的相同标准评估每个位置，即使总配送成本最小化。这种方法是对有限的几个位置进行评估，从而确定出最佳位置。

二、服务设施的布局和规划

除了选择合适的地址外，顾客在服务过程中的参与性要求服务设施的规划与布局要考虑与顾客相关的因素。因此设施的规划布局要满足从经营效率最大化、销售额最大化到为顾客提供舒适的环境等各种目标，这些目标经常又相互矛盾。管理层的任务是要权衡员工与顾客行走时间最小化和收益最大化等方面的得失，设计的方案还需要与公司的整体战略以及管理层所希望交付的服务体验相吻合，合理规划布局。

参考制造业，服务设施常用的布局方法可分为产品式布局和程序式布局两种类型。

1. 产品式布局

产品式布局（product layout）也称为流程式布局，是指按照服务提供的先后步骤安排设备。一个典型的例子是自助餐厅，所有食品按一定次序排放，顾客按一定路线依次取菜。

这一布局方法适合标准化服务，要求各组成部分之间的平衡。服务被分解为一系列相对独立的步骤或操作，这些步骤或操作是顾客所必须经历的。安排这样的服务需要在服务提供者之间分配任务以使生成的工作步骤需要近似相等的时间。这样为每个顾客花费时间最多的工作容易成为瓶颈并且限定了服务线的能力。

如果出现了瓶颈即服务线失去了平衡，可通过下列几种方法进行调整：为这项工作增加服务人员以减少作业时间，或者重组任务以形成新的作业分配平衡服务线。一条良好、平衡的服务线应该使所有工作的持续时间接近相等以避免在工作转移过程中出现不必要的空闲或等待。

2. 程序式布局

程序式布局(process layout)也称为车间式布局，是指将设施或程序中功能类似或联系密切的部分集中在同一区域。这样，执行相似任务或承担相同责任的员工应该相距较近，顾客在各部分之间的移动距离最短，可以减少员工或顾客的行进距离，节省时间。

这一布局方法的一个优点是设施使用的灵活性以及员工工作安排的灵活性。大多数服务企业采用的都是这种方法。例如医院的支持服务设施布局，放射检查、验血和取药分别位于医院的特定区域。餐厅的厨房也是按程序式布局规划的，分设点心间、粗加工区域、切配与炉灶烹调区、备餐区及洗涤区等。这一设施布局方法对于诸如律师事务所、旅行社营业厅等服务部分也特别有效，因为它们面对的顾客是需求各异的，按照程序式布局方法可以针对特定顾客的需求提供个性化服务，服务组织也可以根据各类服务需求量的大小灵活安排员工的工作任务。

此外，在规划设计服务设施时，还要考虑本章第二节服务场景中的有形要素（例如环境条件、空间布局和功能性、符号、标志和人工制品等）对员工和顾客的行为的影响。管理层还应考虑到高接触式服务和低接触式服务设施在规划布局方面的差异。高接触式服务企业应当考虑到顾客的生理及心理需要和期望。当顾客进入一个高接触式的服务运营中时，他们期望企业拥有有魅力的员工、清晰的指示牌、宽敞和舒适的空间、愉悦的服务氛围等。反之，低接触式的设施布局应当被设计来使员工的期望和生产需要最大化。

思考与练习题

1. 讨论有形证据的作用及其在服务营销管理中的应用。

2. 讨论自助式服务、人际关系式服务和远程服务与设施设计的相关性。

3. 就服务场景模型中的各要素展开讨论，举例说明有形环境是如何影响员工和顾客的行为的？服务型企业如何设计服务场景以提高顾客体验？

4. 对于像万豪、希尔顿、凯悦等高端的、提供全面服务的连锁酒店，确定其选址时应该考虑哪些因素？（全面服务指酒店里有娱乐设施、酒吧、会议室及能接待大型会议和婚礼的餐饮设施。）

5. 参观两个不同类型的服务企业，看看它们的布局有何相似之处？有何区别？

参 考 文 献

[1] Bitner M J. Servicescapes: the impact of physical surroundings on customers and employees[J]. The Journal of Marketing, 1992, 56(April): 57-71.

[2] Caldwell C, Hibbert S A. The influence of music tempo and musical preference on restaurant patrons' behavior[J]. Psychology and Marketing, 2002, 19(11)：895-917.

[3] Chase R B. where does the customer fit in a service operation? [J]. Harvard Business Review, 1978 (November-December)：137-142.

[4] Donovan R, Rossiter J. Store atmosphere：an environmental psychology approach[J]. Journal of Retailing, 1982, 58(Spring)：34-57.

[5] Dubé L, Morin S. Background music pleasure and store evaluation intensity effects and psychological mechanisms[J]. Journal of Business Research, 2001, 54：107-113.

[6] Mehrabian A, Russell J A. An approach to environmental psychology[M]. Cambridge, MA：Massachusetts Institute of Technology, 1974.

[7] Rosenbaum M S, Massiah C. An expanded servicescape perspective[J]. Journal of Service Management, 2011, 22(4)：471-490.

[8] [美]K 道格拉斯·霍夫曼, 约翰·EG 贝特森, 范秀成. 服务营销精要：概念、战略和案例(中文改编版)[M]. 第 2 版. 北京：北京大学出版社, 2008.

[9] [美]马克·戴维斯, 贾内尔·海内克. 服务管理：利用技术创造价值[M]. 王成慧, 郑红, 译. 北京：人民邮电出版社, 2006.

[10] [美]克里斯托弗·洛夫洛克, 约亨·沃茨. 服务营销[M]. 第 6 版. 谢晓燕, 赵伟韬, 译. 北京：中国人民大学出版社, 2010.

[11] [美]瓦拉瑞尔·A. 泽丝曼尔, 玛丽·乔·比特纳, 德韦恩·D. 格兰姆勒. 服务营销[M]. 第 4 版. 张金成, 白长虹, 等, 译. 北京：机械工业出版社, 2008.

[12] 柴小青. 现代服务管理[M]. 北京：企业管理出版社, 2002.

[13] 孙婷婷, 陈雅婷. 必胜客餐厅有形展示策略研究[J]. 大关周刊, 2013(14)：2-3.

[14] 汪纯孝. 有形证据在服务营销中的作用[J]. 商业经济文荟, 1994, 2：41-43.

[15] 谢礼珊, 李翠湄. 酒店营销中的有形证据[J]. 北京第二外国语学院学报, 2000, 5：12-18.

[16] 于干千, 秦德智. 服务管理[M]. 昆明：云南大学出版社, 2006.

[17] 张淑君. 服务管理[M]. 北京：中国市场出版社, 2010.

第八章

服务中的员工管理

学习目标

服务企业的基本特征是服务提供者与顾客发生接触,每一个服务接触点都可能是一个影响顾客感知的重要时刻。与顾客直接接触的一线员工在为顾客创造满意和提供优质服务方面发挥着重要作用,本章主要介绍服务传递过程中一线员工的重要作用,对员工行为产生重要影响的服务氛围和顾客导向的内涵和管理方法,以及一线员工跨边界角色的管理问题。通过本章的学习,应该能够:

- 理解服务员工对创造顾客满意和企业价值的关键作用。
- 了解服务氛围的内涵和培育方法。
- 了解企业和员工顾客导向的内涵和作用。
- 识别跨边界角色的内在挑战,掌握员工角色压力的内涵。
- 理解员工角色压力的影响因素和作用,并掌握解决跨边界员工角色问题的方法。

第一节 服务员工的关键作用

本章所强调服务员工的重要性,是指身处第一线的员工在扮演服务角色时所衍生出的影响性,其主要原因如下。

- 一线员工他们本身就是服务。
- 在顾客眼中,他们代表整个企业或组织。
- 他们是品牌的代表。
- 他们是企业或公司形象的营销者。

可以说,在顾客眼中,一线员工就是服务,就是企业。顾客眼中的服务质量划分为两种:功能质量(服务态度、员工工作表现、服务程序等)和技术质量(服务项目、设备标准、环境气氛等)。在许多基于人的服务中,技术和功能质量都与服务的交互特点密切相关,评估这两种服务质量实际上需要评估服务接触中个人的交互行为。服务营销三角形模型和服务利润链理论充分表达出服务员工在服务传递过程中的重要作用。

一、服务营销三角形

服务营销专家克里斯汀·格鲁努斯(Christian Grönroos)在对服务营销理论深入研究的基础上提出了服务营销三角形,并强调内部营销、外部营销与互动营销均为服务企业营销战略的重要组成部分。服务管理与承诺有关——向顾客做出承诺和信守承诺。"服务营销三角形"战略框架形象地强调了员工对于企业信守承诺并成功建立顾客关系这一能力的重要作用,如图8-1所示。

图 8-1　服务营销三角形

资料来源:改编自 Bitner M J. Building service relationships:it's all about promises[J]. Journal of the Academy of Marketing Science,1995,23(4):246-251.

与产品营销不同的是,服务营销的重点不在于产品。企业事先并不会生产出产品来开展营销,其只能提供一些事先设计好的服务概念及部分可提前做准备的服务,更为重要的是,它们必须与特定服务过程相结合才能发挥作用。服务生产系统具有开放性,企业的员工和服务设施只有同顾客进行实时互动才能发挥功效。服务营销三角形的三个顶点分别代表服务过程中的重要参与者:企业、员工和顾客。三角形三边分别代表外部营销、内部营销与互动营销等活动。对于服务型企业而言,此三项活动同等重要,均是建立与维持同顾客关系的基本活动。

(1) 外部营销——做出承诺、建立关系。外部营销是指服务型企业依据顾客的需求等向顾客做出承诺的活动。传统4Ps(产品、价格、渠道、促销)营销理论在此过程中同样适用,不过尚需7Ps服务营销理论加以改进。即人、有形展示以及服务过程三要素对于同顾客进行沟通、建立顾客期望并向其传递承诺等起着非常重要的作用。服务型企业需通过外部营销做出满足顾客需求且现实的承诺,从而在顾客心目中树立良好形象。

(2) 内部营销:使能承诺、支持关系。内部营销是指服务型企业需保障员工具有履行承诺的能力,并按照做出的承诺向顾客提供产品或服务的活动,例如培训、沟通等。内部营销是保证兑现承诺的前提,企业向员工营销自身的理念与文化,加强内部激励,调动员工工作积极性,使得员工能更好地为顾客提供满足其期望的服务。因而,内部营销的关键在于如何更好地培养企业员工能力与态度,更好地维持企业、员工与顾客之间的关系。

(3) 互动营销:信守承诺、维持关系。互动营销是企业同顾客的相互作用,以及产品或服务被生产与消费的同时员工必须遵守承诺的活动。互动营销强调员工与顾客之间的良性互动,员工依靠企业的产品与设施等有形展示,外加企业相关技术与形象等无形资源为顾客提供个性化服务。在这一环节,人员是关键。服务承诺是由员工保持的,只有服务型企业员工与顾客进行良性互动,承诺才能很好地被遵守,企业与顾客的关系才能长期稳固地保持下去。

服务营销三角形的三边所代表的三项营销活动对服务型企业而言都至关重要,缺一不可。为了提供更高品质的服务,建立与维持长期的客户关系,服务型企业通过外部营销所做的承诺应该与员工在互动营销中所传递的服务一致;组织内部对员工的培训与沟通应该与顾客对服务提供者的期望一致。

二、服务利润链

(一)服务利润链模型

随着市场竞争程度愈发激烈,服务型企业的竞争优势不在于市场份额的扩大,而在于如何更好地提升其盈利能力。服务利润链(service profit chain)是构建企业、员工、顾客和利润四者之间关系并由若干链环组成的链条,于 1994 年由詹姆斯·赫斯克特等五位哈佛商学院教授提出。这项历经二十多年、追踪考察了上千家服务企业的研究,试图从理论上揭示服务企业的利润是由什么决定的。因此,理解服务利润链理论的逻辑内涵,对于服务型企业增强盈利能力而言至关重要。

如图 8-2 所示,服务利润链的逻辑内涵是:服务型企业的利润受顾客忠诚度的影响,顾客忠诚度的大小受顾客满意度的影响,顾客满意度的大小受企业提供的外部服务价值的影响。顾客所感知的服务价值主要是由员工生产率和员工忠诚度决定的,员工生产率又受到员工忠诚度的影响,员工忠诚度受其满意度影响,满意度取决于服务型企业是否为员工提供了较好的内部服务质量。要使服务利润链良好地运作起来,关键在于如何提升服务型企业的内部服务质量。服务型企业若想提升外部服务价值,必须从员工层面入手,构建员工能力循环,培养一支高素质服务团队,为顾客提供更好的服务。

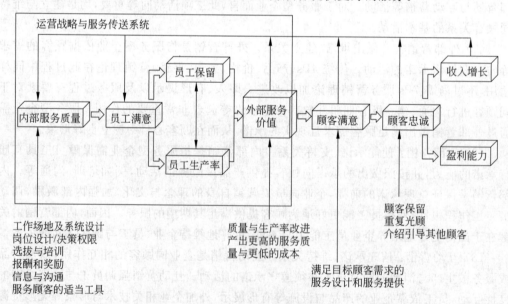

图 8-2　服务利润链模型

资料来源:Heskett J L,Jones T O,Loveman G W,et al. Putting the sercice-profit chain to work[J]. Harvard Business Review,1994(March-April):164-174.

（二）服务利润链的驱动机理

服务利润链可以看做为员工、顾客与企业之间的价值循环系统。员工给顾客创造更多的服务效用，提升服务过程质量，尽可能地减少顾客获得服务的成本，以使得顾客价值最大化。顾客获得更大的价值，其满意度上升，进而提升顾客忠诚度。顾客忠诚度的提升，一方面可以增强企业的盈利能力，拉动收入的增长；另一方面也可以降低获取顾客的成本，从而使企业价值最大化。企业价值得以提升，进而对员工工作环境质量进行改善，增强员工提供服务的能力并增加其收入。如此一来，员工将感到满意，进而增加员工的忠诚度，服务生产率也相继提高。企业、员工和顾客三者之间重复以上价值交换过程，使各自都获得其所需价值，形成一个良性循环，如图8-3所示。

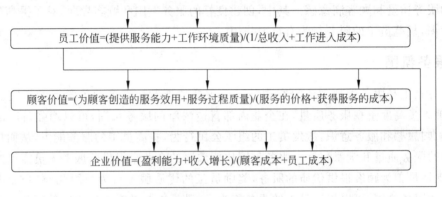

图8-3　价值交换图

服务利润链成功运作的关键在于企业能否真正了解企业、员工和顾客三者各自内在价值需求与价值组合，并构建一个可以顺利进行价值交换和利益分配的模式，如图8-4所示。成功运作的关键取决于企业能满足员工的需求，为员工传递其所期望的价值；员工能满足顾客的需求，为顾客传递其所期望的价值；顾客能满足企业的需求，为企业传递其所期望的价值，从而形成一个价值交换循环。其内在原理是，在整个经济和社会的大环境下，企业内部形成由领导与管理、文化与价值、使命与愿景组成的战略体系，通过运用员工关系管理、顾客关系管理、信息与技术、控制与激励等战术，创造更大的价值，平衡三方的

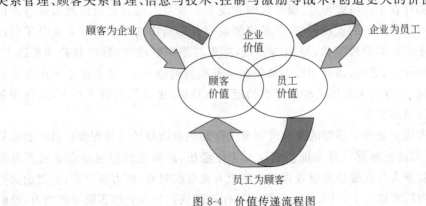

图8-4　价值传递流程图

利益,使其所获利益最大化,进而形成一个内在的良性循环。价值传递流程图犹如一颗热忱的心,企业真心对待员工,员工用心服务顾客,顾客忠心于企业。三方真诚地对待彼此,良性循环才能可持续发展下去。

服务利润链深刻地解释了没有满意的员工就没有满意的顾客,企业的利润也随之丧失。因此提高员工的工作满意度,做好员工关系管理对服务型企业至关重要。

第二节 服务氛围与顾客导向

鉴于员工的服务态度和服务行为是影响服务质量的重要因素,许多服务型企业管理人员都非常重视员工的作用,并采取一系列措施加强员工服务行为的管理,以便提高顾客感知的服务质量和顾客满意感。其中,创建良好的服务氛围和顾客导向,对于提高员工的服务意识,规范员工的服务行为有重要作用。

一、服务氛围

服务氛围是服务管理理论研究中的一个重要的课题。许多欧美学者的研究成果表明,管理人员高度重视服务质量,在企业内部营造浓厚的服务氛围,可以增强员工的工作满意感、归属感和服务意识,激发员工的组织公民行为,提高员工的服务能力,从而提高顾客感知的服务质量和满意程度。服务氛围比较浓厚的企业会提供给服务人员需要的各种资源,支持员工为顾客提供优质的服务,奖励员工的优质服务行为。因此,在企业内部营造良好的服务氛围,可以指导员工的服务行为,激励员工为顾客提供优质的服务。服务氛围越浓厚的企业,其员工就越可能乐于为顾客提供优质的服务。

(一)服务氛围的定义

服务氛围指员工对组织要求、奖励、支持服务工作和服务行为的政策、管理措施和程序的共同看法。企业的组织氛围是包括多方面的,例如服务、支持、创新和安全等,每一类的组织氛围均有其特定的指向。服务氛围是组织氛围的特定应用,是员工对企业内部环境中最重要方面的共同认知。当优质的服务成为企业内部共同的重要导向时,服务氛围也就由此产生和存在了。由此可见,服务氛围表现为企业员工通过对组织政策等方面的感知从而产生对服务质量的重视程度,并最终影响服务传递中的绩效。而企业员工所产生的感知又源于组织的管理定位、导向与实践,体现在组织的政策、程序和管理实践上。当企业把诸多的资源、激励、培训和精力聚焦在服务质量的提升上,就会在企业内部形成一种合理的导向,企业员工也因此相信组织的定位与目标,由此形成服务氛围,并在服务传递中提供高绩效的服务。

服务氛围实质上是员工感知的组织对服务工作和服务质量的重视程度。员工会根据组织的政策、管理措施和程序以及他们的服务工作经历,理解组织对服务质量的重视程度。员工发现管理人员在服务质量管理工作中投入大量的时间、精力和资源,会奖励那些为顾客提供优质服务的员工,并通过员工培训工作提高他们为各类顾客服务的能力,他们就会相信组织非常重视服务质量,认为组织内部存在良好的服务氛围。

美国营销学者莱特尔(Richard S Lytle)等人对多类企业的员工进行了一次问卷调查。他们的数据分析结果表明,员工感知的服务氛围包括以下 10 个维度。①公仆型领导:指企业领导以身作则,为员工树立优质服务的榜样。②服务愿景:指企业领导信奉服务导向的企业愿景。③企业对待顾客的方式:指企业尽力满足顾客需求、提高顾客满意感。④授权:指企业授予员工满足顾客需要的责任和权力。⑤培训:指企业通过各类培训工作提高员工的服务质量。⑥奖励:指企业表彰、奖励员工的优质服务行为。⑦防止服务差错:指企业采取的各种预防服务差错的措施。⑧补救性措施:指企业采取的各种有效地处理顾客投诉、纠正服务差错的措施。⑨服务技术:指企业采用高新技术设备和系统为顾客服务。⑩质量标准:指企业通过内部沟通活动使所有员工理解企业的服务质量标准。

(二)服务氛围的作用

1. 服务氛围对员工的影响

一线员工渴望为顾客提供优质的服务往往是他们从事服务工作的主要原因。因此他们不但会努力做好工作,而且希望企业可以重视并支持他们的服务工作。服务氛围比较浓厚的企业会为员工提供优质服务必需的各种资源,授予他们适当的工作自主权和决策权,帮助他们清除工作障碍,激励他们更好地为顾客服务,满足他们为顾客提供优质服务的工作愿望,进而增强他们的工作满意感。此外,在服务氛围比较浓厚的企业里,员工知道管理人员会支持、鼓励、奖励他们的优质服务行为。与服务氛围比较淡薄的企业相比较,这些企业的员工更愿意为顾客提供优质的服务,并更乐于主动、自发地为顾客提供优质的服务。

2. 服务氛围对顾客的影响

从 20 世纪 80 年代起,欧美学术界对服务氛围与顾客感知的服务质量、顾客满意感的关系进行了一系列实证研究。服务型企业是在开放式操作体系中为顾客服务的。企业的管理措施既会影响员工的感知,也直接影响着顾客的感知。在服务过程中,顾客与员工直接接触和交往,可以获得企业内部管理情况的信息,感受到企业的服务氛围,判断企业对服务工作和服务质量的重视程度,进而影响他们感知的服务质量和满意感。在服务氛围比较浓厚的企业里,顾客往往能够强烈地感受到企业及服务人员对他们的关心和重视,也就更可能对这类企业的服务质量做出较高评价。此外,服务氛围还会通过员工的工作态度和行为,间接影响顾客感知的服务质量和满意感。管理人员在企业内营造浓厚的服务氛围,可以增强员工的服务意识,提高员工的服务能力,从而提高顾客感知的服务质量和满意程度,并最终影响顾客的忠诚度。

3. 服务氛围对组织绩效的影响

组织的服务氛围会对组织绩效产生较大的影响。管理人员采取一系列有效的措施营造浓厚的服务氛围,并不一定能取得立竿见影的效果。与服务氛围比较淡薄的企业相比较,服务氛围比较浓厚的企业更重视服务质量和顾客满意感。这类企业往往会投入更多的时间、精力、资源和资金来改进服务工作,因此很难在短期内明显提高经济收益。但从长远来看,服务氛围比较浓厚的企业能够赢得更好的口碑,留住更多顾客,从而获得持续增长的经济收益和更持久的竞争优势。

（三）构建良好的服务氛围

领导者的行为、工作的便利性、内部服务质量和人力资源管理策略是影响服务氛围的主要因素。

1. 领导者的行为

管理人员的领导行为是影响员工感知的服务氛围的一个极为重要的因素。企业的领导者具有影响服务氛围的能力，他们在服务氛围的形成过程中发挥以下作用：①向员工传达服务导向的价值观念；②制定服务导向的企业政策、管理策略和程序；③表彰与奖励那些全面执行企业管理政策与程序、实现企业愿景的员工。

领导者高度重视服务质量，信奉服务导向的企业愿景，根据服务导向的价值观念，制定企业的政策，实施管理措施和程序，并奖励和支持员工的优质服务行为。这样，员工才会相信领导者无论在口头上，还是在行动上都非常重视优质服务，企业内部才可能存在良好的服务氛围。

2. 工作的便利性

企业管理人员不仅应鼓励员工为顾客提供优质的服务，而且还应为员工创造便利的工作条件，支持员工为顾客提供优质的服务。便利的工作氛围指员工对企业支持他们工作的总体看法，包括员工对企业为他们清除工作障碍而做出的努力、主管的行为（例如主管为他们提供绩效评估反馈，与他们分享信息）、企业的人力资源管理政策的看法。企业员工会从以下四个方面评估工作的便利性：①管理人员的领导水平；②员工参与决策的程度；③企业为员工提供的技术支持和计算机支持；④企业为员工提供的培训。不同的企业可能需要为员工提供不同的支持。企业越支持员工的工作，员工就越可能认为企业内部存在良好的服务氛围。便利的工作氛围会影响员工感知的服务氛围。

3. 内部服务质量

员工在服务工作中，不仅需要本部门管理人员和同事的帮助和支持，在很多时候也需要其他管理人员和服务人员的帮助和协作。著名营销学家格鲁努斯认为，企业为员工提供优质的内部服务是员工为外部顾客提供优质服务的先决条件。内部服务包括企业高层管理人员为基层管理人员服务，管理人员为员工服务，后台管理人员为前台服务人员服务，职能部门为服务部门服务。员工会从以下八个方面评估其他部门的内部服务：①其他部门的帮助；②相关的工作知识；③整体服务质量；④敏感程度；⑤履行诺言；⑥解决问题的能力；⑦一次性做好内部服务工作；⑧合作精神。员工在服务工作中能够得到其他部门、其他岗位员工的积极配合和合作，就会认为企业的每个部门、每位员工都很重视服务工作和服务质量，也就会认为企业内部存在良好的服务氛围。

4. 人力资源管理策略

人力资源管理策略也是影响员工感知的服务氛围的一个重要因素。企业管理人员在招聘、培训、考核和奖励等人力资源管理工作的各个环节中坚持服务导向的原则，企业员工才会感受到浓厚的服务氛围，并会在这种氛围中积极、主动地为顾客提供优质服务。因此，企业管理人员应采用服务导向的人力资源管理策略。例如，根据优质服务的需要选聘服务导向的应聘人员；根据服务工作的需要和顾客的需要确定员工培训的内容；根据员工的服务行为和顾客的满意程度考核员工的服务工作绩效；向员工传达企业重视服务质量的信息；使员工感受到良好的服务氛围，并引导员工为顾客提供优质的服务。

服务氛围作为一种特定的知觉，是企业经过一段时间精心培育而形成的。具有浓厚服务氛围的企业，更容易在当前竞争激烈的市场上形成竞争优势，形成相对稳定的顾客忠诚度，稳定企业的市场，为企业的可持续经营提供良好的基础。

二、顾客导向

企业顾客导向(customer orientation)是一种不同于销售导向的营销概念。它不以短期的销售业绩为考核的主要目标，而是以能否满足顾客的需要，与顾客建立长久良好的关系为企业目标。顾客导向更多地强调与顾客进行互动，鼓励顾客表达自己的问题，通过对顾客需求的了解，提供帮助他们解决问题的方法。顾客导向展现了企业对顾客需求关心和重视的态度，企业尊重顾客的想法，并愿意为满足顾客的需求而付出努力。

当然，顾客导向的理念不仅存在于企业层面，还存在于员工层面。员工层面的顾客导向描述了员工在满足顾客需求上的倾向，是营销理念在员工与个体顾客交往过程中的实施。一个企业的顾客导向会通过企业内部的运作影响其员工服务顾客的思想。顾客导向作为企业中的一种组织文化，在组织内部具有一定的渗透力，会促使员工做出以顾客为导向的行为。

（一）企业顾客导向

企业顾客导向是一种以满足顾客需求为目标的经营哲学或企业行为。它是指与顾客相关的信息在组织范围内传递，企业通过制定经营战略，实施相应的行动方案，以满足市场上的各种需求并履行企业范围内对这一概念的承诺。它把顾客的利益放在首位，能够指导企业有效地为顾客创造价值，从而实现企业长久的出众表现。顾客导向的企业会对市场的信息采取一系列的行动，包括对信息的获取、传递和做出反应，以回应顾客的需求和需要。它并非简单地关注现有与潜在顾客需求的信息，而是在企业范围内培养以顾客为核心的经营理念。在这一导向的影响下，顾客被视为组织战略计划和执行的根本。

顾客导向可分为前瞻性的顾客导向和响应性的顾客导向。企业关注于当前市场上的顾客需求，只能对顾客的需求采取一种回应的态度或做法。但认识顾客潜在的问题和想法，能够为顾客带来更大的价值，使其产生更大的满意感和忠诚感。

在企业与顾客共创价值的过程中，企业的顾客导向能够为企业和顾客带来更好的交往结果。

1. 对企业的价值

在战略的计划和实施中，关注顾客的利益，支持顾客的想法，能够让企业得到有效的营销效果，为企业带来较高水平的收益和利润，改善企业的整体绩效。

企业以顾客为导向也有利于服务产品的创新。这些企业会将顾客视做企业经营的核心要素，提供更多的机会让顾客参与到企业的产品设计或服务过程中，从而认识顾客的偏好与想法，推出更符合顾客需要的服务。同时，顾客导向让企业对市场的变化更敏感，让管理者对经营环境更熟悉,帮助其设计出更能解决业务问题的新服务。但是,企业如果只关注现有的顾客需求,而忽略顾客对未来服务产品的潜在需求,则难以推动新服务产品的发展。企业只有更好地把握顾客需求的趋势,才能通过创新应对激烈的市场竞争。

2. 对顾客的价值

顾客导向是企业提高服务质量和顾客满意度的重要条件。顾客导向就是企业在任何情况下都以顾客的利益为根本,企业会为顾客提供最合适的服务方案。它促使企业充分认识其目标顾客,帮助企业为顾客创造更大的价值。更重要的是,顾客导向也会影响一线员工对顾客的态度和行为。它让顾客的利益和需求得到重视,企业和员工在对顾客服务中便会倾注更多的同理心,顾客就能获得较好的服务结果,从而产生更大的满意感。

顾客导向还有助于企业与顾客之间建立良好的关系。企业会了解顾客的需求和愿望,与顾客建立联系;顾客也会对组织产生更多的信任,对负面消息的忍耐程度更高,愿意持续与该组织和员工交往。一项在医疗机构中的研究表明,顾客导向对医疗机构和病人之间以及医生与病人之间的关系质量有显著的积极影响。医生感知到的组织顾客导向越强烈,顾客与组织、顾客与医生之间的关系就会越好。另一项对捐赠者与非营利组织的研究也论述了组织以捐赠者的需要和想法为导向,能够让捐赠者感受到与该组织更为匹配,更愿意与该组织进行合作。

可见,顾客导向能够为企业和顾客创造更大的价值,主要是由于营销者会更多地去了解顾客的沟通方式、行为以及需求。在顾客导向的影响下,销售人员会试图去接触顾客,让顾客与其讨论自己的想法。企业也会建立一套较好的信息共享标准,使顾客的信息能够在企业内部得到更好的利用。研究学者对比了销售导向和顾客导向的企业,发现以顾客为导向的企业之所以能识别更多的商业机会,正是因为顾客导向使企业对市场上的顾客有更清晰的认识,并使企业愿意从顾客的身上学习,以促进自身的经营发展。

（二）员工的顾客导向

1. 员工顾客导向的特点

郝根(Robert Hogan)等人率先在服务型企业中研究服务人员的顾客导向。这些学者将顾客导向定义为员工和顾客及同事相处时所表现出乐于助人、关注、体贴及合作的性格倾向,并认为这对许多工作而言,是非常重要的一种非技术性的表现。在任何服务组织中,个人顾客导向会影响员工与顾客互动时的服务质量,因此,在员工甄选的过程中,相较于技术、能力、知识等评价标准,管理人员应更重视员工个人顾客导向的衡量。

在服务传递过程中,顾客导向的员工——那些开朗、有礼及乐于助人的员工,那些反应灵敏、谦恭有礼地提供优质服务并具有满足顾客需要的强烈渴望的员工,以及那些包括"可爱"、"调整"、"审慎"、"有抱负"等特征的员工,往往能根据服务情境改变服务方式和服务行为,迅速地响应顾客的需求。

顾客导向并非是每个人都具备的一种特质。个人在人格及服务认知上的差异,意味着某些人较其他人更具有顾客导向的特质。因此,选才比培训及工作设计更为重要,选择具有顾客导向的员工,可以为企业传递良好的服务。顾客导向的行为虽然可以借由文化的熏陶(例如企业的服务氛围和顾客导向)和培训得以改善,但若能够事先预测求职者的服务性格或态度,将对企业有极大的帮助。

2. 员工顾客导向的作用

员工的顾客导向会影响员工的工作行为、服务绩效、顾客对服务的评价以及组织的财务绩效。

顾客导向的员工更可能表现出优质服务行为,进而提高顾客感知的服务质量。一方面,顾客导向的员工会待客殷勤,喜欢与顾客交往,理解顾客的需要,享受为顾客服务带来的满足感;另一方面,他们认为顾客有权享有优质的服务,因此会将顾客的利益放在首位,认真无差错地工作,倾向于与顾客建立良好关系。同时,顾客也会根据感知的消费价值、服务人员的态度和行为评估服务质量和服务体验。顾客导向会通过影响员工的分内工作行为、服务适应性行为,引发顾客信任感,进而影响顾客感知的服务质量,达到影响顾客满意感和顾客口碑传播的效果。

尽管有学者认为员工的顾客导向特质必然伴随顾客导向行为,而顾客导向的行为通常需要员工花费更多的时间和精力为顾客提供合适的服务,因此通常会在创造价值的同时带来时间成本和精力成本的增加,也可能减少当时为顾客提供服务的能力,从而降低短期的财务绩效;顾客导向与销售人员的销售业绩更可能呈现倒 U 形的非线性关系。但是从长远看,一线员工的顾客导向与企业的财务绩效有积极的联系。这是因为,通过识别和满足顾客的需求,顾客导向的员工能创造更高的顾客消费价值。这种附加的价值能提高企业产品与服务的吸引力,直接影响顾客的购买意向和支付意愿。许多学者的研究也表明,顾客导向带来的价值利益与交叉销售的增加、顾客保留以及冲动购买行为有关。

第三节　服务员工的角色管理

一、员工的跨边界角色

尽管本章所讲述与介绍的许多内容也适用于内部服务员工,但本章的焦点是直接与顾客互动的一线员工。由于一线员工在组织的边界上工作,所以他们被称为边界跨越者。边界跨越者是外部顾客和环境与组织内部运营之间的一条纽带,他们在理解、过滤和解读往来于组织及其外部顾客间的信息和资源的过程中担任关键角色。

除了脑力和劳动技能之外,跨边界的岗位还要求非同寻常的情感付出,经常要处理人与人之间以及组织与组织之间的冲突,要求员工在实际工作中处理质量与生产力的平衡关系。因而无论技术和薪酬如何,边界跨越者岗位通常都有极大的工作压力。

二、角色压力概念与内涵

(一)解释员工角色压力的理论

1. 个人—环境匹配理论

根据个人-环境匹配理论,员工的工作压力是由员工的个人特点与工作环境的匹配程度决定的。个人与环境的匹配有以下两种类型:①企业提供的报酬和资源与员工的需要和偏爱的匹配程度。如果企业提供的报酬和资源不能满足员工的需要,员工就会产生工作压力。例如，企业为员工提供的工作保障、工资、发展机会过少，就会引起员工的不满情绪和焦虑感，损害员工的身心健康。②员工的技能和能力与工作职务的需要和要求的匹配程度。如果员工的技能和能力不符合工作职务的需要和要求，也会产生工作压力并对组织产生不利影响。例如，员工缺少工作职务需要的管理能力和工作技能，就无法扮演好自己的工作角色，降低组织内部的协调能力和生产效率。

2. 社会角色理论

"社会角色"可以指某个角色扮演者的社会身份和行为，也可以指他人对某个角色扮演者行为的期望。各类社会身份的人都需扮演多类社会角色，都需与多类其他社会身份的人交往。某个社会角色扮演者的交往对象称作这个社会角色扮演者的"角色伙伴"，也称作"角色期望传送者"。在社交环境里，这些角色伙伴都要求角色扮演者满足自己的期望。对于跨边界的服务人员而言，他们的角色伙伴包括同事、管理人员和顾客。这些角色伙伴对服务人员都会有自己的期望。如果服务人员不清楚这些角色伙伴对自己的要求，或角色伙伴对自己提出不同的要求，就可能会产生角色压力问题。

（二）角色压力的内涵

在工作环境中，员工扮演某种角色，他们的行为方式必须符合职业的要求和顾客的期望。如果员工实际扮演的角色与他们感知的角色期望存在差异，就会产生角色压力。角色压力一般体现在角色冲突、角色模糊、角色负担过重、角色不当四个方面。

1. 角色冲突

角色冲突指角色期望传送者向角色扮演者提出相互矛盾的角色期望。在角色理论中，角色期望传送者指那些向角色扮演者提出角色期望或角色要求的人，例如，角色扮演者的上下级、同事、顾客等。角色冲突的本质是角色期望传送者对角色扮演者有相互矛盾的要求或期望。因此，角色扮演者很难同时满足所有角色伙伴的期望。

因为一线员工面对的是组织的顾客，并且经常需要同时与许多顾客打交道，所以他们常常被置于带来冲突和压力的境地。压力一般来源于个人/角色冲突、组织/顾客冲突、顾客间冲突。

1) 个人/角色冲突

个人与角色之间的冲突指个体所扮演的角色对个体的要求与个体的价值观念、需要、愿望之间的冲突。在某些情况下，边界员工感到他们被要求所做的事与其个性、生活取向或价值观之间存在冲突。尽管将顾客放在第一位是很重要的，但是这时候可能导致服务人员感到被轻视和降低身份。如果顾客认为树立其对服务人员的优越性是必要的，那么这些情感就会被放大。这会导致员工感受到工作角色要求与自我形象或自我尊重之间存在冲突。有时候服务人员被要求隐藏他们的真实情感，而必须向顾客展现一个微笑的"幌子"或"面具"。这会导致服务者并不认同他/她正在扮演的角色，产生角色压力。

2) 组织/顾客冲突

一线员工有时可能接到冲突性的指令，即一个是由顾客发出的，希望以某种特殊方式来实施一项服务；而另外一个则是来自组织的指令，它希望以另一种不同的方式来实施这项服务。顾客要求和组织要求之间的这种斗争基本上必须通过妥协来解决。然而,如果解决不当,折中的结果可能会让服务者觉得受到了怠慢。组织需求与顾客需求之间的冲突是跨边界人员所面临的冲突的最普遍来源。当顾客要求的服务违反了组织的规定时,这类冲突就会出现。

3）顾客间冲突

顾客间冲突之所以出现,是因为许多服务交付系统中有许多彼此的体验之间会相互影响的顾客。因为不同的顾客有可能有不同的需要,所以对于他们自身、服务人员和其他顾客而言,他们倾向于拥有完全不同的剧本。当顾客之间发生冲突时,通常要求跨边界人员来解决这种对抗。例如,通常是叫服务员去要求另外一位顾客不要在禁烟区吸烟。试图让所有的顾客一直都满意可能会使冲突加剧或者将跨边界人员引入斗争中。例如,餐厅中的一位妇女提出要求并迅速得到了服务,这可能会导致其他餐桌的顾客抱怨服务的不公平。

2. 角色模糊

角色模糊指组织成员对自己的角色行为没有足够的或明确的信息。员工感知的角色模糊包括工作任务模糊与角色行为的作用模糊。工作任务模糊指员工缺乏信息,不明确工作职务的具体要求、目标,以及组织允许自己使用的工作方法。工作任务模糊有以下三类表现形式:①员工不清楚组织对自己工作的要求,不明确自己的职责范围;②员工不知道自己应该如何履行工作职责,不明确自己应通过哪些角色行为完成工作任务;③员工不清楚自己应满足哪些角色期望传送者对自己角色行为的期望。角色行为的作用模糊指员工不明确自己的角色行为对自己、角色期望传送者、组织的影响。

如果:①员工需跨越组织的边界,与组织外部人员经常接触;②员工需打破常规,创造性地解决非常规工作问题;③组织内外部成员对员工的工作角色有不同的期望和要求;员工就更可能产生角色模糊问题。那些经常与组织外部人员接触的员工是组织的外联人员,例如销售人员、采购人员、服务人员等。角色模糊会增大员工的工作压力。员工不知道自己应如何继续完成重要的工作任务,就会产生沮丧感和紧张感。此外,角色模糊还会降低员工提高工作绩效、获取奖励的能力,进而降低员工的工作满意程度。

3. 角色负担过重

角色负担过重指角色扮演者的个人资源与他们可在工作场所使用的资源无法满足工作职务要求,角色扮演者不能有效地完成他们预期的工作任务。角色扮演者需同时满足不同角色期望传送者的要求,或需同时扮演几种不同的角色,就会觉得角色负担过重。心理学家凯恩(R. L. Kahn)等人认为角色负担过重是角色冲突的一种类型,但大多数学者认为角色负担过重和角色冲突是两个不同的概念。员工角色负担过重有两种表现形式:①员工的工作量太大,员工无法在规定的时间里完成所有的工作任务;②员工缺乏必要的能力,无法做好自己的工作。

4. 角色不当

角色不当指管理人员要求服务人员扮演某角色,而服务人员却没有能力扮演好这种角色,或服务人员有某些性格特点,不适宜扮演这种角色。

三、角色压力的影响因素

员工的工作特点、组织特点和个人因素都会影响员工感知的角色压力。

（一）工作特点

企业管理工作者普遍认同工作自主权、工作绩效反馈、工作任务完整性等工作职务特点在降低员工角色压力中发挥的作用。

工作自主权指员工可自主决定自己应如何工作，控制自己的行为，选择自己的工作方法，决定自己的工作进度和努力程度。工作自主权与员工的角色模糊存在负相关关系，与员工的角色冲突没有显著的相关关系。与缺乏工作自主权的员工相比较，工作自主权较大的员工可更好地应付模糊的角色环境，降低他们感知的角色模糊程度。

企业为员工提供工作绩效反馈，有助于员工理解自己的角色。员工从他人（主管和同事）或工作中获得的工作绩效反馈，会降低员工感知的角色模糊程度。员工可从他人那里获得的反馈，了解他人对自己应如何完成工作任务的建议与他人对自己是否实现工作目标的评价。员工还可从工作中获得的反馈，判断自己是否正确地完成了工作任务。国内一项研究发现，在中小型企业里，管理人员为员工提供工作绩效反馈，可降低员工感知的各类角色模糊程度；在大型企业里，管理人员为员工提供工作绩效反馈，只能降低员工感知的管理人员引起的角色模糊程度。如果员工需与许多顾客接触，或需与他人高度交往，就更可能产生角色冲突问题。一般来说，工作绩效反馈与员工感知的角色冲突之间也存在负相关关系。

工作任务完整性指员工通过自己的努力，完成整项工作任务，取得明显的工作成果。研究表明，工作任务完整性与员工感知的角色模糊存在显著的负相关关系。员工可完成整项工作任务，表明员工知道自己应如何满足企业对自己的工作任务的要求，清楚自己与其他人的相互依赖关系，会削弱员工的角色模糊感。

此外，除了上述工作特点，多样化、挑战性、充实丰富的工作任务都可降低员工的角色压力，提高员工的工作绩效。

（二）组织特点

1. 管理人员的领导行为

管理人员作为企业的代表，负责指导和评估员工的工作，他们的领导行为对员工会产生极大的影响。管理人员的领导行为包括"创建员工的心理结构的行为"和"体贴员工的行为"。创建员工的心理结构的行为是工作任务导向的领导行为，体贴员工的行为则是人际关系导向的领导行为。这两类行为都有助于员工扮演好他们的角色。

管理人员体贴员工的行为与员工感知的角色冲突和角色模糊之间存在显著的负相关关系。管理人员体贴员工，可从以下两个方面降低员工感知的角色模糊程度：①管理人员为员工提供的情感性支持有助于员工应对他们工作中客观存在的角色模糊问题，进而降低他们感知的角色模糊程度。②管理人员体贴员工，不仅可为员工提供良好的工作环境，而且有助于员工明确自己的角色。体贴员工的管理人员会感谢、奖励员工为企业做出的贡献,可使员工明确企业对他们角色行为的期望。管理人员创建员工的心理结构,为员工提供详细的信息,可使他们了解企业的期望,降低员工感知的角色冲突和角色模糊程度。

2. 流水作业线管理措施

流水作业线管理措施与员工的角色模糊存在负相关关系。企业使用规章制度和工作程序规范员工的行为,有助于明确企业对员工的角色期望,降低员工感知的角色模糊程度。但是,企业采用流水作业线管理措施往往会增大企业外联人员感知的角色冲突。这是因为,企业的规章制度、工作程序和管理措施往往与顾客的需要相矛盾。服务人员按照企业的规定为顾客服务,就可能会引起顾客的不满。服务人员按照顾客的要求灵活地提供服务,就可能会违反企业的规定。

3. 员工参与管理决策

在组织管理中,员工可参与以下四类管理:①制定工作目标;②制定企业决策;③解决企业问题;④开展和实施组织变革。员工参与管理可满足员工自主决定和控制自己行为的需要;完成整项工作任务,取得工作成果的需要;以及与他人交往的需要。

员工参与管理决策可降低员工的角色冲突和角色模糊程度。从认知的角度来解释,这是因为员工参与管理决策,可以影响角色期望传送者对员工的角色期望,降低员工的角色冲突程度;获得与角色期望相关的信息,降低员工的角色模糊程度。员工参与管理决策,可增强员工与其他人的沟通,有助于员工获得与他们的工作绩效相关的信息,了解企业如何根据员工的工作绩效确定员工的报酬,可降低员工的角色冲突和角色模糊程度。

4. 企业的授权措施

授权指管理人员与服务第一线员工分享信息、知识、奖励和权力。要充分满足顾客的需要,服务人员必须在现场做出各种决策。受权的员工对自己的工作更加满意,会更热情地为顾客服务,更迅速地做好服务工作,提高顾客的满意程度。企业提高员工对管理决策的影响力,扩大员工参与管理决策的范围,增大员工的自主决策权,可提高员工的工作满意程度,降低员工的角色压力。

一般而言,授权措施会降低员工感知的角色冲突和角色模糊程度。但美国营销学者赫德林(M. D. Hartline)和范里尔(O. C. Ferrell)的研究却表明:授权措施会提高员工感知的角色冲突和角色模糊程度。虽然管理人员采取授权措施可提高员工对自己工作能力的自信心,但受权的员工需承担更多的职责,管理人员和顾客对他们会有更多相互矛盾的要求。虽然员工会逐渐学会应付相互矛盾的角色期望的方法,增强自信心,但相互矛盾的角色要求也会增加他们的角色模糊问题。因此,要采取授权管理措施,管理人员必须创造授权管理必需的组织环境。管理人员应做好员工培训工作,使员工理解如何正确使用自己的决策权力。此外,管理人员还应为员工提供各类信息,使员工充分理解角色要求和角色期望,并根据员工的行为方式,评估员工的工作,确定员工的报酬。如果管理人员只授予员工服务决策权,却不为员工提供必要的信息、知识和奖励,员工不知道如何恰当地行使自己的服务决策权,就会增大员工的角色压力。

5. 员工感知的企业支持

员工感知的企业支持指员工对组织重视他们的贡献并关心他们的福利状况的总体感

觉。社会交换理论可以用于解释员工对企业产生归属感的原因。管理人员往往希望员工忠诚于企业,为企业做出自己的贡献。情感上忠诚于企业的员工通常会取得较好的工作业绩,保持较高的出勤率,愿意继续在本企业工作。员工往往很关心企业是否承认员工对企业的贡献,尊重员工,支付员工工资,为员工提供信息、支持和晋升机会,帮助员工更好地完成工作任务。

员工感知的组织支持会对员工的心理产生以下影响:①根据社会交换理论和互惠原则,员工感知的组织支持会增强员工关心组织利益、帮助组织实现目标的责任感。②可使员工感觉到组织对自己的关心、认可和尊重,可满足员工的情感需要,使员工认同组织的目标和价值观念。③可使员工相信组织会承认并报答自己对组织做出的贡献。得到组织支持的员工相信组织会根据业绩奖励员工,如果自己提高工作绩效,就可以获得组织的赞赏和奖励。员工感知的组织支持对员工和组织都会产生有利的影响,不仅会增强员工工作满意感,使员工产生正面情感,也可增强员工对组织的情感性归属感,减少离职行为。

员工感知的组织支持可降低员工感知的角色冲突和角色模糊程度。关心员工福利的管理人员更可能尽力消除员工的工作障碍和困惑,而不会对员工的工作职务提出相互矛盾的要求。他们也更可能明确说明组织对员工职务的具体期望,解释组织要求员工遵守的行为准则,帮助员工完成工作任务。因此他们会清除那些会引起员工角色冲突和角色模糊的组织因素,以便向员工表明组织对他们的支持。

(三) 个人因素

虽然组织环境和工作特征是影响员工感知的角色压力的主要因素,但是在相同的工作环境中,不同的员工感知的角色压力也可能不同。员工的"控制点"、自尊心、年龄、性别、工作年限、工作经验、受教育程度等个人因素对员工的角色压力也会产生影响。

1. 控制点

人对自己的事情具有一定的控制力,叫个人控制(person control)。一个关键的概念是控制点,分为内部控制点和外部控制点。强调外部控制点的人们,试图改变外部世界,以期使外部世界适应自己的需要和愿望。强调内部控制点的人们,更倾向于通过修身养性改进自身的素质,以期适应外部世界。

与"外部控制点"的员工相比较,强调"内部控制点"的员工比较理解自己的角色和工作环境,他们感知的角色模糊程度也较低。与"内部控制点"的员工相比较,"外部控制点"的员工更可能经历角色模糊。"内部控制点"的员工更相信自己对角色的理解。如果员工不清楚角色期望传送者的要求,或角色期望传送者对自己有相互矛盾的要求,"内部控制点"的员工就可能会根据他们对角色的期望扮演工作角色,以便消除工作环境中的角色冲突和角色模糊问题。

2. 自尊心

自尊心是员工对自己的能力和个人价值的总体评价,是一种不易变化的稳定个性。在模糊程度较高的工作环境中,自尊心较低的员工觉得自己应对工作环境中的模糊问题承担责任。这类员工认为工作环境是有秩序的,自己不能准确地评估和理解角色期望传送者的要求才会感到角色模糊。因此他们更可能产生无能感。

3. 员工的人口统计特征

员工的年龄与感知的角色冲突和角色模糊之间存在微弱的负相关关系。可能的原因在于,员工的年龄与员工的工作经验和工作年限相关。与年轻的员工相比较,年纪较大的员工的工作经验更加丰富,工作时间也更长。随着员工逐渐积累工作经验,他们就更能从自己的工作环境中获取大量相关信息,理解角色期望传送者对自己的要求,理解自己应如何完成各项工作任务,也就会逐渐降低他们感知的角色模糊程度。

一项研究表明,与男性员工相比较,女性员工更可能因担心他人认为自己无能而不愿请求他人帮助或向他人请教,也就较难获得相关的信息,明确自己的角色。因此,与男性员工相比较,女性员工感知的角色模糊程度较高。

员工的受教育程度与员工的角色冲突和角色模糊存在微弱的正相关关系。学历较高的员工在组织中的职位通常较高,他们感知的角色模糊程度可能会较高。

四、角色压力对员工态度、行为和工作绩效的影响

员工的角色压力会极大地影响他们的工作态度、工作行为和工作绩效。许多欧美学者的实证研究结果表明,员工的角色冲突、角色模糊会削弱员工的工作满意感和员工对企业的归属感,降低员工工作绩效,引起员工的离职意向。

1. 员工的情感疲惫

情感疲惫包括情感耗竭、情感淡漠和个人成就感低下三个既相互关联又各自独立的组成成分:①情感耗竭,指员工在服务过程中,因情感严重透支而出现的情感疲惫状态。②情感淡漠,指员工以冷淡的态度对待顾客。③个人成就感低下,指员工不能正确地评价自己和自己工作的意义,对自己的工作成就感到不满。在员工与他人高度交往,员工的角色压力或工作压力很大的行业里,员工往往会感到情感疲惫。尤其是服务型企业员工需与管理人员和顾客频繁接触,因此服务人员往往会感到情感疲惫。这在女性员工中表现得更为明显。女性员工感知的角色冲突、角色模糊会加重她们的情感耗竭和情感淡漠症状,削弱她们的个人成就感。

情感耗竭是员工的情感疲惫的核心内容。如果员工可使用的时间和员工的精力无法满足工作职务的要求,就会产生情感耗竭症状。角色压力的各个组成成分都是员工情感耗竭的重要前因变量,尤其是角色冲突和角色模糊都会加重员工的情感耗竭症状。在员工缺少工作职务需要的时间和资源的情况下,为了尽力满足所有角色期望传送者的要求,员工会耗尽情感资源。因此,情感耗竭是员工角色压力的一个重要后果。

如果员工感知的角色压力较大,就可能会冷淡地对待他人。这或许是因为,员工冷淡地对待他人,可以调节角色压力对员工情感的负面影响。

个人成就感低下指员工觉得自己缺乏工作能力,无法取得工作成就。如果员工不能按照预期的要求扮演角色,就会感到个人成就感低下。角色期望传送者对员工有相互矛盾的要求,员工不清楚自己的工作要求,员工的角色负担过重都会使员工无法扮演好他们的角色。因此,角色压力也是削弱员工个人成就感的一个重要因素。

2. 员工的工作满意感

员工的工作满意感指员工觉得自己的工作可实现或有助于实现自己的工作价值观而产生的愉快情感。它包括员工对工作本身(工作性质、自主权、职责等)的满意感,对自己得到的回报(薪酬、晋升机会、施展才能的机会)的满意感,对他人(同事、管理人员)的满意感,对企业环境(企业的规章制度、决策程序)的满意感。

工作满意感是员工对工作环境的一种情感反应,受到员工的个性特点、管理者行为、工作性质、角色压力等因素的影响。与员工的个性特点、管理者行为和工作性质相比较,角色压力更能降低员工的工作满意程度。这是因为角色压力是由工作环境中的有害的刺激性事件引起的,会使员工对自己的工作环境感到失望。如果员工需满足相互矛盾的角色要求,不清楚自己的工作角色,或感到角色负担过重,就会认为他们的工作环境会对自己产生不利的影响,进而降低他们的工作满意程度。角色冲突、角色模糊也会通过加重员工的情感疲惫症状,进而降低员工的工作满意程度。

3. 员工对企业的归属感

员工对企业的归属感指员工对企业的认同与投入程度,是员工对企业的一种心理依恋感,表明员工希望与企业保持长期的关系。如果员工需满足角色期望传送者相互矛盾的期望,不清楚企业对自己的工作任务与工作绩效的要求,就不会尽力为企业努力工作。研究发现,角色冲突、角色模糊对员工对企业的归属感有中等程度的负面影响,角色负担过重对员工对企业的归属感有微弱的负面影响。

4. 员工的工作绩效

根据角色理论,角色压力会损害员工的身心健康,降低员工的工作绩效。如果角色期望传送者向员工提出相互矛盾的要求,就会降低员工的工作效率。如果员工不清楚自己应如何分配工作时间和工作资源,就很难扮演好自己的角色。如果员工没有足够的资源,就无法同时满足所有角色期望传送者的期望,提高自己的工作绩效。

某些时候角色压力或许并不一定会降低员工的工作绩效,这取决于管理人员如何去衡量工作绩效。若管理人员根据销售效果(例如销售量、销售定额)等量化标准衡量员工的工作绩效,角色冲突、角色模糊会直接降低员工的工作绩效;若管理人员根据员工的工作行为(例如员工的工作积极性、服务态度、协作精神)衡量员工的工作绩效,角色冲突、角色模糊对员工的工作绩效就没有直接的负面影响。

对于跨边界的销售人员,角色模糊对其工作绩效有直接显著的负面影响,但角色冲突却不一定会影响他们的工作绩效。根据认知理论,如果销售人员不明确自己的工作职责,不知道自己应该如何履行工作职责,他们就不能有效地做好自己的工作。但是在销售工作中,销售人员不可能避免角色冲突问题,销售人员只有掌握处理角色冲突问题的方法,才能扮演好他们的角色。从这个角度来看,角色冲突不但不会降低员工的工作绩效,反而会提高员工的工作绩效。确实有学者的研究发现,销售人员经历高度角色冲突时,会集中精力,尽力满足顾客的需要,进而提高产品销售量。这说明适当的压力,其实反而是一种动力。

5. 员工的离职意向

员工的离职是一个过程。角色压力会损害员工的心理健康,降低员工的工作绩效,进而削弱员工的工作满意感和员工对企业的归属感,引起员工的离职意向。但是角色压力的各个组成成分对员工的离职意向有不同的影响。例如有学者的研究发现,角色模糊对销售人员的离职意向有显著的正向影响,角色冲突与销售人员的离职意向不存在显著的相关关系。如果销售人员不知道如何应对工作中客观存在的角色模糊问题,就容易产生离职意向。

6. 员工的工作紧张感

员工的工作紧张感指员工觉得自己的工作会引起焦虑、沮丧等负面的后果而产生的一种情感状态。角色冲突和角色模糊与员工的工作紧张感存在显著的正相关关系。员工缺乏重要的信息,不知道自己应如何扮演好工作角色,会产生焦虑感和沮丧感,进而产生工作紧张感。

五、解决跨边界员工角色问题的对策

鉴于跨边界员工在服务顾客的同时可能面临来自内外的角色冲突和压力,企业设计和开发一组战略来化解这种冲突和压力就显得尤为必要。可以采取以下几项策略。

(一)选择正确的员工

许多服务企业认为他们拥有有效的服务流程来选拔服务人才,但结果往往不尽如人意。招聘跨边界服务人员的组织要考虑的除技术培训、资格证书和专业知识外,还应包括他们的顾客和服务价值导向。要获得最好的人才就需要识别出他们的特点。

一线服务工作需要员工的情感付出,这意味着对本来陌生的顾客甚至是只接触一次的顾客都要微笑,表示真诚和进行友好的交谈。对顾客友好、礼貌、体贴以及随机应变都要求承担组织责任的一线员工付出大量的情感劳动,这更加重了员工工作过程中的困难和压力。因此,挑选员工时应尽量选择那些能够很好地处理情感压力的应聘者,对他们进行必要的技能培训(聆听技能、解决问题的技能),教授他们处理事情的能力和方法,以及如何不受顾客恶劣心情的影响,妥善调节自己的情绪。服务业选择员工的目标就是尽量让那些接触顾客的人是"服务的发烧友"。

(二)员工培训设计

在开展实际工作前,企业应对员工进行技能培训,使其了解自身的工作内容、性质、企业和顾客双方期待的角色行为。通过培训,员工可以了解管理人员的要求、顾客的期望和服务操作规程,从而减少角色模糊问题。同时管理人员加强培训可以增加员工的服务意识和顾客导向行为,帮助员工掌握沟通技能、营销技能和服务技能。员工服务知识的增长和服务能力的提高必然会减少其角色不当的问题,并帮助其在遇到角色冲突问题时能快速做出合情合理合规的反应。

(三)授权于相应的员工

要充分满足顾客的需求,一线员工在工作现场必须做出各种决策。因此许多管理学家认为管理人员应采取授权措施,这有助于员工一次性做好服务工作,对顾客需求做出灵活反应并在出现差错时及时补救。授权意味着把为顾客服务的意愿、技能、工具和权力交给员工，员工觉得自己能控制服务工作，有权决定服务方法，及时采取措施纠正服务差错等。员工需要掌握相应的知识和工具才能做出这些决定，而且还应该有相应的激励措施以鼓励员工做出正确决定。

授权确实能够给一线服务员工带来诸多好处，包括减少工作压力、提高工作满意度、更大的适应性以及为顾客创造更好的服务。授权措施可以减少员工角色模糊的问题，还有助于员工"更精明地"做好服务工作，提高生产效率。

虽然授权的收益很多，但它仅在特定的环境下使用才会发挥作用。授权型组织应该是具备灵活、决策迅速以及将决策权合理授予一线员工等特征的组织。

（四）提供相应的支持

要实现服务员工的高效率工作还必须建立内部支持系统。此系统以顾客为中心、员工需求为目标。如果没有以顾客为中心的内部支持和顾客导向系统，无论员工意愿如何强烈，也几乎不可能传递优质服务。例如，快餐店的前台服务人员希望在工作中分毫不差，同时实现顾客满意，就必须要得到有关顾客的需求信息，同时也需要企业提供其完成服务所需的相关设备和工作环境以及愿意支持他以顾客为导向的上司和后勤人员。来自主管、团队同伴、其他部门的内部支持及对工作中所使用技术的评价都与员工满意及其服务顾客的能力高度相关。

具体来说，为了确保顾客导向的内部支持，一般应包括提供支持性的技术和设施。如果员工得不到合适的设施或者设施使用不当，他们的服务愿望很可能会受挫。服务员工要进行有效率、有效果的工作，就需要合适的设施和技术，它可以扩展到工作地点和工作设计的战略中。开发服务导向的内部流程，为支持服务人员在一线传递优质服务，企业应当考虑按顾客与员工集成的价值和满意度设计内部流程，从而起到统一角色扮演、支持优质服务传递的目的。这可能意味着对系统进行彻底的重新设计。当然，这可能也是一项比较难实施的战略，需要其他同事的支持。服务是顾客和员工彼此相互作用的过程，服务接触带来巨大的差异性风险，这种风险取决于诸如员工或顾客的个性特征、有形设施等环境因素甚至一天当中的时间等情境变量。这种变化带来的后果是一线员工经常面对无法预料的情况，当一线员工需要处理眼前的情况时，及时获得其他同事支持经常是一种优势。

（五）树立良好的服务文化

组织中员工的行为要受到塑造个人和群体行为的组织文化，或深入人心的标准以及价值观的重要影响。只有存在对优质服务的鼓励才能形成服务文化，这并不意味着公司要打广告大战强调服务的重要性，而是以一种"潜移默化"的方式让人们知道优质服务受到鼓励和重视。

服务企业的领导层应具有相似的核心价值观，如正直、乐观、尊重，并将这些价值观灌输到组织的结构和行为之中。领导层需要表达的并不只是厚厚的规则手册中的规定或命令，而是关于个人价值观的有规律、一致性的说明。员工注意到领导接受这些价值观后将更容易接受服务文化。与口头所倡导的价值观相比,感知的价值观将会对员工产生更大的影响。这些感知的价值观是员工观察管理者的实际行动得出的。换言之,文化就是员工认为管理层所真正反映的,以及他们与组织中的关键人物所接触的日常经验中得出的对组织具有重要意义的东西,也就是我们常说的"身体力行"。

思考与练习题

1. 为什么服务员工对任何服务组织的成功都是关键因素?

2. 选择你所熟悉的服务提供者(医生、发型设计师等),讨论他在提供服务时对你的服务感知和服务评价产生何种影响? 为什么?

3. 服务氛围的定义是什么? 如何树立良好的服务氛围?

4. 访问两个具有世界级服务文化的著名公司的网站,分析网站上所提供的信息是如何强化公司服务文化的。

5. 回想你现在或者曾经从事的专职或兼职工作中扮演的一线服务提供者角色,你是否经历过本章所描述的角色压力问题? 你是怎样克服压力问题的? 请对角色模糊、角色冲突等压力分别进行讨论。

参 考 文 献

[1] Behrman D N, Perreault Jr W D. A role stress model of the performance and satisfaction of industrial salespersons[J]. Journal of Marketing, 1985, 48(4): 18.

[2] Brady M K, Cronin Jr J J. Customer orientation: effects on customer service perceptions and outcome behaviors[J]. Journal of Service Research, 2001, 3(3): 241-251.

[3] Cran D J. Towards validation of the service orientation construct[J]. The Service Industries Journal, 1994, 14(1): 34-44.

[4] Elovainio M, Kivimäki M. The effects of personal need for structure and occupational identity in the role stress process[J]. The Journal of Social Psychology, 2001, 141(3): 367.

[5] González J V, Garazo T G. Structural relationships between organizational service orientation, contact employee job satisfaction and citizenship behavior[J]. International Journal of Service Industry Management, 2006, 17(1): 23-50.

[6] Harrison R V. The person-environment fit model and the study of job stress[M]//Beerhr T A, Bhagat R S. Human Stress and Cognition in Organizations. John Wiley and Sons, NY: A Wiley-Interscience Publications, 1985: 24.

[7] Hartline M D, Ferrell O C. The management of customer contact service employees: An empirical investigation[J]. Journal of Marketing, 1996, 60(4): 61.

[8] Hogan J, Hogan R, Bush C M. How to measure service orientation[J]. Journal of Applied Psychology, 1984, 69(1): 167-173.

[9] Homburg C, Müller M, Klarmann M. When should the customer really be king? On the optimum level of salesperson customer orientation in sales encounters[J]. Journal of Marketing, 2011, 75(2): 55-74.

[10] Hui C H，Chiu W C K，Yu P L H，et al. The effects of service climate and the effective leadership behavior of supervisors on frontline employee service quality：a multilevel analysis[J]. Journal of Occupational and Organizational Psychology，2007，80(1)：151-172.

[11] Jackson S E，Schuler R S. A meta-analysis and conceptual critique of research on role ambiguity and role conflict in work settings[J]. Organizational Behavior and Human Decision Processes，1985，36(1)：29-37.

[12] Lytle R S，Hom P W，Mokwa M P. SERV * OR：A managerial measure of organizational service-orientation[J]. Journal of Retailing，1998，74(4)：455-489.

[13] MacKenzie S B，Podsakoff P M，Ahearne M. Some possible antecedents and consequences of in-role and extra-role salesperson performance[J]. Journal of Marketing，1998，62(3)：94.

[14] Örtquvist D，Wincent J. Prominent consequences of role stress：a meta-analytic review[J]. International Journal of Stress Management，2006，13(4)：408.

[15] Sayer J E. Goal and process clarity：specification of multiple constructs of role ambiguity and a structural equation model of their antecedents and consequences [J]. Journal of Applied Psychology，1992，77(2)：133.

[16] Schneider B，White S S，Paul M C. Linking service climate and customer perceptions of service quality：test of a causal model[J]. Journal of Applied Psychology，1998，83(2)：150-163.

[17] Sell M V，Brief A P，Schuler R S. Role conflict and role ambiguity：integration of the literature and directions for future research[J]. Human Relations，1981，34(1)：46-48.

[18] Singn J. Boundary role ambiguity：facets, determinants, and impacts[J]. Journal of Marketing，1993，57(2)：14.

[19] Singh J，Goolsy J R，Rhoads G K. Behavioral and psychological consequences of boundary spanning burnout for customer service representatives[J]. Journal of Marketing Research，1994，31(4)：558-561.

[20] Singh J，Rhoads G K. Boundary role ambiguity in marketing-oriented positions：a multidimensional, multifaceted operationalization[J]. Journal of Marketing Research，1991，28(3)：335.

[21] Stamper C L，Johlke M C. The impact of perceived organizational support on the relationship between boundary spanner role stress and work outcomes[J]. Journal of Management，2003，29(4)：571-581.

[22] Teas R K. Supervisory behavior, role stress, and the job satisfaction of industrial salespeople[J]. Journal of Marketing Research，1983，20(1)：89.

[23] Wetzels M，Ruyter K D，Lemmink J. Role stress in after-sales service management[J]. Journal of Service Research，1999，2(1)：62.

[24] [美]K 道格拉斯·霍夫曼，约翰·E.G.贝特森，范秀成.服务营销精要：概念、战略和案例(中文改编版)[M].第 2 版. 北京：北京大学出版社，2008.

[25] 凌茜，汪纯孝. 营造良好服务氛围是一项重要措施[J].上海质量，2006(12)：45-47.

[26] 凌茜，汪纯孝. 服务氛围与服务导向的人力资源管理策略[J]. 现代管理科学，2007(5)：3-4.

[27] 凌茜，汪纯孝，韩小芸等. 组织的服务氛围与员工的情感性劳动对服务质量的影响[J]. 旅游科学，2007(21)：32-40.

[28] 汪纯孝，蔡浩然. 服务营销与服务质量管理[M]. 广州：中山大学出版社，1996.

[29] 汪纯孝，岑成德，谢礼珊，等. 服务型企业整体质量管理[M]. 广州：中山大学出版社，2001.

第九章

顾客在服务中的角色

学习目标

由于服务生产与消费的同时性,顾客以各种形式参与到服务过程中,扮演着越来越重要的角色。对企业而言,理解顾客在服务中的角色,有效管理服务中的顾客行为,达到企业与顾客利益的最大化,就显得格外重要。本章主要介绍服务传递过程中顾客的重要作用、顾客与企业共创价值的概念,以及服务中的顾客参与行为、顾客不良行为和如何激励顾客的积极行为。通过本章的学习,应该能够:

- 理解在成功的服务传递中顾客的重要性和顾客扮演的多种角色。
- 了解价值共创的含义,理解顾客在价值共创中的重要作用。
- 理解服务中顾客参与行为的利弊,掌握实施有效顾客参与的策略。
- 了解顾客不良行为的表现和管理方法。
- 掌握激励顾客积极行为的方法。

第一节　服务传递中顾客的作用

服务生产和消费同时性的特点决定了服务人员在为顾客提供服务的同时,顾客也会有意无意地参与到服务传递过程中,服务质量的好坏,不仅与服务人员的服务意识、服务态度和服务技能有关,还与顾客的行为和态度有关。顾客参与服务生产的行为,以及推荐、反馈、帮助他人等顾客公民行为不仅有利于提高企业的生产效率和服务质量,还会对其他顾客的行为和态度产生重要的影响。近年来,企业越来越重视顾客在服务传递过程中的作用和顾客在此过程中所扮演的角色。服务型企业要以顾客为导向,除了要了解顾客的需要并努力满足顾客的需要以外,还应该努力引导和激发顾客的公民行为,使顾客成为企业的"兼职营销人员"、"合作伙伴"和"咨询专家"。

一、顾客是服务型企业的营销人员

顾客推荐是指顾客自愿地为企业做有利的口头宣传及关注企业利益的行为,包括顾客向他人介绍服务型企业、向他人称赞和推荐服务型企业。顾客推荐对提高服务型企业的品牌美誉度、生产效率和收益有十分重要的作用。服务的无形性和不可预知性会增加顾客购买服务的风险。顾客会想方设法从不同途径了解服务的信息,以便降低自己的购买风险,而顾客往往不大相信服务型企业的广告宣传,他们更愿意听取亲朋好友的意见。如果某些顾客能自发地为企业做有利的口头宣传,向其他顾客介绍和推荐服务型企业,服务型企业就能吸引更多的新顾客。顾客推荐不仅对新顾客的购买决策产生重要的影响,还能帮助企业在社会公众中树立一种正面的形象,提高企业的市场声誉。顾客作为企业的"兼职营销人员",还能减少企业的人力成本和营销费用。企业可以利用节省的资金,采取必要的措施改进服务管理工作,提高服务质量和奖励优秀的顾客,最终在提高顾客满意感和增加顾客消费价值的同时,进一步增强企业的市场竞争力。

二、顾客是企业的人力资源

顾客的合作是指顾客自愿地表现出尊重服务提供者的行为。顾客是服务型企业的合作生产者。顾客配合服务人员完成服务全过程、礼貌和友善地对待服务人员等行为,有助于提高企业的服务质量以及顾客自己和其他顾客的满意感。除此以外,顾客合作行为还可以从顾客与员工的相互交往过程中延伸到顾客与企业的相互交往过程中。例如,顾客主动了解和自觉遵守服务型企业的规章制度和服务章程;顾客配合服务型企业做好服务质量的监督和测评工作;顾客在宾馆住宿期间,自觉地保持宾馆客房和公共区域的清洁等。

从顾客参与服务生产的角度来说,服务质量有四个组成部分,除了员工技术性质量和员工功能性质量以外,还应该包括顾客技术性质量和顾客功能性质量。与员工在服务过程中应该"做什么"和"怎么做"相对应,顾客也清楚地知道自己在服务过程中应该"做什么"和"怎么做"。顾客的技术性质量与顾客在服务过程中"做什么"有关,顾客在服务过程中提供各种信息、协助服务人员完成服务工作,能提高顾客技术性质量;顾客功能性质量与顾客在服务过程中"怎么做"有关,顾客友善地对待服务人员、尊重服务人员的劳动等会提高顾客功能性质量。

服务型企业是劳动密集型企业,服务质量的好坏除了与服务人员的服务意识、服务态度和服务技能有关以外,还与顾客的合作态度和行为有关。如果顾客能够主动配合、尊重和赞赏为他们提供服务的服务人员,服务人员的压力就会降低,他们就会更主动和积极地为顾客提供优质服务,进而提高企业的服务质量。顾客合作的行为不仅有利于他们和服务人员之间的相互交往,还会对其他顾客产生重要的影响。由于顾客都在同一个服务环境下接受服务,顾客的行为和态度会对其他顾客产生影响。其他顾客,特别是新顾客,他们对服务过程并不十分了解,因此他们可能会去观察和模仿其他老顾客的消费行为。如果老顾客在消费过程中能够礼貌地对待服务人员,配合服务人员完成服务工作,就能对新顾客起到示范作用,新顾客会认为自己在消费过程中也应该尊重和配合服务人员,这样,服务人员就能够在更轻松愉悦的气氛下为顾客提供服务,提高服务质量和顾客的消费价值。

三、顾客是企业的咨询专家

顾客反馈是指顾客主动、负责和积极地为企业的管理和发展提出自己的想法和建议。顾客反馈包括顾客主动积极地参与企业的管理会议,努力了解影响企业发展的问题,与企业分享自己的新想法和建议;为企业改进服务管理工作提出可行的意见和提供定期的反馈。顾客是服务型企业的资源供应者和咨询专家,能发挥自己的聪明才智,主动参与到企业的管理过程中,为服务型企业改进管理工作和提高服务质量提供可行的意见和建议。

顾客自发地为服务工作出谋献策,能提高企业的服务质量和生产效率。Stew Leonard公司是世界著名的奶制品公司,它成功的一个重要原因是善于利用顾客的建议。服务型企业的顾客拥有丰富的服务经验,他们与服务人员在面对面相互交往过程中往往能够发现服务过程存在的问题和不足。如果顾客能主动地向服务人员或企业提出自己的意见和建议,企业就能根据顾客建议改进服务工作,提高对客服务质量和增加顾客的消费价值。顾客是服务型企业的好老师,企业往往可以从顾客的建议和反馈中了解顾客未满足的需求和愿望,得到改进和创新服务的灵感。好的顾客建议是企业的重要信息资源,顾客投诉也是收集顾客意见和建议的一个很好的渠道。企业可以从顾客的投诉和意见中发现企业服务过程中的不足,并努力为顾客提供补救性服务,以留住现有的老顾客,提高顾客的满意感。许多服务型企业印制了顾客意见调查表或顾客意见卡,鼓励顾客为企业提供意见和建议,把顾客的投诉和建议看成是企业宝贵的资源。

四、顾客帮助他人

顾客帮助他人是指顾客自愿地帮助其他顾客预防和解决在消费过程中遇到的问题。顾客帮助他人的行为表现在以下几个方面。

(1) 拥有丰富消费经验的顾客帮助其他顾客顺利地获得所需要的产品和服务。由于每个顾客与企业交往的时间不同,老顾客会比新顾客积累更多的服务知识和经验,比新顾客更了解企业的服务程序和规章制度。如果那些老顾客能够指导新顾客正确完成整个购物过程,或向新顾客解释相关的程序,新顾客就能很快地掌握相关的知识和技能,并顺利地获得产品和服务。举个例子来说,经常上网购物的顾客会比从来没有网上购物经验的顾客更懂得如何在网上搜索自己需要的产品和服务的信息,如何通过网上银行付款,如何填写个人资料以便企业能以最快速度为他们提供产品和服务,而新顾客可能对此一窍不通。如果老顾客能从中指点,与新顾客分享自己的经验和知识,指出新顾客在购物过程中可能会出现的问题,以及向新顾客介绍自己的解决方法,那么,新顾客就能从中学习到很多相关的技巧,减少自己在消费过程中走弯路的可能性。

(2) 顾客通过言语和行动来鼓励其他顾客实现自己的目标。比如,到减肥中心减肥的顾客往往一开始都会对自己能否成功减肥抱有疑虑,特别是当他们发现最初一段时间的努力并没有达到预期的效果时,他们就可能会产生放弃的念头,不再听从减肥专家的意见。在这个关键时刻,如果有顾客站出来以身说法,与大家分享自己的减肥经历,以及鼓励大家要坚持下去,就可以消除部分人的疑虑,并鼓舞大伙的士气,使大家能够恢复信心并最终战胜困难,实现预期的目标。又如,某些病人在经过一段时间的治疗之后没见起色,他们就可能变得意志消沉,不配合医护人员的治疗,甚至产生轻生的念头。如果病愈的病人能够自愿地回到医院当义工,向患病的病人讲解治疗的相关疗程和效果,为病人打气,病人就可能恢复战胜病魔的决心,配合医生的治疗,最终提高病愈的可能性。

(3) 顾客充当"和事佬",帮助解决其他顾客之间的纠纷和矛盾。许多顾客在同一个服务环境下消费,顾客与顾客之间可能会因为某事而发生摩擦。当两位顾客为小事在餐厅争吵时,不仅会影响到餐厅的其他客人,还可能会扰乱服务人员的正常服务工作,如果这时有顾客挺身而出充当"和事佬"(调解人),也许能够缓和争吵双方的矛盾,使餐厅的正常服务工作得以继续。顾客主动和自发地指导其他顾客,向其他顾客传授自己的消费经验、知识和技巧,用言语和行动鼓励其他顾客,在其他顾客发生矛盾时充当"和事佬"等助人行为,会增强顾客团体的凝聚力,其他顾客会以加入这个团结而和睦的"社区团体"为荣,这样企业就不必花费大量的营销费用来吸引新顾客和留住老顾客。

服务型企业顾客的参与行为和公民行为不仅有助于提高企业的服务质量、生产效率和收益,还能为顾客自己创造更多的消费价值。然而,目前国内多数服务型企业只是把顾客当成纯粹的购买者和使用者,对顾客的角色内行为做出规定,并没有采取有效的管理措施,发挥顾客作为资源供应者的重要作用。服务型企业要想在当今激烈的市场竞争中取胜,就必须重视顾客的参与和公民行为,并采取各种管理措施激发这些行为。

第二节　顾客价值共创

价值共创(value co-creation)理论是在社会变革、知识经济兴起、网络和技术不断更新发展的背景下出现的。对价值共创的把握,将成为企业增强核心竞争力和可持续发展能力的新来源。在商品主导逻辑时期,企业被认为是价值的创造者,而顾客只是产品价值的接受者。企业进行产品生产的过程几乎完全发生在后台,顾客仅仅出现在消费过程中,不会接触到企业的生产流程。随着服务经济的到来,服务业在世界经济中的比重越来越大,商品主导逻辑开始向服务主导逻辑转变。服务主导逻辑主张"知识与技能的应用"即是服务,服务成为经济交换的基础。在服务主导逻辑下,供应者和顾客在一个服务系统中同时作为资源的整合者。也就是说,顾客不再是被动接受企业生产的产品或服务,而是参与到企业的价值创造中来。顾客是价值的共同创造者。

顾客作为企业价值共创重要成员的相关概念虽然在最近几年才提出,但是有关顾客在企业中担任的相关角色却早已有学者进行研究。在制造业中,顾客尽管无法直接进入生产流程,但他们能够在产品设计中给予可靠而实际的建议,为企业产品的构思和制作提供丰富的信息。在服务业中,由于服务生产与消费的同时性,顾客经常会出现在服务场景中,与员工进行互动。更有一些行业利用顾客的自助服务行为,充分节省其经营成本,如银行的自助柜员机业务。顾客已经不是简单的消费者,他们除了对企业的产品或服务进行购买外,还会通过不同的渠道和方式进入企业的生产过程,对服务企业的营运起着关键的作用。而价值共创的概念为顾客的相关角色探讨提供了新的思路,顾客不仅仅为企业提供思想上或行动上的辅助,还与企业的员工共同创造产品或服务的价值。这意味着企业在经营和营销的时候需要考虑顾客价值共创的影响。

一、价值共创与传统价值创造的区别

传统的价值创造观点认为,价值是由企业创造通过交换传递给大众消费者,消费者不是价值的创造者,而是价值的使用者或消费者。该观点下的价值是指交换价值,经济活动的目的是制造并分配商品来获得交换价值,价值等于购买者愿意支付的价格。随着环境的变化,消费者的角色发生了很大转变,消费者不再是消极的购买者,而已经转变为积极的参与者。消费者积极参与企业的研发、设计和生产,以及在消费领域贡献自己的知识技能,以创造更好的消费体验。这些都说明价值不仅仅来源于生产者,而且还建立在消费者参与的基础上,即价值来源于消费者与企业或其他利益相关者的共同创造,且价值最终是由消费者来决定的。企业未来的竞争将依赖于一种新的价值创造方法:"以个体为中心,由消费者与企业共同创造价值"。价值共创成为营销学界新的研究领域,价值聚焦已经从关注交换价值转换到关注使用价值或体验价值。使用价值或体验价值是在消费者使用或体验产品过程中形成的,而不是在生产过程中产生的,因此顾客不是游离于价值创造过程之外的,而是价值的共同创造者。

价值共创与传统价值创造概念的区别,主要体现在创造价值的目标、关注中心、顾客地位、了解顾客需求方式、信息集成和共享以及关注的满意度维度等方面(见表9-1)。

表 9-1 价值共创与传统的价值创造的对比

	传统的价值创造	价值共创
创造价值的目标	经济价值的提取	通过共同创造体验来共同创造价值
关注中心	以企业提供产品和服务为中心	以顾客为中心,主动的参与者
顾客地位	被动的消费者,企业价值创造的外部客户	价值创造的合作伙伴
了解顾客需求方式	历史性交易记录和描述性数据	多个互动点、多渠道、多情境了解顾客多方面的需求
信息集成和共享	信息不对称	信息透明
关注的满意度的维度	只关注消费过程中的满意度	在价值网上各个互动点的满意度——即在每个互动点、渠道、情境中的满意度

二、理解价值共创的不同含义

在价值共创提出之前,传统的价值创造理论认为价值创造只有在一个产品或一项服务被消费的情况下才有可能发生。价值共创理论不再认为"消费只是一种消耗行为",而是将消费看成是创造价值的重要形式;消费者也不再被排斥在价值创造体系之外,而是成为价值创造的主体之一。顾客在价值创造的过程中通过体验对价值进行建构,价值创造是顾客对价值的体验性感知,形成于对资源的占有、使用或心理状态。按照价值共创理论的发展历程,从最初的交换价值到后来的使用价值和情境价值,学术界对价值共创概念的理解主要有以下四种。

(一)价值是共同生产的,顾客是共同生产者

在产品经济时代,价值就是顾客为了消费一个产品或者一项服务而愿意付出的价格。在服务经济时代,价值则是企业与顾客在生产过程中通过协调和结合共同生产出来的。在生产过程中顾客与企业交换实用和稀缺的资源,顾客总是价值的合作生产者。

创造价值的关键在于让顾客参与共同生产。在商业领域中,随着对关系、互动和双向创造等无形资产的关注越来越多,顾客逐渐被视为价值的共同生产者,并为生产提供一定的资源,成为企业人力资源的重要组成部分。"共同生产"是价值共创的一部分,顾客在消

费、使用或体验之前或过程中与企业共同创造价值。消费更多地被看作是企业运营生产过程的一部分，而与消费过程密切相关的产品也不再是生产的最终结果和目标，而是顾客参与生产并投入资源的重要过程。顾客在企业生产中扮演了越来越主动的角色，参与生产的需求增强。在服务情境下，为了实现这种需求，企业必须把消费阶段纳入到生产过程中全盘考虑，学会利用顾客在新产品和服务的发展中具有的创造潜力。

（二）价值是共同创造的，顾客通常是价值的共同创造者

随着新兴工具和技术的发展，顾客对可选择的产品和服务的需求增加，他们掌握更多信息，拥有网络，更多受权，市场正在成为一个方便顾客、顾客社区和企业之间对话和互动的论坛，消费者对价值创造的影响力越来越大，他们希望通过和企业的互动参与到价值创造的过程中，共创的价值通过企业和顾客合作性地对资源（有形和无形）进行整合而创造出来。

服务主导逻辑认为，价值的聚焦已经从交换价值转换到使用价值，企业不能传递价值，只能提供价值主张，价值通常是由利益相关者独特地、现象地决定的，顾客通常是价值的共同创造者。服务系统价值共创强调价值不仅仅是由服务提供者创造的，而是与顾客共同创造的过程。共创的价值是使用价值或体验价值，企业应该设法鼓励顾客参与价值链的各个环节，成为价值的共同创造者。顾客可以在产品开发、设计、生产、消费和售后阶段参与企业活动，并在不同阶段分别扮演五种角色：产品概念提出者、产品设计者、产品测试者、产品支持专家和产品营销员，并与企业进行交互，进行价值共创。

（三）价值是共同创造的，企业通常是价值的共同创造者

与企业提供价值主张、顾客参与价值共创的观点不同，在价值共创的过程中，应该是顾客根据自身的需求提出价值主张，企业提供知识和技能，通过与顾客一起创造出顾客主张的价值来满足顾客的需求。在此过程中，顾客可以根据自身所处的情境与企业共同建构服务体验。在价值共创过程中，不是顾客获得了参与企业创造价值的机会，而是企业获得了参与顾客的价值创造过程的机会而成为价值促进者或者价值共创者，价值共创发生在企业可以积极参与顾客价值产生过程和直接影响顾客价值创造的时候。克里斯蒂娜·海诺宁（Kristina Heinonen）提出了顾客主导逻辑（customer-dominant logic）的思想，认为服务主导逻辑仍旧是企业为主导的逻辑，而顾客主导逻辑通过将关注点从企业过程转向顾客的生活实践而将顾客置于中心位置。顾客主导逻辑认为，价值创造产生于顾客的日常生活实践，即顾客通过企业提供的产品或服务结合自身可利用的其他资源和技能，通过日常生活实践为自己创造价值。持该种理解的学者认为，共创的价值是生活价值，或者情境价值，企业不再以顾客提供产品和服务为目标导向，而是以顾客如何利用产品或服务达到自己的目的为目标导向，企业生产营销活动的重点是顾客的消费活动、消费实践、消费体验和消费场景。

（四）价值是由整个系统共同创造的

服务生态系统方法（service-ecosystems approach）是研究营销中价值共创的一个视

角。服务生态系统是一个自我调整的系统,通过企业、顾客及其他利益相关者整合资源的能力和服务交换的价值共创过程实现。价值共创产生于资源整合的过程,受互惠交换的接触和复杂的服务-服务交换(service-service exchange)系统中的共享体系调节。从服务生态系统视角进行理解,价值共创在普遍存在的交换关系中连续不断地发生。在这些交互过程中,知识的转换和产生是无穷尽的;参与者在价值共创中,不仅仅利用了所处的社会环境,也对衍生价值的社会环境做出了贡献。

在"价值共创"中,只关注企业和顾客的关系是不够的,应该尝试发掘更多参与价值创造的主体和来源。所有的市场参与者都可以被看作是存在于一个依靠其他资源而生存的开放系统,这种依存性创造了进行交换和互动的需求,进而通过整合资源提升整个系统的福利或健康水平。因此,"价值共创"不局限在将位于价值链末端的消费者力量引入进来,在整条价值链上的所有利益相关者——从股东到原料供应商,都可以被整合起来。除了产品和服务外,顾客的价值创造还包含着信息和知识以及其他保证企业运转和顾客消费的因素。随着实践活动逐步成为价值创造的基本单元,并不断被注入资源,价值创造系统内的供应者、商业伙伴、联盟和顾客等共同创造了价值,同时服务交换和各参与者的角色是动态变化的。IBM主导发起的服务科学观点认为,服务系统通过整合现有可用资源创造价值。每个服务系统都必须依靠其他实体运转,并以顾客和提供商为主,通过资源的整合和互动共同创造价值。服务系统的观点从更宏观的层面上强调了资源和互动的重要性。

三、促进顾客价值共创的主要因素

在顾客与企业双方的交易中,顾客能够从被动地位转变为主动参与的地位,受到一系列因素的影响和作用。其中包括企业的因素、顾客的因素以及两者的相互关系因素。

(一)企业因素

从企业的角度来看,企业的性质能够影响顾客是否参与到价值创造的过程中去。简单地追求效率和规模的企业会认为,顾客的参与行为会增加员工的工作负担和角色冲突,阻碍企业的正常运营。这类型企业会尽量减少顾客参与,把顾客隔离于企业的边界之外。相反,一些注重个性化和顾客导向的企业则十分鼓励顾客的投入。他们认为,顾客能够为企业提供必要的信息,有助于其了解顾客的个人需求,从而提供更高质量的产品或服务,使顾客的满意感得到提升。另外,某些服务能够由顾客独立或协助完成,实际上提高了企业运作流程的效率,为企业带来更大的利益。因此,企业管理层对企业的定位在很大程度上决定了顾客参与的程度。

供应者的专业性会影响顾客的价值共创行为。关于销售的研究表明,专家的意见比非专家的意见更具有影响力。顾客和销售者之间关系的紧密度会因为销售者的能力而加强。由此,专业的供应商具有较高的知识水平,能够回答顾客的相关问题,使顾客更清楚其在服务过程中的角色,明确其应做出的行为以及该如何表现,从而更愿意参与到价值创造当中。企业与顾客的同质性也是引起顾客参与行为的重要因素。双方的同质性越强,在信息交流上就越容易理解对方,这样,双方的沟通就会更加准确和高效。另一方面,同质性会引发信任和尊重的情感,并隐含着具有共同的需要和目标。双方的同质性会使其中一方促进另一方达成目标。若企业在态度上与顾客同质,则能够使顾客更清楚自己在服务过程中的角色,并有更大的动机参与到企业运营中。企业可以通过公司流程或项目的再设计,激励顾客进行共同生产和价值共创,如设置自我服务项目、引入先进的技术、给予顾客恰当的培训,使顾客具备较好的技能,从而愿意投入到企业的价值创造过程中。

(二) 顾客因素

顾客对企业或企业产品和服务的态度倾向在很大程度上决定其是否做出价值共创的行为。产消合一是指某一过程不仅包含购买活动,还结合了部分体力活动、智力投入和社会心理的体验。顾客会参与到这一过程当中,提供金钱、时间、努力和技能上的投入。通常把产消合一的概念定义为价值创造活动,顾客在其中消费,并作为消费体验的一部分,参与到产品或服务的生产中。顾客的意向会对其做出产消合一的行为产生积极影响。顾客对于试验及成功的态度、对于过程的态度以及自我效能感都会影响顾客产消合一倾向,上述因素也将影响顾客做出价值共创行为的选择。

顾客的专业性也会引起顾客参与和企业的价值共创活动。顾客的专业性表现为顾客对产品或服务的提供情况具有不断积累的知识;专业的顾客掌握了在同一产品或服务类别下类似品牌的平均表现。当顾客获得经验,他们就能更好地对不同产品或服务的多个要素进行评价,即显现出更高的专业水平,能够对产品或服务的生产提供更有价值的贡献。而缺少经验的顾客通常会感知到更多的决策风险。由于害怕无法达到最优的结果,他们会减少参与价值共创的可能性。专业的顾客对服务传递过程有更大的控制需要。顾客越希望控制服务的提供,越有可能投入到产品或服务的共同生产当中。

顾客是企业的兼职雇员。作为企业的一部分,顾客会对企业产生情感认同,即顾客会对企业产生依恋,具有企业的自我识别,会参与到企业的产品或服务提供中。在人力资源的研究中,学者们认为,当员工具有较强的情感认同时,会对企业产生更多的感情依附,从而更有动机为企业做出个人的贡献,以得到企业理想的成果。情感认同也对员工的工作投入和工作表现具有积极的影响。既然顾客被看作是企业的兼职雇员,那么顾客对企业的情感认同也会转化为对企业文化、规则和规范的肯定,顾客会更愿意向企业贡献出个人的信息、努力或技能,参与和企业的共同价值创造。

在人与人的交往过程中,一方感知到的交往公平性会影响其态度和行为。根据社会交换理论,顾客感知的服务公平程度会影响其做出合作行为的决定。顾客在与企业接触时,若顾客感知到其所得到的对待带有不公平性,顾客会在心理上对企业的产品或服务产生抵触,甚至不愿意配合其余相应的活动。因此,顾客感知的公平性会正向作用于顾客在价值共创中的投入。

顾客的信任是指顾客认为企业能够提供满意的产品和服务,有能力并负责地完成相关的工作任务。当顾客对企业产生信任,顾客会产生与企业关系上的承诺。这种关系上的承诺使顾客更容易依附于该企业,从而愿意在价值创造的过程中付出更多的金钱、时间、努力与技能。信任度越大,顾客对企业所产生的承诺会越强,顾客会更希望通过自身的贡献帮助企业完成目标。因此,顾客对企业的信任对顾客的价值共创也能产生积极的影响。

顾客与企业之间的沟通能够促进顾客产生价值共创行为。沟通是建立顾客与企业之间联系的关键,它使顾客的疑问和担忧得到解决,从而更好地管理自身的期望,建立对企业的信任。顾客与企业之间的相互交流增加了双方的信息分享,即提高了顾客参与的程度。同时,沟通能够使顾客对企业的流程和规范更加明确,从中能够认识到自己在企业产品或服务提供中的角色,使价值的共同创造过程更具有效率。最后,企业能够在双方的沟通中帮助顾客完成任务,提高顾客的能力水平,进一步激发顾客投入的动机。当然,顾客与企业之间的关系也会影响其是否参与价值创造的过程。若顾客与企业建立一个良好的关系,顾客对企业有更高的熟悉程度,则更愿意做出自愿行为,付出个人的贡献。

第三节　服务中顾客行为管理

一、顾客参与行为

顾客参与主要有两种角色,一种是信息的提供者,另一种是共同发展者。前者强调的是顾客在信息方面的投入,而后者更多的是顾客与企业合作完成产品或服务发展的任务。随着参与程度的增多,企业渐渐意识到,顾客更像是企业的"兼职员工",顾客不仅仅通过其购买为企业带来利润,还会参与到企业产品或服务的传递当中,与企业共同创造价值。对企业而言,怎样有效管理服务过程中的顾客参与行为,从而达到企业与顾客利益的最大化,就显得格外重要。

(一)顾客参与行为的分类

根据顾客参与的不同行为,可以从不同角度对其维度进行划分。第一种常见的划分方法是从顾客在智力上、体力上及情绪上的投入来衡量顾客参与行为。智力上的投入包括顾客在信息和心智方面做出的努力,体力上的投入包括顾客有形的和无形的体能劳动,情绪上的投入包括顾客在态度上的付出。在许多服务场景中,为达到最佳的服务绩效,顾客在这三方面所做出的努力与投入都是必需的。

顾客参与到服务过程的主要动机是为了寻求顾客满意,因而顾客参与是顾客追求满意导向的行为。根据服务提交的过程,顾客参与又可以分为事前准备、建立关系、交换信息和干涉员工的服务补救四个维度。基于这四种行为,企业可以构建一条顾客服务评价链(见图9-1)。如果服务失败,为寻求顾客满意,顾客要么选择在服务补救阶段进行干涉(例如提供反馈信息),要么回到交换信息与建立关系的阶段,重新向服务人员清楚地说明自己的需求。这种划分方法在跨文化背景下也是适用的。

另外一个划分视角认为,服务提供者和顾客都会参与到服务过程中。信息共享、责任行为和人际互动这三个维度可以用来描述服务提供者和顾客双方的行为。表9-2总结了各种视角下顾客参与行为的维度。

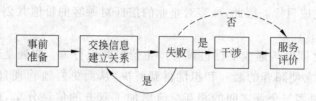

图 9-1 基于顾客参与行为的顾客服务评价链

资料来源：Kellogg D L，Youngdahl W E，Bowen D E. On the relationship between customer participation and satisfaction：two frameworks［J］. International Journal of Service Industry Management，1997，8(3)：206-219.

表 9-2 顾客参与行为的维度

划 分 依 据	维 度
顾客投入的表现	智力上的投入：在信息和心智上的努力 体力上的投入：有形的和无形的体能劳力 情绪上的投入：顾客在态度上的付出
顾客在服务过程中的角色：赞助者、人力资源、顾客	忠诚：购买服务后的一种行为意向 合作行为：承担合作生产者的角色 信息分享：主动且有责任性的参与和投入
根据服务提交过程划分，寻求满意感的行为	事前准备：在服务发生前的信息收集和研究 建立关系：与服务提供者建立良好关系 交换信息：提供信息，明确需求与期望 干涉：服务失败后的补救行为，如反馈负面信息
同时描述服务提供商和顾客的参与行为	信息共享：顾客向员工提供需求的信息 责任行为：双方都承担责任，顾客同时是服务生产者 人际互动：人际交往中的信任、支持、依赖、合作、灵活、承诺等要素
根据顾客参与程度分为低、中、高三种程度	出席：消费次数与频率 提供信息：向服务人员提供信息与创新的建议，给其他顾客提供信息的程度 共同制造：合作努力的程度

（二）顾客参与的程度

从服务环境角度看，顾客参与的程度会随着服务环境的变化而不同，如表 9-3 所示。

表 9-3 不同服务中的顾客参与水平

顾客参与水平	低程度的顾客参与	中等程度的顾客参与	高程度的顾客参与
定义	服务传递时顾客才需出现	完成服务需要顾客的投入	顾客共同生产服务产品
标准化程度	产品是标准化的	顾客投入使标准产品定制化	积极的顾客参与指导定制化服务
服务的产生	无论有无顾客购买都可以产生服务	当顾客购买时才能产生服务	服务的创造与顾客购买、主动参与无法分离

顾客参与水平	低程度的顾客参与	中等程度的顾客参与	高程度的顾客参与
顾客投入	付款可能是唯一要求的顾客投入	要得到满意的结果,顾客投入是必须的,但没有顾客投入服务公司仍可提供服务	顾客投入是必须的,并由顾客和服务提供者共同创造服务
举例	消费者:快餐业、航空交通、汽车旅馆 企业顾客:清洗服务、害虫控制、维修保养	消费者:理发、年度体检、高级餐厅 企业顾客:货物运输、代理广告	消费者:个人培训、减肥计划、婚姻咨询 企业顾客:管理咨询

资料来源:Bitner M J, Faranda W T, Hubbert A R, et al. Customer contributions and roles in service delivery [J]. International Journal of Service Industry management, 1997, 8(3):193-205.

可见,在不同的服务环境中,顾客扮演的角色与所起到的作用不同,在有较多针对人们身体(例如减肥计划)和思想(例如教育、咨询)的服务过程中,顾客参与程度相对较高。并且,在同一种服务中,顾客选择的服务传递类型也会影响到顾客参与程度(例如 ATM 自助服务与柜台服务),自助服务技术更被泽丝曼尔(V. A. Zeithaml)等学者称为"顾客参与的极限形式"。

从顾客个人角度看,顾客实际的参与程度是由顾客的角色设定、顾客参与的能力和顾客参与的意愿决定的,且与顾客的角色设定相比较,顾客参与的能力和意愿对顾客参与程度的影响更大。顾客的能力指顾客有效扮演理想的角色所需的资源,例如知识、技能、经历、金钱、时间、精力等。其中顾客的角色认知也是一个重要的方面,可以通过顾客的经历或相似的服务经历获得,企业也可以通过一定的管理措施(如对外宣传)来增强顾客对自己角色的认知。影响顾客参与意愿的因素有服务的效率、服务的效果(例如减少风险)和心理利益(例如增加享乐体验或增强感知的控制感)三个方面。许多学者强调增强控制感以减少风险是顾客参与服务生产过程可获得的最主要的心理利益,该观点与社会心理学上认为人具有控制欲望的观点一致。另外,文化差异也会造成顾客参与意愿与参与行为的不同。

(三)顾客参与行为的积极作用

对于企业而言,顾客参与行为对服务的创新起着关键的作用。无论是顾客做出信息的投入还是参与共同生产,都对企业新产品的开发具有重要的影响。顾客信息能够帮助开发部门了解市场的趋势和机会,从而明确恰当的服务产品特征。而作为共同发展者,顾客可以与企业和员工共同解决问题。顾客能够帮助企业获得更多的资源和支持,从而增强企业的创新能力。

顾客的参与能够有效地实施服务补救。当遭遇服务失败时,顾客的参与能够帮助企业更好地了解顾客的想法和问题,从而共同找出解决的方案。而顾客通过参与服务补救的过程,能够对自身在价值共创中的角色更明确,并更愿意与企业合作实现双方的利益。

此外,顾客的参与能够为企业培养满意和忠诚的顾客。首先,顾客参与促进了企业和员工对顾客的认识。投入到企业生产或服务传递中的顾客会与企业和员工共享信息。顾客所提供的信息包括其个人需求和市场的最新资讯,这些信息有助于企业和员工把握顾客的想法和偏好，从而提供更符合其需要的产品或服务。其次，通过参与到企业的价值创造过程，顾客可以获得更好的服务质量、个性化的服务以及对服务的控制。顾客在服务传递中的投入能够有效地减少其在财务和服务上所感知的风险，从而获得更好的服务体验。这些都能带来顾客较高水平的满意感，其满意感会进一步转化为对企业的忠诚。

顾客的参与还会影响员工的工作表现及对工作的承诺。顾客参与中的信息分享，使员工与顾客双方都能够更了解对方的想法；合作生产行为在一定程度上减轻了员工的工作，让员工的工作更加有效；顾客因参与服务过程而产生的满意感也会强化员工在工作中的愉悦。这些积极的内心感受更会让员工产生对企业的忠诚，员工会愿意在往后的工作中付出更多的努力。

顾客参与也有利于顾客与企业之间关系的建立。顾客的参与让顾客和企业之间产生更多的信息交流和合作，双方会建立更深的信任以及更紧密的联系。顾客在与员工交往中的智力、体力和精力投入，会使顾客对服务的结果有更好的感知，并对服务表现有积极的评价，从而增强顾客和员工之间的合作关系。

（四）顾客参与是一把双刃剑

1. 顾客参与导致不确定性加强

顾客参与是降低服务风险的有效方式，很多顾客是为了降低服务质量的不确定性而参与其中的。但事实上服务生产与制造业生产过程存在不同，顾客参与其中往往加剧了服务的不确定性，会给企业和服务过程带来不稳定因素。在现实工作中，管理消费者是非常困难的，因为很难采取适当的激励或处罚的措施，而且不可能像对待正式员工一样去规范消费者的行为和价值观。所以，消费者的参与可能会增加服务过程的不确定性。

顾客参与服务过程时的感知会受到各种情境因素的影响，变化的情景和环境也会给顾客带来不稳定的服务体验。这种不确定性会增加员工的角色压力。有能力并且有意愿帮助顾客解决问题的员工才会让顾客更为满意，而且若员工具备满足顾客特殊需求的适应力则会提升顾客的服务体验。员工的角色压力诸如角色冲突和角色模糊等会让顾客觉得他们没有能力传递好的服务，同时角色压力会导致员工工作满意度和工作绩效下降，从而也降低顾客对服务质量的感知。

2. 顾客情绪体验受员工情绪感染

顾客对服务质量进行评价时，会将员工的友好、热情和专注作为重要线索。顾客参与的过程不仅是认知过程，也是一种情感参与的过程。在这一过程中，顾客的情绪会受到员工情绪的感染。顾客的情感因素，如气愤、失望、内疚、快乐和高兴等，可以作为一种过滤器，影响顾客的服务体验或对服务质量的感知。所以在评价顾客参与效果时要考虑服务提供者和顾客之间的关系程度。

3. 顾客参与不一定带来服务价值提升

服务交往中顾客和员工双方感受到服务价值（包括经济价值和关系价值）可能随着顾客参与关系的建立而得到提升，但也可能会因为顾客与员工之间的不匹配而遭到破坏，顾客参与与服务价值的关系会受到中介变量的影响。

4．顾客参与与顾客满意关系不明确

服务过程中不同阶段的参与行为会不同程度地影响顾客满意度。其中建立关系能够产生最高的服务满意度，事前准备与高水平的满意度具有较高相关，信息交换能够使得本来不满意的顾客满意起来，而服务失误后的干预行为很少会产生满意结果，且顾客的付出成本还很大。许多学者的研究都表明，顾客参与程度越高，感知的服务质量就越高，但顾客参与和顾客满意度之间的关系并不显著。因此，顾客参与同顾客满意之间的关系并不确定，可能其中有一些因素在起作用，比如文化因素、服务类型等。

5．顾客参与增加员工工作量感知

顾客参与程度越高，员工感知的工作量就越大。员工感知的工作量包括身体和心理两部分，而心理感知更为重要。与顾客参与呈正向关系的原因如下：第一，顾客参与增加了服务的变化和不确定因素，使得员工无法按照既有的工作程序完成服务，从而使员工感知的工作量增加；第二，从企业角度看，即使顾客参与降低了身体的工作量，那么为了保持员工价值，企业会采取削减劳动力等措施，实际上并没有降低员工的工作量；第三，顾客参与会给员工带来角色冲突的问题，即员工需满足顾客与企业双重上司的要求，从而增加心理上的工作量。

（五）制定有效的顾客参与战略

为实现有效的顾客参与，企业可以在以下四个方面做出努力。

1．定义顾客的工作

企业首先要决定需要哪种类型的顾客参与，从而定义顾客的工作，明确顾客的参与水平和具体角色。顾客的角色可能是由服务的特征决定的。某些服务仅仅要求顾客在场（例如音乐会），某些服务可能要求顾客付出精力或提供信息实现中等水平的参与（如理发、留学手续），某些服务就要求顾客实际生产服务产品（如健身中心、自助服务）等。

许多企业希望通过提高顾客参与水平来实现服务体验的创新，这在战略上是可取的。但是企业应当注意到，由于个体差异的原因，不是每个人都愿意参与。一些顾客喜欢自助服务，而另一些顾客宁愿安全地让别人为他们提供服务。研究表明，对人际交互需求高的顾客很少尝试通过互联网和自动电话系统提供的新自助服务。因此，企业应当仔细分析组织目标市场的特征，提供多种选择的机会，从而提高顾客的满意感。

2．吸引合适的顾客

不是所有顾客都愿意并且有能力为自己服务，企业必须吸引合适的顾客担任那些角色，努力吸引那些和角色要求相适合的顾客。服务组织应在其公司宣传资料中，清楚地描述所期望的角色和相应的责任。顾客通过预知他们的角色和在服务过程中对他们的要求，可以选择是否进入（或退出）这种关系。自我选择的结果是，提高了顾客对服务质量的感知，为组织降低了不确定性。

3．教育顾客

为使顾客能有效地完成他们的角色，需要教育顾客。通过这个适应化过程，促使顾客理解服务组织的价值观，培养特定情形下完成角色所必需的能力，理解组织对他们的期望和要求，获得与员工及"其他顾客"互动的技巧和知识。顾客教育计划可以采取各种形式，如上门推广活动、提供印刷品、服务环境中的直接提示或标识、建立网络互动平台激励顾客向员工或其他顾客学习。

4. 管理顾客组合

因为在服务的供给和消费过程中,顾客之间常常互相影响,所以要对同时接受服务的顾客组合进行有效管理。对多样的、有时是冲突的顾客群的管理过程称为兼容性管理。兼容性管理首先是一个吸引同类顾客进入服务环境的过程;其次,对有形环境以及顾客之间的接触进行主动管理,以此来增加令人满意的接触。

服务型企业可以依靠各种策略进行兼容性管理。一种方法是通过认真的定位和细分化战略,最大限度地吸引相似的顾客群。另一种方法是将具有一致性特征的顾客安排在一起,尽可能减少顾客群之间的直接影响。如果一家餐厅选择在晚餐时间为两类不兼容的顾客提供服务——举行朋友生日宴会的大学生和带着小孩需要安静的家庭,它会发现两类顾客很难合并。如果餐厅对这些细分顾客群进行管理,让他们分区就座,或者提供私密空间,就能尽可能地避免其彼此间的相互影响。

二、顾客不良行为的表现

在现实的消费情景中,普遍存在顾客破坏消费秩序的不良行为,如插队、喧哗、随处弃物、顺手牵羊、破坏、对服务员工或其他顾客实施身体或口头侵犯等。然而,受"顾客是上帝"的主流营销观念的影响,许多企业认为"顾客总是对的",常常纵容顾客不良行为。而这样往往导致了顾客不良行为的不断传播和蔓延。目前,顾客不良行为已经成为企业日常管理中的难题。

(一)顾客不良行为的分类

顾客不良行为,也称为"顾客异常行为"、"顾客不端行为",是指顾客不遵守消费情景中大部分消费者可接受的行为规范,破坏正常的消费秩序,且会直接影响企业员工的工作状态以及现场其他顾客的情感反应和消费体验的行为。这些行为主要包括不愿支付费用、破坏服务设施、对工作人员的口头侮辱或暴力行为、偷窃、欺诈、同其他顾客吵闹等给服务接触造成混乱的公开或非公开的"功能障碍型顾客行为"。

服务营销大师克里斯托弗·洛夫洛克(Christopher Lovelock)将有意或无意地给服务企业或其他顾客带来不良影响,造成服务提供系统混乱的顾客归为"不良顾客"。按照其不良行为的性质将其分为以下六种类型:故意毁损组织财产的"破坏者"、不打算为服务付费的"盗贼"、对服务人员以议论或侵略性的方式行事的"好战者"、与其他顾客或家庭成员吵架的"家庭争斗者"、拖欠服务费的"游手好闲者"以及不遵守不成文的规则和服务接触规范的"规则破坏者"。按照洛夫洛克的定义,根据顾客不良行为所影响对象的不同,可将不良行为归纳为"针对服务组织的不良行为"和"针对其他顾客的不良行为"两种。

顾客不良行为的表现由于性别差异或者在具体的服务行业中可能略有不同。例如在餐饮业,男性顾客发生频率高的不良行为包括:使用粗言秽语、性别歧视、在他人面前贬低前台员工来维护自己的自尊。女性顾客发生频率高的不良行为包括:喷太多香水造成其他顾客和工作人员的不适、不合理退餐、突然发怒乱扔东西等。

（二）顾客不良行为的影响因素

顾客的不良行为主要是由两类因素引起的，一类是顾客自身因素，另外一类是服务组织和消费场景因素。

从顾客自身因素看，顾客的情感反应、心理承诺等心理因素以及性格特征等个人特质因素是引发顾客不良行为的直接原因。顾客不良行为作为对不满意服务接触的回应，原因在于顾客认为服务不公平，旨在恢复公平。在服务接触中，当顾客感受到不公正待遇，感觉自我身份受到威胁时，他们往往经历不愉快的情感反应。当顾客处于诸如愤怒等消极负面的情感状态时，作为摆脱这种消极情绪的一种手段而采取报复行为的可能性较大。虽然情感反应不能直接导致特定行为的发生，但却可以大大增加特定行为发生的可能性。从这一角度看，顾客不良行为并不一定是完全无理的。

从服务组织和消费场景角度，服务接触理论、情境理论等可以解释顾客不良行为的成因。服务场所的喧闹程度、等待接受服务的时间，甚至室内的温度和播放的音乐等企业能够控制的因素都会影响诸如破坏服务设施等顾客攻击性行为发生的频率和程度。当顾客意识到其消费目标无法通过正当途径实现时，或因缺乏公德心而没能意识到不良行为的后果时，以及服务企业庞大的规模和权力拉大了顾客同企业间的心理距离时、受到周边喧闹的噪音等环境因素刺激时，不良行为发生的频率更高，程度更强。

（三）管理顾客不良行为

对于顾客不良行为的管理问题，管理人员从短期效果看要加强一线员工的培训，从长期效果看要加强顾客教育，并配以合理的服务流程设计。

教育和威慑是企业管理顾客不良行为的两个常用方法。教育方法指利用宣传来强调顾客行为规范，说服顾客遵守社会规范，强化抑制不良行为的道德约束。例如，把顾客不良行为描述成被排斥的、令人反感的、会造成伤害的错误行为。可以通过服务场所标语等措施来教育顾客，使顾客明确自己的责任，学会正确地参与和互动。威慑是被广泛使用的控制策略，强调利用正式和非正式制裁来控制不良行为。威慑理论认为系统的、一贯的威慑政策可以增加感知风险，从而有效地阻止不良行为。典型的措施如商店里安排人力监视和安装监控器等电子安全设施。这些措施增加了顾客不良行为被发现和惩罚的感知可能性。然而，威慑措施也有反作用，如果普通顾客感觉到敌意，就会适得其反。零售企业长期以来一直担心，强大的威慑可能会疏远诚实的顾客。

此外，可以通过增强顾客公平感知（例如排队等候中不要为插队的顾客优先服务）以及针对不同顾客实施不同待遇等措施来管理顾客不良行为。面对顾客不良行为，营销管理者应制定制度和程序加以管理并重新审视市场细分与定位。服务管理者应通过服务场景设计和布局来减少顾客不良行为的发生。

三、激励顾客的积极行为

（一）以实际行动表明对顾客作用和价值的重视

有些服务型企业的管理人员常在口头上强调要重视顾客的作用和价值，但在实际工作中却忽视或漠视顾客的作用和价值,主要表现在:①许多服务型企业都在顾客容易看见的地方放有顾客意见表,意在了解顾客在企业消费过程中的意见和看法,但有些企业并没有真正利用好顾客意见表,没有把顾客意见表里的信息进行加工整理,提取有用的素材以便在将来更好地改进服务质量。当客人再次光临服务型企业,发现自己以前提出的问题仍然存在时,顾客会有一种上当受骗的感觉,认为企业根本不重视他们的意见。企业忽视顾客意见的行为不仅严重挫伤了顾客提供反馈信息的积极性,还会使顾客觉得企业并不是真诚地关心他们的需要和利益。这将严重损害企业与顾客之间的关系质量。②有些服务型企业设有顾客投诉服务部或免费投诉电话,但投诉电话经常无人接听,即使接听,工作人员也只是例行地询问顾客遇到的问题,却不能及时地答复客人,为客人解决问题。③有些服务型企业在待客态度上"欺软怕硬",对一些无理客人的过分要求唯唯诺诺,甚至不惜损害其他客人的利益来满足无理客人的要求。有些企业的管理人员会告诫服务人员宁可得罪态度好的客人也不要得罪粗鲁无理的客人。我们在餐馆吃饭时经常会遇到这样的情况:那些礼貌友善地对待服务人员的客人,往往会受到服务人员的怠慢,而那些粗鲁无理、大声吆喝的客人往往得到殷勤的招待。无理客人的行为和态度会对服务场所里其他客人的行为和态度产生重要的影响。其他客人会认为企业并不重视顾客合作行为的作用,他们会模仿无理客人的行为和态度来使自己获得更好和更快捷的服务,长此以往,企业里的员工会由于不堪重负而不断发生服务差错。更有甚者,员工和外部顾客会集体"跳槽",最终导致企业的市场声誉和收益受损。④一些服务型企业把与顾客的相互交往看成是交易的关系,在日常服务过程中没有树立"顾客导向"的服务文化,也不会努力为顾客提供优质的服务,即使在服务过程中出现差错,也不会为顾客提供补救性服务。他们往往抱着"少一个顾客没关系,反正中国人多"的思想,忽视了顾客作为"企业兼职营销人员"的作用和价值。满意的顾客会为企业做有利的口头宣传,不满的顾客会向他人诉说自己的不幸遭遇,并劝说他人不要购买企业的产品和服务。特别是在网络和计算机普及化的今天,顾客口头宣传的传播范围可以无限扩大,口头宣传的传播受众可以数以万计地增加。

企业应重视顾客的作用和价值,并以实际行动回报和奖励顾客。首先,企业可以通过各种联谊活动和顾客座谈会等与顾客进行充分的沟通,向顾客表明企业的确认同和重视顾客的价值。其次,企业可以广泛征询员工的意见,让员工在企业常客中评选"年度最佳顾客",评选的标准应包括顾客是否经常礼貌友善地对待服务人员,顾客是否主动积极地配合服务人员完成服务工作,顾客是否为企业提供建设性的意见和建议,顾客是否向亲朋好友推荐和介绍企业等。对于评选出来的"年度最佳顾客",企业应予以表扬和奖励。第三,企业应重视顾客提出的宝贵意见和建议,努力改正服务工作中存在的问题,并奖励提供好意见和建议的顾客,鼓励顾客成为企业的"咨询专家"。第四,企业应推出一些常客奖励计划,在提高老顾客跳槽成本的同时,为老顾客提供更多的消费价值。目前,许多酒店、航空公司推出常客奖励计划,餐厅、酒吧和其他娱乐场所等推出会员积分卡,就是为了向顾客表明企业重视他们的价值,并希望顾客能成为企业的一员。此外,一些中介服务型企业,如房地产中介、会计师事务所、律师事务所和信用卡公司等,纷纷采用"老顾客介绍新顾客使用企业的服务,新老顾客都能同时受惠"的促销方法,鼓励老顾客成为企业的"兼职营销人员",帮助企业吸引更多的新顾客。

（二）与顾客分享知识、信息、奖励和权力

顾客公民行为是顾客自发的、自主决定的角色外行为，例如积极地为企业提高服务质量出谋献策，主动地帮助其他顾客，为企业做有利的口头宣传，友善地配合服务人员完成服务工作等。顾客不仅应"愿意"表现公民行为，还应该"能够"表现出公民行为。服务型企业应该授予顾客一定的权力，并通过顾客座谈会和鼓励服务一线人员多与顾客交流和沟通等方式，主动地与顾客分享企业的信息和知识。顾客享有一定的工作决策权，能酌情决定自己的行为和方式，而且具备一定的服务知识，相信自己有能力做好分外工作，才会表现出公民行为。企业还可以表扬、奖励和授权顾客来激励这种公民行为。如何对顾客授权将在第十章第四节具体阐述。

（三）与顾客建立社会交换关系

社会交换以互惠和回报为基础，顾客和服务型企业的相互交往过程可以看成是一种社会交换过程。企业与顾客建立社会交换关系，是顾客表现出公民行为的重要条件。与经济交换关系不同，在社会交换关系中，双方并不明确、清晰地划分各自应承担的义务，而是相信对方迟早会在力所能及的范围内回报本方为对方所作的贡献。因此，双方都不急于立即获得对方的报答，而是期待从双方的长期关系中受惠。

企业与顾客建立长期的社会交换关系，有助于增强顾客对企业的信任感和归属感。顾客归属感是指顾客在心理上或情感上认同和关心企业、珍惜与企业之间的关系。顾客归属感应体现在以下四个方面：①顾客愿意竭尽所能帮助企业；②顾客强烈希望继续成为企业中的一员，也就是说，顾客希望继续维持和发展与企业之间的关系；③顾客关注企业的荣誉和利益；④顾客相信和接受企业的目标、信念和价值观。当顾客相信企业为他们提供更好的服务质量和更多的消费价值时，他们的归属感就会增强，而根据社会交换理论，有高度归属感的顾客会产生高度责任感，顾客不仅感到他们应该忠诚于企业，而且觉得自己有义务尽力为企业实现目标做出贡献以便回报企业为自己提供的利益和价值，因此，顾客就越可能表现出公民行为以促进企业目标的实现。另一方面，当顾客认同企业的目标和价值、关心企业的利益和荣誉时，他们就更可能把企业的盈利或损失理解为自身的盈利或损失，把企业的价值观和标准作为自己的价值观和标准，因此，顾客就越可能表现出公民行为以促进企业目标的实现。

在交易过程中，当交易的一方相信另一方是诚实的、可靠的，它就会对对方产生信任感。在双方相互信任和重视长期关系的情况下，顾客会相信自己的努力必将得到企业的认可和回报，进而乐于主动承担分外工作。根据社会交换理论，当顾客感觉到企业关心他们的需要和愿望、重视他们的意见和价值、努力为他们提供优质的服务和提高他们感觉中的消费价值时，顾客就会产生一种回报企业的义务感，因此，他们会以有益的公民行为来回报企业，促使企业实现既定的目标。换句话说，当顾客觉得企业重视他们的贡献、关心他们的福利，以及努力提供优质服务以满足其需要和愿望时，顾客就更愿意为企业做有利的口头宣传，真诚地与企业合作，主动地为企业提供反馈信息，以及帮助其他顾客更好地获得企业的产品和服务。

如果企业与顾客之间没有建立长期互惠和回报的承诺,顾客就不会尽力表现出组织公民行为。他们会更多地从经济交换的角度来看待自己和企业的关系,更加计较自己的得失。在当今激烈的市场竞争环境下,企业管理人员更应重视企业与核心顾客之间的社会交换关系,否则,企业就会在竞争中处于不利地位。

(四) 努力提高顾客满意感

满意感是顾客对服务实绩与某一标准进行比较之后产生的心理反应,是顾客对服务结果进行评估与归因之后产生的情感。由此可见,顾客满意感越高,就会越多地表现出积极的情绪状态,从而驱动顾客做出各种自发的有益于企业的行为。国外许多学者的研究结果表明,顾客对自己的消费经历越满意,就越愿意为企业做有利的口头宣传、向他人称赞和推荐企业的产品和服务,愿意成为企业的回头客;不满的顾客会向他人抱怨企业的劣质产品和服务,不再购买企业的产品和服务或劝告他人不要购买企业的产品和服务。当个体对某种关系感到满意时,他们会变得更为合作以维持这种良好的关系。一项对银行顾客进行的实证研究表明:顾客的满意感与顾客合作行为(友善、礼貌等)呈正相关关系。企业应努力为顾客提供优质的服务,提高顾客的满意感。

思考与练习题

1. 以你的亲身经历为例,讨论成功的服务创造和服务体验中顾客的重要性。

2. 在价值创造的过程中,企业与顾客双方的角色发生了哪些变化?

3. 考虑你所经历过的低、中、高三类顾客参与水平的具体例子,具体说明每个服务的例子里,顾客有哪些参与服务的行为? 你为什么参与(或不参与)?

4. 服务传递中的顾客参与是一把双刃剑吗? 你如何看待这个问题?

5. 你遇到过其他顾客的不良行为吗? 企业是如何解决的? 你觉得企业今后应该如何做才能尽量避免顾客做出不良行为?

6. 参观一种服务环境,多类顾客在同一时间使用同种服务,企业是如何有效管理这些顾客的?

7. 企业可以采取哪些措施激励顾客做出有利于服务组织的积极行为?

参 考 文 献

[1] Bendapudi N, Leone R. Psychological implications of customer participation in Co-production[J]. Journal of Marketing, 2003, 67(January): 14-28.

[2] Bettencourt L A. Customer voluntary performance: customers as partners in service delivery[J]. Journal of Retailing, 1997, 73(3): 383-406.

[3] Bitner B J, Faranda W T, Hubbert A R, et al. Customer contributions and roles in service delivery [J]. International Journal of Service Industry Management, 1997, 8(3): 193-205.

[4] Bowers M R, Martin C L, Luker A. Trading places: employees as customers, customers as employees[J]. The Journal of Services Marketing, 1990, 4(2): 55-69.

[5] Cermak D S P, File K M, Prince R A. Customer participation in service specification and delivery [J]. Journal of Applied Business Research, 1994, 10(2): 90-97.

[6] Chan W K, Yim C K, Lam S S K. Is customer participation in value creation a double-edged sword? Evidence from professional financial services across cultures[J]. Journal of Marketing, 2010, 74(May): 48-64.

[7] Claycomb C, Lengnick-Hall C A, Inks L W. The customer as a productive resource: a pilot study and strategic implications[J]. Journal of Business Strategies, 2001, 18(Spring): 47-69.

[8] Dabholkar P A. How to improve perceived service quality by increasing customer participation [J]//Dunlap B J. Developments in marketing science. Journal of the Academy of Marketing Science, 1990: 483-487.

[9] Dong B, Evans K R, Zou S. The effects of customer participation in co-created service recovery [J]. Journal of the Academy Marketing Science, 2008, 36: 123-137.

[10] Etgar M. A descriptive model of the consumer co-production process[J]. Journal of the Academy of Marketing Science, 2008, 36(1): 97-108.

[11] Fitzsimmons J A. Consumer participation and productivity in service operations[J]. Interfaces, 1985, 15 (3): 60-67.

[12] Fullerton R A, Punj G. Repercussions of promoting an ideology of consumption: consumer misbehavior[J]. Journal of Business Research, 2004(11): 1239-1249.

[13] Goodwin C. I can do it myself: Training the service consumer to contribute[J]. The Journal of Service Marketing, 1988, 2(4): 71-78.

[14] Grönroos C. Service logic revisited: who creates value? And who co-creates? [J]. European Business Review, 2008, 20(4): 298-314.

[15] Grönroos C. Value co-creation in service logic: a critical analysis[J]. Marketing Theory, 2011, 3 (September): 279-301.

[16] Harris L C, Reynolda K L. The consequences of dysfunctional customer behavior[J]. Journal of Service Research, 2003(2): 144-161.

[17] Hsieh A T, Yen C H, Chin K C. Participative customers as partial employees and service provider workload[J]. International Journal of Service Industry Management, 2004, 15(2): 187-199.

[18] Hsieh A, Yen C. The Effect of Customer Participation on Service Providers' Job Stress[J]. The Service Industries Journal, 2005, 25(7): 891-905.

[19] Kelley S W, Donnelly J H, Skinner S J. Customer participation in service production and delivery [J]. Journal of Retailing, 1990, 66(Fall): 315-335.

[20] Kellogg D L, Youngdahl W E, Bowen D E. On the relationship between customer participation and satisfaction: two frameworks[J]. International Journal of Service Industry Management, 1997, 8(3): 206-215.

[21] Lengnick-Hall C A, Claycomb V, Inks L W. From recipient to contributor: examining customer roles and experienced outcomes[J]. European Journal of Marketing, 2000, 34(March): 359-383.

[22] Lovelock C, Young R. Look to consumers to increase productivity[J]. Harvard Business Review, 1979, 57(3): 168-178.

[23] Mills P K, Morris J H. Clients as "partial" employees of service organizations: role development in client participation[J]. Academy of Management Review, 1986, 11 (4): 726-735.

[24] Payne A F, Storbacka K, Frow P. Managing the co-creation of value[J]. Journal of the Academy of Marketing Science, 2008, 36：83-96.

[25] Rodi A R, Kleine S S. Customer participation in services production and delivery in swart[M]// Handbook of Services Marketing and Management. California：Sage Publications, 2000：111-125.

[26] Troye S V, Supphellen M. Consumer participation in coproduction："I made it myself" effects on consumers' sensory perceptions and evaluations of outcome and input product[J]. Journal of Marketing, 2012, 76(2)：33-46.

[27] Vargo S L. Customer integration and value creation：paradigmatic traps and perspectives[J]. Journal of Service Research, 2008, 11(2)：211-215.

[28] Vargo S L, Lusch R F. Evolving to a new dominant logic for marketing[J]. Journal of Marketing, 2004, 68 (1)：1-17.

[29] Vargo S L, Lusch R F. Expanding understanding of service exchange and value co-creation：a social construction approach[J]. Journal of the Academy of Marketing Science, 2007, 39：327-339.

[30] Vargo S L, Lusch R F. Service-dominant logic：continuing the evolution[J]. Journal of the Academy of Marketing Science, 2008, 36：1-10.

[31] Vargo S L, Maglio P P, Akaka M A. On value and value co-creation：a service systems and service logic perspective[J]. European Management Journal, 2008, 26(3)：145-152.

[32] Xie C, Bagozzi R P, Troye S V. Trying to prosume：toward a theory of consumers as co-creators of value[J]. Journal of the Academy of Marketing Science, 2008, 36：109-122.

[33] Yen H R, Gwinner K P, Su W. The impact of customer participation and service expectation on locus attributions following service failure [J]. International Journal of Service Industry Management, 2004,15(1)：7-26

[34] Yi Y, Nataraajan R, Gong T. Customer participation and citizenship behavioral influences on employee performance, satisfaction, commitment, and turnover intention[J]. Journal of Business Research, 2011, 64(1)：87-95.

[35] Youngdahl W E, Kellogg D L, Nie W, et al. Revisiting customer participation in service encounters：does culture matter[J]. Journal of Operations Management, 2003, 21：109-120.

[36] Zeithaml V A, Bitner M J. Services marketing：integrating customer focus across the firm, 3rd edition[M]. the McGraw-Hall Companies, Inc. , 2003：115-229.

[37] 范秀成, 张彤宇. 顾客参与对服务企业绩效的影响[J]. 当代财经, 2004, 8：69-73.

[38] 范秀成, 杜琰琰. 顾客参与是一把"双刃剑"——顾客参与影响价值创造的研究述评[J]. 管理评论, 2012,24(12)：64-71.

[39] 张祥, 陈荣秋. 顾客参与链：让顾客与企业共同创造竞争优势[J]. 管理评论, 2006, 18(6)：51-56.

[40] 望海军, 汪涛. 顾客参与、感知控制与顾客满意度关系研究[J]. 管理科学, 2007, 20(3)：48-54.

第十章

服务中的授权管理

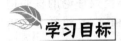 **学习目标**

动态的商业环境要求企业改变传统的管理思维。缺乏弹性的操作程序,过分简单的工作内容,标准化的控制方法越来越无法适应企业顾客多样化的需要。企业授予员工必要的权力,发动员工参与管理,才能提高生产效率和服务质量。员工积极参与管理工作,是企业成功的必要条件。现代授权管理理论是服务型企业员工管理的重要理论之一。通过本章学习,达到以下目标:

- 理解授权在应对现今多变的市场环境中的作用。
- 掌握相关的授权理论。
- 了解授权的权变思想。
- 掌握服务型企业授权的管理意图和方式。

第一节 授权的含义与作用

20 世纪 80 年代,欧美企业管理学术界在员工参与管理、员工高度介入管理的现实基础上,提出了现代授权管理理论。

一、授权的不同定义

授权是理论研究者解释组织效率的一个重要的概念。授权研究在理论上涉及不同的学科,如心理学、组织行为学等,在实践中应用于不同的领域,如企业、政府机构、公共服务部门等。对授权的研究可以从不同的层面入手,如从个体或者组织、社区入手。国外学者从不同的角度,对授权的定义给出了不同的表述。心理受权是从个体的角度对授权进行分析,它与组织授权、社区授权是有所区别的。理解心理受权是进一步理解组织授权和社区授权的基础。

不少有代表性的定义对推动授权的理论研究和授权管理措施的实施产生了积极的影响。授权指管理人员与服务第一线员工分享信息、知识、奖励和权力。这一定义的操作性较强,被广泛引用。也有学者指出,授权是对权力的一种创造性分配,是对责任的分担,它是重要而积极的,是包罗万象的、民主的和意义深远的。员工授权意味着企业让第一线员工自由,鼓励员工的创造力和想象力。

授权定义的多样性源于授权含义的多维性。事实上,授权研究者要给授权下一个统一的定义并不容易。授权是一个复杂的概念,至今为此,学术界对授权概念的界定仍未形成共识。授权的众多概念性和操作性定义可以归纳为两大类,分别是从"关系"的角度和从

"激励"的角度对授权进行分析。

（一）从关系角度研究授权

从关系角度研究授权管理理论,也称作企业的授权行为、机械的授权、自上而下授权、结构性授权理论。不少欧美学者把授权管理看作是企业的一系列管理措施,包括上级管理人员授予下属员工决策权力,为下属员工提供信息和资源等。这类授权理论的核心内容是企业应授予员工决策权力与斟酌处事权力。根据这类授权管理理论,受权的员工更能控制自己的工作方法,更了解自己的工作环境,更可能对自己的工作结果负责。

早期对授权的定义大多数是围绕着权力和控制权提出来的。在文献中,权力首先是一个表示关系的概念,它用来描述个人或组织影响他人和事件的能力。社会交换理论强调权力是行为者依赖或相互依赖的一种功能。当个体或单位的绩效不仅取决于自己的行为,而且取决于他人的反应时,权力由此产生。

从关系的角度研究授权,授权包含了权力的分散和下放、权力的分享和传递,涉及个人的权力和对他人的控制。不少研究主要是围绕如何对权力进行分配、减少员工的依赖性、增加员工权力、提高组织的绩效等问题对授权进行阐述。随着权力的减少,个人对他人的控制也减少。授权的企业通过鼓励员工参与决策使权力分散化,如建立自我管理团队、允许员工制订工作绩效标准、选择他们工作所需的设备、参与招聘决策、解决同事存在的问题、建立规章制度等,从而提高员工的工作积极性。支持这种观点的学者认为：授权可以提高企业的工作绩效。员工受到重视,愿意承担更多的工作,会充分利用组织给予的权力创造性地做好自己的工作,他们更有可能承担风险,为组织带来更多利益。

（二）从激励角度研究授权

从员工激励角度研究授权管理理论,也称作心理受权、有机的授权、自下而上授权理论。这一视角的研究认为授权并不是企业管理人员对员工采取的授权措施,而是员工的受权心态,因而这类授权理论的核心内容是员工的心理受权。根据这类授权管理理论,只有在员工的心理状态能激发员工内在的工作动力时,员工才会产生受权感。

从激励的角度分析,授权涉及自主决定和自我效能,强调通过公开的交流和激励性目标的设定来鼓励员工参与。支持这一观点的学者认为企业应该为员工设定有一定挑战性但又能够实现的工作目标,使用鼓励性的语言与员工进行沟通,为员工提供信息反馈,使员工相信自己能够胜任自己的工作,为员工提供感情支持,缓解员工的工作压力和不安。支持这种观点的学者也不少,他们认为从激励的角度研究授权能够更好地反映授权的真正含义。他们把授权理解为"通过改变特定的工作环境来增强员工自我效能感的过程",把授权定义为"内在的任务动机(intrinsic task motivation)",指出对以下四个方面的认知(任务评价)是员工授权的基础 ,即对于影响力、能力、工作意义和选择的感觉将影响员工的受权感。

二、授权的作用

不少服务型企业通过提高服务质量来提高企业在市场中的竞争优势,而服务质量的提高必须依靠服务第一线的员工。顾客会在服务型企业经历一系列的服务关键时刻,要充分满足顾客的需要,服务人员必须在服务的现场做出各种决策,因此,服务型企业管理人员应采取授权措施。企业授权给服务人员的好处有以下几个方面。

1. 在提供服务的过程中对顾客的需求做出快捷而直接的答复

企业对服务第一线员工授权可以有效地提高员工工作的灵活性。员工可以根据服务的需要调整自己的行为,在每一个服务的关键时刻更好地满足顾客提出的要求。受权的员工拥有必要的资源来为顾客提供他们所要求的服务。

2. 在补救服务过程中向不满的顾客做出快捷而直接的答复

如果服务实施不当,员工在第一时间纠正可以使不满的顾客变得满意,甚至成为企业的忠诚顾客。补救性服务质量的高低,在很大程度上取决于服务第一线的员工。一线员工处于解决顾客不满的最佳位置,可以对服务过程中出现的问题做出及时的反应。一线员工在服务差错出现以后没有做出适当的反应可能是由许多因素造成的,其中之一就是缺乏授权。如果企业授予员工工作中一定的支配权力,允许员工按自己认为最好的方式行使权力,当服务出现差错时,员工不需要去找远离服务第一线的管理者,就可以主动、灵活地为顾客做好补救性服务。

3. 授权可以改善员工的自我意识和对工作的认识

授权可以增强员工的工作控制感,使员工了解自己的工作与企业经营业绩的关系,增强员工责任感。授权强调对服务人员的尊重,把服务人员从细枝末节和严格的规章制度中解放出来,让他们自己寻找解决问题的方法,并对自己的决定和行为负责。适当的授权可以使员工感到自己是工作的"主人",唤起他们对工作的投入感、责任感。

4. 受权员工会更加热情地对待顾客

顾客对服务质量的满意程度受服务人员的态度影响。顾客希望服务人员对他们的需求表示关心。授权常常被看作是释放员工潜能并激发其敬业精神的方式。采取授权措施,可使员工觉得自己更能为顾客提供优质服务,受权员工会更加热情地为顾客提供服务。

5. 受权员工更愿意为服务活动出谋献策

授权意味着放开对基层员工的控制,鼓励员工发挥主动性和想象力,也意味着可以更公平地根据个人与集体的工作业绩分配奖励。受权员工愿意提出自己的观点,为服务质量的改善提出建设性的意见。企业让基层员工对服务该怎样做拥有发言权可以极大地提高服务的质量。

6. 授权使企业获得更多的口碑宣传,增加企业回头客

授权管理措施使服务第一线的员工更主动地满足顾客的期望,采取必要的措施,纠正服务差错。满意的顾客会积极地为企业的服务进行有利的口头宣传,并成为企业的回头客。

与传统的以控制为导向的管理方法相比,授权可提高员工的工作绩效,增强员工的满意感,授权有助于企业获得竞争优势。

第二节　授权管理理论

一、机械的授权理论

（一）肯特的组织内部权力结构模型

许多欧美学者认为美国哈佛大学教授肯特（R. M. Kanter）是授权理论的奠基者。他们根据肯特提出的组织内部权力结构模型（见图 10-1），研究企业的授权管理措施。

肯特认为，员工在组织内部的权力主要是由员工在组织内部的地位与结构性组织环境决定的，而并不是主要由员工的个性特点与社交经历决定的。员工的权力有以下两个来源：①正式的权力，指企业安排员工承担引人注目的关键性工作职务，授予员工自主决策权。②非正式的权力，指员工与上级管理人员、同等地位的员工、下属员工建立工作关系或联盟，可获得的非正式的权力。正式和非正式权力较大的员工更可能从组织的权力机构获得完成工作任务的各种权力。

肯特认为企业有以下三类授权结构：①机会结构，指员工在企业内部的发展和晋升机会，以及员工增强知识、提高技能的机会。②权力结构，指员工从企业获得的信息、支持和资源。员工较早获得企业的决策结果信息和政策变化信息，能利用自己的影响力获得资金、原材料、报酬和自己需要的其他资源，不必通过上级管理人员的层层审批就可根据自己的判断进行创新，都可增大员工的权力。③组织成员比例结构，指组织成员的社会地位。

如果员工无法获得信息、支持和资源，就会产生无权感，认为自己没有发展机会，不能参与企业的管理决策。他们没有权力，却必须对自己的工作承担责任，往往会产生沮丧感和失败感。如果员工觉得自己可获得信息、支持、资源和发展机会，就会产生受权感，提高工作效率，为企业做出较大的贡献。高度受权的员工会与他人分享自己的权力，激励同事努力工作。

（二）鲍恩和劳勒的授权理论

美国学者鲍恩（D. E. Bowen）和劳勒（E. E. Lawler）从员工参与管理角度，论述企业的授权措施。他们认为，服务型企业授予员工必要的权力，发动员工参与管理，才能提高生产效率和服务质量。

1. 授权的含义

鲍恩和劳勒认为，授权指管理人员与服务第一线员工分享信息、知识、报酬和权力。要采取授权措施，管理人员必须抛弃传统的监控式管理模式，改变组织结构、管理方针和管理方法，发动员工参与管理，发挥员工的创造力，增强员工的工作责任感，鼓励员工做好各项工作，使员工形成受权意识。

如果管理人员只强调员工的权力，而不为员工提供必要的信息、知识和报酬，授权措施就很难奏效。服务人员既应尽力满足顾客的需要，也应对企业负责。管理人员应通过培训，使员工了解企业的经营目标、经营情况，熟悉整个服务过程，并为员工提供各类信息，使员工理解顾客的期望，了解顾客的反应。此外，管理人员应根据员工是否有效地使

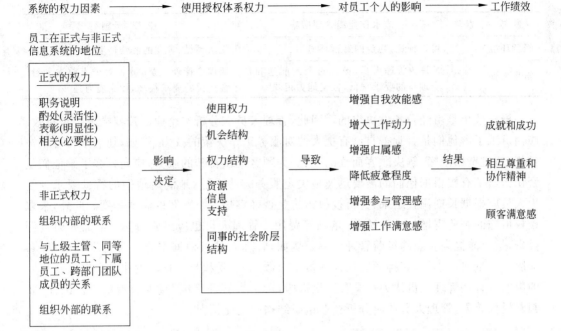

图 10-1　肯特的组织内部权力结构模型

资料来源：Miller P A，Goddard P，Laschinger H K S. Evaluating physical therapists' perception of empowerment using kanter's theory of structural power in organization[J]. Physical Theory, 2001(December)：188.

用信息、知识和权力提高服务质量和企业的经济收益，来确定员工的报酬。总之，管理人员不仅应授予员工必要的权力，而且应帮助员工精明地使用权力。

　　管理人员与员工分享权力、信息、知识和报酬，可使员工形成受权意识：①员工觉得自己能控制服务工作，有权决定服务方法，主动地满足顾客的期望，采取必要的措施，纠正服务差错，并有权对职务设计提出自己的意见；②员工理解自己的工作在整个服务流程中的作用，自己的工作与前后各道工序的关系；③员工愿意对自己的工作承担责任，理解管理人员是根据自己的工作质量和数量来确定自己的报酬。

　　2. 授权管理措施的应用

　　不少企业采取授权措施，使员工觉得自己更能为顾客提供优质服务。但是，另一些企业采用流水作业线管理措施，员工按照操作程序完成各项服务工作，也能有效地防止服务差错，提高顾客满意程度。事实上，授权管理措施和流水作业线管理措施各有利弊。管理人员应根据企业的经营条件，选择适当的管理措施（见表 10-1）。

表 10-1　影响企业管理方式的因素

影 响 因 素	流水作业线管理措施	授 权 措 施
基本竞争战略	低成本、高销量战略	差异化战略、定制化、个性化服务
企业与顾客关系	交易关系、短期关系	合作关系、长期关系
服务技术	简单、常规服务技术	复杂、非常规服务技术

续表

影 响 因 素	流水作业线管理措施	授 权 措 施
经营环境	可以预见、稳定的经营环境	无法预见、多变的经营环境
员工类别	X 理论管理人员,员工对个人前途和社会地位的要求很低,社交能力很弱	Y 理论管理人员,员工对个人前途和社会地位的要求很高,社交能力强

授权效果是由经营条件决定的。因此,管理人员应分析本企业的授权措施是否有效。应向员工了解他们是否觉得自己有更大的对服务工作决策的权力,例如,他们是否可不按常规、超过费用限额,解决顾客面临的问题,为顾客提供特殊的服务;应向顾客了解他们是否认为员工有权根据他们的需要迅速地决定服务方法,灵活地满足他们的特殊要求。管理人员应根据长期调查结果,分析授权措施是否确实提高了顾客的满意程度。此外,采取授权措施的企业需增加员工选聘、培训等费用。管理人员也应经常分析:增加人力资源投资,是否能提高企业的经营管理效率。例如,管理人员可根据本企业参与利润分享、参加服务质量研讨小组、获得顾客反馈的员工人数,分析受权员工比率变化对顾客满意程度的影响。有些管理人员认为:采取授权措施,可扩大管理跨度,减少管理层次。因此,要判断授权效果,管理人员还应分析企业组织结构的变化情况。

(三) 兰希雷的授权分析框架

1999 年,英国里兹都市大学旅游学院教授兰希雷(Conrad Lashley)在大量定性研究的基础上,提出了一个服务型企业授权措施分析框架。他认为,管理人员如何理解授权的含义与作用,会决定他们的授权方式(质量研讨小组、员工自治小组等)。管理人员采取的授权措施,会影响员工的受权感,改变员工的工作行为,进而实现企业的授权目的(见图 10-2)。

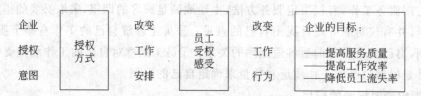

图 10-2　授权方式、员工受权感与授权的作用

资料来源: Lashley C. Employee empowerment in services: a framework for analysis [J]. Personnel Review, 1999, 28(3): 175.

1. 企业授权意图

兰希雷认为,服务型企业管理人员的授权意图包括以下四类:①员工参与管理,授予员工某些服务工作决策权;②员工介入管理,在管理决策中采纳员工的意见和建议;③提高员工归属感,从情感上激励员工承担更多的工作职责;④减少管理层次,授予基层管理人员更大的权力。前三类授权措施的目的是增强服务第一线员工的受权意识,第四类授权措施的目的是增大基层管理人员的职权。

2. 授权方式

管理人员应根据企业的需要,按照表 10-2 所示的五个维度,选择授权方式:①工作任务,指企业应授予员工多大斟酌处理权。②工作任务分配,指企业应授予员工多大工作决策权。③权力,指企业应授予员工多大个人权力。④员工归属感,指企业的授权方式增强员工的持续性归属感还是增强员工的道义性归属感。⑤企业文化,指企业文化对员工的受权感有多大影响。

表 10-2　授权方式分析维度

维　　度	流水作业线管理措施 低成本、高效率、标准化服务、短暂交易关系、简单、常规的服务技术、X 理论管理人员	授权措施 个性化服务、长期合作关系、复杂的服务技术、多变的经营战略、Y 理论的管理人员
工作任务	员工斟处权小	员工斟处权大
工作任务分配	员工参与程度低	员工参与程度高
权力	服务工作决策权	管理政策影响权
员工归属感	物质奖励	员工参与管理决策
企业文化	强调控制	强调信任

资料来源:Lashley C, McGoldrick J. The limits of empowerment: a critical assessment of human resources strategy for hospitality operations[J]. Empowerment in Organizations, 1994, 2(3): 31.

3. 员工的受权感

企业的授权措施应增强员工的控制感、个人权力感、自我效能感和自主决策感。因此,企业管理人员既应分析哪些客观的管理措施能增强员工的受权感,也应分析员工的主观感受。服务型企业采取授权措施的目的是提高服务质量、服务人员的工作效率和服务人员的工作满意感,降低服务人员的流失率。因此,管理人员应分析企业的授权措施是否能达到这些目的。

兰希雷指出,员工与管理人员缺乏相互信任感、员工觉得管理人员没有公平地分配企业从改革中获得的利益、员工没有得到企业足够的支持,都可能是员工的受权感并不能提高企业经营绩效的原因。

4. 经营环境

服务型企业可以根据劳动密集程度与服务定制化程度分为以下四种类型:①服务工厂,指劳动密集程度与定制化程度都较低的服务型企业;②服务车间,指定制化程度较高、劳动密集程度较低的服务型企业;③大众服务型企业,指劳动密集程度很高,但定制化程度很低的企业;④专业服务型企业,指劳动密集程度和定制化程度都较高的企业。兰希雷认为,服务的性质不同,服务人员应有不同程度的斟酌处理权,企业应采用不同的措施,控制服务人员的工作。服务型企业可根据员工工作控制方式与服务标准化程度确定授权管理措施(见图 10-3)。

如果企业采用流水作业线管理方法,简化员工工作任务,用技术和设备支持或取代人工服务,为顾客提供高度标准化服务,企业就往往不会授予员工很大的斟酌决定权,或只授予员工斟酌处理特殊情况的权力。管理人员会通过培训和奖励,增强员工的持续性归属感,授予员工有限的权力。如果企业采用高度程序化服务流程,为顾客提供标准化产品与大规模定制化服务,就往往会通过员工介入管理措施,对员工授权,增强员工在服务工作中的责任感。如果企业采用高度程序化服务流程,为顾客提供标准化产品与定制化服务,就往往会强调员工的决策权和控制权,以便员工灵活地满足顾客的需要。这类企业往往会发动员工参与管理决策,通过员工参与管理措施,授予员工较大的服务工作决策权。专业服务型企业通常要求员工根据顾客的特殊需要,灵活地为顾客提供高度定制化服务。企业很难直接监控员工的服务工作。管理人员往往会授予员工较大的自主决策权和控制权,以便员工灵活地满足顾客的需要。

定制化

员工介入管理　　　　　　　　　　　　　　　　　　专业化管理

牌号识别:有形属性与无形属性并重　　　牌号识别:无形服务为主
中等程度可预见性　　　　　　　　　　　低度可预见性
中等或高销量　　　　　　　　　　　　　低销量
简单/扩展的工作任务　　　　　　　　　复杂的工作任务
斟酌决定权小　　　　　　　　　　　　　斟酌决定权大
请示汇报——信息分享　　　　　　　　　负责的自主决策权
服务工作权力　　　　　　　　　　　　　影响企业目标的权力
持续性归属感　　　　　　　　　　　　　道义性归属感——心理需要
中等程度控制的企业文化　　　　　　　　相互信任的企业文化

外部控制　　　　　　　　　　　　　　　　　　　　　　内部控制

牌号识别:有形属性为主　　　　　　　　牌号识别:有形属性与无形属性并重
高度可预见性　　　　　　　　　　　　　高度可预见性
高销量　　　　　　　　　　　　　　　　中等销量
简单、重复的工作任务　　　　　　　　　简单、重复的工作任务
斟酌决定权小　　　　　　　　　　　　　无形服务成分斟酌决定权大
请示汇报　　　　　　　　　　　　　　　企业规定权力范围
服务工作权力　　　　　　　　　　　　　工作角色权力
持续性归属感　　　　　　　　　　　　　道义性归属感
强调控制的企业文化　　　　　　　　　　中等程度相互信任的企业文化

指挥与控制式管理　　　　　　　　　　　　　　　　　员工参与管理

标准化

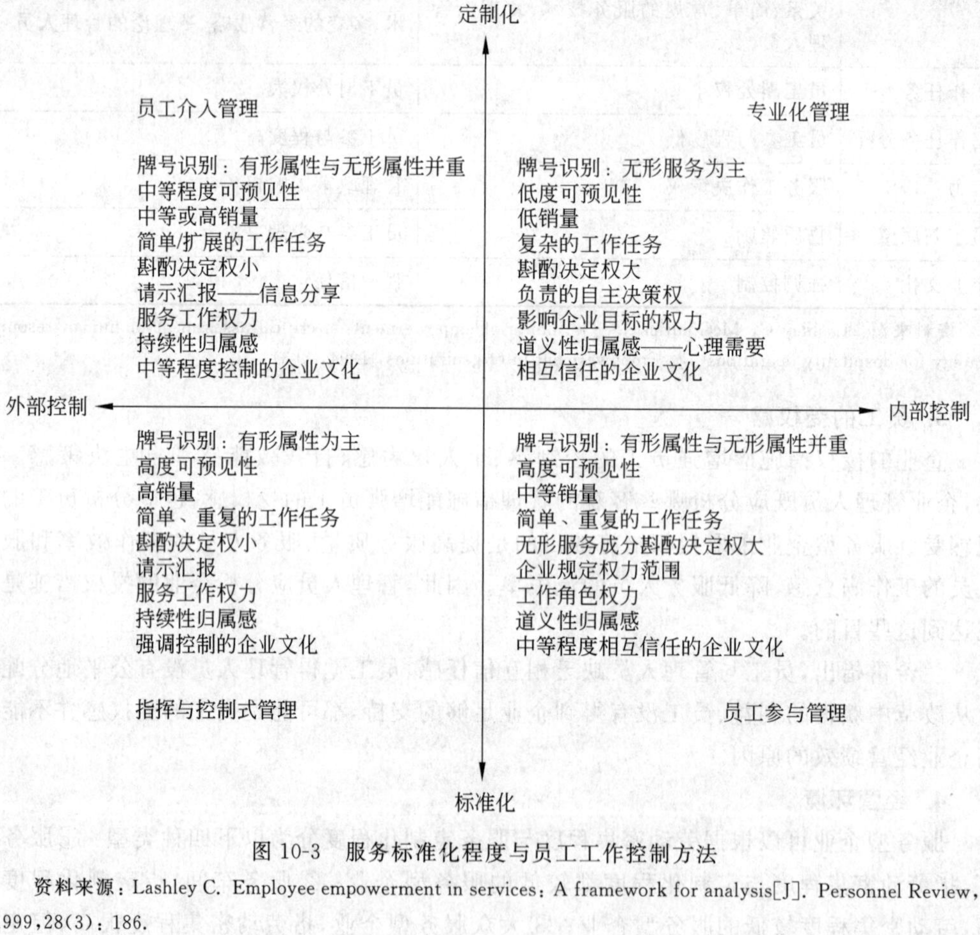

图 10-3　服务标准化程度与员工工作控制方法

资料来源:Lashley C. Employee empowerment in services:A framework for analysis[J]. Personnel Review, 1999,28(3):186.

二、心理授权理论

(一)授权过程理论

加拿大麦吉尔大学教授孔戈(Jay A. Conger)和康纳果(Rabindra N. Kanungo)认为授权是一个激励概念。他们认为,大多数管理理论工作者把授权看成企业的一整套管理

技巧,对授权的性质和授权过程却不够重视,这可能反映了理论工作者的实用主义倾向,也是对授权概念不够理解的原因。

1. 授权是一个人际关系概念

"权力"是一个人际关系概念,指人们对他人的控制感或权势感。在人们与组织的关系中,人们的权力是由他们为组织提供重要资源或贡献的能力或人们解决组织面临的重大问题的能力决定的。研究企业的授权措施,就要探讨企业应该采取哪些措施增大普通员工的自主决策权,或员工的自我效能感。根据这类权力理论,如果企业的管理措施能满足员工对自主决策权的需要,或增强员工的自我效能感,就能使员工觉得自己有较大的权力。与此相反,如果企业的管理措施会削弱员工的自主决策权,或者降低员工的自我效能感,就会加重员工的无权感。

2. 授权是一个管理的过程

孔戈和康纳果指出,授权应当是一个过程,指企业识别员工产生无权感的原因,采取正式的管理措施和非正式沟通方法,为员工提供自我效能感信息,消除员工无权感,增强员工自我效能感。这一过程是由图 10-4 所示的五个阶段组成的。

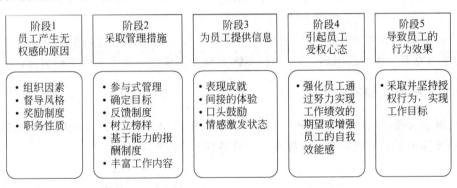

图 10-4　授权的五阶段

资料来源:谢礼册,汪纯孝. 服务型企业员工心理受权与工作绩效实证研究[M]. 北京:旅游教育出版社,2004.

第一个阶段:识别员工产生无权感的原因

企业应首先识别员工产生无权感的原因。组织因素(在开创期和重大改革期间的不确定性、竞争压力、官僚主义气氛、企业与员工缺乏有效的内部沟通、企业的资源高度集中等)、督导风格(管理人员独裁的管理风格,限制员工的控制权和自主决策权、不容许员工犯错误等)、奖励制度(企业不能提供员工重视的奖励;不根据员工的能力、工作主动性和创新精神奖励员工)、职务设计(员工的工作任务缺乏挑战性;工作目标不现实或没有意义;员工缺乏培训、晋升和参与管理决策的机会;无法获得必要的资源与企业的技术支持;员工的角色模糊、角色冲突、角色负担过重)等因素,都会加重员工的无权感。

第二个阶段:采取管理措施

企业可通过以下措施增强员工的受权感:提供参与管理决策的机会,确定激励人心的主要工作目标,建立公开的沟通和反馈制度,根据创新精神和工作绩效确定员工报酬等。企业安排员工从事重要的工作,丰富员工的工作内容,增大员工的晋升可能性,为员工提供适当的决策权和控制权,而不是强制员工执行僵硬不变的规章制度,也有助于增强员工的受权感。

第三个阶段:为员工提供自我效能感信息

在授权过程中,企业应为员工提供自我效能感信息,可从以下四方面进行。①员工取得的成就:通过培训帮助员工掌握新的知识和技能,逐渐增大员工的工作难度和工作职责,可增强员工的自信心。②间接体验他人成功的经历:推广优秀员工的经验,树立榜样,让员工通过观察同事的成功经验间接地体验他人成功的经历,可增强员工自我效能感。③口头鼓励:采用口头鼓励、劝说、反馈等方式,表扬员工为企业作出的贡献,鼓励员工掌握更多的知识和技能,增强员工的自信心和受权意识。④情感激发状态:管理人员从情感上支持员工,创造一种相互支持、相互信任的团队气氛,可有效地减少员工的紧张、焦虑情绪,增强员工的自我效能感。

第四阶段:员工产生受权心态

得到自我效能感信息的员工会产生受权感。

第五阶段:受权员工的行为效果

受权的员工会更努力地工作,更愿意接受工作任务的挑战。他们相信自己的工作能力,会尽力克服工作中的困难,通过坚持不懈的努力实现企业和个人的工作目标。

(二)授权认知理论

美国学者托马斯(Kenneth W. Thomas)和范尔索丝(Betty A. Velthouse)从员工心理的角度提出了一个比较完整的授权认知理论模型(见图10-5)。

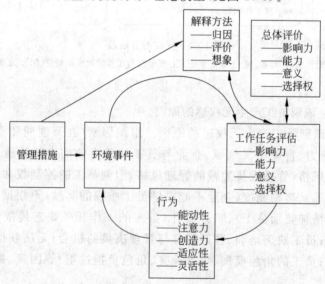

图 10-5　授权认知模型

资料来源:Thomas K W, Velthouse B A. Cognitive elements of empowerment:An interpretive model of intrinsic task motivation[J]. Academy of Management Review,1990,15(4):670.

授权认知模型的核心是由"环境事件"、"工作任务评估"和"员工的行为"组成的一个持续性循环过程。环境事件为员工提供他们持续性工作行为后果的信息，以及与他们今后行为相关的环境信息。这些信息会影响员工对自己的工作意义、能力、影响力和选择权的评估。员工不仅会根据自己的目标和行动解释自己的行为后果，而且会根据上级管理人员、同事、下属员工的意见和建议评估自己的工作任务。工作任务评估会激发或强化员工的行为，员工的行为又会影响外部环境。员工解释外部事件的方法与员工对工作任务的总体评估也会影响他们对目前工作任务的评估。一方面，员工可从工作环境中（如管理人员对他的业绩的评估和指导、员工参加的培训课程、员工与同事讨论工作任务等）获得信息，了解自己当前的行为结果和今后行为的约束性条件。另一方面，员工会以自己的方式解释工作环境中与自己工作任务相关的事件，评估事件的性质，理解事件发生的原因，预计这些事件的影响。此外，企业的管理措施会改变员工工作环境中发生的事件或改变员工解释事件的方法。企业改变员工工作环境中的事件，或者改变员工解释这些事件的方法，可增强员工内在的工作动力（受权心态）。这两类措施都可影响员工对工作任务的评估，进而逐步影响他们对工作任务的总体评估。

托马斯和范尔索丝、孔戈和康纳果都强调员工的认知对员工受权心态的影响。孔戈和康纳果假定员工的自我效能感是由客观的工作环境决定的，而托马斯和范尔索丝则认为员工对工作任务的评价是员工对客观现实的一种主观解释，员工不同的解释方法会影响员工对工作任务的评估。

托马斯和范尔索丝认为，自我效能感不能充分解释员工受权的心态。根据社会认知理论，人们会主动认识环境，而不是被动地适应客观环境。人们对环境的认识会影响他们的心态和行为。员工的受权心态应包括对工作意义、能力（或自我效能感）、工作影响力和选择权四个方面的评估。

（三）员工心理受权理论

丝普蕾泽（Gretchen M. Spreitzer）等学者对文献进行主题分析后，得出与托马斯和范尔索丝一致的观点，认为员工心理受权包括工作意义、工作能力、自主决策和影响力四个方面。

1．工作意义

工作意义指员工根据自己的理想和价值观念，评估工作目标或工作目的的价值。员工会根据工作角色的要求与自己的信念、价值观念和行为准则是否一致，评估自己的工作意义。员工对工作意义的高度评价将会引起个人对组织的承诺，参与并集中精力完成任务。员工对工作意义评价不高将导致对工作漠不关心，产生分离感。个人对所从事工作意义的看法影响其满意感和受权感。

员工认为有意义的工作是可以自由进入的，允许员工自主和独立，让员工能够发展其推理能力，为员工提供足够的报酬和实实在在的福利，在精神上支持员工，而不是用家长式的统治方法去干预员工的思想，干预员工怎样获得幸福。工作意义与工作满意感联系在一起。在服务型企业中，员工的工作满意感与授权之间有正相关的关系。工作的意义影响个人对给定任务所投入的精力。

2. 工作能力

工作能力(或自我效能感)指员工对自己是否具有熟练完成工作任务能力的信心。自我效能的信念是人类动机、情感和行动的关键因素。

培养和强化员工自我效能感的主要途径有四种:①成功的经验;②榜样;③社交说服;④心理状态。不管采用哪一种途径,最大限度地提高员工的自我效能感非常重要,因为自我效能感决定了员工的动机,它直接影响了员工愿意付出努力的程度和这种努力持续的时间。个人对能力的信心与工作绩效、目标承诺、实际竞争技能有关。能力是授权中最有力的控制手段,因为只有人们希望表现能力,授权才能起作用。

3. 自主决策

自主决策权指员工对自己是否有权决定工作行为和工作程序的看法。员工的自主决策权表现为员工可自主决定自己如何开展工作,控制自己的工作行为,选择自己的工作方法,决定自己的工作进度和努力程度。自主决策是个人感觉到在开始活动或调整活动过程中可以有选择。自主决定的员工觉得自己是主动的而不是被动的,目的明确地去行动而不是在应付。他们感到自己是行动的主人,因为他们是发自内心地去工作而不是受控于外部资源而工作。

感觉自己有选择权的个人将更有灵活性、创造力、弹性,自我调节能力强。对控制的感觉或选择可以产生更高水平的工作满意感、承诺感、参与、绩效和激励,减少精神不安、紧张、缺勤和员工流失。相反地,如果个人感觉到受外部事件的控制,将会出现压力,导致不良的情绪,降低自尊。

4. 影响力

影响力指员工对企业战略、行政管理或经营管理结果的影响程度。影响力反映了个人对自己影响他人工作决策、工作结果的信心。参与企业战略、行政或企业生产程序决策的员工会体验到影响力的感觉。

研究表明,缺少影响力会引起习得性无助(learned helplessness)。习得性无助感指员工在以往的经历中逐渐形成的无法影响工作环境的心态,是指即使组织经过变革允许更大的独立性,但员工仍持依赖性态度的情形。习得性无助与绩效下降、情绪低落、感情退缩、精神错乱、激励减少等联系在一起。

丝普蕾泽认为,员工的心理受权是一个由员工感知的工作意义、工作能力、自主决策权、影响力组成的员工内在工作动力概念。员工心理受权的四个组成成分反映了员工对自己工作角色的积极态度,表明员工希望并认为他们能够塑造自己的工作角色,影响自己的工作环境。这四个组成成分共同组成员工心理受权总概念,缺少任何一个组成成分,都会降低员工的心理受权程度。

员工的心理受权并不是员工持久的个性特点,而是员工在自己的工作环境中形成的心态。因此,员工的心理受权反映员工对自己与工作环境之间关系的一种不断变化的看法。企业管理人员应关注员工的心理受权程度,而不应仅仅关注员工是否受权。

第三节　服务型企业授权管理措施

一、授权的因果模型

20多年以来,理论界对授权的研究包括个人层次、团队层次和组织层次三个层次的研究。而在不同的层次中间,具有相似的因果关系。这些研究表明,员工心理受权是连接组织、管理者授权措施、授权行为与员工情感反应、授权绩效的桥梁,如图10-6所示。与心理受权理论相似,授权的因果模型强调了只有员工在心理上感知到了授权,组织的授权措施才能发挥作用,才会带来正面的情感反应以及绩效表现。

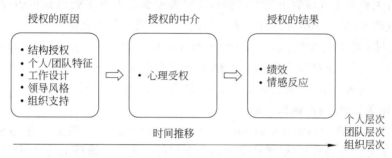

图 10-6　授权的多层次模型

资料来源：Maynard M,Gilson L,Mathieu J. Empowerment—fad or fab？A multilevel review of the past two decades of research[J]. Journal of Management,2012,38(3),1-51.

在个人层面,结构授权是心理受权的重要影响因素。当管理者将一部分的权力和责任转移给低层次的员工时,员工很容易产生心理受权感。如果没有结构授权,没有管理者的授权措施,员工是很难产生受权感的。其次,员工是否产生受权感,还取决于员工的个人特征。已有研究表明,具有较高知识水平、控制欲比较强的员工,更期望获得授权,他们也更容易产生受权感。此外,组织的工作设计要配合授权措施,授权需要更灵活多变的工作设计,太多条条框框限制的工作流程,往往导致员工缺乏受权感。领导风格涉及管理者的行事方式,对员工信任度越高、控制欲越低、管理职位越高的管理者,越倾向于向下属授权。最后,在授权的时候,组织要提供足够的支持,给员工提供有用的信息、资源以及一定的容错率,这样才能使员工产生正面的受权感。在员工获得心理受权感之后,研究表明,员工的工作积极性更高,并且有更强烈的学习行为,能够带来积极的绩效。与个人层次一致,团队层次与组织层次同样可以通过心理受权提高绩效。

二、授权的管理意图与方式

（一）服务型企业授权的管理意图

在授权的过程中,权力和责任是管理者关注的焦点。员工授权意味着企业给予第一线员工自由,与服务第一线员工分享信息、知识、奖励和权力,鼓励员工的创造力和想象力。同时,授权也是对最接近问题所在的人授予实质性的责任。因而,授权是一种相互影响，它是对权力的一种创造性分配，是对责任的分担。在授权组织中，如果一方控制另一方，权力就会减少；如果每个人都通过创造、发展权力且对权力进行分配来实现个人与集体的目标，权力就会增加。分担责任可以促进信息的流动，使责任分散化并培养合作精神，把管理者从单独决策并承担责任的困境中解脱出来。显然，授权在管理上应达到什么目标，这是服务型企业管理者在实施授权管理措施过程中无法回避的一个问题。

从如何对权力进行分配、减少员工的依赖性、增加员工权力、提高组织绩效的角度来说，管理者的授权管理意图和授权方法大致可以划分为以下四种。

（1）通过参与决策授权（empowerment through participation）。管理者让员工参与到与工作有关的某些方面的决策中，例如，让服务型企业的员工处理顾客的投诉、扩大员工的工作范围等，把原来由管理者本人承担的工作下放给员工去做。

（2）通过工作参与授权（empowerment through involvement）。管理者征求员工的意见，从服务提供者的经验和专业知识中获得更多的建议，基于员工的思想和意见做出决策。员工自主决策权不多，企业采取质量圈、团队会议、建议计划之类的手段，广泛听取员工意见，管理者集思广益，做出决策。

（3）通过承诺授权（empowerment through commitment）。管理者希望通过改变安排，改善员工对企业的归属感，增强员工的敬业精神。企业实施员工持股、利润分红计划、工作生活质量计划，改善员工在企业中的地位，像对待合伙人一样对待员工，鼓励员工像考虑个人利益一样考虑企业的利益，激励员工敬业爱岗精神。

（4）通过改变组织结构授权（empowerment through delayering）。授权的心态对企业所有的管理层都是有益的，企业不仅仅对第一线员工授权。高层管理人员应确定企业的发展战略和企业价值观，建立企业文化，一线工作人员应懂得如何为内部和外部顾客提供服务。企业从降低管理成本、提高对顾客需求的反应能力考虑，会采取减少管理层次、重新设计组织结构的措施，从而导致更低一级管理者得到更多的授权。

值得注意的是，不少企业在实施授权管理措施的过程中，只考虑授权的管理目标，忽略了服务型企业员工对授权计划是否接受、认同和支持，授权管理措施难以发挥作用。

（二）服务型企业授权的方式

不管管理者的意图如何，授权最终要表现在具体的管理实践中。在服务型企业中，授权这一术语在实际的管理实践中包含着广泛的含义。例如，在雅高集团，授权具体表现为实行"质量圈"（quality cycle）；在麦当劳餐厅，授权就是实行"建议计划"；在希尔顿国际酒店，授权与员工参与部门服务标准的制定联系在一起；在英国电讯公司，授权意味着给予服务经理更多的自主权；在英国的收获餐厅（Harvester Restaurant），授权表现为成立自主管理工作小组，减少中层管理人员。上述管理措施的共同之处是通过不同的方法满足员工心理需要，达到改善与员工之间的沟通、培养员工的敬业精神、增强员工的归属感、激励员工为企业作出更大贡献的目的。

在实施授权管理措施过程中，管理者必须对授权的范围和授权的程度等做出相应的决定，确定受权者有权做什么，应承担哪些相应的责任。就服务管理而言，授权在很多方面都与生产线管理方式相对立。随着知识、信息、权力和报酬自上而下落实到基层员工，授权程度逐渐提高。从参与出谋划策到完全的自主管理团队、参与企业收益分享，授权的具体形式或授权的水平可以有很大的不同。鲍恩和劳勒认为，服务型企业向员工授权有三种方式，如图 10-7 所示。

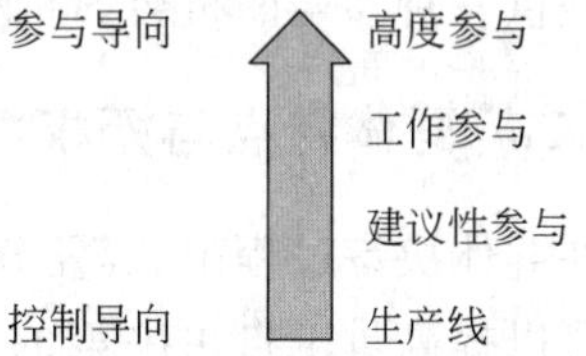

（1）建议性参与。企业鼓励员工通过正式建议或者质量圈的渠道为企业运作出主意。员工只有建议的权力，是否实施的决策权一般由管理层掌握。建议性参与可以造成一定程度的授权而不改变基础的生产线管理模式。比如，麦当劳积极听取一线员工的意见，为了避免手指印留在小圆包上，用纸包汉堡包就是员工提出的建议。但麦当劳高度标准化、统一化的流水作业线管理方法并没有改变。

图 10-7　服务型企业向员工授权的方式

（2）工作参与。工作参与与控制模式有较大的区别，它极大地扩展了员工工作的范畴。工作被重新设计以便于员工发挥多样化的技能。员工相信自己的任务很重要，在决定怎样开展工作方面他们享有高度的自由，得到管理层大量的反馈。工作参与往往通过广泛采用团队形式来实现。授权的企业通过鼓励员工参与决策使权力分散化，如建立自我管理团队，允许员工制定工作绩效标准，选择他们工作所需的设备，参与招聘决策，解决同事存在的问题，建立规章制度等。虽然工作参与的授权程度较高，但它没有改变涉及组织结构、权力和报酬等战略性决策，企业战略性的决策仍然由高级管理层负责。

（3）高度参与。实施高度参与授权措施，员工不仅对怎样做好自己的工作、如何提高集体的工作效率有发言权，而且可以影响企业的整体业务流程。员工参与部门的管理决策，管理人员向员工公布业务情况，员工参与企业激励方案的开发，参与企业利润分享，拥有企业股权。

在实践中，授权的具体形式是多种多样的。企业管理者为了适应不同的企业环境，实现不同的管理目标，必将采用不同的授权方式。但服务型企业员工对他们在企业参与程度的感觉以及这种感觉对他们所造成的影响，将促进或者削弱授权管理措施的效果。

三、授权的影响因素

员工的受权感与影响员工受权感的因素是理论研究者和实际工作者都非常重视的一个问题，它关系到授权管理措施的顺利实行。员工的受权感与领导者的个人特点以及受权员工的个人因素有密切的关系，环境因素也会影响员工的受权感。

（一）管理人员的领导风格与授权

毫无疑问，在企业内部，高层领导者在实施授权管理措施的过程中起着举足轻重的作用，因为授权往往意味着权力的分享、角色的重新分配。企业的授权是从高一层向低一层逐级进行的。授权的领导者很少单独决策，而是与他人共享决策权。管理者要学会放弃控制而又不失去控制不是一件容易的事情，尤其对那些习惯了发号施令的管理人员。但没有高层管理者的支持与参与，员工授权是不可能真正实现的。高层管理者的领导能力和领导风格以及他们对员工参与全面服务质量管理的重视程度将对被授权员工有直接的影响。在高度集中的、独裁的领导风格下，员工很少有机会参与目标的制定与决策过程，授权很难实现。相反，民主式的领导风格有利于授权的实施，领导者鼓励员工的参与，为员工提供各种参与的机会，企业的全面服务质量管理目标就更容易实现。

（二）群体特点与授权

在群体决策过程中，责任分配，群体效率和群体价值，群体内部及群体之间的相互信任感可以提高员工自主决策的感觉和员工的效能感，因此也有助于提高员工受权意识。授权的前提是在企业内部建立相互信任的氛围。

（三）员工个人特点与授权

员工个人特点会影响授权结果。这些个人性格和人口统计特点包括：年龄、性别、种族、自我概念、自尊、自知、激励、需要、职业和文化背景等。鲍恩和劳勒指出：只有当员工有强烈的上进要求，愿意提高和锻炼自己的工作能力时，才会对授权做出积极的反应。不要想当然地认为每个人都愿意在工作中得到自主、接受挑战和承担责任，有的员工恰恰喜欢流水作业线的管理方法，他们不希望承担太多的责任，习惯了让别人告诉他怎么做而不是他自己去决定怎么做，授权加重了他们的工作压力。

（四）企业环境与授权

影响授权的另一个方面的因素是企业文化与企业环境因素。授权不能委托别人去做，大部分管理者能做的，就是创造一种适合于授权的环境，如果授权对管理者来说意味着受到惩罚或者任期结束的话，那么很少有人愿意冒着失去前程的危险去挑战权力。组织环境可以抑制授权，也可以鼓励授权，或者是对授权抱着一种"等着瞧"的无所谓态度，既不提倡也不反对管理者授权。

在创新型企业文化中，企业强调创业精神、创造性、适应性等价值观，鼓励员工承担风险，发现新的机会，确立新的发展方向。创新的组织文化有利于授权。而在官僚制的组织中，决策集权化，企业强调控制，对中低层管理人员的创新能力、决策能力和工作经验要求不高，这种形式的组织结构压抑了员工的创造性和积极性，不利于授权管理措施的实施。

四、授权的具体方法

影响授权的因素是多方面的，综合考虑影响授权的各种因素，有助于服务型企业管理人员进一步理解授权可能产生的结果，进而有针对性地采取授权的方法。授权与特定的工作环境有关，服务型企业在不同的场合，对不同的角色，在不同的时间采用的授权方式是不同的。

1. 对不同的人采用不同的授权形式

授权理论假设，不同的人应有不同的授权形式。在特定的环境下，虽然所有成员都为达到群体共同的目标而工作，但每个成员有自己独特的经历，扮演不同的角色，代表不同的阶层。不同的经历、不同的社会背景形成个人对授权的不同期望。因此，不同的种族、性别、民族、阶层、社会背景的人对授权的形式有不同的期望,他们的期望同样受个人以往授权经历的影响。在特定的环境下,没有任何受权经历的个人与已有过受权经历的人对授权有不同的理解。例如,新来的员工与老员工对于领导让他参与决策过程,被授权的感觉不同。参与决策过程对新来的员工来说已经感觉到自己被授权,而对老员工来说,要影响决策的结果才感觉到被授权。

2. 不同的情景应采用不同的授权方法

不同的情景、不同的场所采用的授权方法不同,授权应考虑不同情景的独特性。服务型企业所提供服务的性质、服务的复杂性、服务的标准化和定制化程度、劳动密集程度将影响服务型企业管理人员采取的授权形式。

提供标准化服务的企业与提供定制化服务的企业对员工的技能、知识、行为的要求不同,在培养员工的控制能力、影响能力等方面所采取的方法也不同。在"服务工厂"式的服务型企业中,采用流水作业线管理模式,对服务人员授权的程度比较低;而提供专业化服务的企业,提倡培养员工个人解决问题的能力,提高员工决策技术,鼓励个人领导才能的发挥,对员工授权程度也比较高。

3. 授权随时间而变化

授权是一个动态过程,而不是一种静态的目标。企业面临的环境在不断发生变化,企业管理目标在变化,团队成员的构成会发生变化,管理人员如何授权也应随之变化。授权的情景发生变化,授权的结果也发生变化,衡量授权结果的指标应随之改变,服务型企业管理人员应用动态的眼光来考虑授权管理措施的运用。

第四节　服务型企业顾客授权

"以顾客为导向"的经营宗旨要求服务型企业与顾客建立、保持和发展长期相互依存的关系。顾客在双方关系中扮演资源供应者、合作生产者、购买者、使用者、竞争者等角色。企业管理人员应充分发挥外部顾客的主动性、积极性和创造性,授权给外部顾客,让顾客参与到企业日常服务工作和管理工作中,以增强企业的效益和市场竞争力。企业对外部顾客的授权不仅仅是简单意义上的授予其权力,还应包括管理人员与顾客之间的信息、知识和奖励的共享。企业管理人员对顾客授权,不仅体现了企业对顾客的尊重和信赖,提高了双方的关系资产,而且还极大地提高了顾客对服务过程和服务结果的满意程度。

服务型企业管理人员常把授权挂在嘴边,但在实际服务工作中却少有授权的举措。例如在酒店业,许多酒店都有自己的网页或网站,但网页或网站的更新速度很慢,顾客很难在网上了解酒店新推出的服务项目或活动;顾客向酒店客户服务部发电子邮件询问有关酒店的信息,也犹如石沉大海;有些外国游客对中餐的桌边服务非常感兴趣,他们希望参与到其中,如自己动手拆除鱼骨和分鱼,却遭到酒店有关人员的拒绝;常吃粤菜的顾客,有时会想换种口味,尝尝川菜,但他们希望厨师不要把菜做得太辣,而有些厨师则认为菜要很辣才正宗,所以拒绝顾客的要求……诸如此类的问题都会引起顾客的不满,顾客觉得自己有权利参与到服务过程中,有权了解酒店的服务情况,有权对饭菜做出选择……当管理人员或服务人员拒绝他们的要求时,顾客的不悦之情是显而易见的。如果我们换个角度思考这个问题,对顾客授权,让顾客参与服务过程,授予顾客建议和选择权,主动与顾客分享酒店服务的信息,奖励参与服务过程并表现突出的顾客,其结果很可能会令顾客感到满意。

一、企业对顾客授权的方式

1. 授予顾客建议权

企业对顾客授权的最常见方式便是授予顾客建议权并酌情采纳。这意味着要为顾客表达意见和看法提供方便的渠道,鼓励顾客提意见,把顾客的建议和投诉看成是企业宝贵的资源。企业管理人员不仅要通过顾客座谈会、鼓励服务人员与顾客沟通等方式吸纳顾客的建议,还应该鼓励顾客投诉,方便顾客投诉,抛弃那种认为顾客投诉是件麻烦事或是顾客有意刁难他们的想法。有些企业设有顾客投诉服务部或免费投诉电话,但投诉电话经常无人接听,服务部也是无人工作;企业的顾客意见收集箱也没有人定期整理里面的信件;顾客发邮件到顾客服务部,提出的问题或要求得不到回复……顾客连最基本的抒发意见的渠道都没有,企业就很难改进服务质量和提高顾客消费价值。

2. 让顾客参与服务过程

顾客不仅关心服务结果的质量,还关心服务过程的质量。优秀的服务型企业都会授予顾客必要的权力,鼓励顾客参与服务过程和完成部分服务工作。广州白天鹅宾馆中餐厅便会提供机会让外国顾客参与到菜式的制作过程中。一次,有几位德国顾客发现服务人员在为另外一桌顾客的烤鸭片皮,他们感到十分好奇并想一试身手,于是,他们询问餐厅经理能否让他们试做,经理欣然答应。这几位德国顾客点了一只烤鸭,并试着给烤鸭起皮,虽然他们的刀法并不好,切出来的烤鸭皮又厚又大,口感不如服务人员切得很薄的烤鸭皮,但是他们却觉得很高兴并对餐厅的菜肴和服务质量感到很满意。试想,如果餐厅经理以会给服务工作造成诸多不便或使菜肴的质量变差为由而拒绝顾客要求的话,顾客的满意感就会降低。

3. 让顾客参与管理

企业授予顾客参与日常管理工作的权力,会增强顾客对企业的归属感和忠诚感。让顾客参与管理的途径有很多种,包括让顾客参与企业新员工的选聘工作、质量管理工作、营销策划工作、市场调研工作、新服务设计和推广工作等。如今许多服务型企业都邀请顾客作为兼职的质量监控人员,定期召集那些顾客到企业反映有关服务质量和顾客满意的信息。美国西南航空公司邀请经常乘坐本公司飞机的旅客协助面试新的乘务员,这一方面可以向顾客表示公司对他们的信任和尊重,另一方面也向顾客表明公司把他们当成是集体中的一员,顾客有权选聘公司的乘务员。

4. 让顾客参与企业内部装饰和布局

服务型企业让顾客参与企业内部装饰有多种好处:企业可以发挥顾客的聪明才智,省下一笔不小的装修费用;以装饰品作为联系企业和顾客的桥梁,增进双方的情感交流;顾客看到自己花心血制作的装饰品得到企业的认可,他们对企业的满意感会增加。日本有一家茶店,允许顾客把自己的摄影作品作为装饰品悬挂在店内,其结果是吸引了更多的顾客到茶店光顾,因为那些把摄影作品悬挂在店内的顾客,会经常带朋友来店里喝茶,以炫耀其作品。我国的酒店、餐厅等也可依据各自的风格,有选择地允许顾客将自己制作的绘画、插花、陶艺品、木雕等在店内展出。

5. 授予顾客一定的决策权

企业授予顾客一定的决策权,顾客的控制感会增强,他们就越觉得此次消费很值得,满意感也随之增加。例如青岛一家餐厅就充分利用了顾客愿意支付的最高价格来给菜肴定价,授予顾客自主决定菜肴价格的权力,取得了巨大的成功。虽然有少量顾客趁机钻空子,但大多数顾客都制定了他们认为合理的价格。顾客对这种大胆的经营方式很欢迎,餐厅因此取得了比固定价格更好的经济效益。

6. 在条件允许的情况下让顾客做出选择

自助餐厅让顾客根据自己的饮食偏好选择食物;旅行社创办"旅游超市",让顾客自由选择最富个性化的旅游路线;航空公司让顾客自由选择乘坐商务舱还是经济舱;银行提供自助柜员机或人工服务为顾客解决储蓄问题……企业让顾客自由选择服务内容和服务项目,体现了企业对顾客的公平。同时由于是顾客自己选择服务内容和项目,即使顾客对最终的消费经历不满意,他们对企业的不满情绪也会较少,因为他们觉得自己也应该为不满结果承担部分责任。

7. 与顾客分享信息、知识

服务型企业在授予顾客建议权的同时,应该主动地与顾客分享企业的信息。一方面,企业可以定期召开顾客座谈会,听取顾客对服务工作和质量管理工作的意见,主动向顾客介绍企业新出台的服务措施和管理措施,加深顾客对企业的认识。另一方面,企业应该鼓励服务一线人员多与顾客交流和沟通,使服务一线人员成为企业与顾客之间沟通的桥梁。随着企业与顾客交往的深入,顾客对企业的信任感和忠诚感会增强,顾客就会更积极和主动地承担企业赋予他们的权力和责任。

8. 奖励顾客

顾客参与到企业服务和管理工作中,为企业经营管理工作提供宝贵的意见和建议,企业也需要给予他们回报,使他们和企业一起共享利润和报酬。企业应根据顾客完成服务工作和管理工作的质量、顾客参与和投入的程度、顾客对企业的了解程度、顾客与企业之间的关系质量、顾客与企业间的信息和知识的分享等,给予顾客相应的报酬和奖励,提高顾客的满意感和忠诚感。企业奖励顾客的措施有多种,包括企业从顾客意见收集箱、顾客来信、顾客投诉等渠道中收集顾客的意见和建议,每月定期奖励给企业发展、创新或改进提出好建议的顾客;企业奖励主动、积极地完成部分服务工作的顾客,比如,过去一些银行曾采取过让在自助柜员机支付公司账单的顾客免收服务费,而在出纳的窗口付款就要支付服务费的办法,鼓励顾客使用自助柜员机;企业奖励对服务质量监控有功的顾客等。企业通过各种物质的或非物质的奖励措施,引导顾客行使企业授予的权力,使之更主动、积极地与企业分享信息和知识。

9. 对顾客进行培训

顾客参与企业的管理工作和质量监督工作,需要了解企业的基本规章制度和质量评定标准等,这时需要对顾客进行培训,提高顾客的效能感和受权感。正如顾客购买产品商家需要提供产品使用说明书一样,企业为了使顾客更好地参与到服务工作中并扮演好自己的角色,就需要教会顾客一些基本的服务知识和技能,培养顾客自我服务意识和参与意识。管理咨询公司不教顾客如何整理公司信息以供咨询公司分析之用,减肥中心不教顾客选择适当的食谱,顾客就不能很好地参与到服务过程中,他们对服务结果的满意程度就会降低。因此,服务型企业对顾客进行培训是企业对顾客授权的一个重要组成部分。顾客只有掌握了一定的知识和技能,才能更有效地行使权力。

二、对顾客授权的意义

1. 受权的顾客可以为服务工作出谋划策

服务型企业授予顾客建议权、决策权、参与服务过程、参与管理等权力,鼓励顾客发挥主动性和想象力并为此给予奖励。顾客可以随时向企业表达自己的意见和观点,为企业的管理和服务质量的改进工作出谋划策。

2. 减少服务差错的发生次数,提高顾客满意感

服务型企业必须不断地提高服务质量,尽力为顾客提供无差错的服务。然而即使是最优秀的服务人员,在服务工作中也难免会发生差错。造成服务差错的原因是多方面的,既有服务人员自身的原因,也有顾客方面的原因。服务人员的操作失误、服务技能不高、服务意识不强会导致服务差错;顾客的不正当消费行为和态度同样也会导致服务差错。由于服务过程是服务人员与顾客之间相互接触、相互影响、相互交往的过程,在此期间,顾客的消费行为和态度会对服务质量的好坏产生重要的影响。服务型企业授权顾客参与服务过程,为顾客参与服务提供必要的信息和知识,并奖励完成部分服务工作的顾客,顾客参与服务过程的热情就会提高,顾客会自觉纠正自己在服务工作中的不正当消费行为和态度,减少服务差错的发生次数。顾客参与服务的程度越高,就越不可能对他们的消费经历产生不满情绪,因为他们知道自己也要对服务差错承担部分责任。顾客最清楚自己的需求和愿望,往往可以使企业和服务人员更深刻地了解顾客的真实需要,提高服务的个性化和定制化程度,从而提高顾客感觉中的服务质量和消费价值。

3. 方便与顾客的沟通以及建立、保持和发展长期关系

授权措施要求企业管理人员和服务人员与顾客分享信息和知识,为双方沟通开辟渠道。而沟通又是企业建立、保持、发展与顾客长期关系的必要条件。授权措施鼓励企业和顾客建立相互学习的关系,鼓励顾客主动、积极地与企业联系,还对接受授权措施的顾客给予奖励。授权措施使企业与顾客的关系更密切,提高了双方的关系资产。

4. 节省企业成本,提高企业经济效益

授予顾客参与服务工作和质量管理决策工作的权力,可降低企业的成本,提高经济效益。如前所述的例子,顾客参与企业内部装饰设计工作,可以降低企业的装修成本;顾客使用自助柜员机取款,酒店顾客参与菜肴的制作过程,都可以减少企业的人工成本;顾客参与企业管理决策过程,可以减少企业的管理费用等。企业利用节省的成本,一方面可以降低部分服务项目的价格,为顾客提供更多的附加价值,奖励顾客等;另一方面,还可以提高内部服务质量,改善员工工作环境,建立企业内部管理信息系统和建立客史档案等,在提高内部顾客——服务人员满意感的同时,提高外部服务质量和协助顾客为自己创造更多的消费价值。

三、企业对顾客授权应考虑的问题

1. 选择顾客

服务型企业应该精心挑选授权的顾客。不是所有的顾客都希望企业对其授权,有些顾客并不想参与服务过程和企业的管理工作,不愿意对企业经营管理和质量管理工作发表意见,对与企业分享信息、知识和奖励不感兴趣。服务型企业一方面要鼓励顾客受权,另一方面也应根据顾客的受权意愿来决定是否给顾客授权。

2. 顾客受权意识的培养

有些顾客的受权意识比较薄弱,他们并不信任企业,害怕向企业提意见会破坏双方的关系或惹来不必要的麻烦;还有一些顾客害怕承担责任,认为企业授权增加了他们的压力感。为此,企业必须努力为顾客提供优质的服务,赢得顾客的信任和良好的市场声誉,依托顾客的信任感和市场声誉向顾客传递正确的授权信息,向顾客表明授权对于双方来说都是有好处的。企业在市场沟通活动中,应该向顾客说明授权的方式和意义,通过培训顾客以及召开顾客座谈会等办法,与顾客分享有关授权的信息和知识,让顾客对授权有更深入的理解。

思考与练习题

1. 为什么授权管理对服务业尤为重要?
2. 不同授权理论的异同有哪些?
3. 为什么越来越多的企业提倡授权管理?
4. 企业可以通过哪些方式对员工授权?
5. 选择一项你亲身经历过的服务,举例说明该企业是如何对顾客授权的?是否有改进空间?企业对顾客授权时需要注意哪些问题?

参 考 文 献

[1] Bart V, Paul G, Roland V. Services management: an integrated approach[M]. 2ed. Person Education Press, 2003.

[2] Bowen D E, Lawler Ⅲ E E. The empowerment of service workers: what, why, how, and when[J]. Sloan Management Review, 1992, 33(3): 155-169.

[3] Chebat J C, Kollias P. The empowerment on customer contact employees' roles in service organization[J]. Journal of service research, 2000, 3(1): 66-81.

[4] Corsun D L, Enz C A. Predicting psychological empowerment among service workers: the effect of support-based relationships[J]. Human Relations, 1999, 52(2): 205-224.

[5] Conger J, Kanungo R. The empowerment process: integrating theory and practice[J]. Academy of Management Review, 1988, 13(3): 85-105.

[6] Drury J, Reicher S. Collective psychological empowerment as a model of social change: researching crowds and power[J]. Journal of Social Issues, 2010, 65(4): 707-725.

[7]　Edwards P,Collinson M. Empowerment and managerial labor strategies: pragmatism regained[J]. Work and Occupations,2002,29(3): 272-299.

[8]　Greasley K,Bryman A,Dainty A,et al. Employee perceptions of empowerment[J]. Employee Relations,2005,27(4): 354-368.

[9]　Howard L W,Foster S T. The influence of human resource practices on empowerment and employee perceptions of management commitment to quality[J]. Journal of Quality Management, 1999,4(1): 5-22.

[10]　Koberg C S,Boss R W,Senjem J C,et al. Antecedents and outcomes of empowerment empirical evidence from the health care industry[J]. Group & Organization Management,1999,24(1): 71-97.

[11]　Laschinger H K S,Finegan J,Shamian J. The impact of workplace empowerment,organizational trust on staff nurses' work satisfaction and organization commitment [J]. Health Care Management Review,2001,26(3): 7-23.

[12]　Lashley C. Employee empowerment in services: a framework for analysis[J]. Personnel Review, 1999,28(3): 169-191.

[13]　Lashley C,McGoldrick J. The limits of empowerment: a critical assessment of human resources strategy for hospitality operations[J]. Empowerment in Organizations,1994,2(3): 31.

[14]　Logan M S,Ganster D C. The effects of empowerment on attitudes and performance: the role of social support and empowerment beliefs[J]. Journal of Management Studies,2007,44(8): 1523-1550.

[15]　Maynard M,Gilson L,Mathieu J. Empowerment—fad or fab? A multilevel review of the past two decades of research[J]. Journal of Management,2012,38(4): 1-51.

[16]　Miller P A,Goddard P,Laschinger H K S. Evaluating physical therapists' perception of empowerment using Kanter's theory of structural power in organization[J]. Physical Theory,2001 (December): 188.

[17]　Murrell K L,Meredith M. Empowering employees [M]. New York: McGraw-Hill Professional,2000.

[18]　Spreitzer G M. Social structural characteristics of psychological empowerment[J]. Academy of management Journal,1996,39(2): 483-494.

[19]　Spreitzer G M. Psychological empowerment in the workplace: dimensions,measurement and validation[J]. Academy of Management,1995,38(5): 1442-1454.

[20]　Spreitzer G M. An empirical test of a comprehensive model of intrapersonal empowerment in the workplace[J]. American Journal of Community Psychology,1995,23(5): 601-615.

[21]　Thomas K W,Velthouse B A. Cognitive elements of empowerment: an "interpretive" model of intrinsic task motivation[J]. Academic of Management Review,1990,15(4): 666-681.

[22]　汪纯孝,岑成德,温碧燕,等. 服务型企业整体质量管理[M]. 第 2 版. 广州: 中山大学出版社,2001.

[23]　汪纯孝,蔡浩然. 服务营销与服务质量管理[M]. 广州: 中山大学出版社,1996.

[24]　谢礼珊,汪纯孝. 服务型企业员工心理受权与工作绩效实证研究[M]. 北京: 旅游教育出版社,2004.

[25]　谢礼珊,林勋亮. 从关系的角度研究授权——理论与模型[J]. 现代管理科学,2007(5): 19-22.

第三篇　服务运营管理

第十一章

服务需求与生产能力管理

服务生产与消费的同时性和服务易逝性等特点，决定了服务企业常常面临如何平衡顾客的需求和服务供给能力的问题。本章介绍顾客需求与服务企业生产能力之间的关系，以及服务需求与服务供给能力的平衡策略；阐述服务企业收益管理的主要内容，以及服务企业的排队管理策略和企业如何对顾客的服务等待进行控制。通过本章学习，应该能够：

- 了解服务供需管理的挑战。
- 理解影响企业服务供应和顾客服务需求的要素。
- 掌握企业平衡服务供给能力和服务需求的策略。
- 理解收益管理的内涵及其在服务业中的运用。
- 掌握排队管理的方法。

第一节　服务供需平衡管理

一、服务供需管理的挑战

中国进出口商品交易会期间，来自世界各地的客商云集广州，互通商情，增进友谊。广州酒店客房的需求极高，经常超过可利用的空间，酒店必须提前很长一段时间就预订。但是，广交会结束后，随着客商陆续离开，需求也快速降低，酒店管理人员必须采取一系列战略措施来平衡需求的起伏变化。这是服务业常见的现象。服务的生产和消费是同步的，因此大部分的服务具有不可储存性，但消费者对服务的需求处在不断的变化当中，企业某一时间或某一地方的剩余服务无法用于需求高峰时间或地点，其经营面临巨大的挑战。

一般来讲，一个生产力固定的服务企业会面临如图 11-1 所示的四种情况。

（1）需求过剩。需求水平超过了最大的可接待容量，导致部分顾客得不到服务，企业不得不放弃一部分业务。

（2）需求超过最佳接待量。企业能够接待所有的顾客，但会造成服务场所的拥挤以及服务质量的下降，减少顾客对服务的满意感。

（3）需求和供给在最佳接待量上达到平衡。员工和企业配备的机器能够在运作的同时保持一种良好的状态，使顾客获得较好的服务水平。

（4）供给过剩。由于需求不足，部分员工和设备得不到使用，造成服务的浪费和生产效率的低下。另外，顾客可能会由此认为企业的服务存在问题，质疑企业的服务能力或对企业的欢迎程度不足而感到失望。

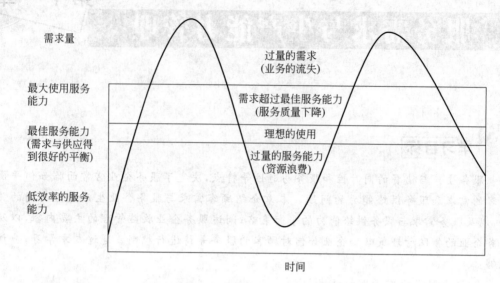

图 11-1　需求相对于能力的变化

资料来源：Lovelock C. Getting the most out of your productive capacity[M]. Boston：McGraw-Hill，1994：241.

顾客对服务的需求并非恒定不变，而是会根据具体的情况波动。但是，在正常情况下，企业提供服务的能力是相对固定的，且服务并不能像商品一样可以先储存起来再进行销售。因此如何平衡服务的供应和需求是众多服务企业所面临的重要问题。面对需求波动的问题，服务企业一般有两种应对的方法。一种是通过调整服务提供的能力来平衡需求的变动。这需要对企业自身的服务能力有较好的理解和认识，同时了解如何在某一时期有效地增加或减少服务的提供数量。另一种方法是通过管理需求的水平而达到服务供需的平衡。可以借用营销的手段把顾客对某一服务的需求时间变得更为连续和合理，避免出现需求的高峰期和低谷期，从而更利于服务企业的经营。

二、服务供应管理策略

服务具有与一般商品不同的特性。我们在商场选购商品，由于商品数量较为充裕，我们不会因为其他顾客对某一商品的购买而影响自己对该商品的购买。另外，商品具有一定的保质期，可以在仓库中储存，顾客可以在不同的时间购买到所需要的产品。然而，对于某种服务来说，它的供应数量是有限的。在美发店里，发型师的数量决定了该美发店所能服务的顾客数，也就是说，其他顾客对服务的需求会在很大程度上影响自己对服务的获得。另外，服务不能被保留，在某一时间内未被消费的服务将无法用于满足未来的需求。因此，服务的供应管理与产品的供应管理存在巨大的差异，我们在管理服务供应的时候应该根据服务的特性进行合理的安排。

（一）服务供应数量的决定要素

通常，企业所能供应的服务数量是由企业内部或外部各方面用于创造服务的资源和财产而决定的，主要包括以下几项。

1. 为容纳顾客及提供服务的场所

虽然企业根据其服务内容会对服务场所做出不同的设计,但是,企业的服务场所终究是决定它所提供的服务数量的重要因素。对于餐厅、酒店、银行等高接触型服务而言,其服务场所的空间有限,只能容纳一定数量的顾客,未必能满足所有的需求。即使是如保险公司等接触较少的服务企业,其服务场所也会影响服务的提供数量,如会议室的数量、提供给员工的座位等都会影响企业的服务供给。

2. 用于储存或制造服务时所需要的物品的场所

在企业向顾客提供服务的时候,需要有一些物品的辅助,有一个充足的存放或生产场所才能够保证服务的有效提供。有时,顾客的物品也会保存在企业当中,企业能否提供相应的场所以满足顾客的需求显得至关重要。如美容院,顾客会将个人的一些护理用品存放在企业;顾客在酒店或餐厅消费相关服务时可能需要停放汽车,车库的容量也会影响服务的提供数量。

3. 用于服务顾客、提供物品或信息服务所需要的设备

在服务过程中,企业的设备会在一定程度上制约企业所能服务的顾客数量,如机场的安检设施,无法在短时间内检查所有的顾客,因此要进行分批的检查;银行 ATM 无法在一段时间内服务所有的客户;呼叫中心的服务能力受中心内呼叫设备数量及呼叫座位数的限制。

4. 劳动力

服务人员是决定服务企业服务能力的另一关键因素。尤其对于高接触型服务企业,服务人员的数目和状态决定了企业所能够向顾客提供的服务数量和质量。如美容院的美容师、理发店的发型师、银行的柜台人员等,都在很大程度上限制了企业的服务供应能力。

5. 服务时间

不同类型的服务需要用不同的时间去完成。如麦当劳等快餐店对每个顾客的服务时间可能只需 5～10 分钟,但法律或咨询机构则需要较长的时间向其顾客提供服务。所以一个企业的服务时间决定了其所能服务的顾客数量。为保证服务质量的稳定及客人的满意度水平,企业需要衡量自身的服务效率,以考虑其所能应对的服务需求。

6. 基础设施

企业的服务供应能力不仅取决于企业内部的因素,有时候,外部因素也会对企业的服务能力产生影响。如电力供应不足会影响演唱会的举办;公共交通工具的缺乏或高速公路的不完善会影响度假村所能接待的旅客数量等。一般而言,外部因素反映社会对服务企业所能提供的支持力量。若支持水平较高,企业的服务供应能力就能得到保证。

对于每一类型的服务企业,都会有一些因素对服务的供应能力起着关键影响,如表 11-1 所示。有的服务企业主要受一种限制因素的影响,如飞机上的座位数决定了所能承载的旅客数目。但有些服务企业可能受多种限制因素的影响,如餐饮服务,既要考虑服务场所的大小,又要考虑服务人员的数量,还要考虑周围的停车场是否能够满足到店顾客的需要。

表 11-1　能力的限制因素与服务类型

限制因素	服务类型	限制因素	服务类型
服务或仓储场所	餐厅 电影院 航空公司 酒店	劳动力	美容院 理发店 银行
服务设备	呼叫中心 健身房	服务时间	律师事务所 咨询公司 医院
基础设施	度假村		

（二）服务供应的类型

服务的供应类型主要分为两种：固定和可变。固定的服务供应是指在短期内,企业的服务供应能力不会随着顾客需求的改变而改变。这类型的服务供应主要受到企业服务场所的大小、企业所需的社会基础设施支持的影响。由于这些因素无法在短时间内做出改变,因而企业的服务供应也无法根据需求的变化做出调整。但从长期来看,企业若能更换其服务场所,或与政府、社会机构做出沟通以改善其所需的社会基础设施,仍能有效地调整其服务供应能力。可变的服务供应则较为灵活,企业的服务供应能力不会受到较大的束缚,或其限制条件能够在短时间内得到解决,如招聘临时员工或购买设备以满足需求的增多。有些时候,企业的性质或其他条件决定了该企业的服务供应是固定的或是可变的,但一般情况下,企业所提供的服务中既包括供应能力固定的服务,也包括供应能力可变的服务。

（三）最佳服务能力与最大服务能力

在某些情况下,企业的最大服务能力与其最佳服务能力是相同的,如演唱会或体育赛事现场,满场的喝彩能够鼓动表演嘉宾或运动员们的表现,同时能够活跃气氛,调动现场观众的情绪。然而,就大多数的服务而言,当企业所提供的服务数量达到最大时,顾客会对服务现场的拥挤以及得不到周全及时的服务而感到不满,并降低对服务体验的评价。如满座的西餐厅无法较好地满足每一位就餐者对于幽静环境的需求,从而降低顾客满意感。

（四）服务供应能力的管理

面对顾客需求的波动及企业服务能力的限制,服务企业必须在不同时期有效调整其供应能力,以达到最佳效益。

1. 短期内

服务的需求会有所波动,当顾客需求与企业所能供应的服务数量无法达到平衡时,企业应该对其供应能力做出调整。

1）当服务需求大于供应

（1）增加服务设施。当原本的服务场所仍能容纳更多的顾客或提供更多的服务时,企业可以通过增加服务设施,扩大服务提供的能力。如健身房可以购进或租入部分健身器材,航空公司可以通过调整机舱舱位以增加机舱座位数等。当然,在空间一定的场所增加服务设施会使服务场所变得拥挤,影响顾客的消费体验。因此,企业应充分考虑如何在保证服务质量的同时提高自身的服务供应能力。

（2）聘请临时员工。在劳动力密集型的企业中,企业需要更多的服务员工,以应对由于需求的增长而带来的服务量的增加。如交易会期间,酒店会预先聘请实习生或兼职,以缓解由于服务需求的增多而导致的人手不足问题。但是,企业应在临时员工上岗前对其进行基本的培训,以保证服务企业的服务质量水平。

（3）延长服务时间。部分服务企业如餐厅、商场,可以通过延长营业时间,以满足在某一时间内增长的顾客需求。而一些专业性的服务机构,如会计师事务所、咨询公司,也可以要求员工延长每天的工作时间,以完成顾客交代的任务。当服务需求增加时,采用这一方法对供应能力进行调整,是较为灵活和容易实施的。但由于调整服务时间涉及员工的权益,企业应合理地对员工的付出做出补偿。

（4）提供外送服务。服务企业可以尝试提供上门服务,将服务场所进行转移。如餐厅可以向顾客提供送餐服务、美容或美发服务机构可以为顾客提供上门服务等。可是,对于某些需要追求特定服务场景的体验的顾客而言,这一方式的调整未必合适。企业在考虑提高服务供应能力时,要综合考虑服务的性质和服务中吸引顾客的要素,以评估实行此方法的可行性。

2）当服务供应大于需求

（1）出租闲置的设备或场所。当社会需求不足时,可以将部分服务设备或服务场所出租,以避免资源闲置的浪费。在某些餐饮食肆中,由于店面可容纳的顾客数目远大于其服务需求,企业会选择把部分店面出租给小摊贩,充分利用资源的同时也获得合作经营的利益。

（2）组织员工培训。服务企业可以利用"淡季"为服务人员提供有针对性的培训课程,例如服务技能、职业素养等方面的培训,以提高企业的整体服务水平。此情况在酒店中最为常见,员工会被安排参加专业培训机构组织的培训,或到其他地区和国家的酒店进行考察学习。

2. 长期内

企业在经营的过程中,会关注消费者对于其服务内容的需求变化,了解该服务的发展趋势,从而调整服务企业的供应能力。

1）调整服务场所

在了解本企业提供的服务的整体发展趋势后,企业可以根据顾客需求的增长或减少重新确定合适的服务场所以及与服务相关的场地。由于场所具有较高的稳定性和不可变性,因此企业在做出选择时应全面考虑各方面的因素,慎重做出决策。

2）合理招聘和安排员工

对于某一服务未来发展趋势的了解能够给予企业一些新的思路,尤其是在人力资源配置上。企业可以根据所预测到的消费者需求编制相应的员工工作时间表,提前对员工的工作做出规划。企业也应该通过跨部门培训,使员工掌握应对多种工作的能力,从而在面临服务需求高峰时能够迅速调配员工。

3）争取基础设施的配套

有时候，基础设施对一个服务企业起着重要的作用，如高速公路的完善能够为度假村带来更多的顾客消费。所以，获得所需要的基础设施配套是部分服务企业在长期的发展规划中需要考虑的问题。如果某一企业比较依赖于社会基础设施的支持，则在选址上应该将设施配套作为关键的选址因素。当然，企业也可根据其服务发展的潜力，向政府及社会机构展现优势，从而吸引它们的资金投入和政策规划支持。

4）培养顾客自助服务意识

若顾客能够分担一部分服务工作，则能够有效提高企业的服务效率。企业应该让顾客了解自助服务的优势，从而将这一观念灌输给顾客。但要注意的是，顾客的参与有时候会影响服务企业的正常运作，因此要对顾客的自助服务行为加以管理。

三、服务需求管理策略

（一）明确需求变化模式

消费者的需求变动有时候是难以确定的，如在下雨天，消费者会更倾向于选择室内活动，而非户外活动；汇率的变动，可能会增加游客在某一国家的旅游需求。但有些时候，消费者的需求呈现出周期性的变动，节假日期间旅游景点的游客数量相比平常会有几倍的增长；周末到餐厅就餐的顾客数量会大大增加。因此，我们必须了解影响消费者需求的因素，才能更好地对顾客需求进行管理。

影响顾客需求的因素可以分为周期性和随机性两种类型。周期性的影响因素表现为顾客的需求因受到该因素的影响，会在某一时期内上升或下降，变化趋势有一定的规律性，例如工资日、学校假期、公众假期、季节性的气候变化等。随机性的影响因素一般没有规律可循，例如天气的骤然变化、难以预测的健康卫生事件、意外事件（如火灾、盗窃等）、自然灾害（如地震、风暴、火山爆发等），服务型企业难以对受此类因素影响的消费者需求做出预测。

（二）服务需求管理

1. 服务需求管理的一般行为

当消费者的服务需求与企业的服务供应能力不平衡时，企业一般会有五种应对行为：不采取措施、减少顾客需求、刺激顾客需求、通过预订系统储存需求、通过排队储存需求。见表 11-2。

表 11-2　服务需求管理的一般行为

服务需求管理行为	服务需求与企业服务供应能力情况	
	供 不 应 求	供 过 于 求
不采取措施	会引起顾客的不满，影响顾客的未来购买行为	企业的服务供应能力浪费，营销顾客的消费体验（如足球赛事、演唱会等）

服务需求管理行为	服务需求与企业服务供应能力情况	
	供 不 应 求	供 过 于 求
减少顾客需求	提高服务价格;提前告知顾客处于高峰期的时间,以鼓励顾客选择在其他时间进行消费	没有必要采取相应的措施
刺激顾客需求	没有必要采取相应的措施(除非为了增加某一消费群体的需求,以获取更多的收益)	降低服务价格(但需要保证收入能够维持企业的正常运作),采取一定的促销手段,改变产品和销售的渠道
通过预订系统储存需求	首先保证获利能力较强的顾客群体获得服务,将其他群体的顾客安排在其他时间消费	没有必要采取相应的措施
通过排队储存需求	给予较大价值的顾客一定的补偿、使顾客的等待较为舒适、为顾客准确预测等待的时间	没有必要采取相应的措施

2. 服务需求管理策略

服务型企业要合理引导消费者的消费行为,需要更好地了解消费者的需求变动。企业可以建立客户管理信息系统,通过记录顾客在企业中的消费时间、类型、消费额等历史信息,获取顾客对某一服务的需求情况;通过分析不同时段的顾客需求,掌握顾客需求变动的原因及趋势。企业应根据系统内的信息制定恰当的策略,以应对消费者的需求变动。

1) 定价策略

定价策略是建立在收益管理的基础上的,其管理目标是,在保证额外收益大于额外成本的条件下,采用灵活的定价策略实现服务能力和服务需求的平衡。服务企业可以根据信息系统中的数据对顾客进行划分,针对不同顾客的特征和购买行为给服务定价。定价策略主要分三种类型。

(1) 根据预订时间的不同而定价

对于某些服务,如机票或酒店客房,顾客需要采用预订的方式进行购买。一般而言,预订的时间与实际消费时间相差越远,服务的价格就会越低,而当预订的时间越接近实际消费的时间,服务的价格就会越接近原价。但是也会有例外,如航空公司为了填补机舱空位,充分利用服务能力,会在飞机起飞当天售出优惠机票,以吸引消费者的购买。消费者可以根据自身的需要在不同的时段对服务进行预订,而服务企业在掌握消费者的预订信息后,能够对消费者的需求进行合理的安排和管理。

(2) 根据服务时间的不同而定价

顾客对于某些服务的需求是呈现出波动的趋势的,在某一时段内,顾客的需求会较为旺盛,而在另一时段内,顾客的需求会相对不足。如顾客对于电讯服务的需求主要集中在早上 9:00～12:00、下午 3:00～5:00,以及晚上 7:00～9:00,其余时间的需求相对较少。因此电讯服务公司会根据顾客的需求情况,对不同时段的电讯服务进行定价,在需求的高峰期制定相对高的价格,而向深夜或凌晨时分的通信服务收取较低的价格。通常情况下,多数的顾客会选择在下午或晚上到电影院消费,因此这些时段的票价会高于早场或午夜场的票价。服务企业通过对不同时段的服务定价,有效地引导顾客需求,使企业的服务供应能力可以更合理地分配和利用。

(3) 根据市场的不同而定价

航空公司会对舱位的不同等级制定不同的价格,酒店会根据不同的房型向顾客收取不同的房费。这种价格的区分是由顾客的差异而形成的,服务企业可以通过将顾客分层,为不同层次的顾客提供不同标准和价格的服务。利用这一定价方法,能够分散消费者的需求,使企业可以更有效地管理每一层次的顾客群。但是,企业必须采取措施防止以低价购买服务的顾客享受到更高等级的服务,从而影响顾客的感知公平性。

2) 采取促销手段

由于服务具有不可储存性,当消费者的需求小于企业的服务供应能力时,会造成企业资源的浪费。这时,企业可以通过一些促销方式刺激需求,例如价格优惠、广告宣传、免费试用、附加服务、展览促销、会员活动等,以平缓需求在不同时期的波动,使服务企业的经营更加稳定。部分价格敏感的顾客也会选择服务价格较为优惠的时段进行消费,有效缓解了需求高峰期时供不应求的问题。

3) 顾客预订管理

企业可以通过预订系统,在一定时间内对顾客的需求进行"储存",将原本较为集中的顾客需求适当分散,从而有效避免因服务供应能力不足而带来的问题。例如餐饮企业可以通过顾客的预订,合理安排顾客的用餐时间,避免出现严重的需求高峰或需求低谷期;还可以运用预订系统调出顾客信息,安排顾客到达其他分店消费或填补未能到店的预订餐位。对于咨询、法律、医疗等专业服务机构更是可以利用预订系统,减少顾客的排队时间,并让顾客预先对服务时间有所把握。

企业设立预订系统,能够为服务企业和消费者带来好处。对于服务供应方而言,提高了企业的服务计划性,有利于其合理地安排服务资源,提高服务资源的利用效率,扩大服务能力。若不采取预订管理,顾客消费的随机性和盲目性会造成高峰期顾客的流失及非高峰期服务能力的闲置,不能发挥企业的最佳服务水平。而对于服务需求方而言,预订服务能够更好地安排自己的时间,便于做好服务消费的准备,并能够得到高质量的服务。其实,消费者的需求可分为可控制的需求和不可控制的需求。可控制的需求是指消费者的服务购买行为能够通过预订等方式加以引导和管理,如消费者对于餐饮、航空公司、律师等服务的需求。而医疗服务等紧急情况属不可控制的需求,企业并不能对此进行预订管理。企业在实施顾客预订管理时,应明确自身的服务类型和性质,才能更好地利用预订系统进行消费者需求管理。

最后,现实中某些企业(例如酒店)为了防止顾客预订服务后无法到店消费,往往会接受一定数量的超过企业供应能力的预订。企业在对顾客预订进行管理时,要注意控制超额预订的数量,同时要有周全的对策应对超额预订所带来的问题。

4) 合理安排顾客排队

当顾客需求大于企业的服务供应能力时,通常情况下,顾客需要经历一定时间的等候才能享受到企业所提供的服务。企业对排队的管理直接关系着顾客对企业服务的评价。海底捞餐厅在排队管理方面做得比较出色,它利用一些附加的服务(例如免费零食、美甲、川剧表演等)减少顾客感知的等候时间,从而提高顾客的满意度。服务企业的排队管理将在本章第三节中做详细探讨。

5) 创造新的服务需求

在消费者对企业的服务需求不足时,为了更好地利用自身的服务供应能力,企业可以通过向消费者提供新的服务品种,以刺激其产生新的服务需求。如一些滑雪胜地会在夏季推出高山缆车游览或举办山地赛事,挖掘消费者新的兴趣点,吸引消费者在需求"淡季"中进行消费。

6) 预先告知

在服务需求"旺季"到来之前,预先与顾客进行沟通,是控制消费者需求最简单的方法。服务企业可以通过广告、服务人员的介绍、顾客的宣传等方式,向目标市场传递即将面临的服务需求增加的信息,以影响潜在消费者的消费时间和消费行为,从而有效缓解因需求过剩而带来的服务供应不足问题。

第二节 收益管理

收益管理这一概念最早由美利坚航空公司的鲍勃·克兰德尔(Bob Crandell)在20世纪80年代期间分析航空业放松管制时提出。美国航空运输业管制的放松,拉开了收益管理研究的序幕,成为收益管理发展的主要动力。在1978年放松管制之前,主要的航空公司采用统一定价,在固定的区间向乘客提供固定时长的服务。在1978年之后,美国政府放松了对航空运输的管制,允许航空公司自由开辟航线,自由制定机票价格,自由进入或退出航空业。由此,航空业产生了许多新的航空公司,展开了激烈的竞争。人民快运(People's Express)采取了具有挑战性的低价战略,定价比主要的航空公司低得多,很多顾客被吸引到有限服务的人民航空公司。此时,美利坚公司等主要航空公司面临新兴航空公司的低价策略,市场份额不断下降。美利坚公司通过对电脑订座数据的分析,将一些航线上的空位挑出来,加上一些限制条件(如不得转签和退票、提前21天购买等)以比人民快运更低的价格出售。新的定价策略实施不久,原本人民航空公司的顾客大量转移到美利坚公司,并且美利坚公司没有失去高价的顾客。人民快运退出竞争,最终破产。其前任CEO,Donald Burr将该航空公司的失败归因于缺少优秀的信息技术和随后实施收益的能力。

美利坚航空公司在其1987年的年度报告中,首次将收益管理定义为"在合适的时间将合适的产品以合适的价格销售给合适的顾客"。这是收益管理提出的初期,其概念的界定更类似于价格歧视。后来的学者以更全面的方式将收益管理理解为"一种能够通过融合信息系统、技术、盈利能力、数据、组织理论、业务经验和知识来提高收益,改善客户服务质量的工具"。随着计算机与网络技术、决策理论、经济计量技术、运筹学与管理科学的发展与进步,收益管理的工具和手段得到了不断的改进和创新。收益管理首先在航空业中获得了巨大成功,促使收益管理广泛地推广到酒店业、汽车出租业、运输业、影剧院业、广播电视业和公用事业等行业。收益管理的目的是在有限能力下产生最好的资金回报。学术界将其定义为以合适的价格分配最佳类型的能力给最适合的顾客且获得最大的资金回报。

一、收益管理的适用条件

收益管理在服务业中得到广泛的运用,其最适合于具有下述特征的服务企业。

(1) 相对固定的能力。固定能力或容量指服务系统一旦建成,在系统内较快改变能力或容量是极为困难或不可能的,只能通过系统外的资源弥补。即使弥补,代价也极为昂贵。在无法利用外部资源进行弥补的情况下,如何有效利用现有资源实现收入最大化是唯一具有现实意义的问题。这构成收益管理有效性的首要条件。对于某些服务企业,其服务设施需要大量的投资,因此可服务的顾客数量有限,即企业的服务供应能力受到服务设施的限制。如航空公司,飞机的座位数量是固定的,当一趟航班的所有座位都已售出,乘客只能选择下一趟航班以满足自身的需要。

(2) 细分市场的能力。不同的顾客对于产品或服务的特性组成有着不同的敏感性和效用。对于顾客而言,服务或产品消费本身存在价格、时间、地点、消费方式等特征,而不同的顾客对于这些消费特征的敏感程度(或偏好)是不同的。他们总能在既定的消费时间内被归纳于其中某一细分市场。要有效地运用收益管理,服务企业必须将不同特征的顾客分为不同的细分市场。如航空公司规定打折机票的航班时间,能够以此辨别出对出行时间敏感的商务旅客和对机票价格敏感的普通旅客。对于使用收益管理的企业来说,开发针对不同顾客敏感性的服务是一项主要的营销挑战。图 11-2 描述了某旅游地酒店根据一年中不同的季节,对其所划分的细分市场的顾客分配不同的服务供给能力。

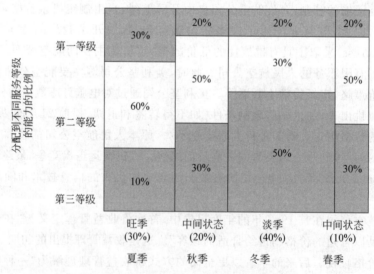

图 11-2 某旅游地酒店根据服务等级所做的房间季节性分配

资料来源:Lovelock C H. Strategies for managing demand in capacity constrained service organizations[J]. Service Industries Journal,1984,4(3):23.

(3) 易逝的存货。易逝性是指作为固定能力的库存资源和存货的利用性难以转移,并且不能储存和更新。一旦库存没有在界定的时间内被销售和利用,由于其不可储存性,它的价值将永远失去并不可补偿。对于航空公司、酒店等服务能力受到服务设施限制的企业而言,其固定的服务设施可以看作是服务企业待售的存货。对于航空公司来说,未售出的机位无法保留,意味着航空公司会损失该部分的收入。因此,航空公司有时候会通过一些折扣机票刺激客户乘坐飞机,以使这种易消逝的存货减到最少。

(4)事先售出产品。服务企业可以采用预订系统提前向消费者销售服务,并给予一定的打折优惠。然而,企业需要权衡:是接受提前打折预订,还是应该等待愿意以高价购买服务的客人。服务企业可以通过推测顾客的需求曲线,以确定每一时期应分配多少数量的服务给预订的顾客及临时的顾客。

(5)波动需求。需求的波动性给销售的预测带来较大的难度,造成固定存货的销售风险,而需求的实现本身存在的不确定性则加剧了这种风险。由于存货是固定的,并且这种产品(服务)的转移存在高昂的转移成本,如何能够合理地保证存货的最优利用并且降低销售风险成为收益管理中的首要问题。通过需求预测,收益管理能够帮助服务企业在需求低谷期刺激顾客消费,提高服务设施的使用率,并在需求高峰期使企业的利润最大化。而通过控制折扣价格,服务企业可以使有限的服务能力得到最大化的总收入。收益管理在实践中是相当灵活的,它需要针对每一时段不同的需求特征、不同的市场状况,快速地做出反应,以争取更大的收益。

(6)低边际销售成本和高边际能力改变成本。服务企业要运用收益管理,其销售每一单位额外的服务成本必须较低,如为一位飞机上的乘客提供一杯饮料的成本几乎可以忽略不计。但是,相比之下,由于一些必要的服务设施投入,要使这些企业提高服务供应能力的成本较高。例如,将一间酒店的客房数量从100间增加到200间,所花的费用是较为巨大的。

二、收益管理系统

收益管理关注如何将服务能力分配给不同的细分群体的顾客,从而使企业获得最大的收益。而在此过程中,需要有复杂而先进的技术系统对相关数据进行整理、分析,帮助企业做出正确的决策。其中,技术收益管理系统(technology revenue management system,TRM)最初被应用在大型的酒店集团运营中,后来经过发展应用在其他的服务业中。技术收益管理系统可分为三个管理的层面。

(1)战略层面。主要分析总部长期和全局的发展重点。在这一层面上,TRM系统数据针对长期和结构性的决策建立市场细分条件和总体的价格策略。

(2)策略层面。处理中期单独的操作单元。TRM系统数据在这一层面上建立起不同市场细分的目标占有率。

(3)运营层面。关注短期的操作系统执行。TRM系统数据会决定在短期内以何种价格销售及接受何种细分群体的预订。

根据系统的流程(图11-3),技术收益管理系统的运行主要分为四个步骤。

(1)需求预测。企业对未来需求的预测必须来自于历史数据。如酒店根据历史数据中顾客的到店信息、入住长度以及客房类型,可以预测在短期内的顾客需求。需求预测的准确性显得尤为重要,因为它体现了TRM系统的有效性。经常对系统内的历史数据进行更新能够提高模型分析的准确性。

（2）最佳服务能力分配。TRM系统通过向服务能力模型输入预测的需求数据，从而得出不同细分市场在某一时段可分配的服务能力。最佳服务能力分配模型的建立是以各种价格水平为主要依据的。

（3）服务能力储存控制。这主要有两个方面：到达人数和预订系统。一方面系统会模拟顾客的到达情况，这些数据有助于服务企业设立顾客到达的子模块。另一方面，根据之前所得到的最佳服务能力分配和顾客到达的子模块数据，可得到预订系统子模块。顾客到达子模块和预订系统子模块是服务企业控制服务能力储存的重要参考因素。服务企业必须根据系统显示的相关标准决定是否接受或拒绝到店顾客的需求。

（4）价格的确定。通过一系列的分析，由销售部门确定每一类型客人的服务价格，并与旅行社的团体顾客协商价格折扣。

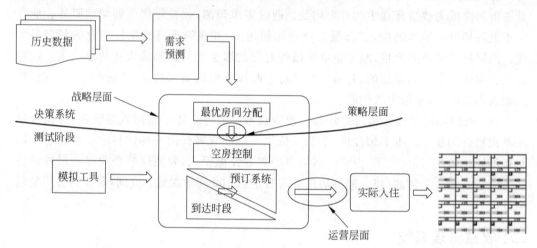

图11-3　技术收益管理流程图

资料来源：Guadix J，Cortés P，Onieva L，et al. Technology revenue management system for customer groups in hotels[J]. Journal of Business Research，2010，63（5）：519-527.

三、收益管理的风险

企业在运用收益管理时，能够较好地解决供给和需求的匹配问题，为企业带来较好的收益。但同时，由于企业需要针对不同的细分市场进行定价，并根据自身的情况分配服务能力，注重资金回报的最大化，容易使企业面临如下风险。

（1）丧失竞争焦点。收益管理可能导致过度关心利润最大化，忽视提供长久竞争优势的服务。收益管理策略中的差异定价、拒绝为顾客服务等行为会使顾客产生不满意感，影响顾客的消费意向，从而在一定程度上限制服务企业的长期发展。

（2）疏远顾客。当顾客发现自己与其他顾客相比支付了高价钱，如果他们并不了解原因，就会感觉到不公平。因此有效的收益管理需要对顾客进行思想引导。另外，如果顾客在服务企业实施过度预订的过程中得不到相应的赔偿，则会导致其产生更大的不公平感，继而使顾客更疏远。但也有研究表明，经常消费的顾客、年轻的顾客、学历水平较高的顾客更能够理解收益管理的实施，并认为服务企业运用收益管理对于顾客是公平的。

（3）员工士气问题。收益管理的实施会加大员工的工作难度和工作压力，因为员工需要按照系统的标准对顾客接待、服务价格进行较好的运用。尤其在员工对服务企业所实行的收益管理策略并不熟知的时候，会使其难以应对公司所分配的相关任务，容易导致出错。

（4）不健全的激励和奖励系统。如果激励结构不合理，员工可能对收益管理不满意，从而对企业的工作安排产生抵触。企业应该根据服务能力的利用率和服务销售的平均价格对员工进行奖励，增加其执行收益管理措施的积极性。

（5）缺乏员工培训。员工需要了解收益管理的目的及策略，清楚他们如何进行决策和在工作中会受到何种影响，才能更好地执行收益管理的具体措施。否则，员工的个人判断和企业的经营方案容易产生矛盾，影响服务人员的对客服务，导致其在工作中产生不满的情绪。

（6）某些组织不适合使用收益管理功能。要有效地实施收益管理，企业必须集中预订工作。航空公司、酒店及一些大型的餐饮企业具备这种集中预订的条件，但是一些小企业可能不具备集中预订的系统，则很难有效实施收益管理。

第三节　排队管理策略

在实际工作中，顾客的需求量是一个不断变化的值，而服务型企业不可能随时调整接待能力来适应顾客的需求。在这种情况下，如果服务型企业按照高峰期的需求量来设计接待能力，那么在需求低谷期内，大量的接待设施将会被闲置，增加了企业的成本。因此，服务型企业的接待能力一般会低于最高需求量。这就导致了在某些时候，需求超过了企业的接待能力，排队将不可避免。在服务能力有限的情况下，这无疑增加了企业的服务压力，服务企业需要对顾客进行有效的排队管理。

一、排队的种类

现实中，我们能够察觉到不同的排队种类（图11-4），每一个种类各有其优缺点。

1. 单一队列/单一服务提供者

在这种情况下，由于只有一位服务提供者，因此顾客只能排队等候服务。这种先到先得的排队方式会让顾客感到较高的公平感，但是，若需求量过大，顾客的等待时间会较长，容易使其产生不满的情绪。另外，潜在的顾客在看到店铺内的排队情况，也可能会放弃对该服务消费的选择，使服务企业流失一定的顾客。

2. 单一队列/多个服务提供者

顾客排列在一个队伍中，然后按照排列的顺序分配给能够提供服务的人员。由于有多个服务的提供者，顾客等待的时间会大大缩短。同时，当某一服务人员结束对上一顾客的服务时，队列中的下一名顾客能及时接受服务，服务的效率得到较好实现，顾客的公平感也较高。但若需求量大大超过服务企业所能提供的服务能力，则仍会造成店面拥挤、等待时间过长，影响潜在顾客消费等问题的出现。

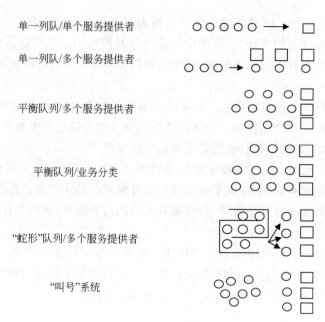

图 11-4　排队的类型

3. 平衡列队/多个服务提供者

在这种情况下,顾客可以选择在任一个服务提供者前进行排队,等待服务。然而,由于每一个服务提供者的工作效率不同,每一位顾客所需求的服务时间也不同,因此不同队列的等待时间也不尽相同。这样容易造成顾客内心产生不公平感,影响其消费体验。

4. 平衡列队/业务分类

服务企业有多位人员提供服务,但是每一位人员所提供的服务内容是不同的。顾客根据自身的需要,在不同的服务窗口前排队。这样的排队方式能够有效地区分不同的业务内容,使服务人员能够专一地处理某一项或几项业务,提高服务效率。然而,多数服务企业会根据顾客性质进行分类,如银行分为 VIP 客户和普通客户,酒店分为贵宾客人和普通客人等。这种情况下,一般的顾客会感受到服务的歧视,尤其是当某一服务窗口经常存在空置,而其他窗口的队伍较长时,顾客所产生的不公平感会更强烈。

5. "蛇形"列队/多个服务提供者

实质上,"蛇形"列队也是单一列队的一种,但"蛇形"列队与一般列队相比,能够更好地运用空间,不会形成队伍排到营业场所外面的情况。另外,"蛇形"列队造型增加了顾客和顾客之间的接触,使他们能够在排队中进行交谈,减少顾客感知到的等待时间。但是"蛇形"列队会占用营业场所的部分空间,在一定程度上影响服务人员的工作和企业的日常运作。

6. "叫号"系统

一些服务企业,如银行会设置"叫号机",顾客在进入服务场所时,先根据所需服务在"叫号机"中索取服务号码,然后等待"叫号"。当系统读出相应的号码时,顾客则可以到相应的服务窗口接受服务。"叫号"系统的实施,大大减轻了服务企业的排队管理压力,使顾客的排队更加合理。服务企业会提供一些休憩设施,让顾客在等待的过程中得到休息。

但是,在这种方式下,顾客可能会同时索取多个号码,浪费企业的资源,同时,增加后面顾客所感知的等候时间,影响其对该服务的消费选择。

随着信息系统和网络的发展,除了传统的排队种类外,还出现了虚拟的排队方式。虚拟的排队方式主要是指顾客通过企业的网站或第三方网络平台进行排队,而系统会及时显示某一服务的排队情况以及预计还需等待的时间。在虚拟的排队方式下,顾客无须事先出现在消费现场,一方面能够给予服务人员和顾客一个良好的服务环境;另一方面,排队的顾客也能够利用等待的时间进行其他活动,大大降低其感知的等待时间,增加顾客对服务的满意感。但是,要实行虚拟排队模式,服务企业需要有一个较为完善的信息系统,能够不断根据店内的消费情况和顾客的排队情况给予等候顾客相关的信息,实现有效排队管理。

二、排队系统与市场细分

由于不同的顾客所需要的服务内容不同,能够为企业所带来的经济效益也不同,因此,服务企业会倾向于通过市场细分确定排队管理的策略。一般情况下,服务企业会根据以下几个方面将排队的顾客进行划分。

1. 服务的紧急性

这一划分在医院中最为常见,医院会把服务分为一般门诊和急诊,如遇到紧急情况,病人会优先得到治疗。不同顾客需求的紧急程度不尽相同,服务企业应该将服务能力合理分配到不同的需求上。

2. 服务时间的长度

不同的服务内容所需要的时间是不一样的,服务企业应该针对不同的服务时间安排服务窗口。对于需要长时间服务的情况,可以根据顾客的需求增开多个服务窗口,以更有效地满足顾客的需要。

3. 服务的价格

对于支付了不同价格的顾客,服务企业在进行排队管理时也需要做出区分,如保证支付了高价的顾客在最大程度上减少等待的时间等。虽然这一做法会使一般顾客产生不公平感,但企业可以通过规则的制定和对顾客的教育,让顾客明白不同排队等待时间源于不同的服务价格。

4. 顾客的重要程度

服务企业为保留其忠诚顾客和 VIP 顾客,会对这些顾客的等待区域做出特殊的划分,体现这些顾客的尊贵性,提高其对服务满意的感知。但这种区分容易造成其他顾客的不公平感。企业要通过科学的服务布局,服务规则的制定和市场沟通,管理顾客情绪。

三、顾客等待管理

服务等待产生的原因,从表面上看是服务企业在特定时段中的服务供给无法满足服务需求,其更深的原因在于顾客到达的随机性。如果顾客能够保持同样的平均速率到达,同时服务企业为平均生产量做出计划从而使劳动力和设备的使用达到最优化,那么就不会发生任何延迟现象。但是,顾客到达的波动性会导致平均生产量无法与顾客需求相匹配,就会出现服务延迟或服务闲置的现象,如同时到达一群顾客会加长等待的队伍。

当到达服务现场的顾客超过服务企业的生产能力时,就会出现等待的现象。当然,通过提高企业的生产能力,增加服务供给,可以解决这样的问题,但是没有企业可以而且愿意承担这样的投入成本,因为这些生产能力在其他大部分时段可能是闲置的。在现代社会中,人们越来越将时间视为一种宝贵的资源,在购买决策时会更多地考虑到时间成本的因素。如果购买服务一定要经历等待的话,会给顾客带来不便,进而会影响顾客对于服务的评价以及对公平的感知,并且影响顾客满意感。服务企业如何在这样的特定时段去平衡服务需求与服务供给,对服务等待进行有效的管理,从而使其不利影响最小化,是服务企业管理人员面临的一大挑战。

(一)实际等待时间与感知等待时间

顾客实际等待时间,从狭义上讲是指从顾客到达服务场所一直到开始接受服务的那一段时间,用时间计量单位如小时、分钟、秒来计量。比如说顾客从到达诊所到可以接受诊察的那段时间。而从广义上讲,顾客实际的等待时间还包括顾客预订后等待确认的时间等时间段,比如说顾客打电话到诊所预约一直到得到确认时间的那一段时间。但是大部分理论研究的对象都主要指狭义上的实际等待时间。

在实际等待时间方面,有两点是引起人们最多关注的,即等待成本和企业的接待设施成本。等待的成本包括顾客放弃等待的可能性、"跳槽"到竞争对手的可能性、顾客满意度指数下降的幅度、顾客在放弃等待之后归来的意向和在等待过程中企业收入的减少等。顾客实际等待的时间主要是由服务企业的生产能力以及生产效率决定的。使用先进的设施设备以提高服务速度、改进服务流程,以及实行人力资源变革等都会影响顾客的实际等待时间。企业在管理顾客实际等待时间中,有以下两点是需要注意的:①企业已经提供了所能够提供的最佳的接待能力,顾客认为这样的等待时间是合理的,是可以接受的;②队伍是以一种最快的方式流动。

顾客感知等待时间,是指顾客在等待服务过程中对实际等待时间的感知。虽然感知等待时间是建立在实际等待时间的基础之上,但感知等待时间与实际等待时间不同。研究表明大多数的感知等待时间都比实际等待时间要长。

感知是一个主观的个人的心理状态,顾客对等待时间的感知是一个复杂的心理过程,其主观性决定了其受较多因素的影响。在管理顾客感知的等待时间方面,企业则主要关注于如何根据顾客的心理特征,采取一系列的措施来满足顾客的心理需要和期望,以此来缩短顾客感知的等待时间。在某些产品差异化程度相对较低的服务行业,努力减少顾客的等待时间是一种非常有意义的竞争策略。

(二)影响顾客等待时间

1. 管理顾客感知的等待时间

顾客感知等待时间会影响顾客对服务质量的感知,感知与期望的差距会影响顾客满意感,而顾客对等待时间的感知是建立在实际等待时间的基础上,同时又会受到多种因素的影响。梅斯特(D. A. Maister)首先提出了影响感知等待时间的八个因素。

P1：空闲时间与繁忙时间相比感觉更长。

P2：过程前的等待与过程后的等待相比感觉时间更长。

P3：焦虑使等待感觉更长。

P4：不确定的等待时间比已知的等待时间感觉更长。

P5：不能说明原因的等待时间比能说明原因的等待时间感觉更长。

P6：不公平的等待时间比公平的等待时间感觉更长。

P7：服务越有价值，顾客愿意等待的时间越长。

P8：单独等待的时间比群体等待的时间感觉更长。

其他学者在研究中又提出，P9：不舒适的等待比舒适的等待感觉时间更长；P10：新顾客以及不常惠顾的顾客感觉等待时间更长。

（1）无聊的等待感知时间较长。当顾客在等待的过程中没有其他的事情可做，顾客的内心会感到空虚，从而经常地查看时间。在这一情况下，顾客感知的等待时间会长于实际的等待时间。因此，服务企业可以在顾客等待区增设一些休憩设施，分散顾客的注意力。海底捞火锅店就很好地做到了这一点，他们在顾客等待的时候提供给顾客各种各样的服务，使顾客不至于无所事事。

（2）未进入服务流程的等待感知的时间较长。某些服务企业会把顾客等待的位置安排在服务场所之外，使顾客觉得长时间无法进入服务场所，增加其感知的等待时间。若顾客在等待的期间已经可以查看菜牌或得到服务人员的关注，顾客会感到已经进入了真正的服务当中，有效减少内心等待的不安。

（3）焦虑的等待感知时间较长。当服务的环境使顾客产生焦虑和不安感时，顾客会希望尽快得到服务安排，因此其感受的等待时间会比实际的时间要长。服务企业应该合理地布置顾客等待的区域，使顾客能够在一个舒适的环境中等待。

（4）不确定的等待感知的时间较长。当顾客对店内顾客的服务情况一无所知时，其内心会产生不安感，会对自己所做出的消费选择产生怀疑。而某些服务企业则会给顾客反馈，告知其还需要等待的时间。在这种情况下，由于顾客已经清楚企业的服务接待情况，对自己的服务需求何时能够被满足较为了解，从而愿意等待。

（5）没有解释的等待感知的时间较长。当服务企业无法对顾客的等待给予一个解释时，顾客会对企业的态度产生不满，从而增加了其感知的等待时间。因此，服务企业应该告知顾客等待的原因，并表现出乐意为顾客提供服务的诚意，以减少顾客的不满意感。

（6）不公平的等待感知时间较长。当顾客发现其他顾客无须排队就能够得到服务时，会产生强烈的不满情绪。尤其当其等待的时间已经较长时，不满情绪会更强烈，而顾客感知的等待时间会因此而增加。服务企业在管理顾客排队时，应该控制不公平情况的发生，从而有效管理顾客在等待时的情绪。

（7）服务的价值会影响顾客感知的等待时间。不同的服务在顾客心中具有不同的价值，对于价值较高的服务，顾客更愿意为之而等待。反之，若顾客认为该服务不值得其花时间等待，其感知的等待时间会长于实际的等待时间。

（8）单独的等待感知时间较长。如果顾客是单独等待，由于缺乏交流和活动，顾客内心容易产生焦躁感。相反,在群体的等待中,顾客之间能够进行对话,在此过程中,其感知的时间会比实际时间过得快一些。

(9) 不舒适的等待感知时间较长。某些服务场所的等待区域环境较差,顾客在其中难以舒服地进行等待,因此更希望尽快完成等待。这样,顾客的感知等待时间会长于实际的等待时间。

(10) 不熟悉的等待感知时间较长。如某一服务场所对顾客而言较为陌生,顾客会因为缺乏相关的信息而感到焦虑,若无法得到服务企业在时间等待上的保证,会增加其感知的等待时间。而顾客在熟悉的服务场所进行等待,由于其较为了解相关的服务流程,因此能够清楚服务等待的情况,其感知的等待时间会减少。

当服务企业无法真正提高生产能力和生产效率时,管理者应该尽量富于创造性,寻找一些方法让等待更受顾客的欢迎,从而减少顾客的不满情绪。但是,管理者应该注意到,一些因素虽然对等待时间的影响十分显著,但是对提高顾客满意感没有明显的效果。比如说,流程改造不仅可以减少顾客实际等待时间,而且可以影响顾客感知等待时间,但它可能不会导致顾客满意感的增加。如果服务企业的最终目的是为了提高顾客满意感,那么单单靠流程改造就可能无法达到目的,尤其是在流程改造需要支付较高成本时,这一举措尤其需要慎重考虑。当评价流程改造的效果时,管理者不能只关注其对一些操作层次因素的影响(如实际等待时间或等待队伍的长度)。更多情况下,从心理的角度去考虑流程改造给顾客满意感和感知等待时间带来的影响会更为重要。

2. 管理顾客实际等待时间

当市场需求波动较大并且高峰时候的需求总是超过服务企业的生产能力时,管理者就必须考虑改变需求模式或者供应能力去避免或者减少顾客长时间等待现象的发生。从根本上减少顾客实际等待时间是消除等待的较好方案。服务企业想去改变市场的需求模式是很困难的,因此就要从自己的供给能力入手,提高生产能力和生产效率,使得顾客等待时间最小化。

服务企业可以通过考虑服务生产中的改进,减少服务中顾客需要等待的真实时间。例如,航空公司的网上订票系统以及电子客票,使顾客在家中或是办公室就可以通过线上预订、线上支付完成机票的购买,免去了在售票处可能出现的排队等待。另外,一些餐厅投资设施设备对传统的点菜系统进行了变革,服务员可以通过无线设备、计算机系统直接把顾客的菜单传递到厨房,减少了服务员与厨房之间传递信息的时间,从而减少了顾客等待上菜的时间。

服务企业也可以通过服务流程再设计和进行以顾客为导向的改进,使服务流程更加合理化与人性化。例如,酒店对服务流程进行重新设计,在顾客离店退房的当天早上,将账单从门缝中塞进客房,减少了顾客退房结账时的等候时间。芝加哥第一国民银行对传递系统进行了以顾客为导向的改进,除了保留新设的存款和支票兑现特快出纳员柜台,在繁忙的工作日还设立存款和简单需求快速处理柜台;大堂营业时间由每周 38 小时延长到56 小时;一份名为"如何减少等待时间"的顾客宣传手册提醒顾客哪些是繁忙的高峰时段,还提供了一些避免延迟现象的方法。

服务企业还可以通过人力资源策略的变革,提高服务人员的工作能力和工作效率,从而减少顾客实际等待时间。例如可以在服务旺季和忙时雇佣更多的临时员工，以提高供应能力。服务企业也应该在服务淡季和闲时对员工进行服务技能方面的培训，使员工的服务更加娴熟，从而减少在服务旺季和忙时因技能不熟练而引起的时间延迟和差错，减少顾客服务等待时间。

在管理实际等待时间方面，有三种方法是值得管理者学习的。首先管理者可以使用数量模型，找到一个能够使得企业的等待成本和接待成本之间平衡的最优点。然后等待线设计策略可以帮助管理者来设计顾客等待过程中的流动情况。最后管理者可以使用一系列的激励措施来调节需求量，以此来适应企业的接待能力。

1）数量模型

数量模型是处理一系列队列结构的数量和统计模型。数量模型可以帮助管理者找到一个最优点。在模型中，队列被描述为一个特殊的运转结构。要找到一个最优点，管理者必须收集三个方面的相关资料，分别是在预定的时间段内要求获得服务的顾客人数，到达的节奏是怎样的，每一位顾客愿意承受的价格是多少。这三个因素是决定数量模型是否能够有效利用的关键。通俗地讲，这三个因素也就是，管理者需要确定顾客接受服务有多少途径；顾客所需要的和企业提供的服务类型的种数；哪些服务是由顾客来决定是否结束的，哪些服务是由服务人员来决定是否结束的。

如果每天都是同样数量的顾客，如果顾客到来的节奏是平均的，如果顾客接受的服务时间是一样的，那么接待能力是很容易制定的。但是这样的情况，在实际中几乎不可能存在。在欧美一些国家，很多企业使用"标准日"的概念来设定接待能力水平。标准日是一种假设的服务设计。采用标准日的意义在于企业不可能设计一种满足最高需求的接待系统，也不可能设计一种明显不足的体系。按照最高需求量来设计，企业就有可能为大量时间内设施的闲置而付出大量的成本。一般来说，标准日通常在需求高峰期的 $60\%\sim90\%$ 浮动。而至于选择哪一个百分数，这需要管理者根据服务质量和顾客的满意度指数来具体确定。

在非需求高峰期间，管理者可能调整员工队伍来提高运转效率。但是在需求高峰期间，通过服务人员的数量来进行调配是非常有限制的，而且企业不能在短时间内调整自己的固定接待能力设施。比如，主题公园不能立即增加过山车，电影院里的座位也不能立即增加，移动电信营业厅的大厅面积也不可能在短时间内得到调整。在一些餐厅里面，座位和桌子没有空余的位置可以增加。即使在天气好的情况下，一些餐厅可以通过开放户外区域来增加自己的接待能力，但是户外座位的因素应该已经计算在"标准日"里面了。在标准日中，也是有可能产生排队的，但是这个排队将不超过某个长度。超过这个长度，服务质量可能有比较大幅度的下降。在某些时段或者某一段日子里，需求量是低于标准日的，顾客的等待时间是很短或者说是不存在的，顾客是满意的或者非常满意的。相反，在另一段日子里，需求量是高于标准日的，等待时间过长很可能导致顾客的极端不满。企业可以通过大量的调查数据来确定顾客愿意接受的等待时间是多少，这些数据能帮助企业将标准日确定在一个最优的点上。

迪士尼一般把标准日选取在他们预测的最高需求量的 $80\%\sim90\%$。迪士尼的营销部门认为，即使在繁忙的日子里也不能使顾客失望。这一准则就要求营销部门必须寻找一些新的方法和措施能够在非需求高峰期不断地增加客流量，以便接待能力能够被有效利用。这也是一些服务型企业提供折扣的原因所在，比如餐厅的优惠套餐、航空公司的折扣机票等。

2）等待线设计

传统的队列模型就是简单的平行线的做法，但这种做法很可能浪费时间，并且增加顾客的等待时间。比如火车票的某一窗口流动很快，而另一窗口流动很慢，这极有可能导致顾客的不公平和不满意。因此，近年来，一些服务型企业使用了排队叫号系统，银行的营业厅里按照顾客到达的先后顺序派发排队等候的号码数，这样不仅可以减少顾客的等待时间，而且还避免了企业浪费资源成本。

排队叫号系统可以说比较好地解决了排队中的公平性问题。对于一些营业面积比较小的企业来说，也可以不使用排队叫号系统。比如，如果有两个服务窗口，那可以让顾客排成一队，两个服务窗口轮流接待顾客。当然如果企业提供服务的类型比较多，不同类型服务项目的办理时间差异性比较大的话，企业也可以在顾客排队之前，就对其进行分流。在管理中，管理人员须遵守的原则就是能够不在前台办理的业务，尽量不到前台；自助系统能够解决的问题，尽量鼓励顾客使用自助系统。

在一些企业里，排队是有多种的，各种队列之间并不是无关的。管理者必须要对队列之间的相互关系进行研究和观察，然后统一管理。比如，在移动服务的大厅里，有很多顾客在等待。当一些顾客的等待时间很长时，如果流动服务人员对队伍进行管理，可能会引起顾客强烈的不满。这个时候，流动服务人员的主要任务应该是分流顾客，为一些不必到前台的顾客办理业务。这也给管理者一个启示，也就是说，排队系统应该是一个整体，在解决一个问题的同时，可能会影响到另外一个。最典型的例子就是 20 世纪 60 年代的迪士尼世界。在迪士尼世界里，最受欢迎的加勒比海海盗前的队伍通常会排得很长。为此，迪士尼的管理者们建造了一个新的鬼魂世界，以此来分流部分顾客。但是迪士尼的管理者们没有想到的是，当鬼魂世界启动之后，他们吃惊地发现海盗前面的队伍变得更长了，并且和鬼魂世界前面的队伍长度不相上下。

那么到底是因为什么出现了这样的情况呢？这里我们需要了解一下迪士尼世界联票的情况。联票分为 A、B、C、D、E 五种类型，E 种类型包含最受欢迎的项目，A 种包含最不流行的。管理方希望通过控制各种类型的联票的数量，将顾客分散在不同的项目上面。当鬼魂世界开始的时候，管理者们考虑到成本的问题，决定提高联票的价格。但是管理方没有提高全部的票价，而只是提高了 E 类票的价格。在这里，管理方出现了一个比较严重的失误，那就是他们没有分析增多售出 E 票数量的结果。公园每天比以前多售出 5 000 万张 E 票，而鬼魂世界的接待能力是小于 3 000 万人的，这就导致了还余下 2 000 万的 E 票。而顾客想要用完所有的 E 票，除了鬼魂世界之外，最富有吸引力的选择就是海盗世界了。

3）调节需求

调节需求的做法可以在很多类型的企业中找到，如电力公司在需求高峰期通过提高价格来调节需求量，餐厅的优惠和预定系统，酒店和风景区在需求非高峰期的折扣策略。酒店和餐饮业的收益管理正是调节需求的相对比较成熟的做法。从排队的角度来说，管理者需要牢记的是顾客花在等待上的每一分钟对于企业来说，是不产生任何收入的。因此，从收入最大化的角度来预测任何的等待时间是非常重要的。在真实的排队中，企业也可以利用顾客的等待时间来进行其他产品、服务类型的交换。对于服务型企业来说，这也有可能产生比较大的收入。

预订系统是一个比较典型的而且有效的调节需求的方法。通过网络或电话提前预订，顾客可以有效地利用自己的时间；企业可以制订计划来调节需求量，能够提前安排相应的服务能力。当然，预订系统并不完美，一些顾客拒绝使用预订系统，而一些顾客预订了却没有出现。当一些顾客没有按时到达或者一方突然取消预订时，这可能会导致预订系统效率的下降，增加企业的运营成本，减少企业的收入。这是一些餐厅拒绝使用预订系统的原因所在，也是一些酒店和航空公司采取超额预订的原因。

同时预订系统并不适合于所有的服务型企业。20世纪90年代中期，迪士尼世界的管理者在最受欢迎景点的长队管理方面遭受到挫折后，他们寻找一种创新的方法来减少等待时间。迪士尼世界从顾客的调查中发现，满意分数直接与排队的长度呈现负相关的关系。有人提出实行预订系统的措施，但是这并没有在实际中应用下去。对于主题公园来讲，预订并没有效，因为服务的方法是呈结构性的。在餐厅和戏院的预订上，顾客的支出是一个分离的项目。在戏院的座位上，顾客购买一种类型的演出。在餐厅中，一直到吃完顾客才给予支付。但是，一次性付钱的主题公园里，所有的顾客支付入场费来进入公园。一旦入内，顾客期望他们有平等的机会看到所有的景物。在这样的情况下，使用预订系统的问题是早进公园的顾客可能很快就预订那些最受欢迎的项目。顾客的数据分析表明在上午的十点半到十一点，所有最流行的景点已经被预订完，那些11点之后才进入公园的顾客发现他们不能够进行那些最流行的项目。很明显，这是一种不可接受的情况。

另外，预订系统还有一个问题，就是顾客期望在接受所有的服务项目的时候是公平的。如果预订系统意外中断，那么我们不允许那些8点钟就到来的顾客进入。如果由于糟糕的天气，而使得帆船项目不能在9点到10点期间正常使用，那么暴雨过后的11点钟，是允许那些预订在9点到10点的顾客进入呢，还是允许那些预订在11点之后的人进入呢。在这种情况下，预订系统不能解决这些问题。总之，对于预订系统而言，如果有固定和可预测的接待能力，系统将运转良好，但是如果周围的环境是动态变化的，需求和接待能力都是变化的话，那么系统将不能运转良好，比如医院的急救室是不能预订的。

除了预订系统之外，企业还可以通过其他的措施来调节需求。比如，移动的营业厅每个月的六七号是比较繁忙的，缴费的顾客比较多，在一定程度上会造成营业厅相对拥挤。为此，管理人员可以通过一些宣传途径，告知顾客在这一段时间到营业厅办理业务可能遇到的情形。总之，在沟通方面要坚守的原则就是，如果是自助系统能够解决的，鼓励通过自助系统；如果是不急于办理的业务，鼓励在营业厅不忙的时候再来办理。这样，企业可以分散顾客的需求，使得需求量和企业的接待能力尽量一致。

总的来说，管理顾客的实际等待时间牵涉到企业的基本服务流程，牵涉到服务窗口和服务人员的配备。可以说，要做好排队管理，需要管理人员在最开始的服务流程设计、服务区域设计就把排队的因素考虑进去。如果在最初的服务设计中没有考虑排队管理的话,管理人员很难在后期进行比较有效的排队管理。需求看似是后期可以进行调节的,但如果在最初的服务设计中不考虑需求调节,同样有可能会增加企业的固定成本,使得企业的服务设施因为闲置而浪费。因此,服务型企业在最初的服务设计中,要把排队的各种因素都考虑进去,只有这样,后期的工作才容易开展,才会取得成效。

思考与练习题

1. 选择一项你熟悉的服务,讨论该类服务企业的服务供应能力受到哪些因素的影响? 你如何帮助该类企业管理服务供应能力?

2. 选择一项你熟悉的服务,讨论该类服务企业最可能的需求模式是什么? 你如何去匹配该类企业的需求与供给能力?

3. 比较网络旅行社和线下旅行社营业厅的服务,它们的需求模式是否相同? 在选择平衡需求与供应能力的策略方面是否有差异?

4. 什么是收益管理? 收益管理的应用条件是什么? 讨论应用收益管理战略的风险。

5. 下列情况应该如何应用收益管理:广州大剧院、咨询公司及航空公司?

6. 根据自己作为消费者的经验分别举例描述四种排队等待策略。各种等待策略的优缺点有哪些? 你觉得企业可以采取哪些措施优化顾客的排队问题?

参 考 文 献

[1] Agnes K Y L,Hui Y V,Zhao X. Modeling repurchase frequency and customer satisfaction for fast food outlets[J]. International Journal of Quality & Reliability Management,2004,21(5):545-563.

[2] Davis M M,Heineke J. Understanding the roles of the customer and the operation for better queue management[J]. International Journal of Operations & Production Management Association,1994,14(5),21-34.

[3] Davis M M,Heineke J. How disconfirmation,perception and actual waiting times impact customer satisfaction[J]. International Journal of Service Industry Management,1998,9 (1):64-73.

[4] Dawes J,Rowley J. The waiting experience:towards service quality in the leisure industry[J]. International Journal of Contemporary Hospitality Management,1996,8(1):16-21.

[5] Dickson D,Ford R C,Laval B. Managing real and virtual waits in hospitality and service organizations[J]. Cornell Hotel and Restaurant Administration Quarterly,2005,46 (1):52-68.

[6] Durrande-Moreau A. Waiting for service:ten years of empirical research[J]. International Journal of Service Industry Management,1999,10(2):171-189.

[7] Día A B C,Ruíz F J M. The consumer's reaction to delays in service[J]. International Journal of Service Industry Management,2002,13(2):118-140.

[8] Groth M,Gilliland S W. The role of procedural justice in the delivery of services:a study of customers' reactions to waiting[J]. Journal of equality Management,2001,6(1):77-97.

[9] Guadix J,Cortés P,Onieva L,et al. Technology revenue management system for customer groups in hotels[J]. Journal of Business Research,2010,63(5):519-527.

[10] Heo C Y，Lee S. Influences of consumer characteristics on fairness perceptions of revenue management pricing in the hotel industry[J]. International Journal of Hospitality Management，2011,30(2)：243-251.

[11] Homik J. Subjective vs. objective time measures：a note on the perception of time in consumer behavior[J]. Journal of Consumer Research,1984,11：615-618.

[12] Jones P,Peppiatt E. Managing perceptions of waiting times in service queues[J]. International Journal of Service Industry Management,1996,7(5)：47-61.

[13] Jones P,Dent M. Improving service：managing response time in hospitality operations[J]. International Journal of Operations ＆ Production Management,1994,14(5)：52-58.

[14] Kelley，S W，Donnelly Jr J H，Skinner S J. Customer participation in service production and delivery[J]. Journal of Retailing,1990,66(Fall)：315-335.

[15] Lindenmeier J,Tscheulin D K. The effect of inventory control and denied boarding on customer satisfaction：the case of capacity-based airline revenue management[J]. Tourism Management,2008,29(1)：32-43.

[16] Maister D A. The psychology of waiting lines[M]//Czepiel J A,Solomon M R,Surprenant C F. The service encounter. Lexington,MA：Lexington Books,1985.

[17] McGuire K A，Kimes S E. The perceived fairness of waitlist-management techniques for restaurants[J]. Cornell Hotel and Restaurant Administration Quarterly,2006,47(2)：121-134.

[18] McDougall G H G,Levesque T J. Waiting for service：the effective ness of recovery strategies[J]. International Journal of Contemporary Hospitality Management,1999,11(1)：6-15.

[19] Peppiatt E. An investigation of perceived and actual waiting time, unpublished dissertation[M]. University of Brighton,1995.

[20] Sarel D,Marmorstein H. Managing the delayed service encounter：the role of employee action and customer prior experience[J]. The Journal of Services Marketing,1998,12(3)：195-208.

[21] Sheu C,McHaney R,Babbar S. Service process design flexibility and customer waiting time[J]. International Journal of Operations ＆ Production Management,2003,23(8)：901-907.

[22] Lovelock C. Services Marketing：people,technology,strategy[M]. Fourth edition,Prentice Hall,2001：9.

[23] Lovelock C H. Strategies for managing demand in capacity constrained service organizations[J]. Service Industries Journal,1984,4(3)：23.

[24] Lovelock C. Getting the most out of your productive capacity[M]. Boston：McGraw-Hill,1994：241.

[25] Ittig P T. The real cost of making customers wait[J]. International Journal of Service Industry Management,2002,13(3)：231-241.

[26] Luo W,Liberatore M J,Nydick R L,et al. Impact of process change on customer perception of waiting time：A field study[J]. The International Journal of Management Science,2004,32(1)：77-83.

[27] [美]马克·戴维斯,贾内尔·海内克. 服务管理：利用技术创造价值[M]. 王成慧,郑红,译. 北京：人民邮电出版社,2006.

[28] [美]克里斯托弗·洛夫洛克,约亨·沃茨. 服务营销[M]. 第6版. 谢晓燕,赵伟韬,译. 北京：中国人民大学出版社,2010.

[29] [美]詹母斯 A 菲茨西蒙斯,莫娜 J 菲茨西蒙斯. 服务管理：运作、战略与信息技术[M]. 第7版.

张金成,范秀成,杨坤,译.北京:机械工业出版社,2013.

[30] [美]克里斯托弗·洛夫洛克.服务营销[M].第3版.陆雄文,庄莉,译.北京:中国人民大学出版社,2001.

[31] [美]瓦拉瑞尔A泽丝曼尔,玛丽·乔比特纳,德韦恩D格兰姆勒.服务营销[M].第4版.张金成,白长虹,等,译.北京:机械工业出版社,2008.

[32] 汪纯孝,岑成德,温碧燕,等. 服务型企业整体质量管理[M].第2版. 广东:中山大学出版社,2001.

第十二章

服务流程设计与管理

学习目标

服务流程设计是服务运营管理的基础。本章主要介绍服务流程的分类、服务流程的设计方法和绩效衡量、服务流程的优化与再造,以及服务蓝图。通过本章的学习,应该能够:

- 熟悉服务流程的不同类别。
- 掌握服务流程设计的基本方法。
- 了解服务流程的绩效衡量方法。
- 了解服务流程的优化策略。
- 掌握服务蓝图的应用。

第一节　服务流程概述

为了成功实施服务战略,服务型企业应该对所有的顾客服务活动进行全面、系统的管理。服务是一系列的活动过程,服务型企业的运营管理集中表现为服务流程的设计与管理。服务流程是否合理,一定程度上决定了服务质量的高低。

一、服务流程的概念

流程是指系统将输入转化为输出的过程。这一过程涉及一系列的任务,由物流、人流、信息流有机地连接在一起。流程直接关系到一个系统的运作效率、成本和质量,对系统竞争力有重要影响。对于制造业企业,输出的主要是有形产品;输入的为原材料、设备、技术、熟练劳动力等资源;原材料加工、零件制作、产品组装等是任务;不同的任务之间需要通过库存、搬运等物流活动连接。对于服务业企业,输出的主要是服务;接待顾客、与顾客沟通、按照顾客的不同需求为顾客本身或顾客的物品提供服务等是任务。服务流程是对服务企业向顾客提供服务的整个过程(作业步骤和行为事件),以及完成该过程所需要素的组合方式、时间与产出的具体描述,如服务行为、工作方式、服务程序和路线、设施布局、材料配送等。从运作管理的角度出发,服务流程可视为服务组织对服务对象进行处理的过程的组成方式,如图 12-1 所示。

服务流程是服务分析系统设计的基础。流程图是进行服务流程分析的基本工具,由不同符号组成(如图 12-2 所示)。长方形表示流程中的作业(事件、步骤),箭头(流向线)表示流程的方向,倒三角形表示缓冲区(库存点或处于等待状态),菱形表示决策点。

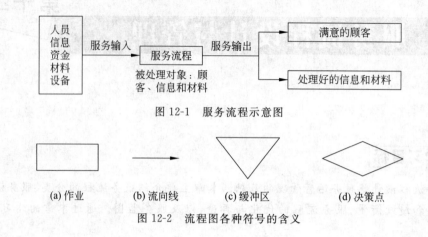

图 12-1 服务流程示意图

图 12-2 流程图各种符号的含义

二、服务流程的分类

不同的服务企业,其服务流程是不同的;同一服务企业,不同服务活动的流程也会不同。按照特定的标准,如差异化概念、服务活动指向的客体、顾客参与的程度等,可以将企业的服务流程划分为不同的类型。如表 12-1 所示,服务大致分为低差异性服务(如标准服务)和高差异性服务(如定制服务)。在这两类中,服务流程的客体可以是货物、信息和人。顾客的参与程度从无参与、间接参与到直接参与。服务流程的分类提供了常见的组织不同类型服务过程的方法,有助于我们理解服务设计及其管理。服务流程分类也为服务过程提供战略定位图,并能为服务系统的设计与再设计提供帮助。

表 12-1 服务流程分类

顾客接触的程度		低差异性服务(标准服务)			高差异性服务(定制服务)		
		产品加工	信息或形象处理	人员处理	产品加工	信息或形象处理	人员处理
无顾客参与		干洗、自动贩卖机	检查流程、还信用卡	—	汽车维修、定制衣服	计算机程序设计,建筑设计	—
间接的顾客参与		—	用家庭计算机订货,电话账户余额确认	—	—	航空管理员监督飞机着陆,电视拍卖会上出价	—
直接的顾客参与	顾客与服务人员间无交互(自助)	操作自动贩卖机,组装预制家具	从自动柜员机中提取现金,在无人照相厅拍照	操作电梯,乘坐自动扶梯	便餐车提供正餐样品,把货物装包	在医疗中心处理病例,在图书馆收集信息	驾驶一辆租用的汽车,使用健康俱乐部设备
	顾客与服务人员间有交互作用	餐馆用餐服务,汽车清洗	召开讲座,处理常规银行交易	提供公用交通,为群众种疫苗	家庭地毯清洗,景观美化服务	肖像绘画,提供顾问咨询	理发,做外科手术

资料来源:Wemmerlöv U. A taxonomy for service processes and its implications for system design[J]. International Journal of Service Industry Management, 1990, 1(3):29.

（一）根据差异性的程度分类

1. 标准化服务（低差异性）

标准化服务是通过范围狭窄的集中服务获得高销售量。这是一项日常工作，工作人员有较低的技能即可。由于服务性质的简单重复性，自动化更多地用来代替人力（如使用售货机、自动洗车）。减少服务人员的判断是实现稳定的服务质量的一种方法，但这可能会产生一些负面影响。这些概念在后文中被称为服务设计的生产线方法。

2. 定制服务（高差异性）

对定制服务来说，完成工作需要较多的灵活性和判断力。另外，在顾客和服务人员之间需要进行更多的信息沟通。此类服务过程无固定模式可循，且未被严格界定，因此需要高水平的技巧和分析技能（如咨询服务）。为了使顾客满意，服务人员应该被授予一定的自主性和决断力的决策权（即服务人员被授权）。

（二）根据服务过程的客体进行分类

1. 产品加工

产品加工，作用于顾客有形资产的行为，这些服务要求顾客提供其物品，但不要求顾客一定在场。如包裹递送、服装洗涤、家电修理等。在很多情况下，顾客将其物品留给服务组织，或服务组织上门服务，顾客只需要给出足够的进行服务的信息和指示即可。汽车修理和草坪修剪是两个最典型的例子。在这两种情况下，服务接触的时间都很短，除非顾客选择在服务期间停留在那里。

当产品被处理时，一定要分清楚它是属于顾客的还是由服务公司提供的（如辅助产品）。例如干洗或汽车修理，服务作用的客体是属于顾客的，因此工作人员一定要注意不要让它有任何损坏。在另外一些服务中，服务企业（如餐馆）提供辅助产品，并将其作为服务包的重要组成部分，因此必须考虑这些服务产品适当的库存和质量，如麦当劳餐厅对食品购买的关注。

2. 信息或形象处理

信息处理是作用于顾客无形资产的行为，包括处理顾客的钱财、文件、数据等。在顾客和服务组织接触并提出要求后，顾客就没有必要在场或参与其中。这些服务的本质和现有的技术水平使得顾客几乎不需要与服务人员面对面接触。如许多银行服务可以通过电话、因特网和 ATM 完成。然而，仍然有许多顾客宁愿通过面对面服务来得到，如开设新账号或申请住房贷款等。

所有服务系统都会处理信息（即接受、处理和操纵数据）。有时这是一种后台行为，如银行处理支票。在有的服务中，信息的沟通是通过间接的电子方式进行的，如电话查账。在这些情况下，服务人员可能会在视频屏幕前花上若干小时来进行例行的工作，这时激励也就成为一种挑战。有的服务，如咨询顾问，顾客与工作人员之间直接接触以进行信息交流。对于那些高技能的员工，处理非常规问题的挑战以获得工作满意度是非常重要的。

3. 人员处理

包括作用于人体的行为，服务的结果使人体（身体状况、外形、地理位置等）发生一定的改变。例如心脏病手术、航空服务、美容美发、餐馆等。这些服务要求顾客在服务过程中必须在场,即身处服务设施内,这样顾客与服务组织及其员工和设施在一段较长的时间内有紧密接触。对人员的服务还包括作用于人的精神的行为,服务的结果主要对顾客的精神发生作用,使顾客感到愉悦,增加知识,得到信息,改变想法等。提供这些服务时,有时并不要求顾客身处服务设施内,如电视或广播节目、移动通信等服务,消息是顾客与服务组织的唯一接触。但在另外一些情况下,如传统的教育机构、音乐厅和咨询机构,顾客也必须在场,与顾客面对面的服务提供者的行为决定了顾客对所接受的服务的感受。此外,如果顾客身处服务组织的设施内,其物理环境、服务组织的政策以及其他顾客都有可能在顾客形成服务感受的过程中发挥重要作用。

人员处理过程涉及实体形态的变化(如理发或手术)或地理位置的变化(如乘车及租用小汽车)。由于这类服务的"高接触"性,服务人员不但要掌握技术方面的技巧,还要掌握人际沟通技巧。对于服务设施的设计和选址也应注意,因为顾客要参与到服务系统中。

(三)根据顾客参与的类型进行分类

顾客参与服务传递系统可以有三种基本的方式。第一,在服务创造过程中,顾客实际参与并与服务提供者直接互动。在这种情况下,顾客会对服务环境有彻底的了解。第二,顾客在家中或办公室通过电子媒介间接参与。第三,有的服务可以在完全没有客户参与的条件下完成。银行是这三种方式都存在的例子。例如提出一项汽车贷款申请需要与负责人直接会晤,贷款的支付可以通过电子转账完成,而贷款的财务记账则由银行后台人员完成。

直接顾客参与又可分为两类:与服务人员无互动(自助服务)和与服务人员有互动。自助服务很有吸引力,因为客户在必要的时候提供必要的劳动。许多能够节约成本的技术在服务中应用,如直接拨号和自动取款机,取决于那部分愿意使用这种设备的顾客。当顾客愿意与服务人员直接互动时,上面所讨论的所有人员处理过程问题(即人际关系技巧的培训和设施定位,布局和设计)对于保证服务成功变得十分重要。顾客亲自出现在服务过程中会导致许多新的管理问题的出现(如管理等候以避免产生消极形象)。

顾客间接参与或没有参与的服务过程可能不会受到由于顾客出现在服务过程中而产生的问题的限制。由于顾客与服务传递系统隔离开来,所以可以采取类似于制造业的方法。关于场所选址、人员配置、工作安排、员工培训等的决策可以从效率的角度考虑。事实上,没有顾客参与和产品处理的组合通常可以看成是制造活动。例如,干洗是加工过程(批量生产),汽车修理是作坊(单件生产)。

第二节　服务流程设计

服务流程描述了整个服务系统的结构和功能,以及服务员工、顾客、服务企业各部门在服务系统中的地位和作用。科学合理的服务流程设计不仅有助于服务企业提高服务效率,提高顾客满意度;也有助于服务企业准确判断和识别服务过程中的失误点,及时发现服务行动链条上的薄弱环节,确定服务质量改进的目标。

一、服务流程设计的基本原则

合理的服务流程必须与顾客的需要相结合,与服务企业的经营理念和营销目标相一致。总的来说,服务流程的设计应该遵循下述原则:①服务内容和形式要与顾客的服务需求相吻合;②弹性原则,服务流程中各环节和系统的设计要具有相应的灵活性或机动性,从而增强服务流程的适应性;③特色原则,企业在决定服务内容和方式时,一定要注意创新和有特色,创造出不同于竞争对手的特殊优势,而且不易被竞争对手模仿,具有持久性;④成本收益原则,服务的创新、服务业务流程的重新整合与再造,都要考虑投入产出的关系,要考虑现在的利润水平,同时也要重视服务对于企业的战略性利益。

二、服务流程设计的一般过程

服务流程设计是富有创造性的作业,它能够提供一种与竞争对手相区别的服务。服务流程的设计过程是复杂的。一个好的服务流程,应该详细指明顾客何时何地会提出何种要求,何时将会离开,在服务过程中顾客与服务流程之间有什么样的接触,顾客是否有可能改变流程等。当系统开始运转后,在条件允许的情况下,要不断对服务流程进行修正,以提高流程运作的效率。服务流程设计的一般过程包括如下内容。

(1)确定提供服务产品的服务流程类型。

(2)根据服务流程类型选择服务流程设计的基本方法,以明确服务提供的基本方式和服务生产的特征;

(3)解决服务流程中的瓶颈问题;

(4)对服务提供(生产)系统进行总体描述和规划设计;

(5)选择基本的流程技术。

三、服务流程设计的基本方法

服务流程的设计是从服务提供系统的总体出发,确定服务提供的基本方式和生产特征,服务的关键在于设计服务系统本身。总体来说,流程设计可以有三种方法。一种是在极端的情况下按照生产线的方式传递服务,如例行服务。此时,为保证稳定的质量和高效的运转,例行工作在一种受控的环境中完成。第二种方法是鼓励顾客积极参与,允许顾客在服务过程中扮演积极的角色。这对公司和顾客都会有很多好处。第三种方法是折中,将服务分为高顾客参与和低顾客参与。在低顾客参与的条件下,服务过程的设计可以与顾客分开来考虑,并以技术为核心。此外,信息技术的改进推动了信息授权方式的发展。必须注意,这几种方法也可以结合起来使用。如银行将支票处理过程与顾客隔离,使用自助柜员机,同时还提供个性化的贷款服务。

(一)生产线方法

生产线方法,也被称为工业化方法,是指将制造企业的生产线流程和管理的方法应用于服务企业的服务流程设计与管理,主要目的是从系统化、标准化的观点出发,将小规模、个人化、无定性的服务系统改造为大规模、标准化、较为稳定的服务系统,以提高服务效率和服务质量。采用这种生产线方式的服务企业可以获得成本领先的竞争优势。

麦当劳公司是将生产线方法应用到服务业的典范。原料(如汉堡包调料)在其他地方经过测量和预包装处理,员工不必为原料的多少、质量和一致性而操心。此外,专门有储存设施来处理半成品,在服务过程中不需要对酒水饮料和食品提供额外的存放空间。服务系统设计的生产线方法试图将成功的制造业观念引用到服务业。下列一些特征是这种方法成功的关键所在。

1. 个人有限的自主权

汽车装配线上的工人任务明确并使用指定的工具来完成工作。员工拥有一定程度的自主权会生产出更具个性的汽车,但会丧失汽车总体的一致性。标准化和质量(被定义为规格上的一致性)是生产线的优势所在。对于标准化的常规服务,服务行为的一致性受到顾客关注。如干洗服务,广告中宣传在任何一个特许经营店都能获得一样的服务,因此顾客希望在任意场所获得的服务有着相同的质量(如巨无霸汉堡包在各个麦当劳都是一样的),就像同一厂家生产的产品是无差异的一样。然而如果需要更多的个性化服务,对员工的授权就变得十分必要,我们在第十章中已讨论。

2. 劳动分工

生产线方法的基本思路是把工作划分为多项具体的任务,使每个人的工作变得简化,员工只需要具备相应的一类或几类技能(即并不是每一位麦当劳员工都需要成为厨师)。这样可以提高服务效率,减少服务差错,降低运营成本。另外,劳动分工的同时实行按劳取酬。许多服务工种被认为是工资最低、没有前途和低技能的就业机会。如医院病人要经过一系列诊断病情的固定的医学检查,这些检查是由医师使用复杂的仪器进行的。整个过程分为若干常规工作,因此不需要报酬昂贵的医师便可完成。

3. 用技术代替人力

设备取代人力的系统替代已经是制造业取得发展的源泉。这种方法也可应用于服务中,如人们用自动取款机替代银行收银员。通过系统的"软"技术可以实现很多事情,如在飞机的厨房里放一面镜子,可以给乘务员巧妙的暗示,使其在不经意间保持良好形象。另一个例子是贺年卡展览,它有一个内置的存货补给和再订货装置,当存货变少的时候,带颜色的卡片会显示出来以提醒经销商再订货。使用笔记本电脑,保险代理可以使他们的建议个性化,并且阐明货币积累的价值。

4. 标准化服务

麦当劳有限的菜单保证了其汉堡包的快速供应。有限的服务选择为公司创造了预测和提前准备的机会;服务成为了一个由定义明确的常规任务和有序的顾客流组成的过程。由于过程比较易于控制,标准化也能够帮助提供一致的服务质量。特许服务能够从标准化中获益,来建成一个全国性组织,从而克服需求被局限于服务场所周围地区的问题。

(二)顾客作为合作生产者

这种方法也称"顾客化方法",其设计是基于对顾客行为的以下理解:对于大多数服务系统,当顾客出现时,服务才能开始;顾客对服务运营流程具有一定的兴趣,不希望仅仅被动地接受服务;顾客并不是一个被动的旁观者,当需要的时候,也可能成为积极的参与者(劳动力),这样就有可能通过将某些服务活动转移给顾客而提高生产率(将顾客变为合作生产者);顾客参与可以使服务更符合自己的偏好,提高服务定制的程度。因此进行服务系统设计时要认真考虑顾客偏好,将其作为生产资源纳入服务系统中去,在提高顾客满意度的同时加强服务系统的运营效率。例如,比萨饼屋公司的午间自助餐允许顾客自己选择沙拉和按块(而不是整张)选购比萨饼。厨师们接连不断地烹制卖得好的比萨,而不需要按照每位顾客的要求烤制。如果一家公司把目标集中在那些愿意进行自我服务的人群,那么让顾客参与服务过程便能以某种程度的定制来支持成本领先竞争战略。以下几方面表明了顾客对服务传递过程的贡献。

1. 自助服务

以顾客劳动来替代个性化的服务劳动是减少经营成本的一个方法。例如阿拉斯加航空公司采用自助服务技术应对来自于低成本的西南航空公司对其太平洋海岸网络的侵犯。阿拉斯加航空公司是第一家采用自动登记亭和网上售票的航空公司。今天的顾客已经成为服务的合作生产者,他们通过自己的劳动从方便中获益。有趣的是,一部分顾客实际上很欣赏这种自助服务。如沙拉吧台的流行就是允许顾客根据个人爱好选择沙拉的数量和种类的结果。最后,在需要的时候顾客提供了额外的服务,从而合作生产也减轻了供求不平衡的矛盾。

2. 理顺服务需求

服务能力随时间消逝。如对诊所而言,衡量服务能力的合适标准是会诊时间,而不是医生数目的多少。这种方法强调:如果没有顾客的需求,就会造成服务提供者服务能力的永久损失。然而服务需求明显地随时间变化,一天中随小时变化(如餐馆),一周中随日期变化(如剧院),一年中随季节变化(如滑雪胜地)。如果能够理顺需求变化,就可以降低所需的服务生产能力,并更加充分和统一地使用服务能力,最终使服务生产率得以提高。

要实施理顺服务需求策略,顾客必须被动地作为合作生产者参与进来,调整他们的需求时间使其与可获得的服务相匹配。要达到这种目的,典型的方式是预约或预订,以减少顾客的等待时间;也可以在服务需求低谷期通过价格刺激以吸引顾客消费(如在晚上9点以后降低电话费,或在滑雪胜地每周中期对各种门票和缆车费打折)。如果理顺需求的努力失败,也可以通过要求顾客等待来达到较高的服务能力利用率,因为顾客等待有助于更大限度地利用资源。或许可以在等候厅写下如下标语:你们的等待会是我们低价的保证。

要作为服务过程积极的参与者来承担新的、更具独立性的角色,顾客需要"培训"。服务提供者应扮演"教育者"的角色,这在服务业还是一个全新的观念。从传统来看,服务企业往往只会依赖服务人员,而忽略了顾客。

3. 由顾客产生的内容

互联网已经开启了顾客合作生产的新机遇——所产生的内容被其他人使用。如在线百科全书,wikipedia.com吸引了对其有关内容感兴趣的虚拟社区。网络的自我监控,使其涵盖了独立个体添加的内容和批判材料,从而使得其内容比传统的仅仅是一家之言的百科全书要丰富得多。

运用顾客作为合作生产者来设计服务流程需要做到以下几点。

（1）充分理解顾客的个性化需求与参与程度。根据企业所提供的服务类型,研究目标顾客的需求特点,分析其偏好,掌握顾客在服务传递过程中可能出现的行为,并对整个服务流程进行分析,确定哪些工作可由顾客承担,或者顾客可以拥有更大的控制权。

（2）在服务流程设计中体现服务提供系统的灵活性。在重新设计和改进服务流程时,要为顾客的参与留下更大的空间。为了让顾客在服务过程中积极参与并发挥自主权和控制权,服务企业应该提供相应的支持系统,使顾客能够快速掌握各种所需的技能和知识,以避免因顾客参与而造成的运营效率降低。

（3）在服务提供过程中给员工更大的自主权。在服务流程设计时,为员工制定相应的服务措施和授权方式,使其在顾客个性化服务中发挥更加主动、积极的作用。

（4）动态监控和评估服务绩效。由于顾客的个性化服务要求和参与程度不同,所以服务企业要随时关注服务过程和服务结果,及时进行调控和评价。只有这样,才能不断改进服务流程,不断提高服务水平。

与生产线方法相比,顾客参与法能够更好地满足顾客的需求偏好,提供更加个性化的服务,但是服务的个性化也会影响服务系统的运行效率。服务企业必须合理设计顾客参与的环节和参与程度,实现满足顾客个性化需求和提高服务效率的双重目的。

（三）顾客接触法

顾客接触法是指根据顾客接触程度的不同,把服务传递系统分为高顾客接触与低顾客接触的作业。低接触作业或后台办公室如同工厂一样运行,所有的生产经营观念和自动化设施均可使用,实现服务的规范化、标准化,避免顾客参与造成的不确定性,提高服务效率。高接触作业采用顾客作为合作生产者的设计思路,适应不同顾客的个性化需求和服务参与需要,灵活处理服务过程中可能出现的各种情况。将作业活动进行这样的分类可以让顾客感受到个性化的服务,同时又可通过批量生产实现规模经济。这种方法的成功取决于服务生产过程中需要的顾客接触的程度,以及在低接触作业中分离核心技术的能力。这种服务设计方法最适合于产品处理情况（如干洗店服务是作用于顾客的衣物的）。由此可见,顾客接触法是一种将生产线方法和顾客作为合作生产者有机结合的服务流程设计方法。具体做法包括以下 4 个步骤。

（1）合理划分服务提供系统中顾客的高接触部分与低接触部分。服务企业要对服务系统进行全面分析,合理划分顾客高接触部分和低接触部分。然后在高接触和低接触子系统内分别找出最关键的服务营销目标,界定子系统内各环节、各步骤的工作任务。在此基础上,建立前台和后台服务的有机衔接关系,保证二者能够协同有效地运转。对高度和低度接触的不同考虑如表 12-2 所示。

表 12-2　高度与低度接触作业主要的设计思想

设计思想	高度接触作业	低度接触作业
设施地址	接近顾客	接近供货点、运输点、港口
设施布局	考虑顾客的生理和心理需求及期望	提高生产能力

设计思想	高度接触作业	低度接触作业
产品设计	环境和实体产品决定了服务的性质	顾客在服务环境之外
过程设计	生产环节对顾客有直接影响	顾客不参与大多数处理环节
进度表	顾客包括在生产进度表中,且必须满足其需要	顾客主要关心完成时间
生产计划	订单不能被搁置,否则会丧失许多生意	出现障碍或顺利生产都是可能的
工人技能	直接人工构成了服务产品的大部分,因此必须能够良好地与公众接触	工人只需要一种技能
质量控制	质量标准取决于评价者,是可变的	质量标准是可测量的、固定的
时间标准	由顾客需要决定,时间标准不严格	时间标准严格
工资支付	易变的产出要求按时计酬	固定的产出要求按件计酬
能力规划	为避免销售损失,生产能力以满足最大需求为准设计	储存一定的产品以使生产能力保持在平均需求水平之上
预测	短期的、时间导向的	长期的、产出导向的

（2）分别设计高接触部分和低接触部分的业务流程。对于前台高接触部分的服务流程设计,最关键的是判断服务企业与顾客接触的各个环节及其重要程度,分析顾客的真正需求。在后台低接触部分,服务企业可以遵循产品线的设计思路,采用新技术和自动化设备,制定时间、质量和费用标准,对资源要素、流程和产出进行精确的控制。

（3）把握高接触部分和低接触部分服务流程的特点和要求。在服务流程设计的过程中,服务企业必须对高接触部分和低接触部分服务流程的特点及其设计要求有明确的认识。

（4）用系统和集成的观点,对高接触部分和低接触部分的服务流程进行全面的考察和评价,发现遗漏、多余或衔接不上的环节,全面梳理和优化整个服务流程和服务系统。

（四）信息授权

现在是信息时代,无论你喜欢与否,我们都是其中的一分子。信息技术(IT)不再仅仅是微机技术,IT 每天都与我们发生关系。它能够帮你处理稻田和麦田,帮你播种、收获、运输谷物,甚至帮你处理并包装且送到市场和餐桌上(在家和市场之间的这些交通灯由 IT 控制)。必要的服务,如火警和匪警,都要使用 IT。家中的电力和自来水也是 IT 带给我们的。事实上,IT 已成为全世界日常生活的基本组成部分,要找到 IT 未涉及的领域恐怕很难。可以说,没有 IT,当今的任何服务都不能生存。成功的管理者发现,IT 所能提供的并不仅仅是方便地保存记录,实际上 IT 最重要的作用是员工和顾客授权。

1. 员工授权

IT 最早应用于保存记录。在早期的应用中,一家企业可能已经建立了包括顾客姓名和地址等的计算机数据库,也可能建立了包含提供产品和服务的供应商姓名和地址的数据库。虽然可以更快、更精确地保存记录,但是秘书仍旧只是录入数据,采购员只是订购货物和服务,一线服务人员、生产人员依旧如常。高层决策者有责任将这些工作综合起来。关系数据库的发展改变了这一情况。关系或整合数据库意味着每个人都可以使用一项业务的方方面面的信息。一位生产经理可以看到销售额并立即知道下一个工作期间计划要生产多少商品,一位生产人员或前台工作人员可以从存货清单上申请必要的供应,甚至起草一份订单来取代存货清单,而不必通过采购办公室。员工授权的时代已经到来。

当然,计算机是保存数据的关键,是一种功能强大的记录姓名与数字的工具。当计算机之间开始彼此"对话"时,便出现了新的革命。现在员工可以通过计算机接口互相影响,甚至可与其他公司的员工实时联系。例如,当美国达美航空公司(Delta)的航班取消时,它的代理人不仅可以通过终端将耽误的乘客安排到公司其他航班上,还可以安排到其他航空公司的航班上。代理商和乘客不必再为一个座位急匆匆地从一个柜台跑到另一个柜台。

2. 顾客授权

计算机和 IT 技术不仅可以授权给员工,使其更好地服务顾客。顾客也可以直接由计算机授权。将全世界联系在一起的互联网是一种强有力的工具。顾客不再完全依赖于本地的服务提供商,而是可以在世界范围内寻求治疗方法,以及在全球购物。如果你有一部让当地最好的修理人员挠头的马自达汽车,可以在网上寻求答案。IT 使顾客以其他的方式积极地参与到服务过程中。例如,我们进入顺丰公司的主页,然后输入由该公司承运的空运包裹清单号码,就可以查到包裹现在确切的位置。如果包裹已经被运到,我们可以知道谁取走了包裹。我们现在可以在网上预订旅行航线,得到有关目的地的信息,由此扩大旅游的范围。

我们的日常生活越来越受到 IT 的影响,并且这种影响将以日或周而不是以年来衡量。目前在国外的许多超市中,顾客可以通过自己给选中的产品称重及贴上标签来加快结账时间。有时顾客把粘贴在黄瓜上的条形码标签揭下来,多功能结账机会自动称重、读数,给出价钱。另外一种情况是,顾客将柠檬放在货品架的秤上,柠檬上的标签给出了它的项目号,购买者输入这个货架的标号,这时机器会吐出一个粘贴标签,因此顾客并不需要记住各种商品货架的代码。很快,大多数人会掌握全部的购物经验:除了为商品称重和定价外,我们所有人可以浏览整个超市和查看信用卡,并将物品打包。当然,一些人会认为顾客的权利太大了。

四、服务流程的绩效衡量

对所有组织而言,绩效衡量主要分两大类:一是效率(efficiency)衡量,即资源的利用状况;二是效果(effectiveness)衡量,即流程目标实现情况。效率就是"正确地做事",而效果则强调"做正确的事情"。服务企业的管理者需要明智地利用资源,通过合理的服务流程设计,实现服务效率和服务效果的均衡。

(一)效率衡量

服务流程的效率衡量有两种基本方法。一种是流程中的效率,即某一资源使用时的可用时间量,如产能利用率;一种是结果中的效率,即单位资源所产出的工作量,如员工生产率。

1. 产能利用率

产能利用率(capacity utilization)衡量的是可用产能中被使用的数量,即完成服务活动所需产能与可用产能的比值。

$$产能利用率=\frac{所需产能}{可用产能}$$

例如,牙医诊所在 1 小时内接待了 3 位患者,诊所内每位员工在 1 小时内的产能利用率可以用图 12-3 来表示。接待员原本每小时可以接待 12 位患者,但现在 1 小时内只接待 3 位,那么他实际只工作了 25% 的时间,其余 75% 的时间闲置,产能利用率为 25%。按同样的方式计算,洗牙师的产能利用率为 75%,牙医为 50%,秘书为 15%。产能利用率可以反映服务企业的人力资源使用效率。

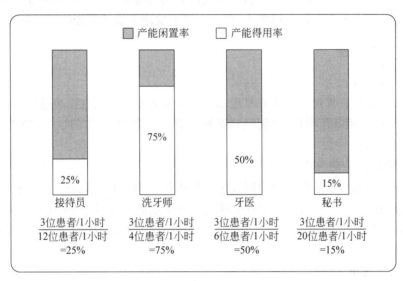

图 12-3 牙科诊所工作中心的产能利用率

产能利用率低意味着生产资源没有被充分利用,员工无事可干,设备处于闲置状态,企业经营成本太高。服务企业可以通过降低产能或增加需求来提高产能利用率。当生产资源超出服务需求,或者经营成本太高难以实现盈利时,企业通常会裁员或"精简机构"。反过来,产能利用率过高意味着企业的人员、设备处于高负荷运转状态,顾客可能需要排队等候服务,这会影响服务响应速度和服务质量。要降低产能利用率,要么增加产能要么减少需求。对于服务企业来说,减少需求意味着收入降低、利润减少,所以服务流程效率的提高通常不会以减少需求为代价。相比之下,通过增加产能来保持服务产能与服务需求的匹配要更容易一些。增加产能的一种方法是增加生产资源,比如牙医诊所多雇佣一个洗牙师;另一种方法是更加有效地利用现有生产资源,比如改善耗时最长的服务环节,以保证服务质量为前提,缩短它的服务时间。

2. 生产率

生产率是另一种效率衡量指标,即一位员工在单位时间内完成的工作量。例如,一个信贷员的生产率可能是用他每天处理的顾客贷款申请单的数量来衡量。企业可以通过流程改造和员工培训来提高生产率。如果银行对信贷员进行全面培训,使其掌握工作中所需的准确信息,那么他就可以快速回答顾客的问题,处理更多顾客的贷款申请。如果能对服务流程进行升级换代,那么信贷员或许可以每天处理 10 张贷款申请单。当然,员工的生产率也受服务需求总量影响。如果银行每天的信贷需求量不到 10 张贷款申请单,即使信贷员的专业能力再强,服务流程再优化,服务产出也无法突破服务需求。

3. 成本

对于任何业务而言,成本都是一种重要的效率衡量指标。成本主要包括原材料成本、劳动力成本和管理费用。其中,劳动力成本包括交付服务成本和监管成本,管理费用(或间接成本)包括组织整体运营成本,比如场地费用、设备运营费用、水电费、总部管理运营费用等(总部人员工资支出、应付账款与应收账款的财务费用、人力资源部门的费用等)。服务企业的劳动力成本与原材料成本,很大程度上取决于服务流程的设计是否合理。

(二)效果衡量

1. 顾客满意度

顾客满意度是最直观的服务效果指示器。顾客满意度可以直接通过访谈或问卷调查来衡量,也可以采用其他指标,比如顾客保留与流失比率、新顾客的数量、销售额、市场份额、顾客投诉量等。

2. 顾客维系率/流失率

对服务满意的顾客通常会成为回头客。对于服务企业而言,留住老顾客的成本要比吸引新顾客的成本低。回头客的存在意味着服务企业能够获得持续不断的收入。在追求高顾客维系率的同时,了解顾客流失或顾客背叛的原因,也会为服务企业提供很多有价值的信息。

3. 销售额与市场份额

销售额无疑也是一种效果衡量指标。不断增长的销售额意味着有越来越多的顾客正在购买服务,或者说,每位顾客的平均购买量越来越多。市场份额是指某一企业的特定服务销售额占同类服务全部销售额的比重。在一个稳定市场中,销售额的增长往往伴随着市场份额的增加。市场份额的增加说明与其他竞争对手相比,某一企业提供的服务更受顾客欢迎。

4. 顾客投诉量

顾客投诉次数从反面反映了顾客的满意度状况。不仅如此,顾客投诉还给服务企业提供了一个了解顾客需要的机会。但事实上,许多顾客在对服务不满时不会向企业投诉,而是直接选择另一家服务企业。因此服务企业应该重视顾客投诉流程的设计,对顾客投诉信息进行集中分析,以寻求更好的为顾客服务的方式。

5. 顾客预订取消与缺席率

在一些服务企业中(如酒店、餐饮企业),顾客预订取消率或预订缺席率也是衡量服务效果的重要指标。顾客预订取消或缺席有很多种理由。如果预订取消率或预订缺席率非常高,服务企业的管理者就应该仔细调查原因,弄清楚是服务流程还是服务质量方面出现了问题,明确服务改进的方向。

6. 员工满意率

满意的员工带来满意的顾客。员工流动率(即一段时间内辞职员工所占比例)与员工缺席率(即请病假或者旷工的员工所占比例)是服务企业整体健康状况的晴雨表。员工满意度可以通过访谈、专题小组与调查等方式直接衡量。

7. 适应性/宽泛度

服务适应性或宽泛度是指服务企业或员工因顾客需求不同而变化服务内容的能力。有些类型的服务具有较强的适应性和更大的宽泛度。例如,银行柜台员工提供的服务组合比自动柜员机提供的服务具有更大的宽泛度。自动柜员机只能提供有限的服务种类(存款、取款、支付和转账),但是柜台员工除了上述服务项目外还可以提供开户、投资等服务。服务宽泛度关系到服务企业能否应付急剧增加的服务需求。例如,麦当劳可以接待突然光顾的观光游客,而一家高级餐馆可能就应付不了这种状况,所以说麦当劳的服务比高级餐馆具有更大的宽泛度或更强的适应性。

第三节　服务流程的优化与再造

自 20 世纪 90 年代以来,业务流程再造(business process reengineering,BPR)在企业界一直备受关注,欧美等国企业甚至掀起了以"业务流程再造"为核心的企业管理革命浪潮。总的来说,业务流程再造就是从根本上设计或改造企业的流程,使企业在成本、质量、服务等关键绩效指标上取得显著的提高。业务流程再造突破了传统的劳动分工理论的思想体系,强调以"流程导向"替代原有的"职能导向"的企业组织形式,为企业经营管理提出了一个全新的思路。

一、业务流程再造的特点

(一)核心是面向顾客满意度的业务流程

业务流程是指进行一项或多项投入,以创造出顾客所认同的有价值的产出。在传统劳动分工的影响下,业务流程被分割成各种简单的工作任务,管理者们将精力集中于个别任务效率的提高上,而忽略了最终目标,即满足顾客的需求。而实施 BPR 意味着企业要有全局的思想,从整体上确认企业的业务流程,追求全局最优,而不是个别最优。企业的业务流程可分为核心流程和支持流程两部分。核心流程包括:①物流业务活动,包括识别顾客需求、满足这些需求、采购物料、制作加工、包装发运、结账和产品保修等;②管理活动,包括计划、组织、用人、协调、监控、预算等;③信息系统,通过提供必要的信息技术以确保作业活动和管理活动的完成。支持流程包括企业的基础设施、人员、培训、技术开发、资金等,以支持和保证核心流程的运行。

(二)基础是面向顾客的信息技术运用

1. 面向顾客

如何满足客户需求,解决"个性化提高"和"交货期缩短"之间的矛盾,已成为困扰企业发展的主要问题。实施 BPR 如同"白纸上作画",这张白纸应该是为顾客预备的,首先应当由顾客根据自己的需求填满,其中包括产品的品种、质量、款式、交货期、价格、办事程序、售后服务等,然后企业围绕顾客的意愿开展重建工作,这是成功的关键。

2. 运用信息技术

信息技术是企业业务流程改造的催化剂,但实施 BPR 不是单纯的技术问题,更是一种思维方式的转变。而多数企业却将信息技术镶嵌于现有的经营过程中,它们考虑的是"如何运用信息技术来改善现有流程",却没有从根本上考虑"我们要不要沿用现有的流程",而后者才真正是 BPR 的观点。它不是盲目地推崇自动化,不是单纯地用技术来解决问题,而是一种管理创新。

有没有不需要信息技术的 BPR 项目呢?理论上应该是有的,但在实践中几乎是不可能的。首先,从全球范围看,随着国际互联网、企业内部网和电子商务的飞速发展,信息技术正广泛而深入地介入我们的生活,改变着我们的生活方式和思维模式。在这种情形下,想脱离信息技术而完成业务流程改造几乎是不可能的。其次,BPR 的基本内涵是以业务为中心,摆脱传统组织分工理论的束缚,提倡顾客导向、组织变通、员工授权及正确地运用信息技术,达到适应快速变动的环境的目的。BPR 的核心是"过程"观点和"再造"观点。"过程"观点,即集成从订单到交货或提供服务的一连串作业活动,跨越不同职能部门的分界线,以求管理作业过程重建;"再造"观点,即打破旧的管理规范,再造新的管理程序,从而获取管理理论和管理方式的重大突破。

二、服务流程再造的过程

服务流程再造通常包括以下六个阶段:①战略决策,争取公司高层的支持,寻找发现流程再造的机会,评估信息技术的需要,以决定要再造的流程。这一阶段的代表性技术包括调查协商会议、信息技术/流程分析等。②流程再造计划,让组织成员心理有所准备,了解即将进行的改变。再造计划阶段的代表性技术包括团队组建技术、项目进度表技术等。③流程诊断。这一阶段包括两大内容,一是记录原有的流程,二是分析原有的流程。代表性技术包括流程描述技术、鱼骨分析技术等。④重新设计,包括设计新流程、设计新的人事结构和组织机构、设计新的信息系统,以及推出新流程原型。可采用的技术包括创新技术和流程模拟技术等。⑤重新构建。一是发展及构建新信息系统以有效完成新流程的目标;二是重建人事与组织。这一阶段的重点在于如何顺利发展新的组织架构,可采用的代表性技术包括作用力场分析、社会-技术系统设计技术等。⑥评估成效。在实施新流程后,评估新流程的表现、信息系统表现以及生产效率等,将流程再造看作是一个持续不断的过程。

三、业务流程再造与其他管理思想的整合

随着实施业务流程再造(BPR)的企业越来越多,BPR 逐渐显现出一种新的趋势,即 BPR 逐渐与 SCM(供应链管理)、ERP(企业资源规划)和 CRM(客户关系管理)等其他先进的管理思想和方法相融合,共同促进组织绩效的提升。

（一）BPR 与 SCM

从本质上看,供应链管理的最终目标是使顾客满意,这和 BPR 的根本目标相吻合。也可以说,供应链管理是业务流程再造活动在价值链上的横向扩展,只不过我们通常说的流程管理主要是针对企业内部流程,而供应链管理则是将流程再造的范围扩大到公司与公司之间而已。实施业务流程再造不仅要在公司内部进行,公司之间的供应链同样也需要进行再造。供应链的重组通常始于公司内部的一套业务流程,更为典型的是再造完成订单以及制造和采购的业务流程。

（二）BPR 与 CRM

BPR 的根本目标是提高顾客的满意度。了解客户的需求,并对这种需求做出快速反应,成为企业业务流程改造取得成功的关键。CRM 作为现代信息技术的一种应用形式,能够有效地帮助企业实现这个目标。另一方面,作为一种思维方式,BPR 力求打破组织边界,将多层次的纵向传递模式转化成一种少层次的扁平组织结构。在 CRM 的实施过程中,企业可以通过业务流程再造建立一套在网络环境下和信息充分共享环境下的营销管理体系和制度。总之,企业可以以 BPR 作为流程改造的工具,设计并构造新的营销和服务模型。与此同时,在 CRM 系统实施时,通过灵活选择各种路径或客户化的方法来满足 BPR 设计方案的要求。

（三）BPR 与 ERP

BPR 侧重企业某一个、某几个或是整体(很少有这种情况)业务流程的再造和优化,ERP 侧重在合理的业务流程的基础上,实现对整个企业资源的有效管理与利用。从涉及的范围来看,ERP 要比 BPR 更为广泛,风险也更大。企业实施 BPR 和应用 ERP 在绩效改善方面的目标通常是相同的。BPR 和 ERP 在流程管理与资源管理方面相互补充,企业通过实施 BPR 来理顺和优化业务流程,以 EPR 系统作为现代化管理手段,实现对企业全部资源的有效利用和管理。

四、服务蓝图

服务流程的设计、优化与再造,都可以通过服务蓝图的方式直观地表现出来。服务蓝图是详细描绘服务系统和流程的示意图,能够客观地描述服务流程中关键服务环节或步骤的特点并使之形象化,使服务组织中的服务人员、顾客和管理者都知道正在做的服务是什么,以及各自在服务实施过程中所扮演的角色。

（一）服务蓝图的构成

服务蓝图主要由顾客行为、前台员工行为、后台员工行为和支持过程四部分构成,如图 12-4 所示。三条分界线将这四部分行为分割开来：①互动分界线,显示顾客与企业之间的互动,穿过这条分界线的垂直线表示顾客与企业之间发生直接接触；②视野分界线(即可视线),将顾客可以看到的服务活动与他们无法看到的服务活动分隔开来；③内部互动分界线,将服务人员的服务活动和后台员工的辅助性服务活动分隔开来,穿过这条分界线的垂直线表示发生内部服务接触。

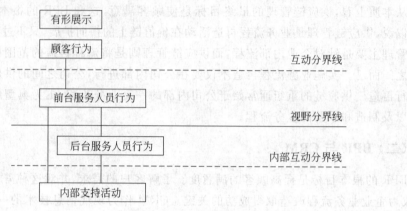

图 12-4　服务蓝图的构成

服务蓝图的最上方是服务的有形展示,指顾客行为所处的服务场景或有形环境。顾客行为包括顾客在购买、消费和评价服务过程中的步骤、选择、行动和互动。与顾客行为平行的是服务人员的行为。其中,"前台服务人员行为"是直接向顾客提供服务,并能被顾客看见的员工行为;"后台服务人员行为"是发生在服务体系的后台,顾客看不见的员工行为。企业的后台员工主要是为前台员工提供技术、知识等保障的服务,必要时也可为顾客提供直接服务。服务蓝图中的"内部支持活动"涵盖了所有保障服务体系正常运行的辅助工作,主要是为前后台服务员工提供支持和协助。

(二)服务蓝图的基本步骤

企业可以利用服务蓝图对整个服务过程进行概念性的描述,也可以详细描述每个子过程。总的来说,服务蓝图的建立包括以下几个基本步骤。

(1)识别需要建立服务蓝图的服务过程。服务蓝图可以覆盖整个服务接触过程,也可以专门针对某项服务。在绘制服务蓝图之前,首先要明确目的和对象。

(2)识别顾客(细分顾客)对服务的经历。不同细分市场中的顾客,其对服务的需要和期望不同。如果企业的服务过程因细分市场而异,针对某一细分市场来制定服务蓝图可能会更有意义。当然,如果只是概念性的描述,也可以用一张服务蓝图来展示各个细分市场的服务过程。

(3)从顾客的角度来描绘服务过程。首先要明确顾客是谁,明确顾客体验服务的过程,然后用图表列出顾客购买、消费和评价服务的过程中所采取或经历的选择或行动。

(4)描绘前台与后台服务人员的行为。这一步关键在于辨别前台服务和后台服务。对于现有服务的描绘,可以向一线服务人员询问哪些行为是顾客可以看到的,而哪些行为是顾客看不到的。

(5)将顾客行为与服务人员的行为、内部支持活动连接起来。了解内部工作流程即可获得相关信息。

（6）在每个顾客行为步骤上加上有形展示，即顾客在整个服务体验过程，所看到的或所接触到的服务的有形证据。

以下以高速公路服务为例，说明服务蓝图的绘制步骤（见图 12-5）。在使用高速公路的过程中，司乘人员会接触到高速公路企业提供的收费、路况养护、事故处理、交通疏导、信息发布、投诉处理以及服务区等服务环节。首先，司乘人员要进入入口，取卡之后才能在某段高速公路上行驶。在行驶过程中，司乘人员可能会向高速公路公司咨询、投诉或举报；如果出现事故，司乘人员还会向高速公路公司求助；中途可能会在服务区停留。最后，在行程结束之前司乘人员得向高速公路公司交费，然后经由出口离开。此外，从进入高速公路入口开始，司乘人员就在不断接收高速公路公司通过各种渠道提供的静态和动态信息。在整个过程中，司乘人员会看到或接触到各种有形要素，例如，各类标志标牌、可变情报板、紧急电话、隧道、收费站场以及服务区的服务设施等。

与上述顾客行为对应的是一系列的前台和后台员工的行为，如发卡员发卡，收费员收费，养护人员对路面的养护、清洁及绿化工作，路政人员协助处理事故、协助救援或提供其他帮助，服务区工作人员提供餐饮、商品销售、停车指引等服务，客服中心工作人员受理投诉、举报、建议以及咨询等服务。其中，发卡员、收费员、路政人员、服务区前台服务人员的行为是司乘人员可见的，而养护人员、客服人员的工作大多发生在幕后。整个服务的传递过程，不仅需要高速公路前台员工（即与司乘人员进行面对面接触的工作人员）的努力，也需要后台员工及辅助流程的支撑，如收费系统、道路监控系统等。

（三）服务蓝图的用途

1. 了解顾客如何看待服务过程

在观察服务蓝图时，可以从左到右进行分析，跟踪顾客的行为，在此基础上可以考虑，顾客是怎样开始服务传递的，顾客有什么样的选择，顾客参与服务过程的程度如何，顾客心目中的服务有形展示是什么？上述问题是否与服务组织的战略和定位相一致？

2. 了解服务员工的角色

在使用服务蓝图时，可对视野分界线上下的内容进行分析。由此会发现这样一些问题：服务流程是否合理？服务流程的效率和效果怎样？谁在与顾客打交道，何时进行服务接触，接触频率如何？对上述问题的分析和思考，有助于服务流程的改进和服务人员角色的合理定位。

3. 了解服务过程中服务要素的整合

可以对服务蓝图进行纵向分析。其结果会产生下列问题：员工要完成什么任务？哪些员工在服务中起关键作用？内部服务与外部服务效果之间的关联如何？支持客户互动的关键环节是什么？后台如何有效地支持前台服务？什么是相关的支持行为？整个流程从一位员工到另一位员工是如何发生的？回答上述问题有助于服务要素的合理整合。

4. 对服务进行再设计

借助服务蓝图，可以了解服务流程内部的逻辑关系及其改进方法，并从客户的角度来判断什么变化会影响服务人员和其他内部过程。同时，也可以分析有形展示与服务目标是否一致。或者也可以用服务蓝图来发现或解决服务过程中的失误点和瓶颈点。

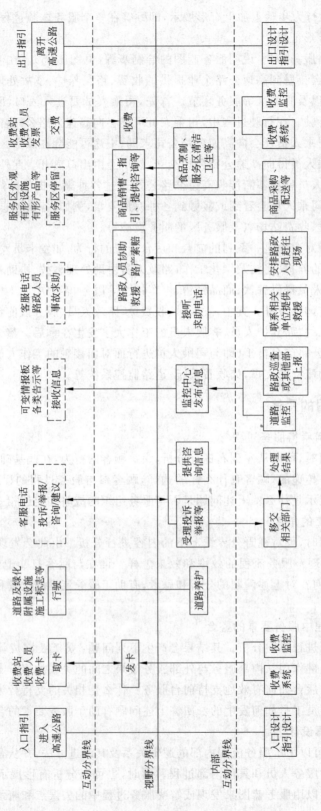

图 12-5　高速公路服务蓝图

备注："接收信息"主要是指司乘人员通过可变情报板、收费站及服务区告示牌等渠道，被动地获得一些信息。虚线方框中的服务接触点并非所有司乘人员都会使用或接触的服务项目。

思考与练习题

1. 将你在网上购书的经历与在实体店购书的经历进行比较,这两种服务流程有什么异同?

2. 你打算开一个网上咖啡吧,提供非酒精饮料和甜点,订作三明治、袋装薯条和新鲜水果,绘制一个有代表性的顾客参与互动过程的服务蓝图。

3. 假设你正在一家电影院售票处接待顾客,每位顾客平均需要 30 秒的时间(作业时间)。

(1) 你所在的工作中心的产能是多少?(单位:顾客数/每小时)

(2) 假设你所接待的顾客用不同的方式付款。现金支付需要 20 秒,信用卡支付需要 50 秒,支票支付需要 80 秒。此时用哪种方式表述产能最有用?是单位人数/单位时间,还是时间?为什么?

参 考 文 献

[1] Chase R B. The customer contact approach to services: theoretical bases and practical extensions [J]. Operations Research,1981,29(1):698-706.

[2] Keltner B,Finegold D. Market segmentation strategies and service sector productivity[J]. California Management Review,1999,41 (4):84-103.

[3] Quinn J,Baily M. Information technology: increasing productivity in services[J]. Academy of Management Executive,1994,8 (3):28-47.

[4] Van Biema M,Greenwald B. Managing our way to higher service-sector productivity[J]. Harvard Business Review,1997 (July-August):87-97.

[5] Zeithaml V A,Bitner M J. Services marketing: integrating customer focus across the firm[J]. 2nd ed. New York:Irwin/McGraw-Hill,2000.

[6] [美]马克·戴维斯,贾内尔·海内客. 服务管理:利用技术创造价值[M].北京:人民邮电出版社,2006:256-277.

[7] [美]理查德·诺曼.服务管理:服务企业的战略和领导[M].第 3 版.北京:中国人民大学出版社,2006:167-176.

[8] [美]詹姆斯 A 菲茨西蒙斯,莫纳 J 菲茨西蒙斯.服务管理:运营、战略和信息技术[M].北京:机械工业出版社,2000:56-66.

[9] 范秀成.服务管理学[M].天津:南开大学出版社,2006:140-148.

[10] 许德昌,王谊.服务营销管理[M].成都:西南财经大学出版社,2005:134-151.

[11] 于干千,秦德智.服务管理[M].昆明:云南大学出版社,2006:377-386.

第十三章

服务生产率管理

学习目标

生产率关系到一个企业的经济效益和盈利能力。服务生产率管理是服务型企业运营管理的重要内容。本章首先介绍传统生产率概念的局限,在此基础上分析服务生产率的概念及其构成,阐述顾客对服务生产率的影响,接着说明服务生产率的测量困难和测量方法,最后提出服务生产率的持续改进方法。通过本章的学习,应该能够:

- 理解服务生产率的内涵。
- 了解服务生产率的测量方法。
- 掌握服务生产率的改进策略。

第一节　服务生产率的内涵

制造型企业通常是以生产过程中投入与产出的比率来度量生产效率,但这种做法对于服务型企业不一定适用。甚至有经济学家认为,服务业生产率增幅远远小于制造业的一个原因,就是生产率测度方法存在问题。为什么说制造业的生产率概念不能直接应用于服务业?如何从企业运营层面来界定服务生产率?本节内容主要围绕这两个问题展开。

一、传统生产率概念的局限

生产率的概念最早是由经济学家魁奈(Francois Quesnay)提出来的。早期的生产率概念主要是指劳动生产率,即劳动者在一定时期内创造的劳动成果与其劳动消耗量之间的比率。劳动生产率水平可以用单位时间内生产的产品数量来表示,也可以用生产单位产品所耗费的劳动时间来表示。单位时间内生产的产品数量越多,或者说,生产单位产品所耗费的时间越少,劳动生产率就越高,反之就越低。随着西方经济学理论的发展,生产率概念也由单要素生产率逐渐演变为全要素生产率(total factor productivity),即总产量与全部要素投入量之比。在质量恒定的前提下,一定数量的产出所耗费的资源越少,或者一定数量的投入所带来的产出数量越高,生产率就越高。

在 20 世纪 60—70 年代,有关服务业生产率的测量基本沿用了制造业的做法,即从产业层面来分析每单位劳动力投入所得到的产出以及每单位资本投入所得到的产出。然而,如果用制造业的生产率概念来测量服务业的生产率,很有可能导致后者的增长速度被低估。美国经济分析局曾在 1999 年采用了一种根据银行交易活动来测量银行业产出的新方法,结果表明银行业人均工时生产率增幅十分可观,而用传统的制造业生产率计算方法来测量,结果却显示银行业劳动生产率呈下降趋势。由此可见,传统的产出计量方法不一定适合服务业。

从运营层面来看,传统的生产率概念及其计量方法是针对封闭式生产系统设计的,而服务过程是一个开放式的系统。服务自身的特点使得传统生产率的概念假设无法成立(见表 13-1),相应的生产率计量方法也无法应用于服务型企业。以下结合传统生产率概念的假设前提,来说明服务生产率为何不能直接套用这一概念及其计量方法。

表 13-1 传统生产率概念的局限

传统的生产率概念假设	服务自身特性
• 生产和消费彼此分离,产品质量依靠产出技术 • 顾客不参与生产过程 • 生产过程的投入和产出是同质的,质量是恒定的 • 生产率与销售量可以分离,可以生产恒定数量的产出 • 产出是有形的,容易将产出数量(按照数量和价值)和投入数量(按照数量和价值)联系起来	• 生产与消费同时进行 • 顾客参与生产过程 • 服务过程中的投入和产出是异质的 • 服务无法库存,实际的销售量影响生产率 • 产出通常是无形的,服务产出很难测量,很难将产出数量(单位服务)和投入数量(数量和价值)联系起来

资料来源: Ojasalo K. Conceptualizing productivity in service[M]. Helsinki: Hanken Swedish School of Economics, Finland/CERS, 1999: 59.

(一)生产与消费彼此分离

传统的生产率概念假设,生产和消费是彼此分离的,顾客不参与生产过程。尽管企业的产品设计和生产会考虑顾客偏好,但顾客并没有直接参与生产。所以,产出质量完全由生产方控制,而且可以通过技术管理来实现。但服务却不同,服务的生产和消费是同时进行的,顾客直接参与到生产过程中来。这就意味着,服务的投入和产出都会受顾客的影响,企业单方面很难控制。顾客的投入可能会影响企业员工的生产效率,影响顾客感知的服务质量,从而给服务生产过程带来更大的不确定性。

(二)生产过程中的投入和产出同质

传统生产率概念中的“投入”,主要是指企业的生产要素投入,而服务生产率概念中所涉及的投入,不仅包括服务企业在劳动力、原材料以及资本(土地、建筑物、设备、信息系统和金融资产)方面的投入,也包括服务员工在情感、态度、行为上的投入,以及顾客作为“合作生产者”在体力、时间、精力、信息等方面的投入。在服务过程中,无论是员工的个人投入还是顾客的投入都会因人而异、因服务而异,并非是同质的。此外,服务产出也很难像产品生产那样保持恒定的质量。一方面因为服务过程中的投入是异质的,员工和顾客的个人投入会影响服务过程质量和结果质量。另一方面,服务质量是由顾客来评估的,是顾客感知的服务质量,具有很强的主观性。不同顾客对同一服务可能会做出不同的评价,同一顾客在不同时间对同一服务也可能做出不同的判断。

(三)生产率与销售量分开

由于生产过程是封闭的,产出质量是恒定的,传统的生产率概念只需关注投入和产出,无须考虑销售量对生产效率的影响,因此企业可以保持恒定的产出数量,并通过存货来处理过剩的生产能力或市场需求。然而,服务的生产和销售是同时进行的,服务产出数量很大程度上取决于需求数量。由于服务是无法储存的,在销售量小的情况下,企业的生产能力不能被充分利用,造成资源浪费;在销售量大的情况下,企业的生产能力相对不足,又会影响服务质量。也就是说,服务生产率受服务需求的影响。

(四) 产出的计量不考虑质量

传统生产率概念中的"产出",主要是指产出数量和产出价值;而服务生产率要强调的不只是产出数量,还要关注质量。在产品生产过程中,由于产出质量是恒定的,所以制造型企业改变生产投入或资源结构之后,顾客仍愿意购买产品,产品的价值仍可以实现。但在服务生产过程中,质量恒定的假设不成立,企业服务投入或资源组合的改变,有可能影响顾客感知的服务质量和顾客价值。也就是说,服务生产率提高的结果可能是服务产出数量增加而质量却下降。服务质量降低,企业失去顾客的风险将会增大,即使运营成本降低,经济收益的减少也会让企业得不偿失。如果不能带来好的经济结果,生产率的提高对于企业来说就毫无意义。因此,对服务产出的计量一定要考虑服务质量这一要素。

综上所述,传统生产率概念的多个前提假设在服务生产中都无法成立。当然,这并不是说传统的生产率概念在服务型企业中完全没有用武之地。事实上,这一概念在服务型企业的局部性应用仍然是有效的。例如,在既定时间内一名餐厅服务员服务了多少名顾客,呼叫中心的员工接听了多少通电话,这些反映员工工作效率的信息对企业来说是有价值的,但单凭这些信息企业无法测算整个服务运行的效果,无法了解整个服务过程中有多少资源投入被转化为经济效益和顾客价值。另外,在一些标准化程度非常高的服务中,例如语音服务系统,服务提供者的角色类似于封闭生产系统中的生产线,如果基础设施的功能正常,并且顾客知道使用方法,传统的生产率概念仍然会奏效。

二、服务生产率的概念及构成

(一) 服务生产率的概念

首先需要说明的是,劳动生产率与生产力是两个不同的概念。生产力是指人们控制与征服自然的能力,而劳动生产率则是指这种能力的效率。生产率这一概念既可用于产业层面,也可用于企业层面。服务业生产率,即第三产业生产率,是从产业层面对整个服务产业的投入产出比率进行测算。服务型企业生产率是从企业层面对生产率进行计量,服务型企业是指从事现行营业税"服务业"科目规定的经营活动的企业,主要涉及代理业、旅店业、旅游业、仓储业、租赁业等。

本章中"服务生产率"是指单个企业的服务生产活动的效率,即服务生产过程中服务提供者和顾客所投入的资源,在多大程度上被有效转化为经济产出和顾客价值。服务提供者的投入,主要是指服务生产者(或服务企业)为了具备为顾客服务的能力而进行的基本资源投入,包括人员、设备、技术、信息等。顾客投入是指顾客的时间投入,顾客为服务提供的信息、顾客的要求等。服务产出既包括产出数量,如顾客数量、销售额、利润、市场占有率,也包括产出质量,即服务过程质量和服务结果质量。

(二)服务生产率的构成

1. 按服务贡献来源

服务生产率与质量是一个事物的两个方面。服务生产率和质量主要有三个来源:服务提供者的独立贡献、顾客的独立贡献以及双方互动的贡献。相应地,服务质量包括服务提供者引致质量、顾客引致质量和互动质量;而服务生产率则包括服务提供者引致生产率、顾客引致生产率和互动生产率(见图13-1)。也就是说,服务生产率取决于服务提供者、顾客以及二者的互动。以理发服务为例,首先理发店要提供相关的设施设备,布置好服务场景;其次在服务过程中发型师要具备一定的专业知识和沟通技巧,而顾客则需要提供相关信息,说明自己的要求。服务双方的资源投入都会对服务产出质量和价值做出贡献。此外,顾客的资源投入还会影响员工的服务方法,服务双方的互动影响服务过程质量和服务效率。

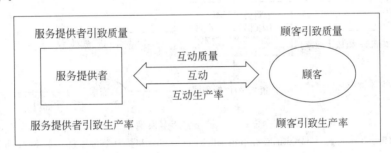

图 13-1　基于贡献的服务生产率模型

资料来源:Gummesson E. Productivity,quality and relationship marketing in service operations[J]. International Journal of Contemporary Hospitality Management,1998,10(1):9.

2. 按服务生产过程

服务生产率的测量要综合考虑服务生产过程中不同阶段(投入、服务过程和产出阶段)的效率(见图13-2)。可以说,服务生产率是内部效率、外部效率和产能效率三者的函数,即

$$服务生产率 = f(内部效率,外部效率,产能效率)$$

其中,内部效率是指资源投入如何有效地转换为服务产出。这里的"投入"既包括服务提供者的投入,如人员、技术、系统、信息、时间等,也包括顾客的投入,即顾客的自我参与以及其他顾客的参与。外部效率是指以既定数量的资源投入,创造更好的感知服务质量,包括服务结果质量和过程质量。产能效率是指服务能力是如何被利用的,与服务需求和服务能力的匹配程度有关。

按照投入产出的转化过程,可以将服务过程分为三个独立的过程:①服务提供者独立生产服务,即后台工作;②服务提供者和顾客在服务互动中生产服务;③顾客使用服务提供者提供的基础设施独立生产服务。服务提供者的投入直接影响前两个过程并间接影响第三个过程(用虚线箭头表示);顾客的投入直接影响后两个过程并间接影响第一个

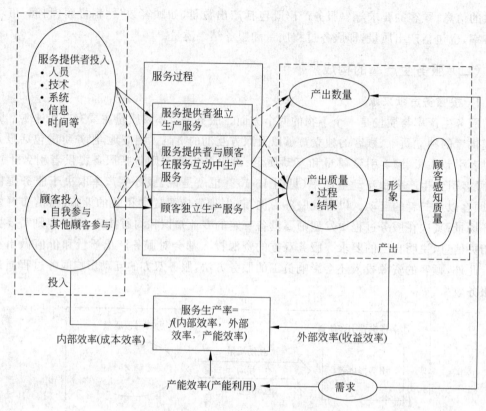

图 13-2　服务生产率模型

资料来源：Ojasalo K. Conceptualizing productivity in service[M]. Helsinki：Hanken Swedish School of Economics，Finland/CERS，1999：71.

过程。如果服务企业能有效利用自身资源并引导员工和顾客参与，服务生产的内部效率或成本效率就越高。如果既定服务投入所带来的服务产出质量（顾客感知的服务质量）越高，则外部效率或收益效率就越高。

　　另外，服务产出数量是由需求决定的。如果产出数量与需求相匹配，产能效率就比较高；如果需求过剩，生产能力不足，则可能影响服务质量，导致外部效率低；如果需求不足，生产能力没有被充分利用，则内部效率低。例如，如果餐厅客人太少，服务员工无事可做，设施设备闲置；如果客人太多，服务员工太过繁忙，又会造成服务质量降低，顾客满意度下降。总之，这两种情况都会导致服务生产率降低。

3. 按服务"生产者"

　　如果将顾客看成是服务的"合作生产者"，则可以从生产者的角度将服务生产率分为两部分：企业的运营生产率和顾客的服务生产率（如图 13-3 所示）。服务质量将企业运营生产率和顾客服务生产率连接起来。企业和顾客的服务投入会影响服务质量，而服务质量反过来影响企业和顾客的服务产出。值得注意的是，企业产出不是用所服务的顾客数量、交易数量等狭义的测量，而是用销售额、利润等广义的测量。

　　运营生产率和顾客服务生产率之间还存在直接关系。在图 13-3 中，关系"①"显示了企业投入对顾客投入的影响，如果企业投入更多资源，顾客需要投入的资源就可以相对减

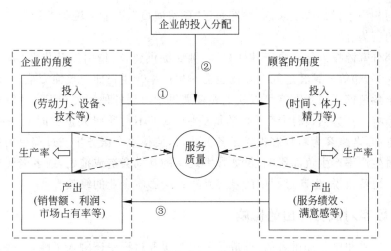

图 13-3　服务生产率与服务质量关系模型

资料来源：Parasuramann A. Service quality and productivity：a synergistic

perspective[J]. Managing Service Quality，2002，12（1）：6-9.

少。关系"②"显示了企业资源分配对企业与顾客投入关系的影响。也就是说，企业投入
变化对顾客投入变化的影响程度取决于企业如何分配投入资源。如果企业增加了投入却
分配不合理，例如呼叫中心投入更多的资源用于设备更新而不是员工培训，顾客的投入不
一定会显著减少。相反，如果投入的资源分配合理，顾客的投入则可能显著减少。关系
"③"显示了顾客的服务产出对企业经济产出的影响，即良好的服务绩效和顾客满意度会
给企业带来更高的销售额、利润和市场占有率。

三、顾客对服务生产率的影响

服务生产率与传统生产率概念最大的区别就是，顾客参与服务生产和传递过程。顾
客参与意味着服务生产的一部分投入是来自于顾客，而且顾客参与还会增加服务产出的
异质性和不确定性。

（一）顾客对服务投入的影响

在服务过程中顾客需要投入时间、体力、精力等资源。顾客的投入可能会因服务而
异。在某些服务场景下，顾客只要人在现场就是一种投入，其余的服务生产工作由服务员
工来完成，例如上门除虫服务。这些服务通常标准化较高，顾客可以选择的余地较小，企
业对顾客投入的控制程度相对较高。更多时候，顾客需要投入一些信息、精力、有形财产
来完成或配合服务生产，例如理发服务、体检服务。在这种情况下，顾客是服务生产过程
中最基础性的"原材料"，顾客的资源投入质量会对服务产出质量以及服务生产率造成极
大的影响。在其他一些服务情境下，顾客会投入更多的资源，甚至比员工更主动地参与服务
生产，例如减肥计划、管理咨询等。如果服务型企业能够将这些顾客看作是自己的兼职
员工，那么他们的贡献就可以得到充分的利用，同时企业的边界也会相应延伸。但是企业
对这类顾客的控制是有限的，除了有选择顾客的权利和教育顾客的机会外，其他一概无能

为力。因为相当于付酬员工来说，顾客属于"免费演员"，企业无法像控制员工行为那样来控制顾客的行为。

有一部分资源投入是来自于其他顾客，例如提供建议、指引以及代办（譬如在自动售票机上帮人买票）等。顾客之间的互动也会对生产率产生正面或负面影响。首先，顾客可以作为一个角色榜样。新顾客可以从老顾客那里学习到各种相关知识。这就对生产率产生了双重影响。一方面，新顾客可以学得更快，员工不用花费大量的时间来教这些新顾客。另一方面，老顾客为新顾客提供了各种建议，使得整个服务生产过程更为流畅。但顾客也可能对生产率产生负面影响，例如顾客之间的互动会造成拖延，或者老顾客提供了负面建议等。也就是说，生产过程中的顾客互动也会影响企业的绩效。

（二）顾客对服务产出的影响

服务产出并非服务提供者的"产成品"，因为服务过程中还融入了顾客的特性和行为。在一些服务中，如教育、保健、个人健身和减肥活动等，如果没有顾客的有效参与，期望的服务产出就不可能出现，顾客直接对其所获得的服务质量做出了贡献。顾客的有效参与可以增大企业满足顾客需要的可能性，顾客参与程度越高，其对服务质量的影响就越大。除了影响服务质量外，顾客也会影响服务产出的数量。以地铁售票服务为例，如果购票乘客事先准备好零钱，并且熟悉地铁线路无须咨询服务人员，那么既定时间内售票员可以服务的顾客数量就更多。

除了顾客本身对服务产出的影响外，其他顾客也可以在很大程度上影响到某位顾客所获得的产出。首先，其他顾客会影响服务的可获得性。如果顾客要通过排队来获得服务，服务产出质量必然会受到影响。其次，其他顾客有可能会破坏服务环境的氛围，从而影响服务产出质量。此外，服务生产过程中的顾客交流也会影响产出质量。

将顾客纳入组织的政策制定和实际行动中，有助于赢得顾客忠诚和顾客归属感，但前提条件是，顾客的能力和个性适合这种角色扩展。服务生产率高度依赖于顾客的知识、经验和动机，当顾客的投入涉及信息资源时，服务产出质量还会受顾客诚实程度的限制。如果企业想提高服务生产率，就应该致力于改善顾客的投入质量。关键原材料的质量改进了，通过生产过程转化而成的产出质量也会随之改善。所以服务企业的任务就是创造一个良好的环境，让顾客不对服务质量产生任何消极影响。

（三）顾客与服务生产率

在服务生产过程中，顾客扮演着两种角色，即顾客作为投入资源、顾客作为合作生产者。这两种角色带来的不确定性会增加服务提供者所需投入的资源，并影响服务产出的质量和数量（见图13-4）。

如图13-4所示，作为生产资源，顾客能够提供什么样的投入、想要得到什么，这对企业来说是不可预知的。更重要的是，作为合作生产者，顾客有多大的能力来参与服务生产，也无从得知。这些问题的答案都取决于企业的顾客是谁。顾客参与所带来的不确定性如何影响服务生产率呢？同样可以按顾客的两种角色来分析。其一，顾客所投入资源的质量水平以及顾客需求的多样性，影响企业所需的资源投入以及服务产出的数量和质

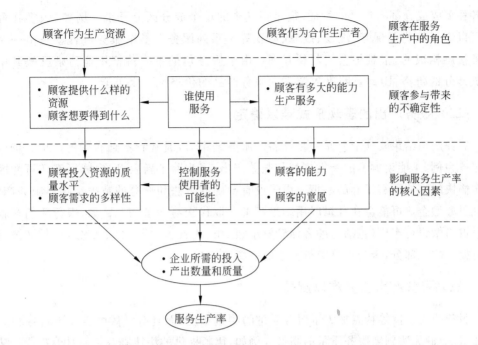

图 13-4　顾客对服务生产率的影响

资料来源：Ojasalo K. Customer influence on service productivity[J]. SAM Advanced Management Journal,2003,68(3)：14-19.

量；其二，顾客参与生产的意愿和能力也会影响企业的资源投入和服务产出。那么，为了保证服务生产率，企业要做什么呢？除了保证自己的资源投入数量和质量外，企业还要控制和引导顾客的资源投入数量和质量，提高顾客的参与能力和参与意愿。

第二节　服务生产率的测量

如何测量服务生产率，是企业面临的一大难题。在传统制造业中，由于质量恒定假设的存在，生产率的度量相对比较容易，可以简单地用产出和投入比率来计算。如果资源投入数量或资源结构的变化导致这一比率增加，就说明生产率提高了。但在服务业中，生产率的度量必须考虑资源投入数量或结构变化对服务质量和企业经济收益的影响。这无疑为服务生产率的测量增加了难度。

一、服务生产率的测量困难

与实物产品不同，服务产品具有无形性、异质性、生产和消费的同时性等特点，而且服务是一个动态过程，其产出也是一种运动形态的使用价值，所以很难分解为"每一单位"的服务。在计量服务产出时通常会面临以下四种困难。

（一）"服务包"的组成成分难以分解

对于许多服务来说，交易单位往往是错综复杂地交织在一起的"服务包"。"服务包"

的各种组成成分都有自己的特征,很难将其中的单个成分区分开来。例如,顾客在理发店可以享受到物品保管、洗发、按摩、剪发等一系列服务。整个服务过程就是由一系列服务接触构成的,很难将它们割裂开来。由于服务包的单一价格不能清晰反映其中各组成部分的价格,因此要明确界定系列服务产品的价格也不太可能。

(二)服务产出的表现形式难以确定

服务产出结果实质上只是一种体验。服务结束后,通常看不到有形的产出。仍以理发服务为例,不能说顾客的新发型就是服务产出,因为除了新发型之外,顾客还可能因为一次愉快的交谈而有了好的心情。由于没有明确的方法和充分的数据来描述服务产出,有些服务型企业可能会在计量时用结果衡量法取代交易衡量法。譬如,银行活期存款量有时被当做银行产出(包括为顾客保管资金、记账、托收承付等)的一部分,有时又被当做银行投入的一部分,因为这是银行资金的来源。

(三)服务产出质量难以测量

服务的无形性等特点加大了服务质量的测量难度,而且有时候顾客并不具备相关专业知识,他们无法判断服务质量的高低。例如,律师提供的法律服务是通过他花费在某个案件上的时间来计算的,而服务的结果(能否胜诉)是靠知识和经验决定的,而不是在案件上的时间投入。另外,有些服务的产出质量本身就与顾客有关。前文提到的理发服务,服务结果不仅取决于技师、发型师的专业水平,还取决于顾客能否清晰地表达自己对发型风格的偏好。

(四)顾客对服务生产率的影响难以测量

顾客参与服务生产过程,这一特点加大了服务产出测量的难度,并为服务生产率的测定设置了诸多障碍。其一,顾客为服务生产提供了劳动,很难将顾客对服务产出的贡献与服务提供者的贡献分离开来。其二,服务产出也取决于服务对象的数量和质量。比如一个交响乐团在空无一人的音乐厅里演奏,由于没有观众,他们的演出是徒劳的,没有任何产出数量和质量可言。其三,服务需求往往波动较大,而且难以预计,但是服务提供者还是要"严阵以待",有求必应。例如,就算某些时间段客人很少,便利店仍然要开门营业,店内设备照常运转,员工也不能随意离开岗位。这些非生产时段的设备运转和员工参与,不仅要计入便利店的服务投入,也要计入服务产出,因为他们的存在为顾客提供了方便。

二、服务生产率的测量方法

对服务生产率的测量,必须同时考虑顾客和企业两方面的因素。尽管测量局部生产率也能为企业提供有价值的信息,但只有整体生产率才能反映服务运营的真实情况。服务型企业可以采用三种测量生产率的备选方案,即物化测量、财务测量和综合测量,每一种方法都可以用来测量局部生产率或整体生产率,具体情况如表13-2所示。

表 13-2　服务生产率的测量方法

	物化测量	财务测量	综合测量
局部生产率 （产出/单一投入）	服务顾客的数量 员工工作时间	收益 员工成本	收益 员工数量
整体生产率	服务顾客的数量 耗费的总资源	收益 资源成本	收益 资源利用水平

资料来源：Ojasalo K. Conceptualizing Productivity in Service［M］. Helsinki：Hanken Swedish School of Economics，Finland/CERS，1999：133.

（一）物化测量

物化测量是用服务的顾客数量与资源耗费之比来测量整体服务生产率，或者直接用员工工作时间来测量某个服务项目的生产率（局部生产率）。如果酒店管理者想了解客房服务员的工作效率，可以直接测算客房服务员清扫一间客房需要多长时间。为了找出服务生产率的"瓶颈"，酒店还可以将客房服务员的清扫工作细分为多个具体的环节，测算单项时间。以客房中式铺床为例，主要动作包括甩单、包角、套被罩、铺被子、套枕芯、摆枕头等，通过计算客房服务员的铺床平均时间，就可以知道酒店在这个服务环节的生产率。

表 13-3 是某连锁酒店 S1 和 S2 分店客房服务员在铺床环节所耗费的时间，通过计算平均值可知，S1 分店 5 名员工的平均耗时为 3 分 6 秒，而 S2 分店大约为 2 分 45 秒。从时间上看，S2 分店在铺床环节的服务生产率高于 S1 分店。

表 13-3　某连锁酒店 S1、S2 分店客房服务员铺床耗时

所属分店	员工编号	铺床动作			总耗费时间
		甩单、包角	套被罩、铺被子	套枕芯、摆枕头	
S1 分店	A	53 秒	1 分 21 秒	1 分 21 秒	3 分 35 秒
S1 分店	B	45 秒	1 分 19 秒	55 秒	2 分 59 秒
S1 分店	C	56 秒	1 分 36 秒	54 秒	3 分 26 秒
S1 分店	D	45 秒	1 分 20 秒	50 秒	2 分 55 秒
S1 分店	E	44 秒	1 分 05 秒	46 秒	2 分 35 秒
S2 分店	F	43 秒	1 分 13 秒	30 秒	2 分 26 秒
S2 分店	G	45 秒	1 分 29 秒	35 秒	2 分 49 秒
S2 分店	H	45 秒	1 分 35 秒	55 秒	3 分 15 秒
S2 分店	I	37 秒	1 分 06 秒	45 秒	2 分 28 秒
S2 分店	J	45 秒	1 分 05 秒	53 秒	2 分 47 秒

资料来源：李霞，陈雪琼. 运用时间分析模型探讨酒店服务生产率的提升——以酒店中式铺床项目为例[J]. 北京第二外国语学院学报（旅游版），2007，7：57-63. 根据该论文中的数据改编。

物化测量实际上是一种传统的生产率测量方法，没有考虑成本和收益因素，忽视了服务质量的变异性以及顾客互动参与所带来的影响。为了避免物化测量的局限，企业会综合使用物化测量和财务测量。例如，餐厅用每个服务员工或每个座位的收益来计算员工

生产率,用单位时间内服务的顾客数量与餐厅运营成本之间的比率来计算整体生产率。

(二) 财务测量

财务测量是用服务收益与资源投入成本(员工成本)之间的比率,来测量整体(局部)服务生产率。财务测量是一种在理论上正确并且在实践上也可行的测量方法。以财务指标来计算服务生产率,其计算公式为

$$服务生产率 = \frac{某项服务的收益}{生产此项服务的成本} \tag{13-1}$$

整体服务生产率的测量可以使用以下公式:

$$服务生产率 = \frac{总收益}{总成本} \tag{13-2}$$

如果服务总收益是服务数量、服务质量和服务价格的函数,而总成本是资源投入数量、投入结构和每单位资源投入价值的函数,则可以将公式(13-2)转换为

$$服务生产率 = \frac{f(服务数量,服务质量,服务价格)}{f(资源投入数量,投入结构,单位价值)} \tag{13-3}$$

根据公式(13-2),如果收益增加的幅度超过成本增加的幅度,就意味着服务生产率提高了。如果成本减少导致收益降低,但收益下降的幅度小于成本下降的幅度,服务生产率仍然是提高了。对于企业来说,后者可能是一个危险的战略,因为从长期来看,这会有损企业的形象和声誉。

根据公式(13-3),如果服务投入数量和投入结构的变化导致服务数量的增加,或者导致服务质量的提高,即内部效率或外部效率提高,那么服务生产率也会提高。在服务投入数量和结构与服务数量(需求数量)相匹配的条件下,企业的产能效率高,服务生产率也有可能提高。财务测量一定程度上可以体现服务生产的内部效率、外部效率和产能效率。

尽管简单易行,但财务测量法不适用于非营利性服务组织,而且服务生产率的测量通常不会单纯使用财务指标。一是因为计算服务"产值"非常困难,这主要是受服务过程中生产投入的异质性、顾客的互动参与以及价格波动的影响。二是因为收益不一定总能反映产出质量。在获得政府补贴或者垄断经营的情况下,企业收益高可能是源于价格因素,而不是服务质量。表13-4详细列出了财务测量法的利弊。

表 13-4　财务测量法的利弊

利	弊
• 计算简单,容易理解。 • 容易从公司财务记录中获取相关数据。 • 考虑到所有可量化的产出和投入因素,而且从总体水平上能够基本准确地反映服务行业现实的经济情况。 • 考虑了产出质量。 • 反映了能力利用情况,因为分母包括了所有的成本。	• 无法在非营利性服务组织中应用。 • 收益并不总能说明产出质量,因为价格通常无法反映顾客感知的服务质量,特别是在提前付款消费的服务中。另外,如果该行业得到政府政策方面的优惠,如补贴,当价格进行调整时,或者出现垄断情况,若用收益来测量产出质量是非常容易引起偏差的。 • 无法解释生产率变化的原因以及绩效提高的瓶颈。

利	弊
• 直接反映了生产率的变化,不需要考虑价格指数的变化。 • 可以比较企业的生产率,过去的绩效以及公司目标,而且不受公司规模的影响	• 将资本成本分摊到收益中有困难,而且会非常困难。 • 收集计算所需要的数据非常麻烦,除非为此专门设计数据收集信息系统

资料来源:Ojasalo K. Conceptualizing productivity in service[M]. Helsinki:Hanken Swedish School of Economics,Finland/CERS,1999:143.

(三)综合测量

综合测量法是以服务收益与资源利用水平(员工数量)的比率,来测量整体(局部)服务生产率。评价服务生产率不能单纯比较企业的物质投入和收入,还应该体现顾客因素。服务生产率可以用以下公式来计算:

$$服务生产率 = \frac{服务收入}{(基本系统资源投入 + 互动过程成本)} \times \frac{满意顾客数量}{顾客资源投入量} \quad (13\text{-}4)$$

定义:$N_t = t$ 期内顾客的资源投入,即 t 期内有多少顾客接受服务;

$N_{tS} = t$ 期内满意顾客的数量,即 t 期内有多少顾客感到满意;

N_{tS}/N_t 表示顾客满意率;

$I_s =$ 基本系统资源投入;

$E_t = t$ 期内顾客平均消费额;

$C_{ti} = t$ 期内平均互动过程成本;

$P_t = t$ 期的服务生产率;

则公式(13-4)变为

$$P_t = \frac{N_t \times E_t}{I_s + N_t \times C_{ti}} \times \frac{N_{tS}}{N_t} \quad (13\text{-}5)$$

在短期内,基本系统资源投入 I_s 通常是固定不变的,而顾客平均消费额度 E_t 或者变动不大,或者根据顾客满意感的高低有所调整,所以服务生产率的提高取决于平均互动成本 C_{ti} 的降低以及顾客满意率 N_{tS}/N_t 的提高。

第三节　服务生产率的持续改进

在明确服务生产率的构成和测量方法之后,企业需要不断关注服务生产率的变化,持续改进服务生产率。本节内容先介绍服务生产率与服务利润的关系,接着分析服务生产率的改进措施,最后说明服务生产中的学习效应。

一、服务生产率与服务利润的关系

根据财务测量法,服务生产率是总收益与总成本的比率,而总收益和总成本的变化直接导致企业利润的变化。单纯从测量上看,服务生产率和服务利润就是两个密切相关的概念。如果收益增长率大于成本增长率,则服务生产率提高,企业利润率也会保持增长;

反之则服务生产率低、企业利润率下降。另一方面,如果成本下降率大于收益下降率,服务生产率和利润率也会提高,反之亦然。那么,企业怎样保证收益增长幅度大于成本增长幅度,或者成本降低幅度大于收益下降幅度? 有没有可能收益增长与成本降低同时发生呢? 问题的关键在于服务质量。质量、生产率和利润实际上是从不同角度来实现企业的利益。质量和生产率的提高,最终会导致企业利润的提高。具体来说,质量提高有利于降低服务成本,降低检验测试成本,降低返工和废品成本以及抱怨成本,也有利于减少库存,减少客户获取成本和加工时间,即降低投资成本。以上情况说明企业内部效率提高,进而导致生产率的提高。质量提高也会带来企业形象的提升以及顾客保留率的上升。企业形象的提升会降低价格竞争强度,同时有助于销售量的增加,进而增加企业利润。顾客保留率的上升有助于增加销售量和顾客份额。当顾客数量达到一定数量时,企业可以实现规模经济,从而降低产品成本,提高生产率和企业利润。图 13-5 反映了质量、生产率和利润之间的关系,这一模型对于制造型企业和服务型企业都适用。

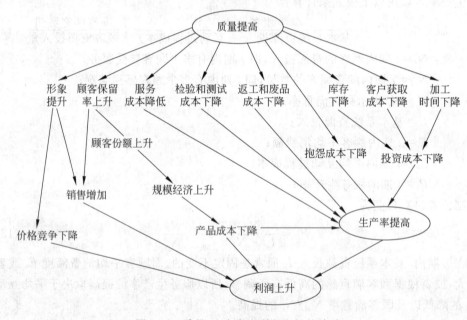

图 13-5　质量、生产率和利润之间的关系

资料来源:Gummesson E. Productivity,quality and relationship marketing in service operations[J]. International Journal of Contemporary Hospitality Management,1998,10(1):4-15.

二、服务生产率的改进

服务生产率的高低受服务企业、服务员工以及顾客等多方面因素的影响。服务企业的资源投入数量和结构、服务系统自身的特点、服务人员的素质以及顾客投入程度,都会影响服务生产率。相应地,企业可以从这些方面着手改进服务生产率。

(一)隔离技术核心

服务生产过程中的顾客参与增加了服务生产率的不确定性。如果服务企业可以将服务系统中顾客高接触部分与顾客低接触部分分隔开来,则可以采取不同的运作方式。对于高接触部分,服务生产率管理的重点是保证服务质量和顾客满意,有时候服务企业为了保证顾客利益只得牺牲效率。对于低接触服务系统,企业可以采用传统的生产线管理方式。比如,顾客可以通过手机银行、网上银行来完成转账、还款等业务,这样就减少了人工服务可能造成的内部效率低、外部效率低或者产能效率低等问题。但隔离技术核心(服务系统中顾客不接触或低接触的区域)也要考虑顾客的需要,有些顾客习惯了面对面的服务,如果与服务系统的接触量太小,他们会觉得服务不可靠、不安全。

(二)平衡服务定制化和服务标准化

服务企业往往会在定制化和标准化的决策中陷入两难境地。一般来说,服务标准化意味着引进新技术和自动化装置,并以此代替人工服务。自动取款机、自动售货机、网上银行、网上商店等都是这一方法的实施。以适当的方式进行服务标准化可以同时实现服务质量和内部生产效率的提高。例如,银行为顾客提供自动取款机作为基础服务,当顾客想了解理财信息时,银行再提供人员服务。然而,如果对所有服务接触都进行标准化,就会出现问题,结果可能是内部生产效率提高了,但服务质量却下降了。这对企业短期或长期的经济结果会产生负面影响。因此对标准化和定制化的运用要结合本行业和本企业的实际情况。

(三)加强成本管理

无论是制造型企业还是服务型企业,降低成本都是提高生产率的重要途径。但企业在考虑削减成本之前,必须清楚地划分出有效成本、无效成本和强制成本。有效成本是指对于企业的价值增值和利润创造具有积极作用的成本支出,如维持服务交互和支持办公运作的成本、员工培训、产品研发等,基本上都属于有效成本。无效成本是指对于企业的价值增值和利润创造没有效用的成本投入,如因组织结构臃肿、人员冗余造成的成本。强制成本是指那些不可避免的成本,尽管它们可能与内部效率和顾客感知服务质量毫无关系,但是此部分成本却是无法减少的。例如,保险、工商税费等。有效成本有助于巩固服务的外部效率。为了保持良好的服务质量,不能随意减少有效成本,相反,应该增加这类投入,而减少无效成本则有助于提高服务生产率,提高企业利润。

(四)加强员工管理

如果员工的服务技能水平低,顾客可能要付出更长的等待时间,甚至遭遇大大小小的服务失误。缺乏服务技巧、服务态度不友好,也会对感知的服务质量产生负面影响,进而导致服务生产率降低。服务企业应该将员工当作"内部顾客",把设计好的服务工作以及一些新的服务理念、服务标准和计划等"营销"给员工;同时重视员工的需求(包括生理和心理上的),积极与员工进行沟通,为员工营造良好的服务氛围,促使员工能够更好地为顾客提供服务。另一方面,服务企业也可以采用更好的招聘、培训、人力资源开发和激励制度,使得服务员工在知识、技能、态度和行为方面有所改进。

（五）激励和引导顾客

服务企业可以通过激励和引导顾客的行为，来改进服务生产率。一是增加自助服务。顾客通过自助的方式来获得服务，实际上是"免费"帮服务员工分摊了一部分工作。有些服务企业可能会为了降低成本或者提高内部效率而这么做。但值得注意的是，要让顾客看到自己参与自助服务的"好处"。企业可以采取激励措施让顾客使用自助服务。例如在网上营业厅为手机充值，可以获得一定数额的话费赠送。二是提高顾客的参与和配合能力。例如，餐饮企业可以向顾客提供足够的参与信息，如自助餐的收费、开放时间、规定以及程序等。这样可以将顾客吸收为企业的"兼职员工"，减少服务人员与顾客之间由于种种原因而引起的服务差错，缩短服务人员为每位顾客服务的时间，从而提高企业内部效率，而且不影响顾客感知的服务质量。

（六）优化供需结构

需求的波动性与企业服务能力的相对稳定性之间的矛盾，严重影响了企业的服务生产率。减少需求变动影响的一种办法是创建灵活的生产（供应）能力，例如使用兼职员工，对员工实施跨职能的培训，以便在需求高峰时能临时抽调人手，或者与其他公司共享生产能力。服务企业也可以从改变需求时间着手，来平衡服务需求的高峰和低谷。具体来说，企业可以采用差别定价法。在需求低谷，用低价策略来刺激需求，而在需求高峰时期则实行高价以抑制需求，电影院、旅游景点等服务企业都是采用这种策略。其次是建立预订和预约制度。医院、航空公司、酒店、美容院等都可以普遍使用这种策略。另外，服务企业还可以将一种或多种营销支持功能委派给第三方，以此来提高本企业的服务生产率。例如，火车票、飞机票的预订和支付交易环节，可以在代理机构的营业网点进行。

三、学习效应与服务生产率

学习效应是指企业的工人、技术人员、管理人员在长期生产过程中，可以积累产品生产、技术设计以及管理经验，从而通过增加产量使得长期平均成本下降。如果产品在市场上的销售价格不变，单位产品的成本下降，则产品的利润会相应提高。在服务型企业，服务提供者与顾客之间的关系就是一个相互学习、积累经验的过程。相互熟悉之后，服务双方就更加清楚服务过程中如何互动，如何将服务失误、质量问题以及信息沟通问题的可能性降到最低。换句话说，服务提供者和顾客通过相互学习，避免服务过程中产生不必要的成本，或者发生对感知服务质量有负面影响的事件。随着累计服务交往次数的增加，服务提供者越来越有经验，为顾客提供服务的成本降低，进而产生学习效应。

服务双方的学习过程会影响服务生产率。随着对服务的熟悉度加深，顾客对服务的期望可能会有所调整，这有利于服务期望与服务实际绩效的匹配，有利于提高感知的服务质量，提高外部效率。另外，当顾客对服务越来越熟悉之后，顾客的参与能力会更强，有助于提高内部效率和外部效率。再从服务提供者的角度来看，随着对顾客的熟悉度加深，服务提供者可以更准确地了解顾客的特殊偏好和要求，这有利于企业提供更加定制化的服务，从而使服务实际绩效与顾客的服务期望更为一致，服务生产的内部效率和外部效率提高。再者,当服务提供者对顾客有一定程度的了解之后,就会更清楚顾客有多大的参与能力,在何种范围内允许顾客参与服务生产,然后通过顾客参与来影响内部和外部效率。除此之外,服务提供者对顾客的熟悉程度还有助于企业提高产能效率。总之,服务生产中的学习效应可能体现在内部效率、外部效率和产能效率等方面,也由此可见客户关系管理对服务型企业的重要性。

思考与练习题

1. 服务生产率概念包含哪些内容?
2. 服务自身的特性如何影响服务生产率?
3. 以自助餐厅为例,讨论顾客参与服务过程会如何影响企业的服务生产率。
4. 在国内各大银行的营业网点,排队现象非常普遍。结合所学知识,思考银行营业网点应该如何提升服务生产率。

参 考 文 献

[1] Blois K J. Productivity and effectiveness in service firms[J]. Marketing in the Service Science, 1985,45-60.

[2] Bowen D E, Schneider B. Services marketing and management: implications for organizational behavior[M]//B M Staw, L L Cummings. Research in organizational behavior. Greenwich, CT Press,1988:43-80.

[3] Grönroos C,Ojasalo K. Service productivity: towards a conceptualization of the transformation of inputs into economic results in services[J]. Journal of Business Research,2004,57: 414-423.

[4] Gummesson E. Productivity, quality and relationship marketing in service operations [J]. International Journal of Contemporary Hospitality Management,1998,10(1): 9.

[5] Gadrey J. Rethinking output in services[J]. The Service Industries Journal,1988,8(1): 67-76.

[6] Harris K,Baron S,Ratcliffe J. Customers as oral participants in a service setting[J]. Journal of Services Marketing,1995,9(4): 64-76.

[7] Kendrick J. Improving productivity measures [M]. Baltimore: John Hopkins University Press,1985.

[8] Lengnick-hall C A. Customer contributions to quality: a different view of the customer-oriented firm[J]. Academy of Management Review,1996,21(3): 791-824.

[9] Mills P K,Morris J H. Clients as "partial" employees of service organizations: role development in client participation[J]. Academy of Management Review,1986,11(4): 726-735.

[10] Ojasalo K. Customer influence on service productivity[J]. SAM Advanced Management Journal, 2003,68(3): 14-19.

[11] Ojasalo K. Conceptualizing productivity in service[M]. Helsinki: Hanken Swedish School of Economics,Finland/CERS,1999.

[12] Parasuramann A. Service quality and productivity: a synergistic perspective[J]. Managing Service Quality,2002,12(1): 6-9.

[13] Sherwood M M. Difficulties in the measurement of service output[J]. Monthly Labor Review, 1994,3：11-19.

[14] van Biema M,Greenwald B. Managing our way to higher service sector productivity[J]. Harvard Business Review,1997,7(8)：69-79.

[15] 李霞,陈雪琼. 运用时间分析模型探讨酒店服务生产率的提升——以酒店中式铺床项目为例[J]. 北京第二外国语学院学报(旅游版),2007,7：57-63.

[16] 刘明华. 国外服务生产率增长缓慢理论解释述评[J]. 外国经济与管理,2007,29(10)：1-8.

[17] [美]瓦拉瑞尔·泽丝曼尔,等. 服务营销[M]. 第5版.张金成,白长虹,等,译. 北京：机械工业出版社,2012.

[18] [美]霍夫曼,等. 服务营销精要：概念、策略和案例[M]. 第3版. 胡介埙,译. 大连：东北财经大学出版社,2009.

[19] 杨坤,张金成. 对服务生产力评价模式的探讨[J].生产力研究,2003,3：88-90.

[20] [英]克里斯廷·格罗鲁斯. 服务管理与营销：服务竞争中的顾客管理[M]. 第3版. 韦福祥,等,译. 北京：电子工业出版社,2008.

[21] 张德霖. 论生产率的内涵[J]. 生产力研究,1990,6：18-25.

[22] 张懿玮. 对服务生产率内涵的再认识：基于服务的参与方[J]. 华东经济管理,2012,26(5)：88-90.

第十四章

服务质量与服务体验

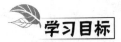 **学习目标**

对服务质量和服务体验的探讨是服务管理理论与实践研究的主要内容。本章介绍服务质量的内涵、测量和管理方法，电子服务质量的内涵和管理要点，以及服务体验的分析模型。通过学习本章内容，应该能够：

- 理解服务质量的内涵。
- 掌握服务质量的测量方法。
- 掌握提高服务质量的工具和方法。
- 理解电子服务质量测量的特殊性和管理要点。
- 理解服务体验的内涵和分析模型。

第一节　服务质量的内涵和测量

无论何种规模、何种行业的服务企业，服务质量的提高既是企业进行市场竞争的根本出发点和着眼点，也是企业主要战略目标实现的基础和支撑。高质量的服务能够有效地巩固企业现有市场，形成稳定的顾客群，又可以通过忠诚顾客的加大购买量和"口口相传"创造更大的市场份额；也可以使企业形成较好的品牌形象、稳定的收益和较高的投资回报率。对服务质量管理理论与方法的探讨一直是服务管理研究的主要内容，也是服务型企业管理实践最为关注的内容。

一、服务质量的概念

在管理学文献中，企业管理学者最常使用以下两类质量定义：①质量指产品符合规格；②质量指产品符合顾客的期望。在18世纪末19世纪初，为了适应大规模生产的需要，工业企业开始使用"符合规格"的质量定义。这时许多质量管理专家都认为质量指产品是否符合规格，他们都强调产品设计人员应根据顾客的需要确定产品的规格。但是，在他们推广的质量管理方法中，几乎没有任何切实可行的确定顾客需要的措施。美国阿肯色大学商学院副教授丽伍斯(C. A. Reeves)和贝德纳(D. A. Bednar)认为"符合规格"定义是一种狭义的定义，无法反映质量这个概念的丰富含义。对大多数服务型企业来说，"符合规格"定义并不适用。管理人员往往很难确定某些服务属性的量化标准，也就无法根据规格衡量服务质量。美国营销学家肖丝丹克(G. L. Shostack)也认为有形产品可采用量化标准，无形服务却很难精确地测量。她指出：服务型企业盲目照搬工业企业生产管理原则，是一种"营销近视症"。

由于服务型企业无法采用工业企业传统的质量管理措施,许多企业管理学家对服务质量的定义进行了大量新的探索,并提出了"符合期望"的质量定义。他们指出:质量是产品和服务得以满足一定需求的全部特征和性质。对服务企业而言,质量在服务传递过程中形成,通过顾客的主观感受表现出来,顾客的主观感受是服务质量的唯一表现形式,因此顾客是服务质量的唯一评委。只有顾客感知的服务质量才是重要的,服务质量指服务实绩是否满足顾客的期望。

二、服务质量的内涵

(一)感知的服务质量与期望的服务质量

感知的服务质量是顾客对服务期望(expectation)与感知服务绩效(perceived service performance)之间差异的比较。

期望的服务(expected services)是顾客希望获得的并且认为应该得到的满足个人需求的服务。它的形成强烈地受到顾客以往类似的服务经历、同一行业其他竞争对手的服务水平以及其他行业相关的服务水平的影响。如果顾客以前没有相关的经历,就会根据口碑、新闻报道或公司的宣传形成购买前的期望。并且,顾客的期望会随着时间而变化,它既受到由企业控制的要素(如广告、定价、服务创新等)的影响,也会受到社会潮流等非企业控制的因素的影响。

顾客期望的服务可以进一步划分为渴望的服务、可接受的服务、预期的服务等不同层次,如图 14-1 所示。

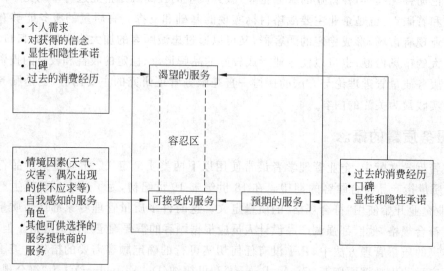

图 14-1 顾客服务期望的构成及影响因素

资料来源:改编自 Zeithaml V A, Berry L L, Parasuraman A. The nature and determinants of customer expectations of service[J]. Journal of the Academy of Marketing Science,1993,21(1):1-12.

(1)渴望的服务(desired services):指顾客最希望得到的服务水平,反映了较高水平的期望。它的形成受到顾客的个人需求、对获得的信念、服务的显性和隐性承诺、口碑、顾客过去的消费经历等因素的影响。

（2）可接受的服务（adequate services）：指顾客能够接受而且不会造成不满的最低服务水平。它随着顾客的消费经历或标准而变化，并受到影响服务表现的情境因素（天气、灾害、偶尔出现的供不应求等）、自我感知的服务角色和其他可供选择的服务提供商的服务水平的影响。比如，在上下班高峰期，乘客觉得排队等下一趟地铁是可以接受的。

（3）预期的服务（predicted services）是顾客实际期望得到的服务水平，它受到顾客过去的消费经历、口碑、企业的显性或隐性承诺等影响，并直接影响如何定义可接受的服务。当顾客预期的是良好的服务，可接受的服务水平会比较高，当顾客预期的是一个较差的服务，可接受的服务水平就会比较低。

容忍区（tolerated zone）位于渴望的服务与可接受的服务之间，指顾客愿意承受的服务水平的变动范围。当实际服务水平低于可接受的服务水平，会造成顾客抱怨和不满；当实际服务水平高于渴望的服务水平，会产生顾客满意，甚至给顾客带来惊喜。换句话说，服务在容忍区这个范围之内变动不会引起顾客的注意，超出这个范围会引起顾客的不满或更加满意。另外，容忍区可能会因顾客的不同而变化，同时还受到其他一些因素如竞争、价格以及某种特定的服务属性的重要性等的影响。这些因素通过影响可接受的服务水平影响容忍区的大小。例如，如果一位乘客迟到并关心自己的航班，其对机场服务的容忍区将变窄，一分钟都好像很长，而且其可接受的服务水平提高了。相反，当一位乘客到达机场较早，其容忍区就扩大了，比迟到时少了一些对排队等候的在意。这表明，管理人员不仅要理解容忍区的大小和界限，而且要知道对于一位既定的顾客容忍区何时以及怎样发生变化。

（二）服务质量与顾客满意

顾客对服务质量的评价过程实际上就是将其在接受服务过程中的实际感觉与他接受服务之前的心理预期进行比较的结果。当实际感知的服务超越预期的服务，顾客感到非常满意；当实际感知的服务等于预期的服务，顾客会感到满意；当实际感知的服务低于预期的服务，顾客就会感到不满（见图 14-2）。

（三）技术性质量与功能性质量

由于参与到服务生产及传递过程，顾客对服务质量的评价不仅要看服务结果如何，还要看服务过程的好坏。故顾客对服务质量的认知包括两个基本方面：技术性质量和功能性质量。

1. 技术性质量

技术性质量指服务生产过程的结果，也称为结果质量。即企业提供的设施设备、服务项目、服务时间、环境气氛等满足顾客需求的程度。顾客对技术性质量的评价是相对容易和相对客观的。

2. 功能性质量

功能性质量指顾客接受服务的方式及其在服务生产和消费过程中的体验，也称为过程质量。功能性服务质量与服务人员的仪表仪容、礼貌礼节、服务态度、服务程序、服务效

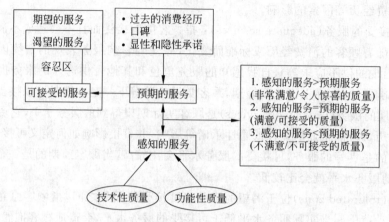

图 14-2　服务质量评价与顾客满意

资料来源：Lovelock C H，Wirtz J，keh H T，et al. Services marketing in Asia[M].
Second Edition. Singapore：Prentice Hall，2005.

率、服务技能技巧等有关，还与顾客的心理特征、知识水平、个人偏好等因素有关。因此，顾客难以客观地评价功能性质量，它更多地取决于顾客的主观感受。

三、服务质量的特性

产品的质量通常可以从性能、使用寿命、安全性、可靠性和经济性五个方面来衡量和规范。但由于服务本身的特性，我们无法制定明确的服务质量标准，也不可能事先控制服务生产的过程，对服务质量进行全面检测。服务本身的特性决定了服务质量具有独有的特性。

1. 服务质量取决于顾客的主观评价

正如前面所言，服务的无形性导致服务不能像有形产品那样，用符合行业标准和企业内部标准的程度来评定其质量（如用画面清晰度、耗电量、噪声水平等精确数值来衡量电视机的质量）。服务质量往往取决于顾客评价而不是企业的自我评价。顾客评价服务质量常常基于主观感受，诸如服务环境氛围、服务人员态度、顾客情绪状态等都会影响顾客对服务质量的认知。因此，服务质量是顾客对服务的主观范畴上的认知，服务质量评价的结果因人、因时而异。

2. 服务质量难以现场控制

与有形产品的生产和使用在不同时间段和不同地点进行不一样，服务的生产和消费几乎同时发生，企业难以把服务生产和服务消费完全隔离，对服务质量进行事前把关控制，发现质量问题也难以返修。这就要求企业在服务生产和传递过程中"第一次就把事情做好"。

3. 服务质量是一种互动质量，具有综合性特征

服务的不可分割性需要顾客参与服务过程中，顾客不仅对最终的服务进行评价，还对服务的生产过程进行评价，甚至在排队过程中对观察到的企业对其他顾客的服务进行评价。因此，服务评价既包括对服务结果的评价，也包括对服务过程中的互动（与服务人员、

其他顾客)结果的评价,是一种综合性评价。

四、服务质量的测量

服务质量研究者和企业实践者认为,服务质量是一个非常模糊且抽象的概念,对服务质量下定义并测量非常困难。基于顾客评价的角度,服务质量五因素模型(SERVQUAL)和服务质量表现模型(SERVPERF)是比较常见的服务质量测量模型。

(一)服务质量五因素模型(SERVQUAL)

美国学者潘拉索拉曼(A. Parasuraman)、泽丝曼尔(V. A. Zeithaml)和贝里(L. L. Berry)利用对顾客的焦点小组访谈开发了一套用来诊断服务质量的工具——服务质量五因素模型(service quality,SERVQUAL)。SERVQUAL共包含可靠性、响应性、保证性、移情性和有形性五个维度,44项测量条款(其中,22项测量感知的服务,22项测量期望的服务)。他们认为,该诊断工具能够揭示企业在服务质量领域的强势和弱势。

1. 可靠性(reliability)

可靠性是指企业准确无误地完成所承诺的服务的能力,要求企业避免在服务过程中的失误。服务的可靠性是顾客评价服务质量的最重要指标,它与核心服务密切相关。以航空运输服务为例,客户需要的核心服务是安全准确地送到目的地,如果飞行过程中发生了事故,导致航班严重延误或危及人身安全,那么低廉的运费和良好的服务态度将毫无意义。

2. 响应性(responsiveness)

响应性是指企业可以随时准备为顾客提供快捷、有效的服务。对于顾客的需求,企业是否快速及时满足,是否对顾客的反映采取负责而又恰当的措施,是衡量服务质量的一个重要标准。特别是对于那些要求快速服务的行业,如医疗服务、客货运输、快餐服务等,服务传递的效率将更加重要,往往成为顾客判断服务质量的首要标准。

3. 保证性(assurance)

保证性指顾客感知的服务人员的工作能力、友好态度和安全性。其中,能力指服务人员在提供服务的专业知识和技能;友好态度指服务人员与顾客及其同伴互动接触过程中的服务态度;安全性反映顾客对服务过程中包含的危险、风险、不确定性的感知。服务人员较高的操作技能和良好的服务态度以及服务过程中感知的安全性能增强顾客对企业服务质量的信心和安全感;而服务人员态度生硬恶劣会让顾客不快,他们对专业知识一无所知也将令顾客大为失望。尤其是在服务产品推陈出新、产品的差异越来越小的今天,服务人员的友好态度、热情服务以及对产品的详细了解就更加重要了。

4. 移情性(empathy)

移情性是指服务人员不仅要态度友好,而且还要真诚地关心顾客,了解他们的实际需要并予以满足,使整个服务过程富有人情味。服务的移情性要求服务人员设身处地地为顾客着想和对顾客给予特别的关注,它包括与服务人员的可接近性和便捷性,还包括服务人员努力去了解顾客和顾客的需求。

5. 有形性(tangibles)

有形性,即可感知性,是指服务产品的"有形展示"部分,如各种服务设施设备、服务场景、服务人员的仪容仪表等。由于服务产品的本质是一种行为过程而不是某种实物,具有不可感知的特性,所以顾客只能通过这些有形的、可视的部分来把握服务的质量。服务的有形性从两个方面影响顾客对服务质量的认识:一方面,它们提供了有关服务质量本身的线索,可以使顾客了解无形的服务产品;另一方面,它们又直接影响到顾客对服务质量的感知。例如,旅馆里的干净温馨的房间、美味可口的饭菜等有形产品将大大提高顾客对服务产品质量的感知。

根据上述五个标准,企业可以通过服务质量模型来测量服务质量。具体的做法是:先设计顾客调查问卷,这种问卷包括两个相互对应的部分,一部分用来测量顾客对企业服务的期望,另一部分测量顾客对服务质量的感受,每一部分都包括上述五个标准。然后,请顾客回答这些问卷,计算问卷中实际感受的服务得分与期望的服务得分之间的差异,这样就可以得到企业服务质量的得分,即

$$服务质量得分=实际感受分数-期望分数$$

如果服务质量得分为正值,表示顾客对服务质量的感知超过了他的预期,他就会非常满意;如果服务质量得分为零,表示顾客对服务质量的感知正好与其预期相吻合,他会基本满意;如果服务质量得分为负,表示顾客对服务质量的感知低于他的期望,这时顾客就会不满、抱怨甚至背离企业。因此,企业提高服务质量有两条途径:一是提高顾客对服务质量的感知,我们将在后面详细介绍管理服务质量的具体方法;二是降低顾客对服务的期望值,也就是在广告宣传中要实事求是,留有余地,不能向顾客提供虚假、夸大甚至是欺骗性的信息。

不过,潘拉索拉曼、齐赛尔和贝里等人在后续的研究中提出,以上的测量只知道期望与实际表现的得分差异或差距,以及顾客对服务的期望,但是没有考虑这些测项的相对重要性。他们认为,由于顾客偏好的不同,他们对服务高低的评价标准不同,对服务质量的测量应该把重要性因素考虑进来,通过重要性把对服务各个方面的不同影响程度表现出来。因此,

$$服务质量=(顾客感受到的服务-顾客预期得到的服务)×重要性$$

(二)服务表现模型(SERVPERF)

有学者认为,SERVQUAL 测量尺度简洁,易于使用,但存在概念上和方法上的问题。感知被定义为顾客对企业服务实绩的判断。当问及被试者对一个企业的绩效打分时,可能已经导致他在心理上比较他的期望和他的感知了。换句话说,对感知的估计已经包含感知-期望这一心理过程。因此,学者克罗宁(J. J. Cronin)和泰勒(S. A. Taylor)提出只用顾客实际感知的服务(service performance,SERVPERF)共 22 个问项来测量服务质量的五个维度,而不考虑期望服务水平。他们认为,SERVQUAL 模型包含 44 个问题,问卷太长,且期望的服务问项与实际感受的服务问项高度重复,用实际的服务表现就可以测量服务质量,期望的服务没有太大的价值。他们的实证研究和历史文献都支持了改进的SERVPERF 模型比 SERVQUAL 模型更加有效。并且,有学者通过比较这两个模型,发

现 SERVQUAL 量表虽然在会聚有效性和鉴别有效性方面优于 SERVPERF，但是在问题诊断能力方面 SERVPERF 更胜一筹。

潘拉索拉曼等人也承认，直接度量顾客服务感知法在预测企业服务质量变动趋势方面占有相对优势。因此，他们提出，如果只想对服务质量的变动趋势进行预测，那么，直接度量的方法是最优的；如果企业想进行服务质量方面差距的寻找和诊断，则利用差异比较分析法是最好的。

实际上，一个理想的服务质量测量方法不应该仅仅在心理统计学上可行，还需要在问题诊断上强而有力，这样才能为管理者采取改正行动提供指示。因此，在实际的经营过程中，我们应该用 SERVPERE 量表测量一个企业的整体服务质量，或者进行跨服务行业的服务质量比较，用 SERVQUAl 量表去识别服务质量缺陷，进而采取可能的干预措施。

第二节　服务质量的管理和控制

一、服务质量差距模型——分析服务差距

潘拉索拉曼（A. Parasuraman）、泽丝曼尔（V. A. Zeithaml）和贝里（L. L. Berry）提出服务质量差距模型，用来分析服务质量问题的根源。顾客服务差距（差距5）即顾客期望与顾客感知的服务之间的差距是差距模型的核心。要弥合这一差距，就要对以下四个差距进行弥合：差距1——不了解顾客的期望，差距2——未选择正确的服务设计和标准，差距3——未按标准提供服务，差距4——服务传递与对外承诺不相匹配。该模型可以作为服务组织改进服务质量和营销的基本框架，有助于分析服务质量问题产生的原因并帮助管理者了解应当如何改进服务质量。

如图 14-3 所示，该模型的左半部分与企业管理者和服务人员有关，右半部分则与顾客有关，这五大差距共同指出了服务质量存在的主要问题是如何产生的。其中，顾客服务期望是顾客过去的服务经历、个人需求和口碑宣传的函数，同时，它还受到服务企业营销宣传的影响；顾客感知到的服务是一系列内部决策和活动的结果。

1. 认知差距

认知差距（knowledge gap）存在于企业感知的顾客期望与顾客实际的期望之间，它是企业未能正确认识到顾客的需求，或不了解顾客如何评价服务而存在的差距。这种差距由三个因素构成。首先是市场调研。服务型企业可能没有对市场需求进行调研分析，或对市场调研和需求分析的信息不准确，或者对顾客期望的解析信息不准确，使得企业不能够真正理解顾客的期望和需求。这可能与服务企业对市场调研及其他一些不能带来直接利润效果的营销工作不够重视有关。其次是信息的内部纵向沟通，即从一线服务人员一直到企业最高管理者之间的沟通。当与顾客接触的一线服务人员把掌握的顾客信息逐层向上级传递至企业最高管理者的过程中可能存在传递信息的失真或丧失，或者一线服务人员没有把掌握到的顾客信息向上传递，都会使得负责决策的管理人员无法及时、准确地掌握完备的信息，对顾客的期望做出正确的判断。第三是企业的管理层次。臃肿的组织层次会阻碍或改变在顾客联系中所产生的信息，管理层次越多，沟通越困难，沟通效率越

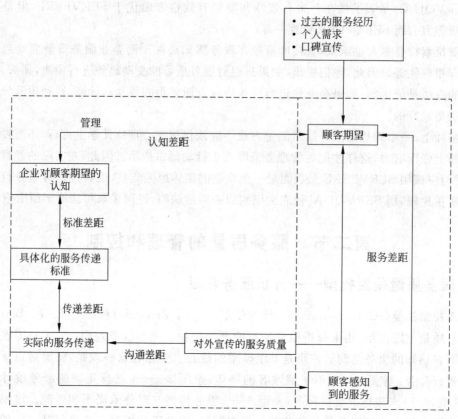

图 14-3　服务质量五差距模型

资料来源：改编自 Parasuranman A, Zeithaml V, and Beny L. A conceptual model of service quality and its implications for future research[J]. Journal of Marketing, 1985, 49(Fall)：41-50.

低,其间的信息丧失率和误传率越高。因此,仅仅从市场研究中获得的信息和从顾客层面传来的内部信息来了解顾客的服务期望会不够准确,也不全面,必须采取必要的行动疏通各种信息渠道。这可能影响到企业的组织结构。

2. 标准差距

标准差距(standard gap)是企业把所理解到的顾客期望转化为服务设计/传递标准过程中产生的。当服务提供者未能按照企业所认知到的顾客期望来制定服务标准时,就无法选择正确的服务设计和传递标准,导致企业对顾客服务期望的认知无法充分体现在所制定的服务质量标准上。在服务企业中,即使企业正确认知到顾客的服务期望,但将顾客期望转变为服务质量标准常常会遇到困难,这些困难包括质量管理、目标设置、服务标准化和可行性。首先,企业会因为缺乏全面、系统的服务质量管理而使服务标准的制定受到其他优先权的干扰。许多服务企业容易把管理的重点放在节约成本、短期利润等易于测量且效益明显的目标上,对服务质量管理缺乏必要的重视和承诺。其次是目标设置。有时负责设置标准的人员会认为顾客的某些期望是不合理或不现实的,在设置标准时选择忽略或降低相应的标准,服务目标达不到服务标准。第三是服务标准化和可行性。服务的标准化主要依靠各种技术实现,如用机器设备取代人员服务,改进服务操作方法,对员工进行标准化培训等。但服务的标准化是有限的,过于苛刻的标准会损害灵活性,挫伤员工以灵活的行为满足顾客需求的积极性,最终损害服务质量。因此,需要把握好服务标准化和灵活性之间的平衡。第四是经济上和技术上的可行性。即使管理者觉得顾客的某些期望应该努力去满足,但由于把这些期望转化为具体的员工行为规范非常困难,管理者和设计者会觉得不值得或在技术上无法把这些期望转化为服务规范和标准,进而使得标准差距加大。

3. 传递差距

传递差距(delivery gap)是由于服务生产与传递过程没有按照企业所设定的标准来进行而产生的。即使企业制定了很好的对待顾客的服务绩效指南,也不一定会有优质的服务绩效。服务标准的执行还需要有企业的其他资源比如人员、系统和技术的支持,并且企业要不断在这些标准的基础上评估和奖赏员工以使之更有效。但在实际生活中,目标和标准的设定往往只得到计划者和管理者的同意,没有得到服务生产者的理解和支持。而顾客服务目标和标准的实现需要提供服务的部门或个人的合作,当服务提供者不能够或不愿意严格按照服务质量的标准规范提供服务时,服务传递的差距就产生了。影响服务传递差距的主要因素包括团队意识、团队协作、员工胜任程度、技术支持、现场控制、角色冲突和角色模糊等。

4. 沟通差距

沟通差距(communication gap)是指市场宣传中所做出的承诺与企业实际提供的服务不一致而产生的差距。市场沟通差距产生的主要原因包括:服务承诺管理不当、顾客期望管理不当、顾客教育不当、内部营销沟通不当。企业通过广告、人员以及其他的方式做出承诺,顾客就会以此作为评价服务质量的标准。因此实际提供给顾客的服务与企业承诺要给予的服务之间存在差距,就会从负面影响顾客差距。夸大的广告宣传、人员销售中的夸大活动以及有形设施所提供的夸大信息等都会不切实际地提高顾客的期望,企业内部不充足的平行沟通、对顾客期望的低效管理等也会导致不能履行承诺。企业要缩小市场沟通差距就必须精心整合组织企业内外部的沟通渠道。

5. 服务差距

服务差距(service gap)是服务质量差距模型的核心,也是最终的差距,它指顾客所感知到的或者实际体验的服务质量与其所预期的不一致而产生的差距。导致顾客感知服务质量差距的原因在于前面提到的四个差距。当顾客感受到的服务低于所期望的服务水平,其结果往往导致顾客不满而可能会进行不良的口碑宣传、投向其他组织等;当顾客所感受到的服务接近于或适当地高于他们所期望的服务时将会产生与上述不良效果正好相反的积极效果。但是,当顾客感受到的服务过多地超过他们的期望质量时,则往往是生产者付出了不必要的高成本,这时成本-利益指数将会很低,甚至可能是负的。因此,过高的感知质量对顾客可能是不必要的。

二、服务质量的控制和改进

企业想要提高服务质量,首先要在思想层面重视服务质量,为创造优质的服务质量提供支持性的氛围。这些思想要素包括从上而下对"服务质量作为获取全球市场份额的武器"的高度认同、营造学习型组织氛围、重视顾客参与、不断创新的理念、授权和团队协作等。此外，企业还需要一套合适的工具和方法，对服务质量进行持续的监督和跟进。这些工具和方法有：标杆管理、服务蓝图技巧、因果关系图、控制图、帕累托分析和服务质量环等。

（一）标杆管理

标杆管理（benchmarking）是通过明确标杆标准，并且瞄准标准来对组织的质量进行改进的有效方法。该方法可以帮助服务组织确定究竟在多大程度上满足顾客，提高质量。现实中，企业通常把自己的竞争对手或行业领袖作为自己的学习标杆，它是企业提高服务质量的一种简捷的途径。具体来说，它是指企业将自己的产品、服务和市场营销过程等同市场上的竞争对手，尤其是与最好的竞争对手的标准相比较，在比较和检验的过程中寻找自身的差距，从而提高自身的水平。标杆管理不仅仅是统计数字的比较，还包括访问领先企业，把握它们杰出业绩的第一手资料，并从战略、经营和业务管理方面学习。

并且，标准的树立不应该仅仅局限于自身行业——它应该是全球性的、多元化的。标杆瞄准的目的是判断在一个特定的领域中，谁做得最好，然后学习它们的可取之处。

（二）服务蓝图技巧

服务蓝图技巧（service blueprint technique）是通过客观地描述服务流程中关键服务环节或步骤，鉴别顾客同服务人员的接触点，并从这些接触点出发来改进企业服务质量的一种战略。它借助流程图的方法来分析服务传递过程的各个方面，包括从前台服务到后勤服务的全过程，帮助企业理解影响顾客对服务认识的各种因素。服务蓝图技巧的步骤主要如下。

第一步，将服务所包含的各项内容以流程图的方式画出来，使得服务过程能够清楚、客观地展现出来。

第二步，将那些容易导致服务失败的环节找出来。

第三步，确定执行标准和规范，并使这些标准和规范体现出企业的服务质量标准。

第四步，找出顾客能够看得见的判断服务水平的证据，将每一个证据都视为企业与顾客的服务接触点，甄别这些服务接触点包含的过程质量和结果质量。

需要注意的是，流程图不仅要包括主要的工序，还要标明各工序间的顺序，以及每一个环节顾客或物品位置移动的距离、处理顾客或物品需要的时间或顾客需要等待的时间。这些信息能够帮助管理者分析某一个操作环节的有效性。

（三）因果关系图

因果关系图（cause and effect chart）也称鱼骨图，是有效分析产出质量问题原因的工具，在制造业的质量管理中使用了许多年，后被推广应用到服务业质量管理中。鱼骨图的主干箭头指向要解决的质量问题，顺着鱼骨向后排列出引起质量问题的主要原因。服务质量管理中将引起质量问题的原因归纳为七大类，即设备（machine）、员工（manpower）、原材料（materials）、流程（procedure）、顾客（customer）、信息（information）和其他（others）。运用鱼骨图的步骤是，从质量问题出发首先分析影响服务质量的大原因，进而由大原因寻找中原因和小原因,并最终查出和确定主要原因。图 14-4 以航班延误起飞为例,说明运用鱼骨图进行因果分析的方法。

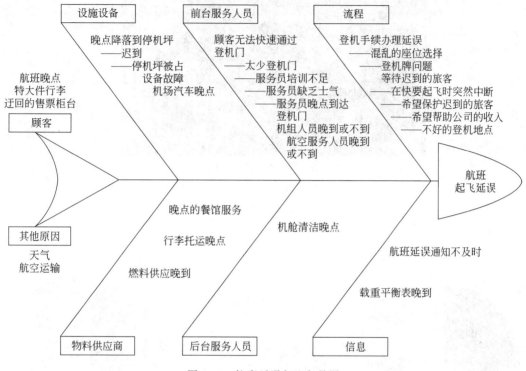

图 14-4　航班延误起飞鱼骨图

资料来源：Lovelock C H, Wright L K. Services marketing and management[M]. Prentice-Hall, Inc. 1999：96.

（四）控制图

控制图(control chart)是一种统计图,用来监控一段时间内生产或服务业绩,主要关注工作的过程,故又称过程控制图。控制图中有中心线和上下限基准线：中心线代表长期的平均值,上下限基准线之间表示过程或操作在可控制范围。当样本数据超过上限或下限就有可能过程失控或操作不符合要求,需要对相应的服务过程进行调整。图 14-5 是一家航空公司准时离港的控制图。由图 14-5 中反映的趋势可知,该指标不稳定且令人不满意,管理层需要特别重视准时离港率。

（五）帕累托分析

帕累托分析(pareto analysis)通过对各种质量问题进行分类、排列和归纳,从中得到影响质量的全部问题中每个问题所占的比重是多少,进而找出影响质量的主要因素,确定企业质量改进的方向。图 14-6 是对该航空公司飞机晚点起飞原因的帕累托分析。

（六）服务质量环

服务质量环(service quality loop)认为,质量管理是一个动态、循环的过程,需要在对

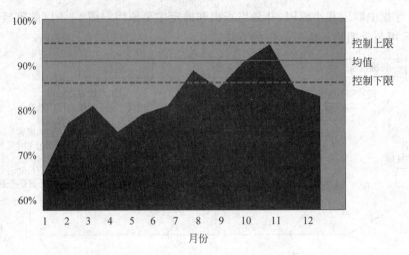

图 14-5 某航空公司 15 分钟内准时离港的航空比率

资料来源：Lovelock C H，Wirtz J . Services Marketing 4/E：People，Technology，Strategy[M]. Pearson Education，2007.

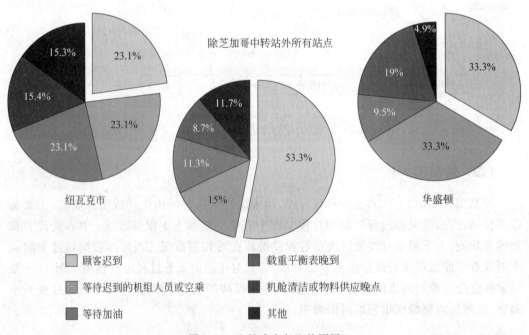

图 14-6 飞机晚点起飞的原因

资料来源：改编自 Wyckoff D D. New tools for achieving service quality[J]. Cornell Hotel and Restaurant Administration Quartetly，2001(42)：25-38.

现状进行监控的基础上不断加以改进，这就构成了质量环。也就是说，提高服务质量的工作是一个持续改进的过程。服务质量环大致分为四大步骤：计划(plan)、试行(do)、检查(check)、实施(act)，故又称 PDCA 环(见图 14-7)。

(1) 计划：确定需要改进的服务质量问题，找出产生问题的主要原因，并设计解决问

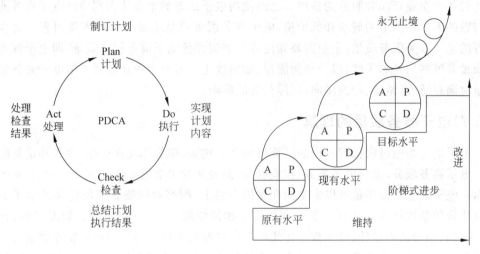

图 14-7　服务质量环

题的对策。

（2）试行：指质量改进的实施过程，先进行小范围试验，随后大面积推广。

（3）检查：收集有关计划执行效果的数据，进行前后对比，找出存在的问题；对计划方案或实施行为加以修正。

（4）实施：对已得到处理的问题的服务流程、处理方法等进行标准化、制度化，对遗留问题进一步观察，评价改进后的整个流程和效果。

在使用服务质量环时需要注意，由于服务的无形性，企业不能像制造业那样在每道工序上采用相应的生产质量标准来对加工品的质量进行检测。因此，不能单纯地针对某一问题来寻求解决方法，而应该细致地了解各服务环节之间的相互关系和相互作用，同时将顾客对服务的评价一并考虑到服务环中。

实际上，由于不同的质量改进工具具有不同的用途，分别适用于不同阶段。因此，我们可以在服务质量改进的不同阶段综合运用各种不同的工具来对服务质量进行管理。例如，可以利用帕累托图、服务蓝图（流程图）、控制图分析问题；用鱼骨图（因果图）找出根本原因；用服务蓝图提出解决方案与行动方案；用帕累托图、服务蓝图、控制图等对方案进行检查和评估。现实中，服务企业也经常会同时采用多种质量改进工具来收集数据，找出问题的根源，加以改正。

第三节　电子服务质量

互联网的兴起及不断发展，吸引了大量企业通过网络向其顾客传递产品和服务。电子商务的优势在于能及时、方便、快捷地传递信息，顾客能廉价、全面地获取信息；企业和顾客可通过网络直接接触；企业还可以通过网络提供定制化服务。传统条件下不需要考虑的问题，如顾客的个人信息等隐私的保护成为了电子商务一个重要的考虑方面。从行业竞争角度来看，电子商务环境下企业的竞争比传统企业竞争更激烈。顾客可以很容易地比较各个企业产品和服务的价格。已经使用电子商务的企业认识到决定电子商务业务成与败的不只是网上的展示和低价格,电子商务服务质量也成为一个重要因素。要获得良好的电子商务服务质量,企业需要知道顾客如何评价电子商务服务质量,即电子商务服务质量有哪些属性和维度,以及如何测量、如何改进。另外企业还需要了解电子商务服务质量对满意感、忠诚感、行为倾向、实际行为的影响。

一、对电子服务质量的理解

电子商务是通过因特网在内的计算机网络来购买、销售和交换产品、服务和信息的过程。电子商务服务,也叫电子服务、在线服务,国外文献中常用 e-service 和 online service 表示。电子商务服务质量可以定义为在虚拟市场上,顾客对网络企业所传递的电子商务服务质量的整体评价和判断。电子商务服务和传统服务有一些相似点,如无形性、异质性、生产和消费的同步性、易逝性。传统服务质量的研究成果对电子商务服务质量有一定的借鉴意义。但由于顾客和服务型企业之间的接触方式从顾客与员工接触转变为顾客与网站之间的接触,传统线下环境对服务质量的研究应用到线上环境时需要进行检验,并根据电子服务情景做出调整。

泽丝曼尔(V. A. Zeithaml)等服务营销学者提出了一个电子商务服务质量理解和改进模型(如图 14-8 所示)。类似于线下环境中的服务质量差距模型。它认为从企业角度,有可能产生三类差距——沟通差距、设计差距和信息差距。沟通差距反映了营销人员对网站的特点、能力和局限性缺乏一个正确的了解。信息差距指管理层对顾客需要的理解与顾客对网站的需要上的不一致。设计差距指的是网站的设计和运营部门的设计和管理层对顾客需要的理解上的不一致。从顾客角度看,实现的差距指顾客的需要和顾客的体验的不一致。它包含两层意思,一方面可能是营销承诺没能反映网站的设计运营的实际情况;另一方面,顾客体验的挫折感可能不是由外部承诺引起的,而是由设计运营方面引起的。在线企业可以从这几方面入手,提高电子商务服务质量。

线下服务情境下,顾客评价服务质量的模式是通过顾客对服务的期望和所感知的服务之差来比较的。这个模型中使用的是顾客需要(customer requirement)而不是顾客期望(expected service)。电子商务环境下,许多顾客都没有形成对电子商务服务的期望。学者们对这一问题的解释是:在购买和拥有技术产品时,个体顾客的标准经常不存在,或较弱,或随生活环境而变化。

二、电子服务质量的测量

网络企业是否可采用传统的服务质量属性模型,计量顾客感知的电子服务质量呢?理论界对此有以下几种观点。

1. 网络企业可采用传统服务质量属性模型

第一种观点认为潘拉索拉曼等人提出的 SERVQUAL 模型是学术界普遍认同的一个服务质量属性模型,网络企业也可根据 SERVQUAL 模型的五个维度,计量顾客感知的电子服务质量。美国学者沙利文(J. R. Sullivan)和沃尔斯特朗(K. A. Walstrom)根据 SERVQUAL 模型,设计了一个由 44 个计量项目组成的网站服务质量量表。他们发

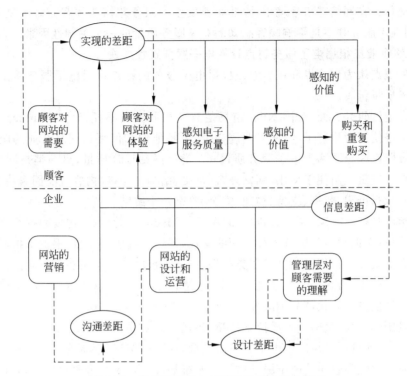

图 14-8　理解和改进电子商务质量的概念模型

资料来源：Zeithaml V A，Parasuraman A，Malhotra A. Service quality delivery through web sites：a critical review of extant knowledge[J]. Journal of the Academy of Marketing Science，2002，30(4)：362-375.

现，在 SERVQUAL 的五类服务质量属性中，调查对象认为可靠是最重要的质量属性，有形证据、保证性和响应性分别为第二、第三、第四重要的质量属性，移情是最次要的属性。

2. 网络企业应修改传统服务质量属性模型

第二种观点认为网络与传统服务环境有不少区别。网络企业的顾客主要通过人-机界面与企业交往。除企业通过电子邮件或电话与顾客联系之外，顾客很少与服务人员直接接触。与传统企业的顾客相比较，网络企业的顾客更需参与服务工作，控制服务过程。此外，两类企业的顾客对各类服务质量属性也可能会有一些不同的要求。因此，网络企业在服务质量管理工作中可以借鉴，却不应照搬传统的服务质量属性模型。

部分学者根据电子服务的特点，对传统的服务质量属性模型进行了一些修改。美国学者沃尔芬巴格(M. Wolfinbarger)和吉利(M. C. Gilly)根据 SERVQUAL 量表、营销调研公司的调研结果与他们的定性研究结果，设计了一个网络零售服务质量量表。他们的调查研究结果表明，网络零售服务质量包含网站设计、网站践约与可靠、顾客购物服务、顾客安全感和隐私权四个维度。

美国学者朗玛丽(M. Long)和麦克迈伦(C. McMellon)的调查研究发现，除SERVQUAL 模型的五类属性之外，网络零售企业的顾客还会根据自己与网络零售企业和其他顾客之间的沟通、自己的购物过程评估电子服务质量。他们指出，电子与传统服务质量的大部分维度是相同的。但是，在传统的零售服务环境中，顾客更重视自己与服务人员之间的交往。在网络零售环境中,除非企业发生了服务差错或顾客需做出复杂的购物决策,否则人工服务并不是影响顾客感知的总体服务质量的一个关键性因素。

3. 网络企业应根据电子服务特点计量电子服务属性质量

第三种观点认为理论界和业界应该根据电子服务的特点探讨电子服务质量属性,编制电子服务质量量表。

例如在定性研究方面,英国 NFO 市场信息公司研究员桑托斯(J. Santos)在英国某商学院与网络使用者举行了 30 次专题座谈会,了解他们如何评估网络企业的服务质量,并通过调查研究区分了两类电子服务质量:一类是网站设计质量,另一类是网站营运质量。网站设计质量是由便于使用、网站外观、链接、结构与编排、内容五类因素决定的。网站营运质量包括可靠、效率、支持、沟通、安全、奖励六个维度。

美国学者马都(C. N. Madu)和马都(A. A. Madu)认为,顾客主要根据客观的属性,评估产品质量;根据顾客与服务人员之间的交往,评估传统服务质量;根据虚拟经营情况,评估电子服务质量。他们根据文献研究结果,指出零售网站电子服务质量是由以下 15 类因素决定的:实绩、特色、结构、美感、可靠、存储容量、帮助顾客的能力、安全与诚信、信任、敏感、差异化与定制化产品和服务、零售政策、声誉、可信、移情。

在定量研究方面,美国学者潘拉索拉曼、泽丝曼尔和莫尔霍屈拉(A. Malhotra)设计了一个由 22 个计量项目组成的电子服务质量量表(E-S-QUAL),从效率、践约、有效和隐私四个方面计量顾客感知的电子服务质量。尤布基(B. Yoo)和邓舒(N. Donthu)编制了一个由 9 个计量项目组成的网站服务质量量表,根据便于使用、艺术设计、处理速度、安全性四个维度计量网站的服务质量。罗依艾可诺(E. T. Loiacono)等学者则认为网站服务质量属性包括适用的信息、交互式通信、可信、响应时间、设计、直觉性、视觉感染力、创造性、情感感染力、整体沟通、商务程序、替代性交易方式 12 个维度,他们设计了一个由 36 个计量项目组成的网站服务质量量表。而瑟梅恩(J. Semeijn)等学者则认为电子服务质量体现在可信、导航、在线场景、精确、响应、定制化六个方面。

可见在学者们提出的电子商务服务质量测量量表中,有一些原来的 SERQUAL 维度也被顾客用来评价质量(e-service quality),如"可靠"、"响应"。新维度"有效率"、"安全"的作用突出了。个性化服务(移情维度)在电子商务服务方面并不关键。尽管顾客寻求理解,可信和礼貌、个性化对待,这些服务要求在感觉中的电子服务质量中并不是关键的。

很多研究者提出的服务质量维度有差异,但其实际要表达的意思却是很相近的。如"网站内容"和"适用的信息"、"差异化与定制化产品和服务"、"特色"等表述可以看做相似;"设计"和"艺术处理"、"美感"等相似;"效率"和"响应时间"、"处理速度"等也有意思重合的地方。

三、电子服务质量对顾客态度和行为的影响

在电子商务服务环境下,顾客感知的整体电子服务质量和顾客满意感有很强的相关性。其中网站信息与顾客需求的相关性、信息的精确性、全面性;网站的易于使用、布局、进入网站后的引导;网站架构、超链接内容、网站下载速度、语言定制化等服务属性都对顾客在线服务满意感有影响。

电子服务质量对顾客的购买倾向和重访倾向有较大的影响。例如瑟梅恩（J. Semeijn）等学者通过在线零售的研究提出了如图 14-9 所示的模型框架，认为电子服务质量维度通过影响顾客感知的在线价值和愉快的情感影响顾客满意感，再通过顾客整体满意感影响顾客忠诚感。"可信"等服务质量维度也可直接影响顾客的满意感和忠诚感。

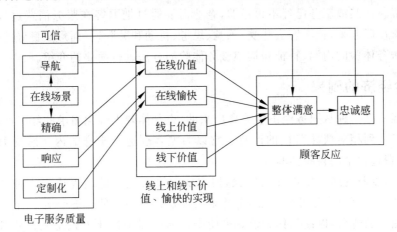

图 14-9　电子服务质量对顾客满意感和忠诚感的影响

资料来源：Semeijn J，van Riel A C R，van Birgelen M J H，et al. E-services and offline fulfilment：how e-loyalty is created[J]. Managing Service Quality，2005，15(2)：182-194.

又比如对于一些在线旅游预订网站，信息服务质量可以看作电子服务质量的核心组成成分。学者们提出了信息服务质量框架来测量顾客使用酒店网站的行为倾向模型，如图 14-10 所示。研究表明，顾客感知的有用性、感知的易用性、感知的可获得性和感知网站态度对顾客使用信息的意图有显著的影响，使用信息的意图对信息的使用有显著影响，两者都对"向他人推荐"有重要影响。

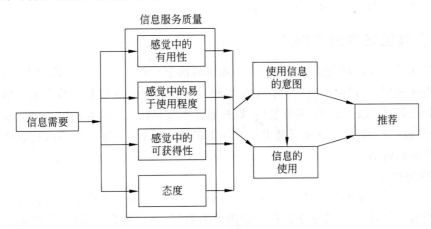

图 14-10　信息服务质量与推荐行为之间的关系

资料来源：Jeong M，Lambert C U. Adaptation of an information quality framework to measure customers' behavioral intentions to use lodging Web sites[J]. International Journal of Hospitality Management，2001，20(10)：129-146.

第四节　服务体验

在不断改变的商业环境中,顾客的服务体验已经成为推动服务业的一个新的主导逻辑。单独提供产品或服务已经不再足够,企业需要通过把顾客在服务消费过程中观察到的所有线索串联起来,让顾客去感受、感觉、思考、行动和关联,从而形成良好的服务体验。本节将对服务体验的内涵、特征和构建服务体验的方法进行简要的介绍。

一、体验经济的到来

体验经济是一种从服务经济中分离出来的、充分体现人性化需求的经济产出类型,是服务经济发展到相对成熟阶段的产物。它以为顾客创造出难忘的内在感受为最大的目的,重视消费过程中的自我体验。

实际上,以前的经济中也存在体验,但先前并没有被清楚地表述为一种经济产出类型。例如体验一直是娱乐业的中心,但并未被理解为其中一种经济产出。当"一个公司有意识地以服务做舞台,以商品作为道具来使个体顾客以个性化方式融入其中"时,体验就出现了。在体验经济中,企业是体验策划者,"不再仅仅提供商品或服务,而是提供最终的体验,给顾客留下难以忘怀的愉悦记忆"。企业可以为此收取"入场费",体验成为"开启未来经济增长的钥匙",这成为当代经济的特征和以后经济发展的方向。

体验经济背景下,服务经济越来越激烈。企业在服务提供过程中不仅要做好所承诺的全过程、全方位的服务(售前服务、售中服务、售后服务),还要使服务个性化、特色化、品牌化;这些服务不仅要使顾客满意,更要使顾客感动,成为令顾客难以忘怀的记忆。因为在体验经济时代,顾客接受服务不是因为提供服务的功能属性,而是因为在享受服务过程中难以忘记的体验。佩恩(B. Joseph pineⅡ)和吉摩尔(James H. Gilmore)认为,"体验"是企业服务行为中一种与众不同的产品。

二、服务体验的内涵和构成

服务体验是顾客在服务过程中对服务提供者的全部服务的内在感受。它形成于服务生产和传递过程中,顾客经历的所有服务接触点都将对他们的服务体验产生影响。这些服务接触点包括:服务员工、服务过程、服务顾客和服务设施。顾客的服务体验是服务员工、服务过程、服务顾客和服务设施共同作用的结果,任何一个环节出错或有瑕疵都会影响服务体验的效果。

1. 服务员工

服务员工既包括那些直接与顾客直接接触的人(主要为一线员工),也包括那些虽然在顾客视线之外,但同时为服务的提供做出贡献的员工(如银行的会计、信息系统管理人员、厨师等),他们是服务的主要提供者,与顾客直接或间接打交道,对服务体验有着深刻的影响。

2. 服务过程

服务过程是指为提供服务而进行的一系列活动(即从顾客进店消费到随后付款过程

中,顾客与服务提供商采取的各种行动)的活动顺序。它们是完成服务传递要求的工序。

3. 服务顾客

服务顾客包括服务的接受者(如酒店用餐者、存款人等)和那些与其共享服务设施的人。服务具有生产和消费同时的特性,服务传递的完成需要顾客的参与,并且通常有其他顾客在场,顾客需要与其他顾客共用服务现场或服务设施,它们都是服务体验的构成部分。

4. 服务设施

服务设施既包括顾客所能接触到的服务设施(如餐厅、银行大厅、酒店大堂和房间),也包括那些顾客一般很少接近的设施(如餐厅的厨房、银行的保险柜、客房信息系统等)。设施的背景、风格、配置及所渲染的情调等构成体验发生的物理环境,它们共同构成"体验景观",服务提供者与顾客在这个环境中进行互动活动。因此,服务设施对顾客的体验具有很强的潜在作用,并且这种作用会给顾客长时间的影响,如我们走进一家酒店的时候,从它的装修或装饰品的摆设上我们就可以大概推测出这家酒店的风格、价格水平等。

以上服务体验构成要素均在服务体验形成中扮演着非常重要的角色。譬如,在描述航空服务时,人们不可能不涉及飞行员与空姐(服务员工)、座位与飞机(服务设施)、飞机中的乘客(服务顾客)和飞行期间的事情发生序列(服务过程)。然而,对不同的互动过程而言,并非所有服务体验构成要素皆对服务体验产生同等重要的影响。以美国邮递销售商 L. L. Bean(http://www.llbean.com)为例,顾客在根据商品目录来电话订购商品时,服务设施对其服务体验的影响不大。为兼容这些特殊情况,任何服务体验都应该允许各构成要素的重要性有所不同。

三、服务体验分析模型

当顾客在服务提供者创造的背景中,通过与不同服务要素的相互作用产生情感或认知时,体验就产生了。服务剧场理论和服务生产模型可以帮助人们理解和把握服务体验。

(一)服务剧场理论

服务剧场理论把服务比作一场戏剧,认为服务拥有与舞台产品一样的构成要素:演员、观众、设施、前台、后台与表演。演员(服务员工)是那些为观众(顾客)生产服务的人;设施(服务环境)是表演活动或服务的展示地;演员在前台面对顾客所从事的活动,需要后台的大力支持;后台行为虽然一般不为顾客所知,但针对服务体验所从事的大量计划与执行工作却发生于此。因此,服务设施的设计,既要考虑演员需要,又要考虑观众需要。服务设施或者能保证演员与观众的面对面交流,或者为他们提供远距离交流的路径,如电视、收音机、电话、信件、互联网等。

演出的整体表现是演员、观众与设施之间动态互动的结果,任何一个环节出错都会影响服务体验的效果。譬如,服务演员(主要为一线员工)会发现,除了他们的业务水平外,他们的外表和言行举止也会影响顾客对服务形成的体验。服务员工的服饰、服装、态度与完成必要工作的能力,都会影响顾客对所接受服务的评价,它们的影响不亚于演员的舞台着装和角色扮演。又如,服务设施的景色、道具与设备、照明、温度、色调等都会影响到顾客对服务的期望及其对服务质量的评价。

另外,绝大多数服务的产出都离不开后台对前台的支持。假如后台程序出现了问题,服务前台各部分的工作可能就无法进行。例如,厨房设备发生故障无法烹饪时,前台员工就无法为顾客及时送上美味可口的菜肴,顾客的服务体验将大大受影响。

总之,服务剧场理论认为,服务企业的产品具备多种戏剧特征。该模型的突出优势,是它在用人们所熟悉的戏剧表演来描述服务体验。类似戏剧产品,服务体验是诸多戏剧性要素相互影响的展示,改变或重新设计任何一种要素,都可能营造不同的服务表现与顾客的服务体验。

(二)服务生产模型

服务生产模型(servuction model)由朗哥(E. Langeard)等学者于 1981 年提出,是另一个理解顾客体验的分析框架。根据服务生产模型,服务体验包括不可见组织与系统、可见要素和服务利益包三部分:①不可见组织与系统,是指那些在顾客的视线之外为服务的产出做贡献的要素;②可见要素包括无生命环境(服务发生的有形设施)、接触员工(为提供服务而与顾客发生直接交互作用的职员)、顾客 A(接受服务的顾客)与顾客 B(在场的其他顾客);③顾客所得到的服务利益包,由其与接触员工和无生命环境的交互作用来培育,如接触员工的彬彬有礼与业务水平、环境的舒适程度与格调等,都会影响到顾客的服务体验。而顾客与接触员工和无生命环境的交互作用,又需要后台行为的支持,并受到其他在场顾客的显著影响。譬如,房间预订处理、房间清扫与保暖或制冷设施的维护等幕后行为,会显著地影响一个酒店的顾客接待服务的质量。同样,其他房客的数量与行为举止,也会影响某房客对酒店服务的总体体验。服务生产模型如图 14-11 所示。

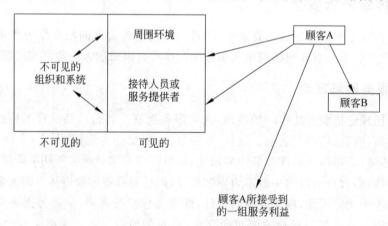

图 14-11 服务生产模型——一个理解服务体验的分析框架

资料来源:Langeard E,Bateson J E G,Lovelock C H,et al. Services marketing:new insights from consumers and managers[M]. Cambridge,MA:Marketing Science Institute,1981.

总之,服务生产模型认为,服务体验是众多要素共同努力的最终结果。服务生产模型也清晰地归纳与提炼出一些服务体验的影响因素,对这些因素加以变革与调整,皆能创造出新型的服务产品。服务生产模型的优点之一在于其可操作性。从一定意义来说,服务生产模型更加接近现实地剖析了服务体验的构成要素,使服务体验的剖析与服务产品的设计与生产联系起来。

四、提供卓越的服务体验

成功的服务体验是独特的、难忘的、持久的。但是,体验从根本上说是情绪化的、个体性的,很多因素是不可控的。从管理者角度出发,企业在服务体验创造过程中要着重关注投入、背景和时间等重要因素。

(一)投入

体验是顾客的内在主观感受,服务体验的形成离不开顾客自己的参与。投入可以通过两个渠道发生:从个体层面上(顾客主动还是被动参与)和环境层面上(吸收或者沉浸)。

1. 个体层面

在被动参与中,顾客一般是观察者或者听众,他们通过感觉被动地形成体验,比如观看演出、听音乐和阅读娱乐文章等。在这种体验中,顾客以被动的形式体验到冒险、刺激或其他乐趣,但又不会让顾客的现实生活遭受损害。

在主动参与中,顾客能够影响表演或事件,他们主动地对自己的体验做出贡献,并得到实质性的损失或收获,如参与主题研究营、观看欢乐谷的香格里拉剧场、打高尔夫球等。

2. 环境层面

在吸收式投入中,顾客虚拟地沉迷在体验中。即顾客在企业创造的模拟环境下参与到企业预先安排好的活动,在这些虚拟活动中获得体验。例如网络上虚拟的聊天室和游戏等。

在沉浸式投入中,顾客真实地沉浸于某一事物或环境之中,例如参观博物馆、艺术展,观赏旅游胜景等。

值得注意的是,任何一种体验都是这两种层面的投入的结合。如观看电视是一种被动的、吸收式的体验,因为顾客并不是表演的一部分(被动参与),也不参与到表演中(虚拟环境)。

为了改善体验的投入水平,企业应该使自己明确以下几个问题。

(1)是什么使顾客想走进来、坐下来,并逗留(或待在你的网站上)?什么能使服务环境更加吸引人、有趣和舒适?

(2)需要做些什么才能改善体验?怎样让客人更加沉迷?他们是否感受到现实生活已被抛到脑后?什么能使他们主动地参与体验?

(3)需要做些什么才能增加教育方面的体验?你的顾客想要学习什么?什么样的信息和活动能让他们投入对知识和技能的探索?怎样使他们主动地投入学习?怎样使他们能够再回来学习,增加他们知识的广度和深度?

(4)要让顾客逗留,需要做些什么?怎样能让体验更有趣、更令人愉快?怎样才能在情绪上和顾客结合?怎样让人增加惊奇或惊喜?

（二）背景

背景即服务场景，它包括顾客进行服务消费的地方以及在这个设置中顾客与其互动的一切事物。服务提供商特别要设计一组设置，在其中，个体顾客的体验内涵能用一种讨人喜欢的方式产生。例如，星巴克咖啡厅营造了一个"当代波西米亚"的背景：客厅家具、酒吧桌和工作区的特别布置；现磨的咖啡和现制烘焙食品；定制的电子音乐和特约艺术家演奏组成的环境声响效果；还有精选的书籍杂志等学习要素。店址选择在特别新潮以及年轻职员较多的街区。这种背景鼓励人们留下来品尝咖啡、阅读、工作、交流或者与来自附近的其他顾客交际。表面上看起来让人进来消费并迅速离去，比让顾客占住一张桌子花一小时喝一杯热咖啡能带来更高的收益，但是这种环境设置使顾客不再去其他的咖啡店消费，并成功地带来了星巴克体验。这种体验不仅创造了长期的客户忠诚度，还使得客户会去购买这种背景的要素（音乐、书籍、与咖啡有关的附件）。

背景由六大支配要素定义：主题、可学习和可利用性、多变的、布置、感官、社交。

1. 主题

体验需要有一个外在或者内在的主题。一个连贯的主题把背景的各项要素结合起来，变成一个能俘获顾客的统一的片段。好的主题能够通过影响体验的空间、时间和内容改变顾客的真实感觉，但也能与展示这种体验的组织特性相匹配。

2. 可学习和可利用性

背景必须被设计成能使体验简单地得到学习和利用。背景的各元素应该相互沟通它们的目标和运作，同时能支持不同的个性风格和解决问题所需的不同知识、技能和策略。

3. 多变的

因为体验本质上是个性化的（这样才有意义），一个好的体验背景具有多变性。多变性意味着系统需要具备灵活性，可以使不同的顾客在服务互动的过程中创造他们自己的利用环境。几乎不可能强迫所有的顾客以完全一样的方式进行互动。每个顾客或许都需要采取不同的方式来利用工具并和其他顾客或者员工交流。

4. 布置

具体的布置和物品的组织（工具、装备、器具、附件和其他随身用具）应该能鼓励顾客积极地参与。主题应该能通过物品的摆放和空间的组织体现出来。布置需要满足易接近性和可见性原则，鼓励参与，避免混乱。设施的设计、展示以及装配要能在体验过程中对顾客带来帮助。物品要按照它们的功能和被使用频率来放置，要记住每个顾客都有使用工具的不同方法。

5. 感官

感官的模拟不仅能增加对体验的沉迷，而且能支持和加强主题。流行的感官项目有面包店的气味、薄雾、光线和烟火，越投入，感觉就越好。例如，走进一家现代化的电影院与待在家里看录像相比，是一种完全不同的感官体验。电影院提供了加强的视觉效果（想想观看一部高清晰度的 IMAX 电影和一部普通电影的区别）、环绕音响、舒适的座位，以及爆米花和小吃等。

6．社交

如果社交对一项体验来说并不重要的话，人们就会待在家里看电视或者上网，而不会去看世界职业棒球联赛、听音乐会或者参加聚会了。组织需要考虑他们的体验设计是怎么帮助或者阻碍社交的。对于那些新来的顾客，他们在对新体验的过程和仪式了解上有困难，要指派向导进行讲解，让顾客能边做边学，促使或鼓励他们参与新奇的活动或社交。由于体验本质上是个人化的，我们可以料想每个顾客都以不同的方式与员工和其他顾客互动。因此，要对员工进行良好的培训并给予他们对特殊需要自主反应的权力。而这需要能根据客人的需要、响应和行为特性，动态地对事件进行调整的熟练人员。

（三）时间

体验是一种自然发生的现象。它应该被设计成为能随着时间流逝以及新的不断的学习而得到加强的形式。好的体验是难以复制的，它能够扭转沮丧的情绪。如果在体验的时间框架内所有的活动都能很好地组织在一起，它们将留在顾客的记忆中，但是顾客还必须寻找方法来建立与组织相连的体验。管理者要考虑三个与时间有关的元素：纪念物、持续性、动态性。

1．纪念物

纪念物在体验设计中可以达到以下几个目的：①一个具体的体验提醒物可以在实际体验出现很久以后延伸记忆；②它能产生激发口头交流的有关体验的对话；③它能给组织带来额外的回报，而且是一种免费的广告。把纪念物和组织的主题联系在一起非常重要。

典型的纪念物有客人在活动时的照片（在本尼哈纳斯餐馆吃饭、参加马拉松赛跑和重要场合的握手）、T恤衫、杯子、钢笔以及其他小玩意。

具有创造力的企业则采取其他的方法，例如，借助推出稀少的纪念物或者成立会员制的物品俱乐部来进行推广。海啸冲浪营在他们的网站上推出客人的录像和照片，并不断更新内容。以前的客人会到网站上寻找自己或朋友的照片，并观看现在的冲浪影片来回忆以前。

2．持续性

体验天生在身体、智力甚至精神水平上是属于个人的。一个丰富的体验能够改变拥有它的人，改变接下来的体验的质量。它能鼓励成长、唤起兴趣，并在将来把个人带到新的更强的境地。只要对服务体验是满意的，顾客就会从服务的一个阶段进入另一个阶段。对于个人体验来说，不能指望顾客从一开始就完全放开并投入最初的体验中。顾客需要经过几次遭遇后才能展现自己。经过一段时间后，需要在提供者、顾客，甚至和其他顾客之间建立信任和纽带。服务提供者需要检视能随着时间的增加不断为顾客建立体验的方法。

3．动态性

好的体验在一个特殊时间框架内展现，有一个最佳的或者最期望的模式。就像优秀的戏剧、电影和乐谱，它们从一个低的起点开始，迅速增大达到高潮，然后慢慢地平息。在这段时期每个个体都怀着不同的渴望，具备不同的能力来消耗他们的感情资源。

总之,企业可以从这些维度入手,综合运用各种要素,为顾客提供卓越的服务体验。

思考与练习题

1. 根据你最近一次在餐厅吃饭的经历,利用服务质量五因素模型评价这次就餐的服务质量水平。

2. 顾客评价传统线下服务质量和电子商务服务质量时分别考虑哪些因素?顾客对两者的衡量标准一样吗?

3. 对于在线旅游提供商(例如携程网)来说,用来解释顾客体验的服务生产模型是否仍然是一个有效的框架?

4. 假设你是四季酒店的总经理,请你制订一个酒店客人服务体验评价计划,把需要考虑的体验因素都涵盖在该评价计划中。

参 考 文 献

[1] Khan A K, Metri B A. Understanding customers' service experience: review and research propositions[J]. International Journal of Business Environment,2011,4(1):45-62.

[2] Gronroos C. Service management and marketing: managing the moments of truth in service competition[M]. Lexington Books,1990.

[3] Lovelock C H, Wirtz J . Services marketing 4/E: people, technology, strategy [M]. Pearson Education,2007.

[4] Severt D E, Rompf P D, Severt K S. A qualitative assessment of the service encounter[J]. Advances in Hospitality & Leisure,2007,3:105-127.

[5] Jemmasi M,Strong K C,Taylor S A. Measuring service quality for strategic planning and analysis in service firms[J]. Journal of Applied Research,2011,10 (4):24-34.

[6] Hu M M,Chen T,Ou T. An importance-performance model of restaurant dining experience[J]. Advances in Hospitality and Leisure,2009, 5:207-222.

[7] Pine J,Gilmore J. The experience economy[M]. Boston: Harvard Business School Press,1999.

[8] Jain S K, Gupta C. Measuring service quality: SERVQUAL vs. SERVPERF scales[J]. The Journal for Decision Makers,2004,29(2):25-37.

[9] Langeard E,Bateson J E G,Lovelock C H,et al. Services marketing: new insights from consumers and managers[M]. Cambridge,MA: Marketing Science Institute,1981.

[10] Llosa S,Chandon J,Orsingher C. An empirical study of SERVQUAL's dimensionality[J]. The Service Industries Journal,1998,18(2):19-35.

[11] Loiacono E T, Watson R T, Goodhue D L. WEBQUAL: a measure of website quality[J]. Marketing Theory and Applications,2002,13:432-437.

[12] Long M,McMellon C. Exploring the determinants of retail service quality on the Internet[J]. Journal of Services Marketing,2004,18(1),78-90.

[13] Madu C N,Madu A A. Dimensions of e-quality[J]. International Journal of Quality & Reliability Management,2002(3):246-258.

[14] Parasuraman A, Zeithaml V, Berry L L. SERVQUAL：a mutiple-item scale for measuring consumer perceptions of service quality[J]. Journal of Retailing,1988：12-40.

[15] Santos J. E-service quality：A model of virtual service quality dimensions[J]. Managing Service Quality,2003,13(3)：233-246.

[16] Semeijn J, van Riel A C R, van Birgelen M J H, et al. E-services and offline fulfilment：how eloyalty is created[J]. Managing Service Quality,2005,15(2)：182-194.

[17] Sullivan J R,Walstrom K A. Consumer perspectives on service quality of electronic commerce web sites[J]. Journal Computer Information Systems,2001,41(3)：8-14.

[18] Yoo B,Donthu N. Developing and validating a multidimensional consumer-based brand equity scale[J]. Journal of Business Research,2001,52(1)：1-14.

[19] Wolfingharger M,Gilly M C. E-TailQ：Dimensionalizing,measuring and predicting e-tail quality [J]. Journal of Retailing,2003,79(3)：183-198.

[20] Zeithaml V A,Parasuraman A,Malhotra A. Service quality delivery through web sites：a critical review of extant knowledge[J]. Journal of the Academy of Marketing Science,2002,30(4)：362-375.

[21] Zomerdijk L G,Voss C A. Service design for experience-centric services[J]. Journal of Service Research,2010,13(1)：67-82.

[22] Zeithaml V,Parasuraman A,Malhotra A. Service quality delivery through web sites：a critical review of extant knowledge[J]. Journal of the Academy of Marketing Science,2002,30(4)：362-375.

[23] [美]Robert C Ford,Cherrill P Heaton. 现代美国旅游饭店服务管理[M].边毅,赵丰跃,译.湖南：湖南科学技术出版社,2003.

[24] [美]K.道格拉斯·霍夫曼,约翰·E.G.贝特森,范秀成.服务营销精要：概念、战略和案例(中文改编版)[M].第2版.北京：北京大学出版社,2008.

[25] [美]瓦拉瑞尔·A.泽丝曼尔,玛丽·乔比特纳,德韦恩·D.格兰姆勒.服务营销[M].第4版.张金成,白长虹,等,译.北京：机械工业出版社,2008.

[26] 陈祝平.服务营销管理[M].第2版.上海：立信会计出版社,2007.

[27] 高锋,肖诗顺.服务质量评价理论研究综述[M].商业时代,2009.

[28] 何会文,张金成,范秀成.基于战略竞争力的服务补救管理体系[M].天津：南开大学出版社,2006.

[29] 黄浩,钟大辉.市场营销学[M].四川：西南财经大学出版社,2009.

[30] 金·麦特斯,帕尔曼.服务运营管理[M].金马,译.北京：清华大学出版社,2004.

[31] 李雪松.服务营销学[M].北京：清华大学出版社,2009.

[32] 申文果,汪纯孝,谢礼珊.电子与传统服务质量对顾客信任感和忠诚感的影响研究[M].广州：中山大学出版社,2006.

[33] 蔺雷,吴贵生.服务管理[M].北京：清华大学出版社,2008.

[34] 汪纯孝,岑成德,谢礼珊,等.服务型企业整体质量管理[M].广州：中山大学出版社,2001.

[35] 王丽华.服务管理[M].北京：中国旅游出版社,2007.

[36] 肖淑红.体育服务运营管理[M].北京：首都经济贸易大学出版社,2009.

[37] 杨丽华,邓德胜.服务营销理论与实务[M].北京：北京大学出版社,2009.

[38] 于千千,秦德智.服务企业经营管理学[M].北京：北京大学出版社,2008.

第四篇　服务可持续创新

第十五章

服 务 创 新

学习目标

创新是一个企业、产业和国家保持竞争优势的根本手段,服务业也是如此。面对迅速发展的经济、科技和瞬息万变的市场,服务企业只有通过创新,以正确的决策和快捷的反应能力推出高质量的创新产品,才能在竞争中处于有利地位。本章将对服务创新的基本概念、基本研究历程和对应分类、不同于制造业创新的特征进行全面、系统的阐述,探讨服务创新的制约因素和内外部驱动力,并对创新的前沿问题,即体验创新进行简要介绍。通过本章学习,应该能够:

- 了解服务创新的三种不同的研究思路或方法。
- 掌握制造业和服务业在创新上的差别。
- 明确服务创新的内部和外部驱动力。
- 了解体验创新和传统创新的区别。

第一节　服务创新的相关概念

全球范围内服务业的迅猛发展以及当代经济的服务化已经成为不可阻挡的趋势。服务业不再是制造业的附属物,而成为国民经济中不可或缺的一部分。随之而来的,是对服务创新的关注和追求。本节主要介绍服务创新的定义、研究历程和基本特征。

一、创新与服务创新

(一)创新的定义

创新"innovation"一词源于拉丁语"innovare",意为更新、制造新的东西或某种改变。关于创新的研究开始于 20 世纪初,美籍奥地利经济学家约瑟夫·熊彼特于 1912 年在其著作《经济发展理论》一书中首次提出创新理论,并认为创新是不同要素的组合,当新组合是间断出现的时候,具有发展特点的现象也就出现了。在熊彼特的定义中,创新(新组合)包括五种情况:一种新产品的采用,这种产品具有某些新的特征;一种新生产方法的引入,这种方法不一定是建立在新的科学理论基础上,而是满足商业上处理产品的一种新的生产方式;一个新市场的开辟或进入;一种新的生产原料和半成品的获取或控制;一种新的工业组织形式的实现,如造成或打破一种垄断。即创新包括产品创新、技术创新、市场创新、资源配置创新和组织创新等内容。

目前对创新的界定存在广义和狭义之分,广义的观点认为价值创造的任何变化,从渐进式的改进到根本性的突破,都属于创新并应该进行研究,例如,德鲁克认为任何使现有资源的财富创造潜力发生改变的行为都可以称之为创新;狭义的观点只将特定类型的价值创造的变化——它们显然超出渐进式改进和现有系统的优化——纳入创新的范围并进行研究。

(二)服务创新的机会

随着科学、管理和工程在农业和制造业方面的应用,我们可以更加灵活高效地生产并获得很多在以前看来是非凡的产品,如抗病农作物、汽车和个人电脑等。然而,随着产品复杂性和多样性的增加,寻找、获取、安装、维护、升级以及处理这些产品所需要的时间、资源可能比生产产品本身还要多。这就为服务创新提供了巨大机遇,包括服务体系的渐进式改进和根本性变革。

服务创新可以影响顾客与服务提供者之间的互动,提升顾客在寻找、获得、安装、维护、升级以及处理产品过程中的体验;可以增强组织与其利益相关者共同创造价值的能力。通过现代化的设备,如手机、网络浏览器和自助服务终端,服务创新还可以提供更好的自助服务,减少等待时间,允许一周 7 天,每天 24 小时访问。

服务创新的机会还可以扩展到商业领域之外。如政府计划已经变得越来越复杂和多样化,需要创新的解决方案才能满足大规模的需求。对于家庭和个体,每一代都渴望拥有比其先辈们更加富有和充实的生活。我们还需要服务创新来改善生活质量,帮助社会应对人口老龄化等重要问题。

在虚拟世界,服务创新也占有一席之地。信息通信技术(ICT)以及在线空间已经使得新服务企业,如亚马逊、谷歌等的创建成为可能,更不用说快速出现的 Web 2.0。这些新服务反过来正改变着我们的决策制定和在它领域的行为。

(三)服务创新的定义

由于服务创新活动发生的范畴不只局限于服务业本身,还包括制造业、非营利性公共部门,因此服务创新也包括狭义和广义两个层面。广义的服务创新是一切与服务相关或针对服务的创新行为与活动;狭义的服务创新则指发生在服务业中的创新行为与活动。在研究中服务创新(service innovation)和新服务开发(new service development)常常混用。以下列举几个服务创新定义的例子。

服务创新是与创新有关的所有变化过程。

服务创新是提供给客户新的解决方案,它不提供有形的产品,是人力资本、技术、组织和能力的集成,具有很强的异质性。包括两种主要形式,一是结合新问题或概念形成新的解决方案;二是以生产力、质量的提升等更有效率的方式解决同样的问题。

服务创新是指对于厂商、市场环境或者竞争对手来说新的服务思想、服务实践和目标。

服务创新是指服务概念、客户互动方式、服务交付系统或相应服务技术发生新的或明显改变,这些改变产生一种或多种相对厂商或市场来说新的服务功能,并确实改变了服务或产品提供给市场的方式。

服务创新是指产生新的、发生明显变化的服务观念或服务交付系统,它通过提供新的或改进的解决问题的办法,为客户提供更多的附加价值。

服务创新是指增加新服务、改进服务提供方式,以及扩展现有服务等活动,一个组织的成功与否依赖于它能否很好地通过服务创新来开辟新市场。

服务创新是一种新的、有意义的变化,这种变化可能分别单独地发生在服务理念、与客户相互交往的渠道、技术理念、服务传递等之中,也可能同时发生在它们的多个组合之中。这种变化会导致企业技术、人力资源、组织能力、企业架构等结构性的变革,引致企业的一种或多种新的服务功能的产生,进而改变企业在市场上销售的产品和服务。

服务创新是技术创新、商业模式创新、社会组织创新以及需求创新的组合,其目标在于改进现有服务系统(渐进式创新),创造新的价值主张(产品)或创建新的服务系统(激进式/根本性创新)。激进式服务创新通常会创造一个人数众多的新顾客群(如公共教育-学生、专利制度-发明者、货币市场-小投资者)。服务创新也可能是现有服务元素进行重新组合的结果。

本书将服务创新定义为:在服务过程中应用新思想和新技术来改善和变革现有的服务流程和服务产品,提高现有的服务质量和服务效率,扩大服务范围,更新服务内容,增加新的服务项目,为顾客创造新的价值,最终形成企业的竞争优势。服务创新的例子包括:在线纳税申报、电子商务、音乐下载、忠诚度计划、手机、货币市场基金、自动取款机、条形码、信用卡、强制性仲裁、特许连锁经营、分期付款计划、租赁、专利制度、公共教育和复利储蓄账户等。

二、服务创新三种不同的思路

服务创新的研究发展了三种不同的思路或方法:技术专家视角(technologist)、服务导向视角(service-oriented)和整合(integrative)方法。这三种不同思路也是学者们对服务创新的研究由浅入深的过程。

(一)技术专家视角

技术专家视角认为服务创新与制造业创新没有本质区别,即使有差别也是微小的,因此可以使用相同的方法进行分析,这个流派的研究方法被称为同化方法(assimilation approach),是服务创新研究中最早采用的分析方法,影响范围较大。该方法关注技术,特别是信息技术在服务创新中扮演的角色,如技术在服务业中传播和扩散的速度和程度,技术的采用对服务业生产率、就业、贸易等的影响,技术在服务业中所引发创新的性质、结构、过程和演变规律。

在采用技术专家视角的研究中,最有影响力的为逆产品生命周期(reverse product cycle,RPC)理论。传统的工艺产品创新中,生产者都是先开发出新产品,然后改进产品质量,最后在生产技术成熟的基础上改进生产过程和生产方法,降低生产成本,提高生产效率。而服务部门的创新主要表现为技术引入型创新,技术的引入改变了服务产品的生产过程,进而引致了服务产品的创新。服务创新会经历一个从"渐进性创新和服务效率的改善"到"根本性创新和服务质量改善"再到"产品创新"的逆生命周期过程。

基于技术专家视角的服务创新研究是创新理论的一大进步,它对发生在服务业中的创新特别是与技术有关的创新进行了较为深入的研究,为后续服务创新研究奠定了基础。但该视角有明显的局限性,如只考虑技术方面的创新而忽视了服务创新的多面性,无法全面揭示服务创新的过程和实质,且多数服务创新是非技术性的,如新形式的保单、新的餐馆风格、法律专业知识的新领域等。

(二)服务导向视角

服务导向视角认为服务业和制造业在本质上不同,强调以服务本身的特征为起点进行研究,因此该视角的研究方法被称为差别方法(demarcation approach)。该视角的基本假设是,服务本身的特性引发了很多技术方法难以发现的创新形式,这些创新比由技术引发的创新更为频繁,并成为服务创新的主体。由于服务导向方法发现并解释了服务创新的多样性和独特性,进一步扩大了服务创新的研究领域和范畴,已成为服务创新研究的主要方法。

基于服务导向视角形成的一个重要概念是服务生产(servuction),它指出创新过程中服务提供者和顾客间"合作生产"这一突出特征,这是对物质产品生产和服务生产进行区分的根本属性。这种互动使得区分服务的产品创新和过程创新变得困难,服务提供者和顾客间的紧密关系也成为服务创新的一个基本的重要因素。

与技术专家视角相比,服务导向视角是服务创新理论的一大发展,它克服了前者只关注技术创新的不足,认为服务创新也具有非技术创新特征,同时把创新的范畴扩大到产品、过程、市场和组织等方面,为整合视角研究奠定了基础。但是服务导向视角对服务创新的界定过于宽泛,可能会导致创新行为、条件与创新本身相混淆;且过于强调服务的特点,而忽略了制造业和服务业创新的共性。

(三)整合方法

随着产业融合趋势的加强,将服务和产品视为具有共同功能的对象进行统一的创新整合分析成为当今创新研究的一个重要趋势。整合方法不再争论制造业与服务业创新的不同,而是采用整合的思想去研究一种对服务业和制造业都适用的创新理论模型,因此又称为综合方法(synthesis approach)。该视角以产品和服务边界的日益模糊以及两者的相互融合、相互作用和相互增强为背景,试图建立一个既有别于传统制造业创新又能适用于制造业和服务业创新的理论体系。

采用整合方法进行的服务创新研究中,较有代表性的是 Gallouj 和 Weinstein 提出的一般产品定义模型。他们将产品(不论其属于制造领域还是服务领域)定义为顾客能力特征、企业技术特征、企业能力特征和结果特征的组合,并以此为基础提出六种创新模式:激进式创新(radical)、改进型创新(improvement)、渐进式创新(incremental)、专门化创新(ad hoc)、重组创新(recombination)以及形式化创新(formalization innovation)。

服务创新研究中的整合视角适应了当今服务业和制造业迅速发展和融合的趋势。大量的实证研究表明,服务业创新和制造业创新具有许多共性。基于整合视角,通过吸收技术专家视角和服务导向视角的研究成果,能够对经济中发生的创新行为进行整合研究,揭示不同产业创新的内在一致性,把创新理论整合运用到更加广阔的领域,而不是在制造业与服务业之间硬性划分日渐模糊的界限。然而,也有学者对整合方法关于多种创新类型的整合性与交互性产生质疑,认为通用的理论变得不可能,应该接受创新行为的多样性。

三、服务创新的特征

尽管服务创新和制造业创新存在很多共同点,如都需要高层管理者参与,将组织文化和系统与创新过程结合起来,更加正式化、结构化和积极主动,有高质量的员工和其他资源等,但是服务区别于产品的特性(详见第一章)使得服务创新也有其自身特点。服务创新的特征是掌握服务创新与制造业创新之间诸多差异的关键所在。

(一)无常规的研发活动或研发部门

在工程、制药和制造等领域,常常用研发费用,即组织在新创意和新产品上进行研发的资金投入数量,来衡量其创新努力。但研发投入与服务创新之间的联系没有制造业那么密切。服务业很少有专门的研发或研究部门,即使有研究机制也不会独立存在,而至多是分销、内部服务供应、营销、环境设计或人力资源等职能的一部分,并通常被冠以业务流程再造或业务拓展等名称而被包含在其中。造成这种差别的原因,一是服务业的大部分创新为非技术性创新,涉及较小的和渐进的变化,通常很少需要研发;它们会直接购买制造业中某项创新产品或技术,而非投资研发。如电子银行是一种通过现有互联网、个人电脑和软件即可实现的服务创新,但是所采用的技术和产品都是现有的,银行并未出资建设自己的网络或个人电脑。二是研发费用仅仅是企业创新费用中的一部分。相对于制造业创新,服务创新更加强调人力资本、组织等因素,与过程的变化、组织的安排和员工的培训有关的费用相当于服务环境中创新费用的较大份额。此外,服务的创新常常直接源自一个消费者的特殊需求,这很少能促使形成一个"集中的"研发部门。因此,在服务环境中,研发活动比较隐蔽,且较难证明研发的程度。

(二)顾客参与创新活动

顾客参与服务生产的特征决定了在服务创新中,客户的需求是创新的出发点,也是其最终完成的结束点。在制造业的生产过程中,顾客只是最终产品的被动接受者或使用者,并不参与产品的生产和传递,也不与制造商发生交互作用,因此是独立生产过程。在服务业,顾客积极参与到整个生产和传递过程中,并与服务提供者发生交互作用,因此是一种合作生产过程。服务企业不可能像制造业那样以一种"解码"和事先精确确定的形式生产出最终产品。很多服务创新是在与顾客的交互作用中根据顾客需求生产的,是在不同环境中针对特定的非标准化问题产生的,因此是一种"特制"的产品。这种相互作用使得区分服务的产品创新和过程创新变得困难。"合作生产"、"服务生产"、"服务关系"、"真实一刻"和"生产消费"等都是用于描述顾客积极参与服务生产的术语。顾客以各种不同形式积极参与服务创新过程是服务创新最重要的特征。在此过程中,顾客扮演了部分员工的角色。

（三）新服务与现有系统的匹配

由于服务创新需要将新的服务运营、服务流程与现有的业务活动整合在一起,因此与产品生产企业相比,新服务与现有系统的匹配对于服务企业更为重要。前台和后台的职能必须以一种整合的方式进行运作,以克服不同职能在目标和时间范围上的差异。然而在服务企业,前台的设计常常以满足顾客需求为目标,而后台总是强调运作效率和产出最大化。这种不一致也会延伸至新服务开发,表明组织惯性对服务创新的影响比其对产品创新的影响更加重要。这也解释了为什么想象、激励和授权的能力,良好的沟通、协调,以及减少组织内部的冲突和权力斗争被认为是创新,尤其是服务创新的基本原则和关键点。

此外,服务创新形式多样,更多是非技术性创新,主要表现为服务流程和工艺创新、服务传递系统创新和客户界面创新;服务创新所产生的知识产权不是依靠专利,而主要依靠商标和版权或其他保守商业秘密的机制来保护;服务创新的结果并不一定表现为有形产品,而是一种概念性、过程性的创新活动,具有明显的无形性;服务业创新的新颖度范围更广,是可复制创新和解决特定顾客问题的不可复制创新的混合体。表 15-1 总结了服务创新与制造业创新的部分区别。

表 15-1　服务创新与制造业创新的区别

一般结论:
◇ 服务创新可以被迅速模仿。
◇ 在服务部门,很少进行研发工作。因此对于服务创新,研发不是一个较好的指标
成功方面:
◇ 与有形产品开发相比,交际策略(the human relations strategy)对新服务的成功有更强的影响。
◇ 与企业营销知识不匹配的新服务会极大地增加企业的协调问题。
◇ 与有形产品开发相比,消费者感知的产品利益对新服务成功的影响较小
开发方面:
◇ 在无形产品的设计和开发过程中,技术不是十分重要。
◇ 诸如概念测试或市场测试等开发活动在服务创新中(基本)不存在。
◇ 相对于制造业,缺乏熟练员工和缺乏来自顾客的信息更会阻碍服务创新;服务部门的组织问题也更为严重
财务方面:
◇ 服务部门用于创新活动的费用要低得多。
◇ 固定资产投资在服务业比在制造业的意义更为重大。
◇ 创新成本的分配方面,服务产品创新中只有 5% 用于专利与许可,而有形产品创新中这一比例高达 20%

资料来源:Küpper C. Service innovation: a review of the state of the art[D]. Working paper, University of Munich,2001.

第二节　服务创新的类型和影响因素

本节主要对服务创新的一些基本问题进行探讨,包括服务创新的不同分类、创新的内外部驱动力以及制约因素。

一、服务创新的类型

对服务创新的分类可以从多种角度进行,本书着重介绍三种分类:按照创新的对象、创新的性质和创新的主导者。表15-2总结了这些创新类型。可以发现,服务创新的某些形式与制造业创新类似,如都包含了产品创新、市场创新等。更重要的是,服务业还包括一些自身独有的创新,如专门化、形式化创新等。这些创新由服务本身的特性所决定,在服务业中发挥着重要的作用。

表15-2 服务创新的基本类型

分类标准	类型名称	概述
创新对象	产品创新	对市场而言全新服务的引入
	过程创新	新过程的引入
	组织创新	新组织要素的引入
	市场创新	市场中的新行为,如新市场开发、原有市场细分等
	技术创新	由技术引发的创新
创新性质	传递创新	新的或改进的服务传递过程和方法
	重组创新	不同服务要素的组合或分解引发的创新
	专门化创新	针对特定顾客问题的解决办法
	形式化创新	服务要素可视性和标准化程度的变化
创新主导者	供应商主导型创新	创新(一般是技术创新)来自于硬件行业(外部供应商)
	服务企业主导型创新	创新和创新的实施都发生在服务企业本身
	客户主导型创新	创新是服务企业对顾客明确需求的响应
	服务企业协助型创新	服务企业提供投入来影响发生在客户企业内部的创新
	范式创新	对价值链中的所有参与者都会产生深远影响,意味着全新的基础设施、新类型的知识

(一)按照创新对象分类

很多学者采用产品-过程框架来研究服务创新。其中,产品创新是对市场而言全新服务产品的开发和引入,与制造业的产品创新类似,如保险公司设计和开发一个新险种。过程创新是指服务生产、传递的程序或规程的变化,可分为后台(生产过程)创新和前台(传递过程)创新,如银行叫号机的使用就是一种前台创新。针对银行业的研究发现,产品创新的采用频率更高,过程创新跟随着产品创新;两种创新常常伴随着发生,尤其是在高绩效的银行中;与产品创新相比,过程创新包括更多的系统性知识,创新过程涉及更复杂的知识,且该创新更多发生在组织内部,成本更高,也比产品创新更加有效。

组织创新是组织要素的增减,组织形式和结构的变化,管理方法和手段的更新及引入,如激励系统、柔性组织、自我管理团队等。组织创新包括多单元组织(multi-unit organizations),指服务管理系统在多单元的组织中进行复制,如建立连锁;服务的新组合(new combinations of services),指服务活动、服务部件和服务片段的新组合;以及顾客作为协同生产者(customer as co-producer)。

市场创新是指服务企业在市场中的新行为,包括开辟全新市场,在原有市场内开发新的细分市场,进入另一行业和市场,以及在市场上与其他行为主体间关系的变化等。技术创新是指已有技术或新技术在服务组织中的引入而产生的创新,如基于信息技术的金融信息化建设极大地促进了金融服务的创新,包括网络银行、电子货币等。

(二) 按照创新性质分类

传递创新(delivery innovation)是指服务企业的传递系统或整个服务产业传递媒介中的创新,包括企业与顾客交互作用界面的变化。它充分反映出服务创新的顾客参与和交互作用特性。

重组创新(recombination innovation)又称为结构创新(architectural innovation),指服务企业在现有知识库、既定的技术基础和确定的技术轨道上,通过将已有服务要素进行系统性的重新组合或重新利用而产生的创新,包括新服务要素的增加、两种或两种以上已有服务要素的组合、已有服务要素的分解。

专门化创新(ad hoc innovation)指针对顾客的特定问题在交互作用过程中提出解决方案的创新。在那些需要服务提供者和顾客进行大量互动的产业,如咨询服务业和信息服务业,专门化创新是一种非常重要的创新形式。在此过程中,服务提供商协同利用过去积累的知识和经验,以积极和新颖的方式创造新的解决方案,满足客户的独特需要。该创新在顾客-服务提供者界面上产生,由顾客和服务提供者共同完成,因此创新效果在很大程度上依靠与客户的沟通和交流。由于专门化创新与积累性的学习过程密切相关,会产生新知识并被解码,解码后的知识能够在不同环境中重复使用,因此扩大了组织记忆。此外,顾客-服务提供者界面的存在也有助于限制创新的可复制性,在一定程度上保护了创新。

形式化创新(formalization innovation)指各种服务要素的可视性和标准化程度发生变化,不涉及服务要素的量变或质变。其实现形式包括:使服务要素更加有序,对服务要素进行详细说明,减少服务要素的模糊性,赋予服务要素具体形式等。如咨询顾问将所积累的经验、思路或程序整理为书面文字,进而形成标准化的工具或方法,它们在今后可以被重复使用。

(三) 按照创新主导者分类

根据创新投入(如设备、资本和人力资源)的供应商、服务企业以及客户企业或服务创新产品的最终使用者在创新中扮演的不同角色,可以将服务创新分为五类。从供应商主导型创新到服务企业协助型创新,客户企业和服务创新产品使用者对创新过程的影响逐渐增强,而范式创新会对价值链上所有的参与者都产生影响。如表 15-3 所示。

表15-3　按照创新主导者的服务创新分类

创新类型	供应商角色	服务企业角色	客户/顾客角色	举　　例
供应商主导型创新	创新来源	创新实施者	创新服务产品使用者	微波炉引入咖啡店和餐馆、点钞机、手机
服务企业主导型创新	服务设备提供者	创新来源和创新实施者	创新服务产品使用者	新养老金和储蓄计划、新旅游产品、新购物形式
客户主导型创新	服务设备提供者	创新实施者	创新来源和创新服务产品使用者	绿色酒店满足顾客环保要求、门到门运输
服务企业协助型创新	服务设备提供者	对客户企业的创新有影响	创新实施者	提供专家、定制化的软件包、培训或书面建议
范式创新	服务设备提供者	创新实施者	创新服务产品使用者	地下交通、多频道按次计费电视、多功能芯片

资料来源：Hertog P，Bilderbeek R. Conceptualizing service innovation and service innovation patterns［M］. Utrecht：Research Programmer on Innovation in Services（SIID）for the Ministry of Economic Affairs，Dialogic，1999.

事实上，不论以何种方式进行分类，服务创新都可以看做是新服务概念、新顾客界面、新服务传递系统以及技术这四个维度的不同组合，如图15-1所示。

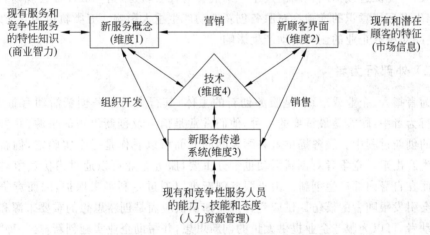

图15-1　服务创新的四维度模型

资料来源：Hertog P，Bilderbeek R. Conceptualizing service innovation and service innovation patterns［M］. Utrecht：Research Programmer on Innovation in Services（SIID）for the Ministry of Economic Affairs，Dialogic，1999.

二、服务创新的驱动力

服务创新的驱动力是形成创新模式的基础，也是创新过程中的重要决定因素，因此对驱动力的正确识别和把握是服务企业制定服务创新战略的前提。服务创新的驱动力包括外部轨道、外部行为者以及服务企业内部。

（一）外部轨道

轨道是在社会系统（如一个国家、一个国际性的产业网络、一个地区性的专业网络等）中传播的概念和逻辑。这些概念和逻辑通过很多难以准确识别的行为者进行传播和扩散，并与周围的动态环境相适应。轨道会对企业施加重要作用，使其在轨道约束的范围内进行创新。

服务企业的创新活动主要受到五类轨道的制约，分别是服务专业轨道、管理轨道、技术轨道、制度轨道和社会轨道。其中最重要的是服务专业轨道，指来源于不同服务专业，如律师、医疗、金融、交通、咨询中的一般性知识、基本方法和行为准则。该轨道由特定服务部门的性质所决定，创新活动的发生必须以此为基础。第二类为管理轨道，指企业组织、运行机制、流程管理的概念和逻辑，如激励机制、服务管理系统等。第三类是技术轨道，指服务生产和传递所遵循的技术使用逻辑，如信息和通信技术、网络技术等，该轨道常常引发大量创新。在这一方面，软件、金融服务、技术服务等服务部门对信息和通信技术（ICT）的发展有更大的贡献。第四类为制度轨道，指服务企业外部制度环境的一般演变规律和趋势，包括政治环境、法律环境等的变化。该轨道对服务企业创新活动的影响比制造业更大，可能促进或抑制创新的发生。第五类为社会轨道，指一般性社会规则和惯例的演进，如生态环境意识的增强会对服务创新活动产生重大影响。五类轨道相互交织、相互作用，共同对服务企业的创新活动产生影响。

（二）外部行为者

行为者指人、企业或组织，是服务创新的主体，其行为对服务创新活动有重要影响。在外部行为者中，顾客是最重要的一种，他们常常是信息及创新思想的来源，并参与到服务企业的创新过程中。服务提供者和顾客间的界面可以看作是一个实验室，创新在这里被合作生产出来。竞争者对创新活动也十分重要，服务企业可以通过模仿竞争对手的创新行为而在自身内部产生创新。由于服务创新难以通过专利等来保护，因而竞争者的率先创新会引发跟随者的模仿。供应商特别是知识供应商是创新思想的重要来源和创新活动的推动者，可以为服务企业提供大量的创新思想，并帮助企业实施创新，是一种"服务企业协助型创新"。此外，技术供应商、软件供应商在创新过程中也可能成为重要的合作者。公共部门对服务企业的创新活动也会产生一定影响，但作用较小。一方面，公共部门需要服务；另一方面，它可以为服务企业提供创新所需的知识、开发和管理经验，为服务企业培训员工，并针对服务创新进行专门研究。此外，公共部门的管制也可能引发创新，如很多金融服务是由税收法律的变化而产生的。

（三）服务企业内部

虽然不同服务组织的创新过程不尽相同，但是存在一些共同的内部要素影响其创新，这些要素包括企业良好的组织创新氛围、与顾客和商业伙伴合作的能力、知识整合机制，以及员工的合作等。

1. 组织创新氛围

与文化相比,氛围更容易测量和管理,也更容易改变。为了建立自由、宽松、鼓励冒险与试错的创新软环境,营造创新氛围是服务企业的较好选择。组织创新氛围是组织成员感知到的工作环境中支持创造力和创新的程度。这种氛围促使管理人员充分授权,并相信员工会在一定的自由度内为顾客提供最大的利益,因此它不仅可以维持竞争优势和股东利益,而且可以提高顾客和员工的满意感。创新氛围包括环境自由、组织支持、团队合作、学习成长、能力发挥等内容。即组织要营造这样一种氛围,员工所处的工作气氛和谐、自由,可以自由设定工作目标与进度,不受干扰地独立工作;组织鼓励员工创新性思考和试错,并提供专业技术、信息与设备等方面的支持;团队成员拥有共同目标,在工作过程中经常交换心得、相互协助,并以沟通协调的方式解决问题与冲突;组织为员工提供良好的教育机会,鼓励员工参与学习活动;以及员工所从事的工作具有挑战性,工作内容给了员工发挥的空间,主管能够适当授权以支持员工创新。

2. 与顾客和商业伙伴合作的能力

服务主导逻辑认为顾客总是价值的共同创造者;企业不能传递价值,只能提出价值主张。这也暗示了在服务创新过程中,顾客扮演着非常重要的角色。他们更多的是知识的提供者,而非创新任务的直接执行者。服务企业可以通过访谈、焦点小组和团队讨论等方式对用户进行广泛咨询,获得顾客对特定问题的信息和反馈。在服务开发过程中,与顾客合作的能力可以将其转化为企业的操作性资源(operant resource),更好地定制服务,增强新服务市场成功的可能性;减少开发时间,促进服务创新的快速扩散。基于此服务企业可以促进创新,增强竞争力。

正如服务主导逻辑阐明的那样,所有社会和经济主体都是资源的整合者,因此与商业伙伴合作是服务创新的又一潜在知识来源,尤其是当服务企业属于并依赖于一个供应商网络或者其他商业伙伴时。研究表明,网络合作伙伴参与企业创新不仅可以增强创新的内在过程,而且可以扩张创新结果的外部市场。将商业伙伴纳入创新过程,并将其作为一种机制来促进变革的能力,已经成为有效进行服务创新的核心。

3. 知识整合机制

当组织缺乏信息整合和共享机制时,即使可以从组织外部(如顾客和商业合作伙伴)和员工处获得知识,这些知识也无法用于服务创新。知识整合机制(knowledge integration mechanisms,KIM)是一种促进各类知识的获取、分析和整合,以及在不同部门间传播的正式流程和结构。它可以促进企业能力和市场知识的结合,进而创造成功的新服务;降低创新过程中的低效率,并能帮企业进一步开发所获取的知识来赢得竞争优势。关于组织学习的研究表明,诸如知识整合机制之类的正式流程对于组织开发复杂的隐性知识的潜能十分重要,因此服务企业有必要建立知识整合机制,加强组织学习。

4. 员工的合作

在服务领域,与顾客直接接触的一线员工通常被认为是外部知识转化为内部知识最为重要的接口,员工因此成为一种有价值的内部驱动力。尽管一些学者认为一线员工参与新服务开发可以帮助识别顾客需求,促进创新的实施,防止用流程-效率取代顾客需求,但是这也意味着他们的工作量增加了。研究发现,与服务人员进行有效的合作可以加快新服务开发的速度,所收集的关于顾客问题的信息量也更多。因此员工合作对于服务创新会产生促进作用。进一步,员工还能根据自身的知识和经验提供有价值的创新思想,并作为企业内部创新者推动服务创新的出现和实施。

在实证研究方面,很多学者也对新服务开发的影响因素进行了探索。如 Froehle 和 Roth 将创新成功的因素归为两类,分别将其命名为过程导向的新服务开发实践和资源导向的新服务开发实践,前者指导行动,确保服务企业的开发工作是有效的;后者将注意力转移到可以增强组织新服务开发能力的智力资源、组织资源和物质资源。Menor 和 Roth 认为创新成功的关键在于组织开发新服务的能力,这种能力由聚焦于新服务开发的流程、市场敏锐度、新服务开发策略、新服务开发文化和信息技术经验五个维度组成,它们同时具备时将产生互补效应。但这些研究主要关注具体的新服务产品开发,而忽略了其他形式的服务创新,如组织创新,Oke 的研究是一个例外。基于调查研究,作者发现清晰的创新策略、创意管理以及积极的人力资源管理可以显著预测公司层面的创新,特别是根本性(面向内部的)服务创新,而投资组合管理和实施管理虽然可以显著影响产品创新,但是与组织层面的服务创新无明显关系。

三、服务创新的制约因素

尽管存在许多促进服务创新的因素,但是服务企业在创新过程中也会遇到来自内部和外部的诸多障碍,对创新障碍的识别和克服是服务创新管理的重要内容。

宏观环境方面,包括政治与法律障碍和金融障碍。由政府管制、立法引起的市场进入障碍间接阻碍了行业内部的知识共享和经验学习;税收带来服务企业收入的减少,加之劳动力市场管制带来成本的增加,共同减少了创新所需要的资源。此外,由于难以获得银行资金和风险投资,即外部融资困难,小型服务企业进行创新的难度更大。

中观环境方面,主要为市场风险,如创新被竞争者模仿的危险、顾客对服务创新的接受程度等。有些顾客天生乐于接受任何创新,但他们在顾客中的比例较低。大多数顾客不会立刻接受某种新服务,除非他们充分了解创新。如在线银行,使用者必须对这种智能模式有足够的认识,或组织利用相关技术对现有过程进行改变才能使用,因此创新服务的流动受到顾客使用新服务能力的限制。而行业结构的刚性、竞争的缺乏、生产能力的过剩则导致服务创新驱动力不足。

微观环境方面,包括组织对服务创新的管理能力不足、人力资源缺乏等。服务创新活动的计划和实施不同于企业日常运作,也不同于制造业创新。如果服务企业没有良好的创新氛围,缺乏与外部顾客和商业伙伴合作的能力,无法招募到并培训出合格的员工,缺乏相应的技术设备或技术不成熟等,即使有充足的财力资源也无法顺利进行服务创新。

第三节　体 验 创 新

著名战略管理学家普拉哈拉德和市场营销学家拉马斯瓦米认为,未来的创新实践必须将注意力从产品和服务转移到由公司网络和消费者社区所支持的体验环境上来,以便为个体顾客创造独特的价值。本节将对创新的前沿——体验创新进行简单介绍。

一、新兴的竞争格局

技术融合正在使得产业边界变得模糊,同时也改变了产品和服务的本质。想想数字化带来的新兴竞争格局。传统上,教育、通信、休闲和娱乐市场都由不同的工业和商业提供服务,如家用电子产品行业(包括电视和音频/视频产品)、计算机行业(包括台式电脑、笔记本电脑和视频游戏机)、通信设备行业(包括电话和寻呼机)、软件行业、音乐行业和电影行业等。仅仅在20年前,这些行业各自都有其明确的竞争者和独一无二的竞争态势。这是一个确定的世界,所有的特性和功能都嵌于产品中,如静物照相机与摄像机不同,电视机也不同于电脑。竞争者、渠道和顾客接受这些区分,存在明确定义的产品和行业边界。然而在今天,这些边界都消失了,紧随而来的是一个新兴的数字消费空间。

数字化使得传统产业和产品的特性和功能能够以多种新方式进行组合。以索尼公司推出的Airboard(一种无线便携视频和互联网显示装置)为例,将其视为电视机还是个人电脑取决于不同的情况。今天的电话也是一个收发邮件的装置,一个文本信息发送者,一个电子记事本,一个掌上电脑和一台照相机。产品和渠道之间的界限也变得模糊,如互联网电子设备可以作为在线购物工具、营销媒介及服务渠道。类似的情况也发生在金融服务和卫生保健行业。事实上,几乎在每个行业,产品、服务、渠道、行业和企业的独特身份都在快速消失。

对于企业来讲,增加产品品种常常是应对产业边界日益淡化和竞争空间持续变化的较受欢迎的防御策略,因为该策略可以帮助企业染指其他行业,创造新产品空间,并扩大服务市场。然后,消费者可以在任何时候以其喜欢的方式自由组合产品和服务,进而满足特定的需求和期望。然而,对于大多数消费者来讲,日益丰富的产品特征和功能组合也会带来困惑和选择上的困难。事实上,产品品种不会必然带来更好的消费体验。

通过产品品种进行竞争是以产品和企业为中心的观念所导致的必然结果。该观点认为企业通过其提供的产品和服务创造价值。这进一步会导致以产品为中心的创新视角。然而,积极主动、知识丰富且与企业保持联系的顾客的出现,加之产业和技术融合导致竞争格局的变化,共同改变了以产品为中心的观点。显然,在今天开发产品品种比较容易,但是通过产品多样性获得有效竞争价值就相对困难了。价值越来越需要与消费者共同创造,且创新必须关注共同创造的体验,即进行体验创新。

二、以共创体验为基础的价值

在价值创造过程中,个体消费者的积极角色并不等同于允许顾客接触企业的技术或在产品开发中寻求顾客帮助。在后一种情况下,创新的重心仍在于技术或产品。相反,该重心必须转移到个体的共同创造体验上。

以心脏起搏器为例。在美国,有五百多万成年人患有不同类型的心脏疾病。其中,许多人都购买并使用心脏起搏器来监督和控制心律和心脏功能,这对患者来说是重要的价值。然而,如果可以远程监控患者心脏,在实际情况与预先确定的参数值产生偏差时同时给患者和医生发出警报,患者获得的价值可能会提高。医生和患者可以共同确定相应的治疗方案。如果患者离家远行时,仅仅提供警报就不够了,他还需要了解去哪家医院治疗。当地医生也需要了解该患者的医疗记录，并与之前的医生协调进行诊断和治疗。简言之，该患者和其起搏器已经成为信息技术网络中的一部分。

在以上例子中，价值在哪里呢？它既不存在于有形产品中，也不存在于支持该系统的通信和 IT 网络中，也不存在于包括医生、医院、家庭和更广泛社区的社会技能网络中。价值存在于共同创造的体验中，该体验来自患者与所有其他因素的互动。即价值创造可以被定义为特定顾客在特定时刻、特定地点、特定事件背景下共同创造的体验。同一个人可能在不同的背景下有不同的偏好，产生不同的体验，进而获得不同的价值。

一个独一无二的共创体验既不是以企业为中心，也不是以产品为中心，同样不是企业对顾客如何使用和消费其产品和服务进行回应这种狭义上的以顾客为中心（有时称为基于需求的创新）。此外，共创体验离不开个体消费者与企业网络和消费者社区间（它们使得个性化体验成为可能）有目的的互动。在起搏器的例子中，网络并非不属于单个企业，但是其增加了产品对患者、其家庭和医生的价值。通过与网络进行共同创造，患者在界定交互作用、事件背景和有意义的内容方面成为一个积极主动的利益相关者。换句话说，个体和其与整个环境的交互共同定义了体验和来自体验的价值。图 15-2 描绘了体验空间。在体验空间中，消费者是中心，事件引起体验的共同创造，个体参与会影响体验，个人意义来源于共创体验，并决定了个体获得的价值。

图 15-2　体验空间

共同创造和体验空间的扩大正是创新的未来。在很多领域已经可以看到这样的创新。以远程信息处理领域为例，该领域为汽车司机和顾客提供移动信息服务。如 OnStar 就是通用汽车公司在 2000 年推出的系统，为顾客提供安全和应急服务。由于该服务与汽车整合在一起，因此可以在卫星资料的指引下访问所有的内部传感器，持续检测车辆性能，并在需要时提供帮助。当消费者将自己反锁在车外时，OnStar 可以远程打开车门；当一辆汽车的安全气囊展开时，OnStar 不仅可以探测事故，而且能够评估其严重性；当车辆被偷时，OnStar 可以帮助警察追踪；当用户发生车祸时，OnStar 维修服务人员将联系当地急救站，并派遣警车或救护车到现场。随着时间的推移，通用汽车开始考虑将 OnStar 技术应用于改善整体驾车体验，使其更加令人愉快，包含更多信息，方便并且有趣，而不仅仅是提供安全。由于 OnStar 可以在任何时间确定汽车的具体位置，因此可以提供一系列定位服务，包括寻找最近的意大利餐厅并预订。驾车者只需要按下仪表盘上的一个按钮，呼叫中心的操作员就会做出回应。

OnStar 之所以顺利运作是因为该系统基于体验空间进行组织。它关注事件，并对事件发生的时间和空间背景保持敏感性。同样重要的是，它允许消费者通过一个简单灵活的界面与系统产生交互作用。这些维度对于将个体置于共创体验的中心位置是至关重要的。

起搏器和 OnStar 的例子表明体验创新有两个关键点。首先，个性化互动的基础是有一个节点企业，它将大量供应商、合作伙伴和消费者社区联系在一起形成一个体验网络。其次，不论是节点企业还是整个网络都无法管理个体体验。个体及其背景的异质性决定了体验。创新企业面临的挑战就是找到适应这种异质性的方法。创造产品和服务的概念不会消失,渠道的重要性也不会降低。相反,它们将会被纳入由体验网络支持的创造体验环境这一更大的概念中。

体验环境可以被认为是企业能力(包括技术和社会能力)和消费者互动渠道(包括设备和员工)的网络整合,它足够灵活以适应个体不同的需求和偏好。由于顾客期望的体验不是先天确定的,体验环境必须主动将消费者(作为个体或社区)纳入,以适应一系列可能的顾客与企业的互动,进而形成潜在的共创体验。这些潜在体验将决定个体的支付意愿,因此形成了企业经济价值和成长的基础。

以最近流行的儿童玩具乐高积木为例。传统的乐高积木色彩多样,大小各异,有无限的组合方式,目的在于激发孩子们的想象力和创造力。1998 年,受美国麻省理工学院研究人员和西摩·帕尔特等人有关孩子、计算机和学习的划时代研究的影响,乐高公司认识到玩具、电子产品、计算机、软件、互动视听设备和网络的交融发展,并推出了头脑风暴机器人发明系统(mindstorms robotics invention system)。头脑风暴将技术能力,如微型化和环境感应(使用齿轮、轮子、发动机、传感器和软件)结合在一起,允许消费者发明智能机器人。乐高头脑风暴系统的核心是一种称为机器人命令系统的装置——具有红外线连接功能、专用的独立微型计算机,可以运行来自一台个人计算机用户所编制的程序。与乐高砖块类似,用户通过应用个人计算机,可以组合和重组各种代码并将这些创造引入生活。这显然延续和增强了消费者期望的基本创造体验。由于头脑风暴系统重新点燃了成千位成年人的童心,很多独立网站迅速出现,人们开始在网站上分享思想和用法说明,构造出数不清的乐高机器人。

头脑风暴不仅仅提供了一个具体的例子。它展示了体验环境成功演化的两个基本方面:连续性(乐高的砖块是一样的)和可转换性(功能、特性和性能可以持续改变)。它也说明了共同创造一个引人注目的方面:当一个体验环境有足够的吸引力时,消费者社区就有了自己的生命。通过增加能力和创新,消费者扩展了体验环境;通过直接参与个体体验的共同创造来增加价值。

起搏器、OnStar 和头脑风暴三个例子为我们揭示了体验创新的本质。在每种情况下,基础能力由三类价值的共同创造者组成:企业及其网络、消费者、消费者社区。体验创新是一种与目前专注于新产品开发、增加产品品种、改进流程和降低产品开发周期明显不同的创新方式,如图 15-3 所示。

价值基础的转换——从产品到共创体验——是一个持续的转变。尽管大多数企业和其管理者已经被灌输了创新要以产品为中心的观点,但是许多企业已经进入下一阶段,即提供顾客解决方案。然而,很少有企业或管理者完全接受了体验空间和以体验为中心的创新观点。

三、体验创新的新前沿

以产品为导向的观点导致了特定的管理方法和相应的工具技能。以产品为中心的管理者相信成本、效率、质量和产品种类是竞争优势的主要来源。例如,大多数管理者花费很多时间开发技术和产品路线,专注于以合适的成本交付这些特性和功能,并考虑那些可

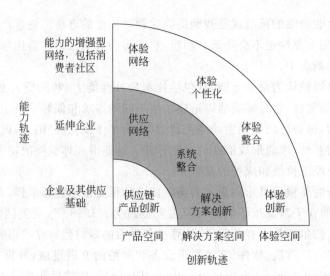

图 15-3 创新的新竞争空间

资料来源：Prahalad C K, and Ramaswamy V. The new frontier of experience innovation[J].
Sloan Management Review,2003,44(4)：16.

以整合的新技术。问题是产品特性需要与客户细分相匹配。产品线的盈利能力也是个大问题，很多讨论都集中于哪些产品应该积极推动，哪些应该停止。越来越多的企业正在寻求利用研发和物流系统中的投资发挥杠杆作用，因此更多的时间被用于创造一个平台，使得新开发的产品具有多种用途，适用于新的细分市场。

尽管对大多数企业来讲，产品空间是其出发点，但是越来越多的企业开始转向产品和体验的中间阶段，通常被称为解决方案空间。基于解决方案的创新不仅仅关注实体产品——嵌入于硬件内部的特性和功能——而且也关注企业专门知识的积累，或称为软知识。如 IBM 公司内部增长最快的是其全球解决方案业务，它首先通过为顾客提供前台咨询来定义解决方案，然后使用 IBM 软件和硬件追踪系统整合，在某些情况下，甚至为顾客提供融资服务。通过提供解决方案进行竞争的能力以产品空间开发的技能为基础，但是管理者必须在专业知识、供应商管理和定价等领域增加新的技能。

相比之下，转化到体验创新视角是一个巨大的飞跃。表 15-4 总结了传统和体验创新之间的区别。虽然产品、服务和解决方案都嵌入在基于体验的方式上，但是管理者对创新轨迹的注意力必须转移到体验空间上（而不是产品或服务上），对能力轨迹的注意力也必须转移到体验网络上（而不仅仅是企业和其供应商）。

转移到体验创新视角时，管理者必须避免从企业视角考虑的倾向。在起搏器的例子中，考虑远程诊断问题，它是获得体验满意感的一个关键因素。从企业的视角出发，诊断包括制造低成本的传感器、测量正确的参数（如心律、肌肉收缩或血流量），并确定这些参数的关键值。但是从顾客的视角出发，关键问题是完全不同的：企业是否值得信任、将会收集哪些信息、这些信息如何被使用和共享、监控是否存在风险等。当然在具体问题上，顾客之间会有所不同，但是对话、获取、风险评估和透明性等是从消费者视角出发进行价值共创的基本构成要素。

表 15-4　传统创新和体验创新

	传 统 创 新	体 验 创 新
创新的焦点	产品和过程	体验环境
价值的基础	产品和服务	共同创造体验
价值创造的观点	企业创造价值、以供应链为中心的产品和服务的实现、供给推动和需求拉动企业的供给物	价值是共同创造的;在背景需求下,体验环境与个体共同构建体验;个人在价值共创中处于中心地位
技术的观点	促进特性与功能、技术和系统的整合	促进体验、体验整合
供应链的焦点	支持产品和服务的提供	体验网络支持个性化体验的共同创造

资料来源:Prahalad C K and Ramaswamy V. The new frontier of experience innovation[J]. Sloan Management Review,2003,44(4):17.

转移到体验创新视角时,管理者必须学会把技术视为体验的促进者,而非产品特性和功能的增强者。再次以起搏器为例,环境遥感技术能力使得远程诊断成为可能。在 OnStar 的例子中,适应性学习系统能力增强了连通性和交互性,两者都是体验的关键推动者。头脑风暴系统中使用微型化和嵌入式智能来培育可变换性,使得消费者可以不依赖于乐高提供的产品类型而创造不同的体验。

不论在何种行业,结合想象力和技术能力促进体验将成为体验创新的关键成功因素。以微型化技术能力为例,微型化使得产品更小、更轻、更便于携带。十几年前,索尼公司的随身听产品使得消费者可以在任何时间和地点享受立体音乐。现在,数字化、音乐文件的压缩结合存储能力的微型化和微处理器使得音乐收集更加便利。可置于口袋中的苹果 iPod 可以存储 5000 多首歌曲。

不久前,企业将诸如微型化这样的技术能力视为核心能力。从企业的视角来看,便携性是微型化为顾客带来的主要利益,创新轨迹停留在产品空间。因此为了最大化这一利益,应该尽可能使产品更小和更轻。但是从顾客的视角出发,这一问题可能完全不同:"在不同环境中,我都可以舒适便利地持有和携带它吗?"

索尼公司已经开始意识到两种视角间的差别:只有当新技术增强了个人自由,使得生活更加便利或促进了期望的体验时,其对顾客才是重要的。因此企业正在开发一种将其装置网络化的能力。在 DVD 播放器和电视机上,索尼增加了一种智能装置,可以存储并从网上下载视频,该产品已经在日本使用。对于其 Vaio 桌面电脑和笔记本,索尼也添加了一个装置,可以将数字音乐、照片或家庭视频等无线地发送到电视机、CD 播放器和其他装置上。索尼也在其笔记本电脑上增加了环境遥感器和嵌入式智能,使得硬件和软件应用程序可以更好地相互适应。

微型化趋势已经使得可置于口袋中的装置成为可能,这些装置往往拥有多种功能——可能是电话、相机、网络工具、游戏机和通用计算机都集中于一体——正是网络通信使得这些装置间的交流成为可能。这一技术能力是体验创新的核心。例如,互相连接的数字音乐设备可以嵌入任何地方,包括汽车、手机、个人电脑、家用音响、游戏机、电视机等。苹果 iMusic 是音乐家、音乐库、音乐设备和音乐爱好者的潜在网络,因此可以创建一个丰富的体验环境,消费者可以在任何地方以任何模式访问个性化的音乐,获得信息,进行互动。

另一种对体验环境产生影响的技术能力是适应性学习。以 TiVo 为例,它是一种智能型数字视频记录器,存储消费者的个人观看历史记录,分析其品位和兴趣,并使用分析结果评价不同频道,是一种可用于电视频道上的程序,被称为电视界中的 Google。TiVO会挑选消费者可能喜欢的节目,并在播放时记录下来——所有这些都是在没有人员干预的情况下完成的。类似的适应性学习,已成为实时、多用户游戏的基础。

显然,每一种技术能力(微型化、网络通信和适应性学习)已经在以产品为中心的创新中发挥了重要作用,有力地影响了消费者体验。但是技术能力在以体验为中心的创新中所发挥的作用还是不同,区别在于目的和视角。体验创新的目的不是提高产品或服务本身,而是能够共创一种由企业、消费者及其网络组成的环境。在这一环境中,个性化、可发展的体验是目标,而产品和服务仅仅是达到这一目标的工具。从这个角度来看,只有当其关注于改善消费者期望的体验时,新技术能力才是有意义的。

虽然是一种新兴事物,但是向体验创新的转变是不可避免的。新兴的价值创造的驱动力——技术与行业的融合,消费者和企业角色的融合——正在改变着创新的意义和过程。通过传统方式重新激起内部利润的增长已经越来越不可能,而通过个性化的体验进行价值共创则成为新兴的机会空间。

思考与练习题

1. 除了按照"创新对象"、"创新性质"和"创新主导者"外,还能根据什么标准对服务创新进行分类?

2. 创新对服务企业的长期生存和成长有多重要?为什么?你是否认为这种重要性对所有服务行业是一样的?为什么一样或不一样?

3. 收集三家开展服务创新的企业资料,运用书中介绍的服务创新驱动力,考察每家企业创新的动力。

4. 服务创新总是有益的么?试着确定服务创新的边界。

5. 普拉哈拉德和拉马斯瓦米认为,创新实践应该从产品和服务转移到体验,即进行体验创新。你认可他们的观点么?请说明支持或反对的理由。

参 考 文 献

[1] Amabile T M,Gryskiewicz N. The creative environment scales：the work environment inventory [J]. Creativity Research Journal,1989,2(4)：231-254.

[2] Barras R. Interactive innovation in financial and business services：the vanguard of the service revolution[J]. Research Policy,1990,19(3)：215-237.

[3] Bart A,Lourens B,Pmi H. Services innovation,performance and policy：a review[EB/OL]. http：//www.ggdc.net/pub/SIID_papers/synthese%_20paper.pdf,2003.

[4] Berry L L,Shankar V,Parish J T,et al. Creating new markets through service innovation[J]. Sloan Management Review,2006,47(2)：56-63.

［5］　Coombs R，Miles I. Innovation，measurement and services［M］//Metcalfe J S，Miles I. Innovation systems in the service economy. MA，Boston：Kluwer Academic，2000：85-103.

［6］　Damanpour F，Gopalakrishnan S. The dynamics of the adoption of product and process innovations in organizations［J］. Journal of Management Studies，2001，38（1）：45-65.

［7］　de Vries E I. Innovation in services in networks of organizations and in the distribution of services ［J］. Research Policy，2006，35(7)：1037-1051.

［8］　Drejer I. Identifying innovation in surveys of services：a schumpeterian perspective［J］. Research Policy，2004，33(3)：551-562.

［9］　Droege H，Hildebrand D，Forcada M A H. Innovation in services：present findings，and future pathways［J］. Journal of Service Management，2009，20(2)：143-145.

［10］　Eiglier P，Langeard E. Servection：le marketing des services［M］. Paris：McGraw-Hill，1987.

［11］　Evangelista R，Savona M. Patterns of innovation in services：the results of the Italian innovation survey［D］. Paper presented at the 7th Annual RESER Conference，Berlin，1998：8-10.

［12］　Froehle C M，Roth A V. A resource-process framework of new service development［J］. Production and Operations Management，2007，16（2）：169-188.

［13］　Gadrey J，Gallouj F，Weinstein O. New modes of innovation：how services benefit industry［J］. International Journal of Service Industry Management，1995，6（3）：4-16.

［14］　Gallouj F. Beyond technological innovation：Trajectories and varieties of services innovation ［M］//Boden M，Miles I. Services and the knowledge-based economy. London：Continuum，2000：129-145.

［15］　Gallouj F. Innovating in reverse：services and the reverse product cycle［J］. European Journal of Innovation Management，1998，1(3)：123-138.

［16］　Gallouj F. Innovation in services and the attendant old and new myths［J］. The Journal of Socio-Economics，2002，31(2)：137-154.

［17］　Gallouj F，Weinstein O. Innovation in services［J］. Research Policy，1997，26(5)：537-556.

［18］　Gopalakrishnan S，Bierly P，Kessler E H. A re-examination of product and process innovations using a knowledge-based view［J］. The Journal of High Technology Management Research，1999，10（1）：147-166.

［19］　Howells J，Tether B. Innovation in services：issues at stake and trends. INNO-Studies 2001：Lot 3（Enter-C/2001），The Community Innovation and SMEs Programme，2004.

［20］　IfM，IBM. Succeeding through service innovation：a service perspective for education，research，business and government［M］. Cambridge，United Kingdom：University of Cambridge Institute for Manufacturing，2008：1-30.

［21］　Kuusisto J，Meyer M. Insights into services and innovation in the knowledge intensive economy ［J］. Technology Review，2003，134：20-40.

［22］　Kuusisto J，Meyer M. Insights into services and innovation in the knowledge-intensive economy ［R］. Technology Review，2002.

［23］　Menor L J，Roth A V. New service development competence in retail banking：construct development and measurement validation［J］. Journal of Operations Management，2007，25(4)：825-846.

［24］　Menor L J，Tatikonda M V，Sampson S E. New service development：areas for exploitation and exploration［J］. Journal of Operations Management，2002，20(2)：135-157.

［25］　Miles I，Kastrinos N，Bilderbeek R，et al. Knowledge-intensive business services：their role as users，carriers and sources of innovation［R］. Report to the ECDG XIII Sprint EIMS Programme，

Luxembourg,1995.

[26] Nijssen E J,Hillebrand B,Vermeulen P A M,et al. Exploring product and service innovation similarities and differences[J]. International Journal of Research in Marketing,2006,23(3)：241-251.

[27] Oke A. Innovation types and innovation management practices in service organizations[J]. International Journal of Operations & Production Management,2007,27(6)：564-587.

[28] Ordanini A,Parasuraman A. Service innovation viewed through a service-dominant logic lens：a conceptual framework and empirical analysis[J]. Journal of Service Research,2011,14(1)：3-23.

[29] Ostrom A L,Bitner M J,Brown S W,et al. Moving forward and making a difference：research priorities for the science of service[J]. Journal of Service Research,2010,13(1)：13.

[30] Pilat D. Innovation and productivity in service[M]. Paris：OECD Proceedings,2001.

[31] Prahalad C K, Ramaswamy V. The new frontier of experience innovation[J]. Sloan Management Review,2003,44(4)：12-18.

[32] Schumpeter J A. The theory of economic development[M]. Cambridge,MA：Harvard University Press,1934.

[33] Sundbo J,Orfila-Sintes F，Soerensen F. The innovative behavior of tourism firms-comparative studies of Denmark and Spain[J]. Research Policy,2007,36(1)：88-106.

[34] Sundbo J,Gallouj F. Innovation in services[R]. SI4S Project Synthesis Work Package 3/4,SI4S Synthesis Report 2,1998.

[35] Tether B. Do services innovate differently? Insight from the European Innobarometer survey[J]. Industry and Innovation,2005,12(2)：153-184.

[36] Tidd J,Hull F. Service innovation：organizational responses to technological opportunities and market imperatives[M]. London：Imperial College Press,2003.

[37] Van Ark B,Broersma L，den Hertog P. Services innovation,performance and policy：a review. Synthesis Report in the Framework of the Project Structural Information Provision on Innovation in Services?（SIID）for the Ministry of Economic Affairs of the Netherlands[M]. Groningen：University of Groningen and DIALOGIC,2003..

[38] Van der Aa W, Elfring T. Realizing innovation in services[J]. Scandinavian Journal of Management,2002,18(2)：155-171.

[39] [比利时]巴特·范·路易,保罗·格默尔,洛兰德·范·迪耶多克. 服务管理[M].吴雅辉,王婧,李国建,译.北京：中国市场出版社,2006.

[40] [荷]汉斯·卡斯帕尔,皮艾特V赫尔希丁根,[澳]马克·加勃特,等. 服务营销与管理——基于战略的视角[M]. 第2版.北京：人民邮电出版社,2008.

[41] [美]C K普拉哈拉德,文卡特·拉马斯瓦米. 消费者王朝：与顾客共创价值[M]. 北京：机械工业出版社,2005；45-65.

[42] 彼得·德鲁克.创业精神与创新：变革时代的管理原则与实践[M]. 柯政,译.北京：工人出版社,1989.

[43] 顾远东,彭纪生. 组织创新氛围对员工创新行为的影响：创新自我效能感的中介作用[J]. 南开管理评论,2010,13(1)：30-41.

[44] 蔺雷,吴贵生. 服务创新[M].北京：清华大学出版社,2003.

[45] 蔺雷,吴贵生. 服务管理[M].北京：清华大学出版社,2008.

[46] 沈占波,王伟. 服务创新范式述评及研究新趋向[J]. 技术经济与管理研究,2009(6)：89.

[47] 杨广,李美云,李江帆,等. 基于不同视角的服务创新研究述评[J]. 外国经济与管理,2009,31(7)：9-15.

第十六章

服务国际化

学习目标

　　许多发达的工业化国家都依靠国际服务贸易来平衡国际贸易收支,如美国的对外贸易中,服务贸易顺差抵消了工业产品贸易赤字。事实告诉我们,服务企业国际化的收益是巨大的。本章介绍服务的国际化,包括国际化环境下服务的不同分类、国际服务的提供方式、国际化的理论依据、服务国际化的驱动力、国际化战略或者国际市场进入模式,以及进入的障碍和挑战。通过本章学习,应该能够:

- 对国际化服务有基本的了解。
- 明确服务企业国际化的动机。
- 掌握不同的国际市场进入模式。
- 了解国际市场进入障碍。

第一节　国际化环境下的服务

　　能否真正引进或输出服务呢? 第一章中服务的特征在相当程度上决定着服务企业经营的局限性,如无形性使得供需双方的互动更加紧密,面对面的接触使服务国际化进程更加复杂化。但事实真是这样吗? 早在 1980 年,《商业周刊》就指出"美国贸易额中快速增长的要素是服务的出口。去年服务出口(包括保险、工程、通信系统、电影、银行和会计)为美国公司创造了 360 亿美元的收益。今年服务出口有望实现 450 亿美元,并将成为美国经常项目 20 亿美元账户盈余的主要来源,这是美国自 1976 年以来第一次出现经常项目盈余。"由于服务出口蕴藏着巨大的潜力,本章将围绕服务组织的国际化活动展开。需要说明的是,"全球化"与"国际化"虽然含义不同(国际化指将经营的触角延伸到国外,即在境外运作经营,但可能会根据目的国家的具体情况,对产品、价格、包装等进行本土化改进;全球化范围更广,指用统一的理念、统一的包装、统一的诉求等,在全球开展经营活动),但均有弱化国与国之间界限的含义,甚至对于经常受到地域限制的服务业也是如此,因此这里交替使用这两个概念。

一、国际服务的分类

　　国际服务是指在国外市场提供或者提供给国外顾客的服务。因此当下列任何一种情况出现时,即可认为服务是国际化的:服务提供商移动到国外为海外顾客提供服务;国外顾客移动到国内接受服务;顾客和服务提供商同时移动;顾客和服务提供商都不移动,但服务的提供是通过有形产品、技术载体或者资产等来传递。上文提及的"移动"一词既包

括短期的基于项目运作的情况,也包括长期的建立服务点。为了更好地理解服务国际化,对国际服务的分类主要有以下几种。

(一) 硬服务与软服务

面向外国市场的服务可以分为硬服务(hard services)和软服务(soft services)两类。硬服务是指那些无形性和不可分割性相对较低的服务,如设备租赁、建筑设计、计算机软件、教育、人寿保险和音乐等;相反,软服务是指那些无形性和不可分割性较高的服务,如信息服务、管理咨询、餐饮服务、医疗保健、洗衣和旅店等。硬服务对出口商在当地经营的要求有限,服务产品的消费可以与其生产相对分离,因此国际市场进入模式的选择表现出与典型制造业大致相同的方式。而软服务在很大程度上服务产品的提供和消费是同时进行的,这就要求服务企业或其代理必须在当地提供服务。

(二) 基于接触、媒介、资产和实物的服务

根据服务以何种方式跨越国界,可以将国际服务分为四类,即基于接触的服务(contact-based Services),指服务的提供者或消费者跨越国界,面对面接触进行服务交易,如咨询服务和临时劳工流动;基于媒介的服务(vehicle-based services),指通过无线电、电视和卫星传输、电线以及其他促进装置等实现通信服务的跨境提供,如纽约的原始数据通过卫星加工传输到爱尔兰;基于资产的服务(asset-based services),指通过对外直接投资的方式进入国外市场并建立操作平台来提供服务,如银行在国外市场建立分支机构;基于实物的服务(object-based services),指承载服务的有形产品等跨越国界而提供服务,如计算机软件、光碟。四种国际服务类型的比较如表16-1所示。

表 16-1　基于跨越国界方式的国际服务分类

问　题	基于接触	基于媒介	基于资产	基于实物
什么跨越国界	人	电磁信号	资本、组织原则	物体
跨越国界的关键因素	移民/签证政策	跨境数据流动政策	外商投资政策	贸易政策
贸易的关键障碍	流动性	传输	投资	贸易
关键交易变量	文化交流	发送和接收的有效性	平等对待政策	原产国效应
比较优势	现场互动和调整	理论上,进入国际市场比较容易	存在的持久性	难以与物品进行区分
比较劣势	由于经济原因,与物体相比,人更加难以跨越国界	仅限于基于信息或通信的服务	存在的持久性使东道国政府可以随心所欲地对待服务提供者[a]	容易模仿
举例	项目管理、临时劳工	有线电视、音乐电视、电脑服务	零售商店、酒店	电脑软件、航空运输

a 原文为"permanent presence puts service providers at whim of host government"。

资料来源:Clark T, Rajaratnam D, Smith T. Toward a theory of international services: marketing intangibles in a world of nations[J]. Journal of International Marketing, 1996, 4(2): 14.

（三）专业服务、定制服务和服务包

根据服务有形性的高低（是纯服务还是与有形商品捆绑的服务）以及提供者与顾客面对面接触程度的高低，可将国际市场服务分为无地点限制的专业服务（location-free professional services）、有地点限制的定制服务（location-bound customized projects）、标准化的服务包（standardized service packages）以及价值增值的定制服务（value-added customized services）。如表 16-2 所示。

表 16-2　国际市场服务分类

<table>
<tr><td rowspan="2"></td><td rowspan="2"></td><td colspan="2">服务传递过程中面对面接触的程度</td></tr>
<tr><td>低</td><td>高</td></tr>
<tr><td rowspan="4">有形性的程度</td><td>纯服务</td><td>无地点限制的专业服务
如猎头、市场调查、环境科学咨询、运输、财务和保险、信息技术以及产品设计服务等</td><td>有地点限制的定制服务
如项目管理、工程咨询、管理咨询、人力资源开发咨询、大型市场调查以及法律服务等</td></tr>
<tr><td>与有形商品捆绑的服务</td><td>标准化的服务包
如软件开发、安装/测试新硬件/设备、远程教育开发以及 CD 等</td><td>价值增值的定制服务
如在线培训、电脑硬件咨询、设备管理、住宿服务、餐饮以及软件培训和支持等</td></tr>
</table>

资料来源：Patterson P G, Cicic M. A typology of service firms in international markets: an empirical investigation[J]. Journal of International Marketing, 1995, 3(4): 67.

大多数服务都具有国际化的潜力，表 16-3 列出了典型的国际服务。类似于有形产品，能力的发展驱动了服务业的竞争，且不同行业有自己的基础设施，要求专业能力素质，并受特定法律法规的制约（如银行、卫生保健和保险等）。

表 16-3　国际服务业

服 务 行 业	服 务 行 业	服 务 行 业	服 务 行 业
会计	分销（含服务分销商）：	娱乐：	运输（速递）：
广告	◇ 代理商,经纪人和销售代表	◇ 音乐和其他音频	◇ 快递
银行	◇ 特许经营	◇ 主题公园	◇ 包裹递送
广播	◇ 物流公司和报关员	◇ 影视制作,电影	商品运输
计算机服务	◇ 零售	◇ 观赏性体育比赛	乘客运输
计算机软件	◇ 购物中心	◇ 剧院,现场演出	通信：
建筑	◇ 仓储	传媒：	◇ 在线服务
咨询	◇ 批发	◇ 电影	◇ 移动通信
合同研究	教育：	◇ 互联网	◇ 电话/传呼
数据录入	◇ 高级经理人员与管理人员开发	◇ 无线电	殡葬服务
数据处理	◇ 高等教育机构	◇ 报纸/杂志	卫生保健
设计与工程	◇ 职业和技术教育	◇ 电视	保险
版权与许可	法律服务	预订系统	投资银行业务
安全系统		餐厅	租赁
旅游业		维护和修理	住房

资料来源：Samiee S. The internationalization of services: trends, obstacles and issues[J]. Journal of Services Marketing, 1999, 13(3): 326.

二、国际服务提供方式

根据生产者与消费者是否移动,国际服务提供可分为四种类型,包括国境服务贸易、要素收益服务贸易、当地服务贸易和第三国服务贸易。如表 16-4 所示。

表 16-4　国际服务提供方式

消费者		生产者	
		不移动	移动
	不移动	国境服务贸易(传统服务) 国际服务贸易(虚拟服务、物化服务)	要素收益服务贸易
	移动	当地服务贸易	第三国服务贸易

资料来源:Riddle D. Service-led growth: the role of the service sector in world development[M]. New York: Praeger, 1986.

1993 年关贸总协定乌拉圭回合签署的《服务贸易总协定》(General Agreement on Trade in Services,GATS)则将服务贸易的范围定义为四种形式提供的服务,即跨境支付(cross-border supply),指从一成员境内向任何其他成员境内提供服务;境外消费(consumption abroad),指在一成员境内向任何其他成员的服务消费者提供服务;商业存在(commercial presence),指一成员的服务提供者在任何其他成员境内以商业存在提供服务;自然人流动(movement of natural persons),指一成员的服务提供者在任何其他成员境内以自然人的存在提供服务。无论采取何种方式进行服务的跨国界提供,都可视为实现了服务国际化。四种服务提供方式如图 16-1 所示。

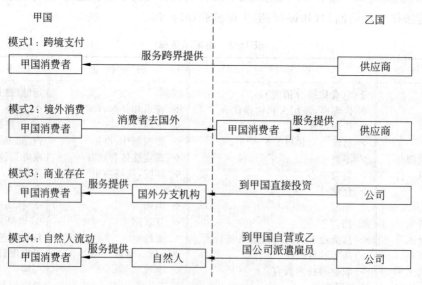

图 16-1　四种服务提供方式

三、国际化的理论依据

有一些理论可以被用来解释服务企业国际化的进程,这里简要介绍六个理论。每一个理论和模型都强调国际化进程中的不同侧面,如经验、知识、成本优势、关系、网络,以及市场选择等。

(一)乌普萨拉模型(Uppsala model)

基本内容:随着企业经营经验的增长,必然进入国际市场。欧洲国家企业的国际化进程一般都是渐进式的,以逐步适应国外市场环境。该理论的两个关键术语分别是"知识"和"致力于国际化"。随着知识的积累,资源将逐步向海外流动。它是一种系统或主动国际化与被动国际化相结合的方式。图 16-2 展示了该模型的国际化过程以及实施链和不同阶段。

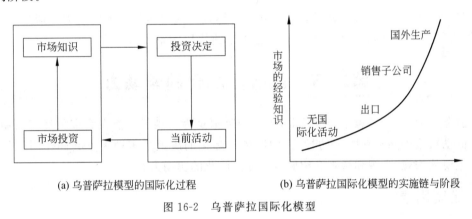

(a) 乌普萨拉模型的国际化过程   (b) 乌普萨拉国际化模型的实施链与阶段

图 16-2　乌普萨拉国际化模型

(二)交易成本理论(transaction cost theory)

基本内容:用来分析企业空间组织和对外直接投资的理论。交易成本指产品或服务从一个单位转移到另一个单位过程中产生的所有成本和代价。因此在进行国际化决策之前,首要任务是对国内外交易成本进行详尽的分析,当国内市场上的交易成本趋近或等同于国外市场上的交易成本,国内交易利润下降时,国际化历史进程便开始了。

(三)小站模型

该理论认为,企业进入国际市场必须首先积累相关的知识,然后资源才能向海外转移。由此,国际化分解为两个阶段。第一阶段,产生国际化动机,进行战略规划;进行市场调研。第二阶段,选择目标市场、选择进入模式、制订权变计划、进入后的战略承诺。

(四)网络模型

基本内容:不同企业结成网络,相互依赖和支撑,共同进入国际市场。关系"黏结剂"可以是经济的,也可以是技术的。在网络建成初期,管理者个人影响较大,但随着发展,制度和系统的作用会日益突出。在多变和任何一个企业都无法独自取得竞争优势的行业，企业通常会以此形式进入国际市场。

（五）博恩模型

该模型实际上是对利基理论的诠释（利基是更窄地确定某些群体，这是一个小市场并且它的需要没有被很好地满足，或者说"有获取利益的基础"），即在国际市场上，保持小规模和灵活的经营方式，他们所寻求的是同质服务，其成功取决于灵活的经营方式（包括对市场的迅速反应、对本土顾客偏好的快速适应等）；高效率的流程，成本更低，价格更具竞争性；对市场信息的捕捉更准确和及时；与国外合作者在分销渠道等方面存在着长期而稳定的合作关系等。

（六）随机方法

这是一种权变的方法，并没有一个确定的模式。其国际化过程的启动可能是非常偶然的，没有详尽的规划。可以想象，该方法并非进入国际市场的首选。

第二节　服务国际化的驱动力

服务企业，不论其属于何种行业，走向国际都是为了赚钱。但在大多数经济活动中，单一的动机很少能解释既定的行为，即服务国际化的决策是多种因素共同作用的结果。本节主要从宏观、中观和微观介绍服务企业国际化的驱动力。

一、宏观因素

（一）技术的进步

新科技革命，特别是 20 世纪 60 年代兴起的信息技术革命，改变了贸易的方式、内容和构成，也有力地促进了国际服务贸易的迅速发展。其一，信息技术改变了服务的不可储存性和无形性，使得服务可以突破地理和服务的生产与消费在时间上的同时性等限制而实现跨国提供，从而提高了服务的可贸易性，使国际服务贸易的种类增加、范围扩大。例如曾经无法贸易的教育服务、健康服务等如今可以被存储在磁盘或软件中进行买卖。信息和通信技术的发展还促使银行、保险、商品零售等得以在全球范围内开展业务，为跨国服务创造了条件。其二，科技革命加快了劳动力和科技人员的国际流动，特别是促进了专业科技人员和高级管理人才的流动，推动了国际服务贸易流量的扩大。其三，随着科技进步的推动，发达国家的产业结构逐渐向技术密集和资本密集的高科技产业转移，把劳动密集型产业转移到新兴工业化国家和部分发展中国家，使这些国家和地区能够利用本地丰富廉价的劳动力资源，赚取外汇服务收入，形成大规模的境内服务输出。其四，跨境服务贸易的服务传输成本大大降低了。据统计，航空运输业平均每人每英里票价从 1930 年的 0.68 美元下降到 1990 年的 0.11 美元；而通信成本下降更快，60 年间从美国纽约到英国伦敦每 3 分钟电话费由 244.65 美元下降到 3.32 美元。此外，信息全球化大大降低了各种经济活动的交易成本,加快了跨国公司的全球扩张步伐;信息技术可以使部分服务实现标准化,有利于提高服务效率和降低成本;信息技术可以使服务企业采取更加灵活多样的组织结构形式等。

(二)国际分工的深化

国际分工是指世界上各国之间的劳动分工,是社会分工发展到一定阶段国民经济内部分工跨越国家界限发展的结果,它的形成和发展决定着经济全球化的产生和发展。国际分工的深化可以使一国内部的分工跨越国界,因此对于服务业来说,可以使服务在各国的专业化程度加强,各国可以发挥自己的优势,进而推动服务走向国际市场。同时,随着国际分工的深化,世界产业结构也将依次提升,逐步由农业经济过渡到工业经济,再由工业经济发展到服务经济。20世纪60年代初,主要西方国家都已经完成了本国的工业化进程。各国产业升级带动了世界产业结构发生大规模的调整。一方面,发达国家不断提升各自的产业结构,而另一方面,则将本国那些劳动力密集型的传统基础产业转移出去,尤其是转移到发展中国家。在这一过程中所形成的新的世界经济结构不平衡,导致了对国际服务更大的需求。

(三)多边贸易体制的强有力推动

从1986年服务贸易自由化的议题正式列入关贸总协定"乌拉圭回合"多边贸易谈判,到1994年4月15日在摩洛哥的马拉喀什城,125个缔约方的部长正式签署乌拉圭回合谈判一揽子协议的最后法律文件,标志着《服务贸易总协定》的诞生。该协定以国际公法的权威形式,确定了服务贸易走向自由化的多边原则和规则框架,扩大了全球贸易体制的涵盖领域,初步形成了制定规则、组织谈判、解决争端三位一体的全球服务贸易协调与管理体系,通过规则约束、减让谈判、保障条款、惩戒措施等形成一套有效的运作机制,对扫除服务贸易壁垒,推进服务贸易自由化起着相当大的作用。在此趋势下,世界服务贸易不仅发展速度快,其范围也呈多元化、扩大化趋势。此外,区域经济组织,如北美自由贸易协议(NAFTA)、欧盟(EU)形成了更大的市场,也为更多的服务企业带来了机会。

(四)政府政策和法规

越来越多的国家已经认识到,服务业逐步开放对于打破垄断,引进新技术和新服务,不断增强本国服务市场的竞争性,提高服务业和连锁行业的生产效率具有重大意义。因此,政府对知识产权、著作权、专利、商标等的一些保护措施,增强了服务提供者对服务国际化的信心;对服务贸易和投资的支持态度促进了服务在发达国家和发展中国家的增长。研究发现,政府和行业组织开展促进出口的项目也会鼓励国内服务提供商走向世界。

此外,跨越国家经济体的消费者人口统计特征的变化(如富裕程度、闲暇时间的增加,更好的教育,工作场所女性工作人员的增长等)对服务提出了更多的要求,包括从非常复杂的,如技术密集型服务,到最基本的清洁服务。

二、中观因素

（一）服务业的竞争

国内市场较小或者趋于饱和等特征,都会对服务企业国际化产生影响。在高度发达的经济体系中,像银行、保险、医院和教育这些成熟的消费者服务业,增长速度正在减慢。而其他一些行业,像美国的航空客运业,似乎被长期的生产能力过剩困扰着。所以,企业的成长只能以从国内的竞争者那里争夺份额为基础,或者依赖开拓国际市场。

以银行业为例,竞争是一种关键性的全球化动力,它同公司顾客的全球化是密切相关的。争取跨国公司业务的竞争活动尤其激烈,这是因为跨国公司所控制的金融交易量相当大,并且向它们提供巨额(常常是得到高质量担保的)贷款的机会也很多。大多数跨国公司会使用当地和国际银行的组合,但是一个银行能够覆盖的地理区域越广,它在客户有业务的任何地方提供服务的能力就越强。近年来,许多原先只在某个国家或某一大陆从事经营活动的银行都雄心勃勃地进行了海外扩张,其中一部分是通过内部增长实现的,即在外国开设新的办事处,还有一些则是通过收购实现。研究也发现,竞争对手在很大程度上影响了银行和保险企业的国际化。

（二）正式或非正式的网络

正式或非正式网络中合作伙伴也推动服务企业进行国际扩张。社会网络对旅游企业的内向型国际化也产生了重大影响;大多数公司早期的国际化决策,是在与正式或非正式网络的接触中产生机遇所触发的。服务提供者也会主动寻求并发展与网络中重要参与者的关系。对软件开发和技术咨询公司的研究证明了正式或非正式网络对准确识别国外市场机会有促进作用。

三、微观因素

（一）追随顾客

很多时候,进入国外市场的决策受到服务企业外部第三方的影响。在各类 B2B 情境中,那些将与顾客互动视为重要竞争优势的服务企业,往往是因为契约合同或者顾客企业的邀标而进入国外市场。即当许多企业进入国际市场时,它们需要相应的服务企业也到这些境外的国家或地区,因此这种国际化在一定程度上是被迫的。早期研究发现,在接受调查的企业中只有少数在选择特定的国外市场时做出了深思熟虑的决定,大多数软件企业的国际化活动始于对现有顾客要求其跟随的响应、来自国外的咨询或者主动提供的订单。以咨询服务为例,许多跨国公司在与咨询公司多年的合作过程中,建立起了相对稳定的伙伴关系。所以当这些跨国公司到一个新的国家或地区开拓业务时,它们需要其咨询业的伙伴公司也进入这个国家和地区,继续提供一致的、高水准的服务。

（二）寻求新市场

新兴市场往往有更多的市场机会和更大的发展空间,服务跨国公司可以凭借其在专业知识、技术、管理以及服务定制化方面的优势,在东道国市场抢占先机。以美国为例,其服务业跨国公司在许多行业都占有优势地位,如快餐饭店业、旅馆业、市场调研业、会计、广告、证券和金融服务业等。随着这些企业服务经验的积累和营销能力的提升,服务供给能力不断增强,导致生产过剩或产生超额的生产能力。为充分利用其优势,服务企业会主动以全球市场为目标,在全球范围内进行资金、技术、人力等资源的优化配置。20世纪90年代以来,外资零售业在我国市场的"抢滩登陆"足以说明这一点。我国零售市场自1992年开放至今,世界50家最大的零售企业中已经有70%进入我国,沃尔玛、家乐福、欧尚、麦德龙等零售业跨国公司已经在我国形成了一定的营销网络。

(三)寻求成本和效益优势

1. 国际化可以使企业获得规模经济优势

如通过特许经营方式,可以实现服务的低成本复制,延伸品牌和快速成长等目标。著名的服务业跨国公司麦当劳、国际希尔顿饭店等正是通过特许经营方式将其营销网络遍布全球。对保险、金融、电信等资本密集度较高的服务企业而言,利用经验曲线的积极效应,在多国市场重复同一服务可以大大摊薄成本,有利于企业的发展和竞争。

2. 国际化可以提高企业的国际声誉

声誉在服务业中占据了首要的位置。很多情况下,由于转换成本较高,许多客户倾向于固定服务提供商,形成长期的互动关系;又由于选错服务商的结果往往是灾难性的,因此顾客会利用各种途径获得服务质量信息,服务企业也尽力建立自己的声誉,并且试图区别于竞争对手提供更好的服务。然而由于服务具有无形性、异质性等特点,因此大多数情况下,顾客很难获得准确的信息,也难以对服务质量做出合理的判断,所以公司规模、经营的时间以及主要顾客的清单等都成为判断企业服务质量的重要依据。收入来自多个国家和地区常常意味着企业实力雄厚、经营稳定和值得信赖,因此服务企业不断扩充规模推行国际化,可以提高声誉、赢得信赖,可以赢得更广泛的顾客支持,增强盈利能力。

3. 国际外包可以节约成本和提高效率

美国企业纷纷在印度设立研发中心的关键理由就是成本。对于像软件开发这样的劳动密集型定制化服务,聘用美国国内员工成本高昂,而印度软件工程师的工资水平仅相当于美国同行的20%。德勤咨询公司(Deloitte)的研究报告显示,美国企业将工作转移印度,至少可以节省40%~60%的成本。现在如果有一个职位空缺,他们会首先考虑到印度雇用工程师。

应该看到,在高速发展的社会中,速度已成为竞争的重要因素之一。而在服务业中,先动优势表现得尤为强烈,快速的顾客回应能力,比竞争者抢先一步占领市场,将有更多的机会建立影响巨大的声誉以及赢得顾客的忠诚度,获得大市场。国际化的良性循环如图16-3所示。此外,管理层的承诺也是国际化的重要推动力。研究发现,国际化常常是个体管理者基于自己的直觉判断、雄心壮志以及承担发展义务而采取的行动。

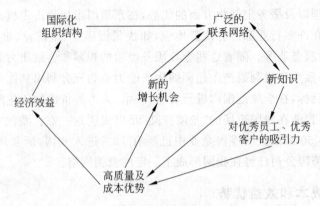

图 16-3　国际化的"良性循环"

资料来源：理查德·诺曼.服务管理：服务企业的战略与领导[M].第 3 版.范秀成，
卢丽主，译.北京：中国人民大学出版社，2006：193.

第三节　国际市场进入模式及障碍

有关服务企业国际化的一项重大决策，就是该企业的国际渗透战略，即如何进入国外市场。尽管有关国际市场进入模式的决策并非固定不变而是需要修订的，但它仍然会对国际化进程中所采取的步骤产生重要影响。当然，任何一个准备走出国门的企业都必须克服那些可能阻止它们进入目标市场的障碍。

一、国际市场进入模式

企业和产业必须关注其服务的全球化竞争战略。服务经营全球化决策中最重要的因素是服务是否与企业全球战略（进入模式）相适应。有四种基本的国际市场进入模式，它们分别是进口顾客、跨境出口、契约进入和投资进入。其中，除进口顾客是顾客进行跨国流动外，其他三种进入模式都是服务企业进入国外市场。此外，本节还介绍电子营销、离岸服务外包、利用时差以及服务网络四种在服务国际化过程中常采用的策略。

（一）进口顾客

进口顾客是指国外顾客旅行到服务提供者所在地接受服务。它是地域性极强的单场所服务企业国际化必须采取的方式，以这种方式出口的服务有旅游、教育、医疗保健、娱乐、修船、仓储及物流配送、机场联运服务等。顾客之所以会旅行到服务提供国去消费这种服务，是因为特定国家的服务产品与本国或其他国家相比，即使把旅行费用考虑在内，仍然具有品质差异性或者成本更低的优势。例如，日益兴盛的全球旅游、有声望的医疗中心（如梅奥诊所）、美英等国的教育服务对国外学生的强大吸引力说明了这一点。

一项维持原地、吸引全世界顾客前来的服务，需要开发接触顾客的一线员工的外语技能和文化敏感性。场所的独特特征（如旅游景点或服务人员的声望）将支配这一战略的选择。通过服务的定制化和复杂性可以实现差别化，基本运输设施和后勤管理等也要适应来访的顾客。

（二）跨境出口

1. 产业服务的跨境出口

产业服务常采用系统出口的方式,即由提供互补性解决方案的两家或多家企业联合进行出口。当一个制造商把机器设备或交钥匙工程交付给国外买者时,将产生对产业服务的需求,如运送、清洗和维护等,这就给了服务企业一个拓展国外市场的机会。又如广告代理和银行由于其客户在国际市场的活动而扩展到国外。

产业服务也可以采用人员接触的形式,由企业外派人员到国外顾客所在地进行服务,如管理咨询、建筑、维护和修理业服务等,一般由专业人员旅行到客户所在地,收集数据,提出结论,对高价值的设备进行修理等。这种方式普遍存在于不需要经常与客户联系,只需要在固定时间或阶段内向客户提供服务的服务部门,或者购买者远距离通过电子化手段与服务供应企业进行合作。

2. 消费性服务跨境出口

服务企业可以选择在国内生产然后将服务通过某种载体出口给国外的顾客。这些以信息为基础的服务可以以各种物质信息载体为存储媒介,如报告、信件、录像带和光盘等,企业通过邮递或当地的分销商出口这些有形商品,顾客通过放映设备或计算机获取它们需要的价值。这种方式主要适用于那些与人们的大脑和无形资产直接相关的生产和消费可以分离的服务(即本章第一节提到的硬服务)。

跨境出口的一个例子是,某机构在一国为另外一个国家的顾客提供血液测试服务。具体做法是:把收集来的血液样本送到中心血站进行测试,然后把测试结果通过电子邮件的方式发送到居住在其他国家的顾客。在这种情况下,会存在服务的迟滞现象,因为只有在待测血液到达后,才能进行血液测试服务。在其他一些情况下,有时也可以通过电子方式来提供服务,如用于文献检索的数据库。在这种情况下,服务出口显然是一种非常现实的战略。然而,对于多数服务来说,都需要在当地存在服务资源,这可以通过直接或间接的市场进入方式来实现。

（三）间接进入模式

间接进入,也称为契约进入,是将无形资产(如专利、技术、管理、品牌)等投入国外企业,自己并不拥有国外企业的所有权,通过收取许可费来获益的一种模式,可以分为特许经营和管理合同两类。

1. 特许经营

那些不想在当地建立一个全部或部分拥有的经营实体,又想在当地有一个长期的经营机构的服务企业常采用这种方式。特许经营是非股权跨国扩张的常用战略,特许人可以凭借自己在生产技术、管理经验、营销网络和品牌价值方面的绝对优势,能对东道国具有所有权的服务生产商进行实质控制,甚至无形中占据其主要利润源泉。如酒店以及餐饮业,就常采用特许经营的方式间接进入国外市场。当地服务企业得到提供服务的特许权,同时还可能包括特定的运营模式。这样,服务可以在国外市场现有需求允许的条件下尽快地复制。国际化企业作为特许人可以从受许人那里获得当地的信息,同时受许人则可以通过一套新的或者是已经相当成熟的服务获得增长的机会。

2. 管理合同

从某种意义上看,特许经营类似于制造业产品的间接出口,出口商利用当地中间商拥有的当地信息来渗透市场。另一种形式的间接出口是管理合同,这种方式在酒店业经常采用。管理合同指的是通过协议由一家国际化服务企业管理一家当地服务企业,从而获取一定的管理酬金。国际希尔顿是这种方式的最大的受益者。管理合同具有很强的适应性和扩展性,国外服务供应商在风险完全转嫁、无须设施投资的前提下进入了异国市场,完成了品牌扩展。

考虑到需要的市场信息,间接进入是到目前为止讨论的国际化战略中风险最小的。当然,采用这种进入战略时国际化企业对国外组织的控制也相对有限。

(四)直接进入模式

直接进入,也称为投资进入,意味着服务企业要在国外市场建立自己的服务生产组织,主要通过在国外建立子公司或者合资的方式来实现。对于制造企业来说,当处于学习过程的第一阶段时,在海外建立的组织通常是销售机构;而对于一个服务企业来说,在当地建立的组织通常从一开始就必须能够生产和提供服务。这样,熟悉和了解当地情况的时间就非常短暂。几乎从第一天开始,企业就必须能够处理关于产品、人力资源管理以及消费者行为的各种问题。另外,当地政府也许会认为,这些新的国际服务企业将给当地企业甚至民族荣誉感造成威胁。

为了减少直接进入战略的潜在问题,打算进入国际市场的企业可以在国外收购一家提供类似服务的当地企业,而不一定自己在当地建立一个新的组织。利用这种方式,企业容易得到关于市场以及如何在国外环境下管理服务运作的信息。采用这种方式的关键是,留任被收购企业中的关键人物。如果没有这些人物,那么将和建立一个新的企业没什么区别。另一种方式是选择一个当地公司组建合资企业,这同样赋予当地合作者新的增长机会,而与此同时国际化企业又可以得到它们所需要的专长。当然,跨国企业也可以采用绿地投资,即直接在东道国新设企业。直接进入适用于消费性服务的国际化,同时也适用于产业服务的国际化。

值得关注的是,与制造企业相比,服务企业的海外投资具有更强的独资倾向,多数选择高控制的国际市场进入模式。其原因主要在于:对大多数海外制造企业来说,取得所有权意味着要投入大量的资源,会增大经营风险和转换成本。然而,对广告代理、管理咨询等商务服务企业却并非如此,它们创建独资企业可能仅限于筹备一间办公室,一般不需要对厂房、机器设备、建筑物等固定资产进行大量投资;转移成本也相对较小,因为在这类服务企业中真正创造价值的资产是可以自由流动的人。因此,这类服务企业可以用相对较低的成本取得对企业的控制权。此外,由于服务生产与消费的互动本质,服务的提供既取决于供应商又取决于顾客,对于需要与顾客进行直接接触并提供定制化服务的企业,为保证服务的质量和高效率,一般需要采用高度一体化的国际市场进入方式。

（五）其他策略

1. 电子营销

电子营销意味着服务企业通过利用先进的电子技术来扩展其可接近性。互联网为企业提供了一种宣传推广其产品和在网上销售的途径，同时也提供了一种收集有关购买习惯和模式的资料渠道。此外，企业还可以通过网络伙伴安排递送和支付。亚马逊书店作为一家电子书店，就是通过电子营销来进行服务国际化的很好例证。当推出这种书店经营理念时，亚马逊不得不考虑到其自动扩展跨国界带来的利益。电视购物是服务业利用高科技（卫星电视）实现国际化的另一种方式。在欧洲，音像制品和保健器械通常通过卫星电视来销售。

开展电子营销时，企业将不会局限于任何特定的市场。这种服务可以在全球任何地方操作，可以到达一个广阔的市场。只要与互联网相连或者可以接收到卫星电视的地方就可以。事实上，企业也无法避免其当地市场或国内市场之外的顾客对其产品产生兴趣。当然，语言障碍或者电子盲区是这种方式的障碍。另外，选择用电子营销的方式来进行国际化的企业很难完全按照其自己的意愿来提供服务。例如，它们不得不依赖于当地的邮政和递送服务。国际化服务企业控制这些网络合作者的可能性非常有限。

2. 离岸服务外包

离岸服务外包，是服务外包的一种，指外包商与其供应商来自不同的国家，外包工作跨国完成，即国外服务提供者为国内顾客提供服务。该策略得益于将服务运作进行二分，即可视的前台顾客接触（如服务员接受顾客点餐）和后台的附加过程（如餐厅烹饪饭菜），且后台运作并不需要在服务现场进行。一些服务企业通过互联网将后台操作服务转移到其他国家，集中为当地消费者提供接触服务来节约劳动力成本。例如，证券公司将一些日常的市场交易行为和消费者资料保存工作交由海外的工作者，而将专业的定制咨询服务留在国内完成。美国的呼叫中心转移到印度也是很好的例子，可利用其他国家的英语技能从国外为消费者提供那些边缘服务。这种分离服务的行为将继续下去，因为许多国家有大量的受过良好教育的会说英语的失业人口存在。许多人接受过高水平的技术训练，特别是那些拥有高技能的人能够适应高水平的服务要求。目前一些离岸服务包括顾客服务、金融分析、纳税咨询、支付服务、管理和软件开发等，该方法可以使服务提供商将精力集中在核心竞争力上，而且其员工也可以高质量地提供服务。

所有的管理者都应该认识到服务过程中物理和信息的不同，以及信息工作几乎可以在世界任何地方实现。新的海外业务可能为安装原型再设计系统提供机会，而不用担心目前的资本投资、现有的员工就业规则或习惯模式。这一现象十分重要，如在国际银行业，新进入者往往占有优势，而现有金融服务企业则常常机构臃肿，这是因为新进入者可以采用自动化弥补通货膨胀的不确定性，而劳工法和工会则会限制现有服务组织进行裁员。此外，尽管劳动力成本的节约是采用分离后台服务的主要原因，但服务企业应该注意到培训、文化灌输和提高在外包企业的员工士气都需要成本投入。

3. 超越时空

超越时空（beating the clock）反映从以下事实中获得的竞争优势：人们能避开时间和

国内时区的限制,包括基本的国内工作时间规定和条例。美国企业长期以来已经懂得了结合多个时区的需要来提高预订员和接线员的生产力。例如北卡罗来纳州的一家银行请一家印度公司把自己的贷款记录系统进行了扩展和重新编程。在美国的印度职员通过卫星与在印度的编程人员每天进行沟通。在印度的人员编制程序后,在北卡罗来纳州的员工进行测试,消除程序中的错误。由于两地的时差,工作可以持续24小时不间断。上述软件开发过程中时间压缩的优势可以在很多场合看到,包括制造业。在即时服务领域,我们有充足的理由希望超越时空,出现新的创新,赢得竞争优势。

管理者应该分析服务过程,以发现通过电子设备超越时空的机会。一旦识别出机会,就应该立即着手制定进攻或防御战略。分析时应该包括时区对服务企业的营销、运作和人力资源等方面的潜在影响,如按时区进行轮班能否导致运作的经济性;能否更好地接近国内外顾客;是否支持基于时间的运作方面的竞争;能否在不降低速度的前提下,在过程中增加创造性。防御性战略涉及同其他时区的企业形成战略联盟,进攻战略可能涉及国外时区开展经营或调整现有经营,以开拓新市场,或通过超越时空提高市场占有率。

地点和时区的有效协调,以及对服务可靠性的更高要求,需要企业在培训、运作方式和通信上进行大量的额外投资。为了使顾客清楚地了解地点的变化和实现时间优势的全部价值,通信确实是必需的。

4. 服务网络

服务网络中包含着与其他服务供应商(如竞争者、供应商、顾客企业等)的协作。其中,内在过程涉及由一家以上的企业提供服务资源(顾客可能没有意识到是不同的服务提供商),外部过程涉及各种顾客参与其中。在服务网络中,几个供应商分别完成一项或几项不同的服务交付任务,它们是一种合作群体,是一种外部协作。广告业是供应商之间组成网络的典型代表,例如其中一个网络是 TBWA。在其网络成员中,有些是 TBWA 的分支机构,有些则是独立的代理商,且它们分布在世界各地,如南非的"媒介向导 OMD"、中国的 TBWA 中国和 Tequila 中国、英国的16个代理商(如 TBWA 爱丁堡、TBWA 英国伦敦、马希尔·伯德协会伦敦以及 MKP 曼彻斯特等)。另一个采用联盟的行业是国际航空业。自从1997年5月星空联盟(Star Alliance)建立之后,航空公司就在国际方面展开了跨国合作,其竞争也转变为航空公司联盟之间的竞争。目前世界上有三大航空联盟最为炙手可热。最大的航空联盟"星空联盟",主要占据着亚洲、欧洲和南美地区市场;"天合联盟"(Sky Team)主要在北美地区称霸;而"寰宇一家"(Oneworld)则在大西洋区拥有相当的优势。

总体上看,与传统公司的运营方式相比,网络公司往往拥有比较少的资产、充分利用合作伙伴的资源、需要较少的资本并能获得较高的回报等。因此服务网络可以对服务供应商产生多方面的、积极的价值效应,包括收入效应和成本效应。具体而言,通过与其他供应商建立起网络联系,服务企业能够通过增长的服务提供/范围确保市场需求量;服务提供商通过与同顾客存在更紧密联系的供应商合作,或者通过实施更为广泛的分销体系来拓展其顾客获取潜力。以上为通过收入对价值产生影响,服务企业的网络策略也可以通过成本对价值产生影响。如服务供应商与其他供应商的合作可能会在不同的流程中带来成本协同效应;服务企业在网络中的一致性,能够在一定程度上减少彼此之间的竞争;

而且作为合作营销活动的一部分,有些营销活动是由彼此之间相互合作的供应商共同开展的,可以降低单个服务供应商的营销成本。此外,在网络中,往往可以进一步提高产能的利用率。由此可见,服务网络可以带来多种价值效应。

需要说明的一点是,与单个服务供应商相比,网络在战略行为方面更缺乏灵活性,因为网络成员之间存在着相互依赖性,而且就旨在进行合作的过程进行决策的规则往往也比较复杂。这就要求服务供应商在致力于同其他供应商建立服务网络时,懂得评估潜在合作伙伴和选择特定合作伙伴的标准。

二、进入模式的影响因素

服务企业对特定国外市场进入模式的选择往往是许多因素共同作用的结果,研究这些因素可以更好地理解企业对进入模式的不同偏好及其本质。与制造业类似,服务企业进入国外市场模式的选择是内部和外部因素共同作用的结果。如表 16-5 所示,可以分为服务产品特征、企业特征、管理和行为特征、进入模式的特征以及国内和国外市场六个类别。虽然这些因素在理论上十分合理,但是对于大多数服务公司来讲,进入模式的选择似乎更多是机会主义行为;仅有少数真正考虑了可选择的模式,但对这些备选方案进行系统评估的企业则少之又少。

表 16-5　影响进入模式选择的内部和外部因素

内 部 因 素		外 部 因 素	
服务产品特征	不可分割性(软/硬服务) 资本/劳动密集度 资产专用性 与顾客的互动(高/低) 技术密集度	进入模式的特征	控制程度 灵活程度 资源投入(成本)
		国内市场	国内竞争强度 市场规模
企业特征	出口的动机或策略(跟随客户/寻找市场) 经验(长度和宽度) 资源(人员和资金) 规模(员工数量和销售额)	东道国市场	合适的合作伙伴的可获得性经济性和市场基础设施 信息的可获得性 外来竞争强度 缺乏对东道国的了解 市场规模和成长 政治的不稳定性 生产成本 心理距离和文化差异 贸易和投资限制
管理和行为的特征	对国外销售的态度和认知 对快速建立的渴望 公司的所有权/控制政策 国外市场/经验的个人知识		

资料来源:Lommelen T, Matthyssens P. The internationalization process of service providers: a literature review[M]//K de Ruyter, P Pauwels. Research on international service marketing: A state of the art. Emerald Group Publishing Limited, 2005:105.

第一个内部因素关注服务的特征。服务生产和消费的不可分离程度通常被用来确定具体的进入模式。特别地,引入软服务和硬服务的区别来解释不同企业对进入模式的偏好已经得到广泛的认可。软服务要求生产和消费的同时性,因此进入模式必须促进服务传递过程中顾客与服务提供者互动需求的满足,如高度整合的直接投资进入模式。相反地,硬服务类似于商品,因为这些服务的生产可以先于消费,可以采用代理商、经销商出口或特许经营的进入模式。服务的资本或劳动密集程度是解释进入模式的另一特征。以信息密集的业务服务的国际化为例,该类服务属于劳动密集型,因此设立一个国外机构看起来是比较合理的。如果服务属于资本密集型,当资本密集度增加到中等水平时,采用共同控制的倾向增强(寻求资源、共担风险),但当资本密集度进一步增至高水平时,企业的高控制度倾向转而增强。

第二个内部因素是企业特征。服务企业出口的动机或策略(客户跟随或市场寻求)对进入模式选择的作用是不确定的。一般认为寻求市场的企业更愿意采取投资的进入模式,需要在国外投入大量资源,因为市场寻求者不能像客户跟随者那样依靠其合作伙伴来进行国际扩张。但有研究发现,跟随客户的服务企业在进入模式的选择上比市场寻求者更具有进取心,这是由于其具有更广泛的市场知识。在经验方面,进入模式的选择与国际化进程的阶段有关,经验和采用整合进入模式(直销、海外子公司销售、外国生产模式,还有分公司、办事处和全资子公司都属于整合的进入模式。而非整合进入模式有通过中介组织输出服务、经营权转让和合资)的倾向可能呈现 U 形关系,但也有研究指出经验越丰富,越可能采取基于公平的进入模式(equity-based entry modes)。当受到内部资源的约束时,服务企业的能力及其采用整合模式的倾向就会下降。在公司规模方面,其对进入模式选择的影响没有定论。一方面,大规模的有经验的公司可能倾向于采用整合进入模式,而规模较小且经验缺乏的公司则可能倾向于采用独立模式,如设立单独的公司进行生产、销售或服务。另一方面,公司规模可能与采用所有权模式的倾向无关。

第三个内部因素涉及管理和行为的特征。当一个服务企业的政策是对境外业务进行控制时,则更倾向于整合其国际化运营;当其期望快速建立海外市场时,则更倾向于采用共同控制的模式。管理者对海外销售的态度和认知、管理者的个人知识和经验等都会影响进入模式的选择。

第一个外部因素关注进入模式本身的特征。企业在考虑可选择的进入模式时,会对成本、灵活性以及不同方式的营销优势进行粗略评估。然而,可能只有少数企业在选择进入模式时会仔细对比不同选择。第二个外部因素涉及国内市场的竞争强度和市场规模。第三,东道国市场的特征也是广泛提及的外部因素。研究发现,东道国市场规模越大,合适的合作伙伴的可获得程度越低,服务企业越可能采用整合的跨国经营模式;而东道国对外资所有权的限制程度越高,环境风险越高,采用整合经营模式的可能性也就越低。以酒店宾馆行业为例,当东道国具有较高的风险时,特许经营和管理服务契约是较受欢迎的模式。随着文化差异的扩大,采用完全控制模式的倾向也会降低。此外,当东道国市场具有相似的文化、经济和政治,相似的基础设施,并有强烈的需求时,企业更倾向于采用整合进入模式。

三、国际市场进入障碍

不论是国际化的早期还是末期,障碍对企业来讲都是十分重要的。虽然国际商业经验和积累的知识的确可以减少障碍,新加入者和天生国际化企业可能面临同样的问题。因此,当企业仔细考虑进入国外市场的可能性时,必须重视该国的社会、法律、经济和政治体制。国际化进程中成功与失败企业的重要区别就在于通过寻求关于国际市场、潜在顾客、在遥远的不熟悉的环境中进行运作管理的知识，从而进行学习的能力。

（一）东道国政府的障碍

各国政府对于限制服务全球化的成长扮演着非常重要的角色。东道国的障碍指的是法律法规，尤其是关税和海关条例，制度，政治局势和国家的稳定性，建立法人实体的成本，知识产权保护以及文化距离等。这里着重说明政府设立的正式或非正式的障碍。正式的障碍包括关税和其他进口费用（如进口附加税、差价税）、数量限制（如配额）、兑换和其他财务控制（如在国际贸易中对外汇支付的限制）、对知识产权保护不力（如对版权作品的盗版、专利保护不足）、对外商直接投资的限制（如限制外资参股）等。非正式的障碍包括在市场准入方面缺乏安全（如影响贸易的国内法规时常修改、关税税率变化频繁、政治威胁）、糟糕的运作管理模式（如海关官员对关税优惠政策不熟悉，海关当局对非正式存在的项目强行课税）、烦琐的程序（如国境站点数量有限，要求烦琐的证明文件）、骚扰（如当局运用法律法规故意设置出口障碍），以及非官方支付等。这些障碍既会阻碍商品的国际化，也会使服务的国际化更加艰难。

与商品相比，服务的国际贸易更为复杂。东道国政府对本国服务业的保护通常无法采取关税壁垒的形式，而是在市场准入方面予以限制或采用非关税壁垒的形式。对于那些需要顾客参与的服务，即服务企业要在东道国设立实体，东道国政府是十分欢迎的，因为其增加了当地就业机会。另外，政府通常会保护当地的移动服务提供商，如人员和货物运输。例如，限制国外航空公司的着陆权，或者限制其在中转站搭乘乘客，以保护国内航空公司在国际航线上的竞争力。由于反对国际性服务企业的政府可能严重阻碍国外公司进入它们的服务市场，因此国际化的服务企业不得不首先发展与政府机构的关系，把它们作为自己的首要顾客。

（二）不同于制造企业的巨大风险

服务企业实施国际化战略的风险要比制造企业大，原因在于，对于许多服务企业而言，服务提供者和生产设施都是服务的组成部分，这就要求企业对其资源进行更牢的控制。传统的国际市场营销模型主要是为了适应制造企业的需求而提出的，国际化进程可以通过利用间接出口渠道的方式以较小的规模开始，然后再一步一步地转向直接出口。这样循序渐进，企业能够对国外市场的情况进行逐步了解，包括质量预期、人力要求、分销和媒体结构、消费者行为等。然而，对于服务企业来说，情况就不同了。它们将马上面临与进入外国市场有关的所有问题，如国外消费者对服务质量的预期、提供服务的人员要求、分销和媒体结构的不熟悉和不确定等。因此，必须找到一种进入模式和战略来尽可能地帮助服务企业应对这种情形。

（三）文化障碍

也许对于服务全球化最大的困难是平衡全球化标准和本土化，因为不同文化可能对服务的国际化营销产生不同的影响。文化因素，如宗教信仰、唯物主义、语言、教育、家庭结构、性别角色、礼仪、风俗以及时间导向等都与民族文化紧密相关,会对服务的可接受性和采用方式等产生重要的影响。一些市场可能因文化背景对某种服务反应冷淡,也可能会较之其他服务而更偏爱某种服务。就某一具体服务项目而言,它在不同文化间的通行性是很差的。例如娱乐业和通信业就必须适应当地的语言文化,食品业和旅店业也应做相应的调整。比如,印度人不吃猪肉,所以在麦当劳最后决定供应印度市场羊肉汉堡和豆沙汉堡之前,一直未有顾客光临。在委内瑞拉则必须提供更甜的调味品以满足当地居民的口味。再如为某地专门准备的广告也可能不适用于其他地方。

　　基于此,霍夫斯泰德提出的五个关键文化维度为企业更好地理解民族间的差异提供了很好的基础,它们是权力距离、不确定性规避、个人/集体主义、男性化与女性化,以及长期/短期取向。权力距离(power distance)指对于权力在社会或组织中不平等分配的接受程度;不确定性规避(uncertainty avoidance)指对不确定的事件和非常规环境威胁的容忍程度;个人和集体主义(individualism & collectivism)衡量关注个人利益和集体利益;男性和女性化(masculinity & femininity)指某一社会代表男性气质的占主导地位,如竞争性和独断性,还是相反;长期和短期取向(long-term orientation & short-term orientation)指对延迟其物质、情感、社会需要的满足所能接受的程度。此外,由于很多服务涉及提供商和顾客间的社会互动,因此发展信任关系对服务国际化提出了新的挑战。研究也发现,在那些必须进行人员互动和直接交流的接触型服务中,文化的影响最为明显。

(四)消费者是否接受

　　不管国际化服务以什么方式提供,前提是当地的消费者必须接受一个有国外背景公司提供的服务。在国外市场,消费者还经常表现出民族主义倾向,这种倾向往往会成为国际化企业必须面对的问题。民族主义意味着,由于民族感情消费者倾向于选择本民族的产品或服务。研究发现,对国外文化的开放有助于接受国外的产品或服务,而爱国主义和保守主义也许会阻止消费者购买国外产品。不过关于服务业的一份研究报告指出,至少在欧洲,对于国外服务的前景还是看好的。对国外文化易于接受的人很少对服务有民族偏见,更重要的是,年轻人和受过良好教育的人很少显示出不愿选择国外服务产品的倾向。随着这些消费者年龄的增长,他们对国外服务开放的倾向应该会保持下去。同时,随着教育水平的持续提高,民族主义的倾向应该会减弱。

思考与练习题

　　1. 解释国际化对服务供应商而言为什么很重要。

　　2. 论述服务的特殊性是如何对国际服务产生影响的。

　　3. 描述国外市场的不同进入模式,并说明其在资源投入水平、控制程度、风险程度以及灵活性等方面有何区别。

　　4. 举例说明你如何看待信息技术对企业国际化发展过程以及模式的影响。

　　5. 请各选择两家你所在的国家已经实行了国际化的"软服务"企业和"硬服务"企业。

说明它们是怎样进行国际化的？国际化时,它们采取的国际市场进入模式是怎样的？说明你认为它们采取此种策略的理由。

参 考 文 献

[1] Bell J. The internationalization of small computer software firms: a further challenge to "stage" theories[J]. European Journal of Marketing,1995,29(8): 60-75.

[2] Bjorkman I, Kock S. Inward international activities in service firms-illustrated by three cases from the tourism industry[J]. International Journal of Service Industry Management, 1997, 8(5): 362-376.

[3] Brouthers K D, Brouthers L E, Werner S. Dunning's eclectic theory and the smaller firm: the impact of ownership and locational advantages on the choice of entry-modes in the computer software industry[J]. International Business Review,1996,5(4): 377-394.

[4] Cicic M,Patterson P G, Shoham A. A conceptual model of the internationalization of services firms [J]. Journal of Global Marketing,1999,12(3): 81-106.

[5] Clark T,Rajaratnam D,Smith T. Toward a theory of international services: marketing intangibles in a world of nations[J]. Journal of International Marketing,1996 ,4(2): 9-28.

[6] Contractor F J, Kundu S K. Modal choice in a world of alliances: analyzing organizational forms in the international hotel sector[J]. Journal of International Business Studies,1998,29(2): 325-358.

[7] Coviello N, Munro H. Growing the entrepreneurial firm: networking for international market development[J]. European Journal of Marketing,1995,29(7): 49-61.

[8] Coviello N, Munro H. Network relationships and the internationalization process of small software firms[J]. International Business Review,1997,6(4): 361-386.

[9] Craig S C, Douglas S P. Developing strategies for global markets: an evolutionary perspective[J]. Columbia Journal of World Business,1996,31(1): 70-81.

[10] de Ruyter K, van Birgelen M, Wetzels M. Consumer ethnocentrism in international services marketing[J]. International Business Review,1998,7(2): 185-202.

[11] Eriksson K, Johanson J, Majkgard A, et al. Experiential knowledge and cost in the internationalization process[J]. Journal of International Business Studies,1997,28(2): 337-360.

[12] Erramilli K M. Influence of some external and internal environmental factors on foreign market entry mode choice in service firms[J]. Journal of Business Research,1992,25(4): 263-276.

[13] Erramilli K M. The experience factor in foreign market entry behavior of service firms[J]. Journal of International Business Studies,1991,22(3): 479-501.

[14] Erramilli M K,Rao C P. Choice of foreign market entry modes by service firms: Role of market knowledge[J]. International Management Review,1990,30(2): 135-150.

[15] Fernandez M, Fernandez T. Performance of business services multinationals in host countries: contrasting different patterns of behavior between foreign affiliates and national enterprises[J]. Service Industries Journal,2001,21(1): 5-18.

[16] Grönroos C. Internationalization strategies for services[J]. Journal of Services Marketing,1999, 13(4): 290-297.

[17] Hellman P. The internationalization of finnish financial service companies[J]. International

Business Review,1996,5(2):191-208.

[18] Jaklic A, Svetlicic M. Enhanced transition through outward internationalization[M]. Ashgate Publishing,Ltd. ,2003.

[19] Javalgi R G,White D S. Strategic challenges for the marketing of services internationally[J]. International Marketing Review,2002,19(6):563-581.

[20] Kostecki M. International marketing and the trading system[M]. International Trade Centre UNCTAD/WTO,Geneva,2001.

[21] Lommelen T,Matthyssens P. The internationalization process of service providers:a literature review[M]//K de Ruyter, P Pauwels. Research on international service marketing:a state of the Art. Emerald Group Publishing Limited,2005:95-117.

[22] Lovelock C H, Yip G S. Developing global strategies for services businesses[J]. California Management Review,1996,38(2):64-86.

[23] Majkgard A, Sharma D D. Client-following and market-seeking strategies in the internationalization of service firms[J]. Journal of Business-to-Business Marketing,1998,4(3):1-41.

[24] McLaughlin C P,Fitzsimmons J A. Strategies for globalizing service operations[J]. International Journal of Service Industry Management,1996,7 (4):43-57.

[25] O'Farrell P N Wood P A, Zheng J. Internationalization of business services:an interregional analysis[J]. Regional Studies,1996,30(2):101-118.

[26] Office of the United States Trade Representative. Foreign trade barriers[M]. Washington D. C. , US Government Printing Office,1994:1-2.

[27] Patterson P G, Cicic M. A typology of service firms in international markets:an empirical investigation[J]. Journal of International Marketing,1995,3(4):57-83.

[28] Patterson P G, de Ruyter K, Wetzels M. Modeling firms' propensity to continue service exporting:a cross-country analysis[J]. International Business Review,1999,8(3):351-365.

[29] Quer D,Claver E, Rienda L. The impact of country risk and cultural distance on entry mode choice[J]. Cross Cultural Management,2007,14(1):74-87.

[30] Riddle D. Service-led growth:the role of the service sector in world development[M]. New York:Praeger,1986.

[31] Samiee S. The internationalization of services:trends,obstacles and issues[J]. Journal of Services Marketing,1999,13(3):319-336.

[32] Sharma D D, Johanson J. Technical consultancy in internationalization [J]. International Marketing Review,1987,4(4):20-29.

[33] Sharma S,Shimp T A,Shin J. Consumer ethnocentrism:a test of antecedents and moderators[J]. Journal of the Academy of Marketing Science,1995,23(1):26-37.

[34] Winsted K F, Patterson P G. Internationalization of services:the service exporting decision[J]. Journal of Services Marketing,1998,12(4):294-311.

[35] 理查德·诺曼. 服务管理:服务企业的战略与领导[M].范秀成,卢丽主,译.北京:中国人民大学出版社,2006:188-189.

[36] [荷]汉斯·卡斯帕尔,皮艾特·V.赫尔希丁根,[澳]马克·加勃特,等. 服务营销与管理——基于战略的视角[M]. 第2版.北京:人民邮电出版社,2008.

[37] [美]保罗·A.郝比格. 跨文化市场营销[M].芮建伟,李磊,孙淑芳,译.北京:机械工业出版社,2000:289-291.

［38］　［瑞］曼弗雷德·布鲁恩，多米尼克·乔治. 服务营销——服务价值链的卓越管理［M］. 王永贵，
　　　　译. 北京：化学工业出版社，2009.

［39］　克里斯丁·格朗鲁斯. 服务企业的国际化战略［J］. 南开管理评论，2001(6)：4-7.

［40］　李伍荣. 服务国际化［J］. 国外社会科学，2007，5：62-66.

［41］　薛求知，郑琴琴. 服务型跨国公司的出现及扩张动因［J］. 世界经济研究，2002(5)：52-57.

［42］　詹姆斯·A.菲茨西蒙斯，莫娜·J.菲茨西蒙斯. 服务管理：运作、战略与信息技术［M］. 第5版.
　　　　张金成，范秀成，译. 北京：机械出版社，2007：447-448.

［43］　郑长娟，徐建中. 服务国际化的特殊性及进入模式研究［J］. 对外经济贸易大学学报，2005(1)：
　　　　21-24.

［44］　郑长娟. 服务企业的国际市场进入模式选择［M］. 杭州：浙江大学出版社，2006：36-37.

教师服务

感谢您选用清华大学出版社的教材！为了更好地服务教学，我们为授课教师提供本书的教学辅助资源，以及本学科重点教材信息。请您扫码获取。

≫ 教辅获取

本书教辅资源，授课教师扫码获取

≫ 样书赠送

市场营销类重点教材，教师扫码获取样书

 清华大学出版社

E-mail: tupfuwu@163.com
电话：010-83470332 / 83470142
地址：北京市海淀区双清路学研大厦 B 座 509

网址：http://www.tup.com.cn/
传真：8610-83470107
邮编：100084